近世大坂と被差別民社会

寺木伸明
藪田貫 編

清文堂

はしがき

本書は、部落解放・人権研究所の調査研究事業の一環として二〇〇九年度から二〇一一年度までの三年間にわたって実施された大阪近世人権史研究会の研究活動の成果をまとめたものである。

ここで本書出版の趣旨をご理解いただくため、同研究会が立ち上げられた目的や経緯を簡単に説明しておきたい。

一九九五年四月から二〇〇九年三月まで一四年間にわたって「大阪の部落史委員会」（委員長上田正昭）が、編纂事業を進め、『大阪の部落史』全一〇巻（史料編九巻・本文編一巻）として結実した。この編纂事業を通じて膨大な史料が収集されたが、とりわけ近世関係史料は数万点に達した。しかし、紙幅の制約のため史料編に収録されたものは、全体の二割程度にとどまらざるをえなかった。そこで、「大阪の部落史委員会」近世部会メンバーが相談の上、史料編に未収録の、主に新出史料を活用しながら、大阪地域の近世史研究にさらに深く学び、大阪の部落史研究と大阪史研究の一層の接合をめざして、研究会を立ち上げる方向で意見の一致をみた。その際、同時に⑴狭義の部落史から視野を広げて人権史としての研究を目指し、人権史という視点を据えることで、従来の部落史の構成変更を追求し、その枠組みを作り出すこと、⑵大阪の人権史の特質の解明をめざすことを確認した。

二〇〇九年三月二十四日に開催された、第二〇回（最終回）「大阪の部落史委員会」企画委員会で了承を得て、部落解放・人権研究所の調査事業として位置づけ、研究会を立ち上げることになったのである。

同年四月十日に旧近世部会メンバーと関係者とが集まり、研究会準備会を開いて、研究会設置趣旨を再確認し、趣旨に賛同される研究者を広く募ることとし、六月七日に第一回研究会を開くことになった。

こうしてほぼ二カ月に一回の割合で、研究会を開き、メンバーからの報告、時にはメンバー以外の研究者からの報告を受けて議論を交わしつつ各自、研究を深めてきた。本書は、その研究活動の成果を収録したものである。

次に本書の構成について述べると、全体を内容によって、第一部　大坂の支配と被差別民、第二部　地域社会のなかの被差別民、第三部　近代移行期の被差別民の三部に分類・編成した。各論の配置順序は内容上の年代・年次に準じた。読者の方々の利用に供するため、使用した新出史料をそれぞれの論文の末尾に翻刻収録した。また、近世大阪の人権史に少しでも親しみをもっていただけたらという願いを込めて、適宜、コラム欄を設けて、分かりやすく記述した。

本書が、多くの方々に読まれて、近世大阪の人権史研究の発展に寄与するとともに近世大阪史研究の深化に向けての刺激ともなれば幸甚である。

寺木伸明
藪田　貫

二〇一四年十一月

近世大坂と被差別民社会　目次

第三部　近代移行期の被差別民

装幀／森本良成

論集・史料篇　凡例

論集　凡例

1. 引用ならびにそれに基づく本文において、今日の人権感覚に照らして不適当あるいは明確に差別表現と思われる表記が見られる。けれどもそれを現在の感覚で訂正することは史料の改竄ともなり、論拠である史料の信頼性にも関わってくるためそのままとした。本書が人権問題を主題としていることもあり（ママ）表記も煩雑となるためこれを行わなかった。

2. 被差別民の表記についても、論者ごとの文脈もあり「穢多」「かわた」などの表記がある。また「かわた」についても論者の意図もあり皮多・皮田、かな表記など多様なままになっており編者として統一を求めていない。とりわけ権力側の史料を用いて論述している場合、「穢多某」を地の文で「皮多某」とすることに違和感もあり、カッコ抜きで穢多表記をしている場合がある。論者の意図は差別的意図を持たないものであると理解してほしい。

3. 論者によっては先行研究者に敬意をはらい敬称を付しているものがあったが、編者の要望で敬称を略することに統一してもらった。

4. 歴史用語や地名・人名などについてできるだけ広めにルビを付した。但し読みには複数の読みをもつものもあり、一例であると考えられたい。

5. 論集を生み出した研究会が「大阪の部落史委員会」で集められた史料の活用という意図をもっていたこともあり、

『大阪の部落史』全一〇巻（部落解放・人権研究所、二〇〇〇～二〇〇九年）ならびに、地続きの研究会であった長吏文書研究会編纂にかかる『悲田院長吏文書』（部落解放・人権研究所、二〇〇八年）『続悲田院長吏文書』（部落解放・人権研究所、二〇一〇年）の三著についてはそれぞれ次のように略記した。『大阪の部落史』第三巻文書番号54の場合は大③54、『悲田院長吏文書』正続の場合は通し番号がないため頁表記をとり、長87頁　続長152頁などと略記する。実際の収録史料が複数頁にわたる場合、引用当該頁か史料冒頭の頁数とした。今日悲田院長吏文書と同一出所であることが明らかな岡本良一・内田九州男編『悲田院文書』（清文堂、一九八九年）についても先の二著との関係で略記する。通番が付されているため悲四五などとした。

6．それ以外の部落史に関する既刊史料集などの表記・略記は各々の考えに任せた。

史料篇　凡例

本書では未紹介の貴重史料を紹介することも当初の意図であった。各人が史料の前に凡例を付していたが、独自の解題・解説に関する部分を除き、ここに一括して凡例とした。

1．史料翻刻については通常の凡例にしたがった。

a旧漢字・異体字は常用漢字に直した

b頻出する異体字・俗字・慣用表現・略字の一部はそのままとした。ゟ（より）・挊（かせぎ）・扣（ひかえ）・斗（計る）・直段など

c変体仮名は平かなに改めたが、頻出する一部は慣用により活字を小さくして用いた。者（は）・而已（のみ）など

d誤記・脱字と思われる場合には右傍に（　）で正字を、文意が通じない箇所にはママを付した

e表紙・付箋・包紙などは右傍に（　）でその旨を示した

f史料の一部を省略する場合は前・中・後の略記をおこなった。日記や記録など長文の一部であるものは前後略記を省略した場合がある

2. 編者の手になるものは（ ）あるいは○を付して区別した。

3. 内容を要約した綱文、典拠・所蔵者、年月などを示す部分は編者の手になるものである。

4. 新聞あるいは近代初頭史料ではカタカナをひらがなとした。

5. 史料そのものの解題・解説に属することは各々の末尾に付した。

第一部　大坂の支配と被差別民

第1章　一八世紀半ば〜一九世紀初めにおける大坂町奉行所の捜査・召捕とその補助者

安竹　貴彦

一　はじめに

法制史の分野における、大坂・京都・奈良など幕府の各遠国奉行所出入筋研究の近年の著しい進展に比すれば、吟味筋のそれについてはやや停滞気味ともいえ、むしろ傾向としては諸藩へと重点が移りつつあるようにも感じられる。それは史料上の制約によるものかもしれないが、出入筋（民事訴訟的裁判）には各地域の特性を反映した大きな差異が許容されたのに対し、吟味筋（糺問主義的刑事裁判）については幕府による統一への指向が強く見られたため、少なくとも天領であれば江戸とほほ同一であろうという、われわれ研究者の先入見にも原因の一端があるかもしれない。確かに大坂町奉行所の吟味筋の一連の流れと江戸のそれとの間に顕著な差異を見出すことは難しい。しかし細部にまで目を配ると、そこには大坂独自と思われる幾つかの特徴を析出することも可能であり、それらを整理し、差異が生じた原因やその後の時期的変遷につき考察を加えてみるのは、幕府吟味筋の研究にとってあながち意味のないことではないであろう。たとえば、幕末の南町奉行所与力佐久間長敬が著した『江戸町奉行事蹟問答』中にみられる平日召捕ものは町廻り同心盗難其外を聞込、一番に手を掛け、探索に掛りたるものを先ん手と定め、南北三廻り（隠密廻り・臨時廻り・定廻り）にて功を争うなり。少人数にて江戸城下一般の警察を掌ること故に、岡引・手先の類をも多く召仕、手配怠らざれば行届難きものなれども、大概町々に何か手筋の者ありて探ていするなり。（中略）町家にて盗難あれば其事を聴込たる手先の者、被害者の家に駈附、右顛末を聞合せ、南定廻り某聞込の由、名刺をさし置、早速に自分の属する役人宅へ来り其旨届け、大事件なれば出張を乞ふて取調に掛るなり。夫より品触と唱、盗難の時日、品々模様を詳記し、町々の八品商売人と唱候向へ触出て（質屋・古着・古鉄・古道具・古書画・紙屑・刀剣・時計）新吉原其外遊廓、或は博奕場など悪徒の立入べき場所へ手配す。被盗品并其仕業に依て探索の工風を附けて手配するなり。（後略）

（巻十のうち「探索召捕もの手続は如何」抜粋）

という江戸の「町廻り」同心の捜査・召捕のあり方は、後述するごとく、大坂の「定町廻り」よりもむしろ「盗賊吟味役」のそれに近似しているといえる。

そこで本章では今後の比較研究のための基礎作業として、主に一八世紀半ばから一九世紀初めに作成された大坂町奉行所関係文書を素材に、吟味筋の端緒ともいうべき「捜査・召捕」につき整理を試みることにしたい。当時の大坂町奉行所は、延享期の東町奉行松平河内守信正・城代堀田相模守正亮《まさすけ》を中心とする一連の改革(1)を経て、後述のように定町廻り・目安役・盗賊吟味役・吟味役など、吟味筋に関わる各役が相次いで新設あるいは整備され、大きく変化を見せた時期であり、またそれゆえかも知れないが、町奉行所内各部署の業務内容の概略を記した史料が比較的多く伝存している。

ただし今回は紙幅の関係上「捜査と召捕」に限定し、吟味筋のそれ以降の過程――入牢・吟味の方法・刑罰決定・科刑など――については、稿を改めて論じることとしたい。また利用する史料は、その多くが既出・既翻刻のものであり、新出史料をもとに新たな論点を提示するものではない。さらに現在の筆者には差異の原因や時期的変遷にまで踏み込んで考察する能力はなく、概ね事実の摘示にとどまらざるを得ない。周知のごとく、大坂町奉行所の組織や吏員あるいは御用に携わる被差別民などに関する先行研究は、多くの研究者により枚挙に暇がないほどの蓄積が既になされており、本章はこのうちの限定した期間・過程につき「屋上に屋を架す」結果ともなりかねない。かように制約の多い本章になにがしかの新味があるとすれば、吟味筋に関わる各役掛りの職務およびその補助者ともいうべき存在――たとえば長吏・小頭・役木戸《やくきど》など――に関する、史料に則した整理の試みという点に尽きるであろう。

二　大坂町奉行所における捜査・召捕業務

一九世紀初めの大坂町奉行所において召捕に主に関与したのは、当番所・定町廻り《じょうまちまわ》・盗賊吟味役の三つであったと考えられる。その各部署における捜査・召捕業務の概要を記した史料から窺われる特徴につき、以下に考察を加えてみることにしよう。

1　当番所

大坂町奉行所の受付窓口ともいうべき当番所の正確な設置年代を現時点では明らかにしえないが、受訴担当の当番与力・同心の奉行所内における他部局との空間的分離は、前述の延享期の改革に端を発する。当番所は町奉行所の部署の一つでありながら、多数の役付あるいは無役与力・同心の日々の交替勤務により構成されるという、他の部署とは大きく異なる性格を有していたが、この当番所に関し詳細な分析を行った野高宏之が、その主要業務を「当番が町奉行所に持ち込まれる届・断・願の処理、公事番による日切手形の交付、番方与力・同心の検使や捕物への派遣などと概括したように、当番所が捜査・召捕に関与する場合が往々にして見られた(2)。たとえば「摂州西宫邸裁判至要」[3]（以下、「裁判至要」と略称）には、次のように記されている（論旨に必要な部分のみ抄訳、以下同じ。また筆者が与力・同心らの補助者と考えるものには『　』を付した）。

- 「殺害・手疵為負・或打擲之類訴有之節」は、被害者死亡時には検使・召捕に両組同心を派遣（被害者存命の場合は当番同心）。相手（被疑者）を召捕った場合は一通り糺した上で仮口書を録取、時宜により入牢または鞘入を申付けた上で、一件を「吟味役」へ渡す。相手の名所不明あるいは逃亡して行方不明時には、早々『方角長吏共』を呼寄せ手当を申付ける。逃亡者の住所が判明する場合は『所之者』へ「初メ五日之尋」を申付け、その後の取計いは「吟味役」へ。[4]（殺人・傷害・打擲などが）盗賊の仕業と考えられる場合には「盗賊吟味役」へ渡し、（被害者の）疵養生中は所預ケ等は申し付けず、養生のみ申し付け、所の者に留意するよう申し渡す。
- 「人を殺候歟、或手疵為負候旨、致自訴候者有之」時は、当番同心に（自訴者へ）腰縄を打たせ人足を付置き、一通り糺した上で仮口書を録取。現場へ検使等を派遣し、一件を「吟味役」へ渡す。自訴者が負傷している場合は、当番同心が疵所を改める。
- 「疵負候者、相手を名差吟味之儀駈込願申出候」時は、（負傷者に）人足を付け、当番同心に疵所を改めさせた上で仮口書を録取。その上で相手召捕に派遣し、負傷者は養生中『所』預ケ（負傷者が無宿・非人の場合は「高原小屋預」など）とし、一件を「吟味役」へ渡す。重傷の場合は当分『公事人下宿』へ置き、医師による療養を加える。
- 「在方殺害・手疵為負之類」も、町方や他領との引合があり、代官や地頭が手限で処理できない分は、（代官所手代や（地頭）役人が見分の上、相手が村内に逃亡せずにいる場合は召捕り、仮口書等を揃え一件を差出してくるので、（奉行所から）再度検使同心を派遣する。無論相手が未捕縛の状態で居残っていれば、召捕にも派遣するため、諸事町方と同様の取り計らいとなる。

（以上、貞之部［六］殺害・手疵為負・打擲之類、訴之事）

•「何ニ而も被盗物吟味願出候」時は、願書裏に当番所押切判を押し願人に交付した上、牢屋敷へ持参して「盗賊吟味役」へ差出すよう申渡し、当番所日記へ記録する。盗難被害者が吟味を願わず断のみの際も同様の扱い。他国者が大坂で盗難被害にあった時の断・吟味願も同様の取扱い。

（同、［九］諸色被盗物断之事）

•亭主の留守中に女房・子供・下人等が、見知らぬ者から下値に諸色を買取り、後に亭主がこれを断出た場合、断書裏に押切判を押し、品と一緒に「盗賊吟味役」へ差出すよう申渡し、当番所日記へ記録する。

（同、［拾］女房・子供・下人等主不知諸色買取候断之事）

右のような一九世紀初めの当番所における吟味筋関連業務から看取されるのは、やはり第一にその「受付窓口」としての特質であろう。すなわち、能動的に奉行所外において自ら犯罪者を摘発するのではなく、主に訴（自訴を含む）・断・願など、いわゆる訴願を契機として活動を開始する——それは原則として犯罪行為発生（発覚）後を意味する——受動的な部署であったといえる。同じく「裁判至要」に

•一喧嘩・口論・殺害・手疵為負・あふれ者、或ハねたり・かたり・盗等之類、其外都而法外之儀致候者、町人・百姓者勿論、惣而御目見以下之御家人並宮方・堂上方・武家方家来たり共、格式ニ不抱右体之儀有之ハ、何方ニ寄す組同心差遣、為召捕可申候（後略）

•一右体訴ニ寄而捕者ニ遣候同心、並検使之与力共、都而当番ゟ可遣事、尤当番ニ而不足之時者、詰合之内をも差加江（後略）

（以上、貞之部［廿六］捕者捕方之事）

•一盗賊或殺害・手疵為負・喧嘩・口論等ニ付吟味願之類、並右之外ニも差掛り候無拠願ハ格別、其余金銀出入者勿論、強而不差急筋之願ハ、御用日之外不取上候、且又無宿者並口上之願ハ、不及沙汰候間（後略）

（奇之部［八］願無取上帳之事）

と記されるように、当番所は「訴ニ寄」るものであれば多種多様な犯罪類型を管轄したが、それは前述の負傷者によ

る「駆込願」などを除けば、原則として有宿者の書面による願に限定され、同時に訴願の受理は月番制――大坂の場合、東・西の交替――に大きく影響を受けることをも意味した。

また右の各箇条はその多くが、相手（被疑者）が「特定可能あるいは身柄確保済み」である状態を念頭に置いた記述であることが指摘できる。これに関連して「相手名所等不相分候歟、又者其場ゟ逃去行衛不知類」が『方角之長吏』に、「盗賊之仕業ニ相聞候分」などは「盗賊吟味役」に委ねられる――すなわち、「特定不可能（誰の仕業か分からない）あるいは身柄未確保（何処にいるのか分からない）」といった場合は他に委ねざるを得ない――ことにも留意する必要があろう。やや言が過ぎるかもしれないが、当番所は原則として、共同体内での構成員間で生じ、自発的に奉行所へ持ち込まれた諸問題を管轄する部署であり、「捜査・召捕」についても、その性格にかなり強く規定されたことを意味しているとも言えよう。

さらにこの時期の当番所は、受訴案件をその後も単独で主管し続けることは原則としてなく、早い段階で適切な部署（「吟味役」と「盗賊吟味役」）へと分類する（振り分ける）ことが主要な職務であったことも特徴としてあげられる（但し後述のごとく、分類後の「吟味」の過程で、当番与力が「相懸り」として関与することはありえた）。

以上のような特徴が、当番所による「検使」「召捕」への同心派遣、被害者（と主張する者も含めた）身柄の確保、事件関係者からの「仮口書の録取」など、今日でいえばいわゆる初動捜査に限定される理由、あるいは他役と比較した場合の補助者――とりわけ捜査に携わる――の少なさなどを反映しているといえる。

このような当番所に比べれば、以下に述べる定町廻りや盗賊吟味役は多分に能動的性格を有する部署であったが、その両者の間にもかなりの差異がみられた。

2　定町廻り

定町廻りは前述延享期の改革時に新設された役であり、それ以前は風烈の際に風廻り、また祭礼・法会などの際には捕者番と称する与力・同心を随時出していたが、「与力ハ一年代り一組ニ両人ツヽ、同心ハ三ヶ月代りニ両人ツヽ、定町廻り申付、昼夜之無差別、両組与力・同心四手ニ成り、町中相廻り、神事・法会其外人立之場所へも相廻り、怪敷者見合次第召捕」る常設の役となった。「町奉行所旧記」[5]（以下、「旧記」と略称）の「定町廻り方勤書」にはその職務につき、次のように記されている（但し、定町廻り新設により「捕者番」が廃止されたわけではなく、「勤書」中には個別の祭礼・法会の際に定町廻りが「捕者番」として出動する箇条が散見される。以下には日常業務のみを抄訳）。

- 与力一人が下役同心一人および『長吏下小頭共』を召連れ、毎日不定時に昼三時・夜二時ほどを東西町廻り四人で、三郷四方を方角を定め巡回する。晴雨時とも三郷その他町続きの村々・寺社法会など群集の場所を廻り、盗賊あるいは不審者を見逢次第に捕縛の上、その所の年寄町人へ渡し預証文を取り、巡回終了後にその旨を報告する。捕者（被疑者）は町内より奉行所へ召連れる事もあれば、定町廻りが直接連行し報告する場合もある。天明八（一七八七）年には「近頃盗賊多相成候」との理由で、東西にて一人ずつ「忍ひニ而」廻ることとなり、その後一旦廃止されたが、寛政九（一七九七）年に再び復活した。
- 「三郷町内出火」時には早速駆け付け、火事場近辺を巡回し、盗賊あるいは怪敷者を見逢次第召捕え、町内へ預けた上、鎮火後に連行して報告する。
- 昼夜とも巡回先に群集箇所が多くある時には、自分たちが指図して『長吏下之者共』に手分けして廻らせ、また往来人の多い橋々辻合などでは、暫時監視を継続する場合もある。

このように定町廻りは月番に関係なく、常時東西四人で大坂三郷および周辺の村々を手分けして巡回し、犯罪類型を問わず、また犯罪行為の発生・現認を必ずしも必要とせず、犯罪者・不審者を捕縛して町奉行所へと連行するのが主要な任務であった。能動的な部署ではあるがその名称の示すように、出役先における日常的な巡邏と（これに付随する）捕縛業務を行うことに主眼が置かれた点が、後述の盗賊吟味役とは大きく異なる。すなわち「手覚」[6]に「定町廻り勤方之義も畢竟態々相求メ、捕もの仕候儀相励候筋ニハ無之、昼夜定之通二時宛四人ニ而、不絶市中相廻候儀を専要ニ心得（後略）」と記すように、元来、「定町廻り」の出役は「召捕」を目的とするものではなく、犯罪の事前予防を重視した――無論、出役先における犯行の現認や手配犯の発見あるいは通報に基づく捕縛などはありえようが――ものであった。それゆえ「勤書」にみえる補助者の種類も『長吏下之者』のみと少なく[7]、しかも塚田孝が指摘するように、非人身分であっても小頭・若き者が勤め、長吏が含まれていないことに留意すべきであろう[8]。但し、同じく「手覚」に

町廻り与力・同心、東西四組、日々町中相廻候節、小頭壱人・若キもの二三人宛銘々ニ召連、昼夜二時宛之定ニ候處、近年ハ捕もの有之儀を出精相願候事之誓、銘々相励、定式之刻限ニ不抱、或ハふらり廻りと唱、忍ひ之着服ニ而昼夜延続ニも相廻り、召連候人数も捕もの之都合を考、町廻り之存寄次第ニ差図いたし、若キ者十人計も召連候儀間々有之、町廻り四組ニ差添之人数、都合ニ而ハ一日ニ四十人も出方有之儀抔も御座候由（後略）

と記すごとく、一九世紀初頭には「定町廻り」も召捕業務に重点を置くようになっており、これに伴い付き従う者たちの人数も増加していった状況が窺われる。

この「定町廻り」も召捕後の過程には原則として単独では関与せず、被疑者は当番所に引き渡され、当番所が犯罪類型による分類の上、各役へと引き継いだ（但し、当番所と同様、「吟味」の過程で「相懸り」となることはあり得たと考えられる）[9]。「裁判至要」によると

• 定町廻り与力による召捕者がある際には、その旨の届書が用人から渡されるため、当該与力から（被疑者の）名

前・雑物など照合した上、当番同心に申付け当座は仮牢へ留置し、人足を付け番をさせる。その上で悪事の次第が届書により明瞭であれば入牢を、不分明であれば鞘入をいずれも公事場で申し渡す。「博奕又者盗賊筋」であれば「盗賊吟味役」へ、「殺害・手疵為負其外あぶれもの等之類」は「吟味役」へ渡し、当番所日記へ記録する。

（貞之部［拾二］定町廻召捕者差出候節之事）

と、盗賊吟味役（「博奕又者盗賊筋」）または吟味役（「殺害・手疵為負其外あぶれもの等之類」）へと振り分けることとされている。

［補論］

当番所による振り分け先の一つである吟味役は、天明七（一七八七）年――後述の盗賊吟味役が主役（本役）になったのと同年――に新設された部署であるが、その職掌につき「旧記」の「吟味役勤書」には次のように記されている。

- 吟味役設置以前までは目安方掛りであった公事訴訟の御糺者・御吟味者、ならびに当番所掛りであった御糺もの・御吟味者を一手に引受け糺す。御仕置・御裁許になる分は伺書の統一に留意し、（奉行による）御糺の際には遠慮なく存念を発言し、諸事円滑な進行に配慮し、御吟味・御糺事が手間取らぬよう、不要な口上書等を申し付けぬよう心掛ける。
- 公事出入の吟味は勿論、日々当番所で追々御吟味または御糺となったものを渡された時は、事案を分類した上で（吟味役内での）担当者を伺う。目安役は勿論、当番のなかからも相懸りを申し付けられる。
- 『惣代四人』を東西へ引分け召仕う。但し現在は『助懸り惣代』一人を増員している。

右の記述からは、吟味役が従来は目安役・当番所の職掌であった出入筋・吟味筋の双方の吟味を担当する部署であること、但し吟味にあたっては目安役や当番所役人と「相懸り」で担当する場合があること、奉行による吟味の補助も行うこと、主たる補助者は惣代であることなどが判明する。この目安役については、吟味役設置前の明和～天明期に同役を「拾七年相勤」めた八田五郎左衛門（七代目）が作成した「八田氏由緒書」[10]に

（前略）其頃目安役之儀者訴訟之糺而已ニ無之、対決之上御糺ニ成候公事出入等も目安役江御渡、手掛ケを分ケ糺もの御吟味筋等夫々取扱、其余三役・盗賊吟味役等之役筋ニ不拘非常御吟味もの等も、多分目安役之内江吟味掛り被仰骨折相勤候付（後略）

と、当時は盗賊吟味役管轄外の「吟味もの」などの吟味も担当していた旨が記されている。目安役も延享元（一七四四）年に定町廻りと同様、堀田・松浦の主導により新設された役であったが、天明期の吟味役設置に際しては「目安役之儀者、以後別而訴状讀上、無相違様念入、難分義者幾度も願人江可尋」と達せられており[11]、「吟味役」の設置により、当番所は「受付窓口」として、また目安役は「訴訟之糺」としての専従化が図られたと見ることもできよう。

すなわちそれは、吟味役（あるいは目安役）設置以前の時期には、当番所が実質的吟味をも担当する部署であったことを推測させる。たとえば寛保二（一七四二）年以前の成立と考えられる「当番所取捌覚」[12]には

一被盗物品書を以御吟味可被下旨断来時者、御聞届留ニ致、右願書盗賊吟味役役人江被遣候事

但、御吟味不願上候被盗物茂留候上、盗賊吟味役人江書付被遣候、此義ハ御用筋手懸り之為也（後略）

と前記「裁判至要」とほぼ同様の手続（盗難被害者による吟味願の盗賊吟味役への振り分け）が記される一方、

喧嘩・口論溢者之事

一相手を召連出、又ハ留置候由断来時者、疵之軽重ニ寄牢舎或ハ手鎖等被仰付、御吟味ニ相成候事

一相手取放候而も、何町誰町内江参り如此者あハれ候由断来時者早速被召出、御吟味被仰付候事

と、やはり相手を「特定可能あるいは身柄確保済み」である類型が、当番所により「吟味」されると解釈しうる箇条

が存在する（先述「旧記」の「吟味役勤書」の項も参照）。吟味役の設置目的が当番所（あるいは目安役）からの「吟味」機能の分離にあったとすれば、右の「当番所」および「定町廻り」に掲げた史料中において、吟味役へ振り分けられる類型がそのようなものに限定されるのも当然といえよう。その名称が示すとおり「吟味役」は、原則として「吟味」対象者の確保なくしては稼働し得ない部署であったと考えられる。但し、同役の吟味筋関連業務に関する史料は現時点においてほとんど知られておらず、詳細については後考に俟たざるを得ない。(13)

3　盗賊吟味役

盗賊吟味役の正確な設置年代は判然としないが、寛保二（一七四二）年に当時の東西両町奉行佐々美濃守・松浦河内守の城代への伺に基づき、牢屋敷内に盗賊吟味役所および吟味場が設置され、また前述のごとく、天明七（一七八七）年には御石方加役から主役（独立の役）となった部署であった。この主役への昇格は、「近頃盗賊多相成候」（前述定町廻りの「忍び廻り」の開始理由）「天明の頃より罪人多くして」（「下吏政要談」）などと記されるような当時の社会状況に対応する措置であったとも考えられるが、「旧記」の「盗賊吟味役勤方覚」および「御問合之内三ケ条大下書」(14)（以下、「大下書」と略称）には、その職掌につき次のように記されている。

- 「火付・盗賊・あはれ者之類、怪敷もの」の召捕・詮議は、大坂町中のほか摂・河・播御料私領在々まで担当。「御尋之者」は他国までも手当捕縛し、牢屋敷御役所にて詮議する。天明八（一七八八）年には「捨子仕候もの」、また寛政六（一七九四）年には「博奕仕候もの」も捕縛・詮議が認められる。(15)「一領切之盗賊」であっても他領や大坂表へ迷出た者を捕縛した場合、あるいは当表関係筋から露顕した場合は吟味する。寛政年中以降は「中国筋悪党御取締」も江戸表からの下知により担当し、風聞があれば伺の上差図に基づき取り計らう。
- 寺社法会・神事・町中引廻御仕置ものなど群集の場所、および折々町廻り等に出役の際は、東西同役立会のうえ、同心二人ずつと『惣代・若キ者・道頓堀芝居役木戸番之内弐人、長吏共之内壱人、小頭共之内弐人』を召連れ、「あはれもの其外風躰怪敷もの」は、発見次第捕縛し詮議する。出役先で捕方・聞合わせその他手当が必要な場合は『役木戸・長吏・小頭共』を増員しての召連れもある。前々は『床髪結組頭共』も召連れ出役したが、天明二（一七八二）年に役木戸・床髪結組頭の召連れは廃止された。惣代の召連れも同八年に廃止となったが、支障を申し立てた結果、現在は『惣代・若キ者・役木戸ども』の召連れが復活している。（以上「旧記」）

• 盗賊は盗賊吟味役与力が牢屋敷役場において一応下吟味をした上、白状の次第により同類（共犯）の召捕手当をし、盗物の売先・預け先などは、取引先々を遡及する方法（左記参照）で下役同心を派遣して召捕る。家内改（家宅捜索）を実施したり、丁役人同行で呼出し糺すこともある。（「大下書」）

このように盗賊吟味役は他役に比べ、非常に広範な領域を管轄したこと、その名称にもかかわらず盗賊以外の犯罪についても広く対象としたこと（またその対象が拡大していったこと）、補助者の種類・人数が多いこと、先述の「被盗物吟味願」を除けば当番所を経由することなく、しかも召捕のみならずその後の詮議（吟味）までをも行うこと、などがその特徴として挙げられよう。このうち補助者につき、もう少し詳細にその役割を史料（「旧記」「大下書」）から抽出すると

• 「火付・盗賊・或者人殺・手疵為負」「無宿躰之もの、怪敷様子之者徘徊」については、『役木戸・長吏・小頭共』に対し、発見次第の連行を従来から申付けてあり、連行してくれば詮議する。宿持（有宿）については発見場所に引据え置き注進させ、即刻同心を派遣して連行する。宿持か無宿か不明、あるいは在牢盗賊の指口（自白）から捕縛手当申付中の者を発見した場合は（有宿・無宿とも）直ちに連行することもある。（「旧記」）

• 百姓・町人その他武家中間体以上の風体の者は、不審であっても『役木戸・長吏共』は直接手を掛けず、手段を講じて逃亡を防ぎ注進し、盗賊吟味役下役同心が東西立合い出役の上捕縛する。その際の縄取や召捕方手段には

『役木戸・長吏等』も携わる。

（『大下書』）

・『役木戸』は「大坂諸芝居兼而矢倉御免之定芝居附木戸番」のうち、往古人選を以て一二人を下聞筋御用に召仕い、惣木戸番は役木戸どもを手下に差配する。この一二人には道頓堀芝居前に「いろは茶屋」と称する芝居見物人相手の煮売・水茶屋株四七軒の営業を許可し、芝居興行中は日々の上り銭も芝居方より配分されるため、奉行所から彼らに定式の賃銀は支給しない。『四ケ所長吏』も摂河在々の非人番に至るまで手下に差配し、天王寺・鳶田・道頓堀・天満四ケ所の除地に長吏はじめ手下・小頭が居住する。町々在々まで毎年正月に大黒舞・節季候の執行で家並に報謝を受け、一年に一度町中竈並に一合の報謝米を受ける。「往来非人ニ至迄」長吏共の仕置（管理）に申し付けられており、御用先下聞を勤める賃銭は支給しない。

（『大下書』）

・『大坂質屋・古手屋・古金古道具屋共』惣代が日々盗賊吟味役詰場に詰め、質取・買合品のうち不審な物は密かに注進するよう申付けてある。「被盗物等之儀訴有之」時は、（盗品の）品書を（各商売）惣仲間に触れ、とりわけ盗難被害者が「吟味相願候分」は、急触による品書を（右商売筋の者は）筆写し、質取・買合品で類似物がある場合は惣代へ差出す。訴えがあり次第、盗賊吟味役・下役東西立合のうえ『役木戸・長吏・小頭とも』のうちを召連れ、取引先々を遡及して探っていき最初の者を召捕る。

（『大下書』）

・『長町木賃宿・旅籠宿』宿泊の旅人体の者に不審者があれば、盗賊吟味役へ注進するよう申し渡してあり、申出があれば即刻同心を派遣し拘引して詮議する。[16]

（『旧記』）

・『床髪結』は往古より万事牢屋敷の下働を勤めているが、『丁々にて召仕候髪結とも』を手下に差配しており、悪党ものを見聞した際には盗賊吟味役へ注進するよう、床髪結仲間頭より申し付けてある。[17]

（『大下書』）

などと記されており、盗賊吟味役は能動的に奉行所外で捕縛に携わり、折々町廻りにも出役するとはいえ、定町廻りと異なり、日常的巡邏よりもむしろ広域かつ多様な情報網からの報告（注進）を契機とする活動にその重点があったことが窺われる。後に「捨子」や「博奕」といった犯罪類型をも管轄するようになるのも、その類の犯罪者の摘発が情報提供に負う部分が大きいからといえるのではなかろうか。敢えて先述の当番所と対比するならば、「不特定あるいは身柄未確保」の被疑者——その典型が盗「賊」・悪党あるいは無宿者などであろうが——を主たる対象とする部署ということもできよう。そうした部署には捜査能力・機動力が不可欠であり、それゆえ補助者に求められるのは、「旧記」勤書に「盗賊方役筋之儀者他江出役も多、就中悪党もの徘徊繁キ時節抔者、臨時昼夜廻りをもいたし、手当ニ付、手先之もの共昼夜ニ不限繁々注進申出」と記されるように、頭による配下などの支配——長吏と小頭・垣内番・在々非人番、質屋・古手屋・古金・古道具屋各惣代と各商売人、床髪結と町髪結など——を通じた広範な情報収集とその提供であった。

しかし、これらの補助者のなかでも、盗賊吟味役が日常的に「捜査・召捕」業務のなかで主に召し使うのは『役木戸・長吏・小頭』であったと考えられる。たとえばこれまで掲げてきた史料中には「手当」という語が散見されるが、奉行所役人が直接「手当」——日常的な警戒・情報収集ではなく、原則として特定の事案・人物に関する情報収集と報告・拘束などを指すと考えられる——を申付ける対象も彼らであった。本章の対象とする時期からは幾分下るが、天保二（一八三一）年に、西町奉行所盗賊方同心であった嘉来佐五右衛門が、勤方の手引として筆写した「盗賊方概《あらまし》」(18)と題する史料中には

（前略）

無宿
布袋の

行衛不知跡手当　市右衛門　卯五拾九歳

此跡手当之儀者、其時召仕候役木戸又者小頭等江申付可置、召仕候もの者役木戸ニ而、捕もの当り先在方ニ候ハヽ、翌日手当之儀長吏方江申付可然

（「三　言上書頭書奥書」）

と、行衛不明者の手当を役木戸または小頭などへ、また捜索範囲が在方に及ぶ場合には、改めて長吏へ申付ける旨の記載が見られる。この「手当之儀長吏方江申付」とは「手覚」に

　摂河村々番人共儀ハ、當表四ヶ所長吏下之者ニ而、右番非人之内ニハ在小頭と唱、當表四ヶ所ニ罷在候長吏下小頭共ニ准候者も有之（中略）摂河一円ニ長吏下之者入込居候儀ニ付、在々盗賊筋万事之違変ハ早速彼等より長吏共江申通、當表ニ而盗賊役江長吏小頭共より及注進□□万事在方之非定も早速ニ相知レ、聞合筋手當もの等之節も、當表ニ而長吏小頭江申付候得ハ、大概之儀ハ右在小頭共江申遣、彼方ニ而及手當、弁利ニ相成候儀ニ御座候（後略）

とあるように、「在小頭」を通じた「摂河村々番人」（番非人）による広域捜査であると考えられ、『悲田院長吏文書』には「従此間被為仰付候御手当之儀、左ニ奉申上候」「先達而御手當被為仰付候仲間與助人相似寄之者」「此間被為仰付候玉造御与力仲間与助儀、段々手当仕候得共」など、各所の在小頭と思しき者たちから、長吏に宛てられた報告書が散見される。

　このように奉行所から申付けられた「手当」は、更に多数の配下に「手当申付」（伝達・命令）られ、配下らによる広域の情報収集や探索の成果は役木戸・長吏らの元へ集約された後、奉行所側に注進（報告）された。元来はその情報分析に基づき奉行所側が改めて指示を出すといった、いわば奉行所の指揮下で行われる形が原則であったが、宝暦七（一七五七）年には盗賊吟味役から四ケ所長吏・小頭に対し、「近頃町在共盗賊多数致徘徊候処、四ケ所長吏・小頭共、此節心得違居候哉、手当行不届多分者不相知ニ付」という理由で、

　（前略）向後者町在共垣外番江申付置、盗賊這入候趣聞付次第其家江密ニ参聞合、少ニ而茂様子相分り候ハ者、直ニ方角之長吏・小頭共江申達早々致手当、其段早速盗賊方御役人様江御注進可奉申上候、是迄右躰之儀有之節者、長吏・小頭共ゟ御役人様方江相窺候上手当致候得共、其内手延ニ相成候ニ付（後略）

と達せられ、盗難事件発生後まず配下（垣外番・番非人）は聞込みのうえ長吏・小頭へ報告し、その指示に従い現場での手当後に盗賊方役人に（長吏・小頭経由で）注進するという、長吏・小頭たちの裁量を大きく拡大する方向での変更が行われている。(19)

さて、右に掲げた「盗賊方概」には、情報収集や被疑者の拘束以外の、いわば同心の直接の指揮下で行われる長吏や役木戸の業務が幾つか記されている。更に以下に抽出してみることにしよう。

- 前掲品触の類似品が質屋から質屋惣代へ提出され、盗難被害者の申告と一致した際には、直ぐに与力より召捕が指示されるので、質屋提出の質置主・判組・質使の名前書および訴書を受取り、その日の『役木戸詰番』へ申付け、これら一同を順に差押えさせる。注進場所は質置主最寄の町会所か芝居（小屋）等に事前打合せのうえ『役木戸』を派遣し、（役場への）注進があり次第、約束場所へ出役し返事を待つ（出役以前に東町奉行所同役の右場所への立会を依頼）。さらに役木戸からの（約束場所への）注進で、一件に関与する主立った者の居町会所へ出向き、そこに関係者も呼寄せ取り調べる。

（〔一〕出口捕者立会心得之事）

- 京都・奈良・堺へ被疑者を受取りに赴く際は、囚人一人につき『役木戸一人・小頭一人・若き者二人』を同行する（京都・伏見へは三十石船一艘を仕立てる）。先方で解縄された被疑者は、当方手先に受取らせ縄掛けして引取る。出立前に明芝居（小屋）へ『役木戸』より事前に掛け合わせ、一泊させてもよい。伏見から駕籠での引取は費用が嵩むため、『役木戸』から船方代官角倉為次郎手代へ、役船を出してくれるよう依頼させる。先例では伏見からは天道船一艘を、船方役人の呼出しを『役木戸』に申付けて準備している。

（〔卅八〕京・奈良・堺請取者之節心得）

- 手当の者が堺へ逃げ込んだ様子であれば、堺『長吏』へ依頼して身柄を差し押さえ、内分に引渡してくれるよう掛合いをする。(20)

（〔六十二〕手当者境江迯込居候心得方）

・宿場での宿泊あるいは在方で捕者を一泊させる節は、宿・村方から預ケ一札を取ったうえで番をさせる。村によっては迷惑がる事もあるので、その際には手先のうち一、二人を付置くので安心するよう申渡す。

（「六十六」捕者在方往来・泊心得方）

右の記述を含め、「盗賊吟味役」下での御用を通観してみると、役木戸と長吏らとの間には、主たる管轄領域・分野にいわば役割分担――前者は主に町方・他役所との交渉・興行関係への口利き、後者は主に在方・他地域被差別身分との交渉など――が存在したようにも思われるが、これには役木戸が交替で役場に詰めるのに対し、長吏・小頭が「四ヶ所とも市中を相離レ候場所ニ罷在、別而鳶田・天王寺抔ハ牢屋敷迄も余程道法有之」（「手覚」）という、役所（あるいは役人）との関係のあり方や彼らの身分が影響しているとも考えられよう。これらについても更なる史料の発見・蓄積――とりわけ役木戸に関する――が不可欠といえる。

さらに「役木戸・長吏」たちの協力者として、「猿」と俗称される者たちが存在したと言われ、『近世風俗志（守貞謾稿）』は、この「猿」につき

三都ともに正民の密に官吏の命を奉じて、諸人の禁を破り法を犯す者を探るあり。京坂にてこの徒を猿と云ふ。陽に生業ありて、密にこれを行ふなり。専ら探り得れば官吏にこれを報告し、これを捕ふことを稀とす。（後略）

と記している。(21)『悲田院文書』のうち、端裏に「関様へさし上候下書」と記された史料（関は同心）には、「過日御内密御聞探被為仰付候」として、役木戸や長吏・小頭の「請持場所」に居住する計六名の情報が報告されているが、そのいずれもが

・鳶道（鳶田・道頓堀）ニ懇意有之→平日博奕渡世同様ニいたし候（中略）御役筋之内ニ兼而懇意之ものも有之、鳶田道頓堀長吏下之内ニ心着いたし□もの御座候由（中略）昨春ハ聞探之砌、内々手先いたし、自分者右御調ニ相洩由

・役木戸受場中之芝居木戸番頭之由→平日博奕相好候由之処（中略）同様去春賽・軽多所持之もの御聞探之節、役

木戸申候廉ニ而右調ニ相洩候由

- 鳶道ニ懇意在之→博奕渡世同様ニいたし居候由之処（中略）内々手先いたし候廉を以、右御捕之節、一旦丁会所迄罷出候得共、外ニ同名前之もの有之、人違之趣ニ而此もの義ハ無事ニ差帰しニ相成候由
- 鳶受場→博奕相好渡世同様ニいたし（中略）博奕相催居候もの共御召捕相成候節、此もの者右場所迯去リ一旦身ヲ隠し（中略）去春賽軽多所持之もの共御聞探之節、役筋手先いたし候廉を以、御捕え砌程能身抜いたし貰候由
- 芝居木戸番→平日博奕相好候ものニ而（中略）賽軽多所持之もの共御聞探之砌、役木戸手先いたし、右一条御捕ニ洩候由
- 右同断（芝居木戸番）→平日博奕相好候由之処（中略）かるた一件御聞探之節、役木戸之手先いたし、是又御捕ニ相洩候由

（一〇五　大坂町奉行所関弥次右衛門へ提出の内密聞合せ報告書案）

と、情報提供＝同類の密告をするかわりに、自身の犯罪を見逃してもらい捕縛・吟味を免れている。全員が博奕を「渡世同様」にしている者たちであること、とりわけ役木戸の手先として木戸番が数名挙げられていることにも留意しておきたい。盗賊吟味役が寛政六年以降管轄することとされた「博奕」の摘発は、まさにこういう者たちの存在なくしては、その実を挙げ得なかったであろう。但し、藤田実が指摘するように、大坂の四ケ所・役木戸が江戸の目明し・岡引に比べて「公的な性格」が強く[22]、いわば公認の手先として町奉行所の御用を勤めたのに対し、この「猿」は奉行所から――現実的にはその存在を黙認されていたとしても――公認された存在ではなかったと考えて間違いなかろう。その性質上「猿」に関する史料は、現在までほとんどその存在が知られていないが、今後の丹念な調査による実態解明が期待される[23]。

以上のように「捜査・召捕」業務に限定すれば、盗賊吟味役は情報収集能力や機動力の点で他部署には見られない特徴を有しており、当時の大坂町奉行所の警察業務の中心的役割を担っていたと考えられるが、その要因の一つには、

同役がそうした能力を有する多種多様な補助者たちを、ほぼ独占的かつ巧みに駆使し得たことにあったといっても過言ではないと思われる。

三　むすびにかえて

以上のような「捜査・召捕」業務に関する粗雑な整理の結果、おおよそ次のようなことがいえるであろう。一八世紀半ば以降の部局の新設あるいは拡張により、一九世紀初頭には概ね二つの捜査・召捕の系統が完成したと考えられる。一つが「定町廻り—当番所（—吟味役）」であり、もう一つは「盗賊吟味役」である。これまで見てきたように、両系統とも一般的な吟味筋の範疇に含まれる犯罪全般を対象とし、被疑者の捜査・召捕に関与した。また管轄領域についても確かに盗賊吟味役のそれはより広域にまで及んでいたが、三郷町中や周辺の村々については重複していた。むしろ両者の差異は、犯罪に対して「受動的（訴願を主たる契機として摘発に乗り出す）」か「能動的（恒常的に情報網を張り巡らし、積極的に犯罪の発見・摘発を行う）」かの程度に存するといえ、そこには犯罪に限らず広く市民からの訴願一般を受付ける窓口としての当番所の性格が少なからず影響したと考えられる。そしてそれが、両系統において主たる対象とする被疑者の性質、ひいてはその捜査・召捕に活用する補助者の種類や人数あるいは性格の違いにも反映したのであろう。「手覚」には

（前略）前々ハ晝夜町廻りと申役筋無之、盗賊吟味役手透之臨時ニも町廻り仕候儀ニ候處、御吟味もの御用多相成候付、延享年中比より初而定町廻り四人被仰付、其後ハ盗賊方定式之出役日相極候儀ニ御座候（後略）

と記され、「定町廻り」の元来の設置目的は、盗賊吟味役が御用多端により臨時町廻りを充分に行えなくなったことの補完にあると意識されていたようであるが、当番所経由で盗賊吟味役へ割り振る「博奕并盗賊筋」を除けば、延享

期の「定町廻り」設置は、結果的にその後の「当番所」（あるいはその背後の吟味役）に、幾分かの能動性を附加する施策となったとも考えられる。

以上が現時点における筆者の一応の推論であるが、当然ながらその実証には問題が山積している。たとえば、訴願を発端としない「当番所」による捜査・召捕のあり方の解明、一八世紀半ば以前の捜査・召捕部署の整理、各時期における業務実態のより詳細な分析などは不可欠な作業である。また二系統への分離はあまりに概念的であり、吟味の段階における「相掛り（協働）」などを考えれば、捜査・召捕時の両系統の協力態勢や情報の共有なども当然あり得たであろう。江戸と異なり、三奉行所や火付盗賊改の管轄業務までをも東西町奉行所で担当した遠国奉行所であればなおさらであり、そういう意味では他都市（たとえば京都）との捜査・召捕部署設置の経緯や業務内容の比較はより有意義であると思われる。またもう少し細部に目を転じても、各補助者たちの業務の詳細や、補助者として組み込まれた時期・経緯の解明、更には本章では対象とし得なかった他部署——とりわけ町目付など[24]——の捜査・召捕業務への関与についても分析が必要であろう。そして何より本章では筆者の能力のなさゆえに充分に触れ得なかった「吟味」の問題がある。大坂町奉行所の吟味筋全般を概説した先行研究として、藤井嘉雄による労作『大坂町奉行と刑罰』[25]があり、筆者も大いに示唆を得たが、たとえば

> 大坂における裁判機関は、捜査機関と同じく、大坂町奉行つまり東町奉行（東組奉行）と西町奉行（西組奉行）であった。実質的担当者は前に述べたように、天明七（一七八七）年八月以前は、盗賊吟味方与力であり、以降は火附・盗賊・博奕及び暴行の類に付いては、盗賊吟味方与力であり、その他の殺人・傷害・詐偽・口論・喧嘩等については、吟味方与力であった。天明七年八月以降、罪種により、掛与力が異なったことは、江戸の町奉行所にはみられない仕組みであることに付いては前述した。（同書一二一頁）

という記述に関し、確かに吟味役の設置以降、「吟味」は「吟味役」と「盗賊吟味役」の両部署が担当したし、「罪

種」による分類がなされているようにも見える。しかし、当番所の項に掲げたように「殺害・手疵為負・或打擲之類訴有之節」であっても、盗賊の仕業と考えられる場合には「盗賊吟味役」に振り分けられるのであり、これまでの本章の論旨からしても「罪種」による単純な二分には、現時点において躊躇を覚えざるをえない。これら全ての問題は後考に俟たざるを得ないが、以下には明治初年における「捜査・召捕」業務につき若干の見通しを述べ、本章を閉じることとしたい。

慶應四（一八六八）年一月七日、前日に慶喜と共に大坂を退去した奉行からの「御供相願候もの者、紀州表江可相越、其儀無之ハ御暇被下間、勝手次第可致候」との伝言を聞かされた大坂町奉行所与力・同心たちは、一旦は退去したものの、進駐してきた薩摩・長州を中心とする新政府により早々に呼び出され、十三日には数名の元与力・同心が市中鎮撫取締方として再雇用された。これを契機として元与力・同心たちの帰順が進み、二十二日に多数の旧幕臣を抱えて「大坂鎮台」が発足することになる。この鎮台発足の前日、「三郷町々惣代勘定場掛り年寄共」が惣年寄に対し、薩長両役所への提出を依頼した口上書が「見聞記」にのこされているが[26]、その中には次のような箇条が見られる。

一役木戸・宿屋年行司并市中外四ケ所小屋ニ罷在候長吏手下之非人共儀者、町々乞食・物貰・行倒者等為追拂、壱丁限り垣外番小屋補理差置、其町々ゟ食物等与江候者ニ御座候所、中興町奉行組同心火付盗賊召捕方手先ニ召遣ひ候ゟ、身分之程を忘却仕、役人同様言語道断、不法不埒之行跡日々及増長、天保年中制度有之、悪党之者者刑罰ニ被申付候處、近年之増長以前ニ弥増、丁々会所ニおいて町人之吟味、詮議役人同様之行跡仕、剰囚人探索を被申附乍置、己者酒食ニ耽り入用相掛ケ、言語道断不埒之仕方を、邂逅先規ヲ以示候町人有之者、讒言ヲ以罪ニ陥ルゟ、丁人共恐却仕候ニ乗し、数ヶ条之悪行、市中之丁人誰歟壱人不憎者無御座、以来右之族役先等ニ御召遣之儀、御廃止奉願候（後略）

この文面からは、本章で取り上げてきた補助者たち――とりわけ「長吏手下之非人共」――による、町奉行所の権威を背にした「役人同様」の振舞いや数々の悪行が、市中の町人たちの難儀・憎悪を惹起していた様子が窺われる。また、元来は出役同心の職務であった会所での取調べも、幕末には彼らが実質的に担うようになっていたと考えられる点にも留意する必要があろう。

しかしながら、新政府による統治開始に際し、かつての「火付盗賊召捕方手先ニ召遣ひ候」者たちの廃止を求めた、年寄たちによる右の嘆願が容れられることはなかった。二月三日には「大坂裁判所」の設置が三郷町中に宣せられ、元西町奉行所を拠点とした政務開始に伴い、元与力・同心たちはここで裁判所御用掛として務めを再開することとなる。たとえば入坂した岸和田藩に対する二月十八日付の裁判所からの手紙には「裁判所御用掛元与力・同心之内より市中取締盗賊探索之上、様子次第ニ而召捕候様御手当相成居候間……」と、元与力・同心による召捕業務の再開が告げられており、また四月付「大阪裁判所役員」一覧には当番所詰・盗賊・吟味など、本章で分析を加えた「捜査・召捕」部署の大半が復活しており、それぞれに裁判所調役・調役手代と改称した元与力・同心たちが配置された。おそらくこの頃には、旧町奉行所時代とほぼ同じ業務が再開されていたと推測されよう。

その「大阪裁判所」は五月に大阪府へと改称されるが、この発足当初の職制や職員の全容を記した史料を知らず、管見の限り、ほぼ一年後の明治二（一八六九）年五月付の「大阪府職員録」が現時点で最も古いものといえる。この職員録中でその名称から「捜査・召捕」業務に関与したであろうと推測しうるのが「糺獄方兼捕亡使」であり、そこに掲げられた人名と前歴を記したのが次頁の別表である。この表からは、ほぼ全員が幕末あるいは裁判所時代に盗賊方を経験していることが明らかとなり、初期大阪府の糺獄関係部署が、実際には盗賊吟味役所の復元（復活）に近いものであったであろうことを推測させる。その後、大坂府では「召捕」と「吟味」の担当部署の分離が図られ、明治三年一月の大阪府職員録中には、刑訟局定刑掛・刑訟掛（吟味、但し聴訟［民事］の吟味も含まれると考えられる）および捕亡長（召捕）といった部署名がみえているが、表に見られるように、この捕亡長（計一〇名）も全員が元町奉行

表　明治２年の糺獄方兼捕亡使および３年捕亡長の氏名および経歴

番号	氏　　　名	慶応３年正月（奉行所）	慶応４年４月（裁判所）	明治３年１月
31	牧野弓馬太郎	盗賊・目安［遠国・盗賊］	調役（盗賊）	——
45	関根道之助	火事役・牢扶持［御蔵目付］	調役（盗賊・当番所詰）	刑訟掛
41	由比半次郎	目安	調役（公事・吟味・当番所詰）	刑訟掛
同42	古市隼太郎	地方（箱館）・唐物	手代（地方・盗賊）	定刑掛
	由良謙介			刑訟掛
同46	市橋九一郎	吟味・盗賊捕方［寺社］	手代（寺社・消防・公事懸）	刑訟掛
同53	市川郁三（吉之助）	遠国極印（流人）・盗賊捕方・盗賊定詰	手代（吟味・盗賊・消防）	刑訟掛
同54	宇野善三郎	勘定・盗賊捕方・［地方］	手代（地方・公事懸）	捕亡長
同61	中村且助	目安・盗賊捕方	手代（吟味・盗賊・消防）	捕亡長
同50	荒井石次郎（兼書記）	吟味（流人）・盗賊捕方	玄関番	定刑掛（兼史生）
同48	大橋孫七郎	吟味・盗賊捕方	当番所詰	捕亡長
同56	吉見包三郎	遠国極印・盗賊捕方［寺社］	玄関番	捕亡長
同60	生田與八郎	御金・御普請［盗賊捕方］	当番所詰	捕亡長
同58	青木邦之助	目安・盗賊捕方［寺社・盗賊捕方］	当番所詰	——
同55	近藤篤助	物書・盗賊捕方［吟味］	——	徒刑掛？
同25	渡辺勝太郎	寺社・兵庫［盗賊捕方］	書役	捕亡長
同59	市川朝治	［吟味・盗賊捕方］	——	捕亡長
同29	渡辺良（織？）之助	川・盗賊定詰・盗賊捕方	——	捕亡長
	明治３年捕亡長（残り）			
同67	小森春馬	物書・火事［吟味・遠国］８月盗賊捕方	——	捕亡長
同106	三宅種太郎（栄寛）	物書	——	捕亡長

［番号］……拙稿「『大坂町奉行所』から『大阪府』へ⑴・（２・完）―幕末から明治初年における町奉行所与力・同心の動向を中心に―」の末尾に掲げた与力・同心の一覧表中において便宜上付した通番に対応している。番号の前に「同」を付しているのが元同心、何も付していないのが元与力を表す（由良は元与力・同心ではない）。

［氏名］……明治２年５月の大阪府職員録中の「糺獄方兼捕亡使」の項に記載された人名をそのまま掲げた。「明治３年捕亡長（残り）」は、２年５月時点で捕亡使としての記載はないが、明治３年１月の大阪府職員録で捕亡長の項にある２名を掲げた。

［慶応３年正月］……「御役録」（大阪府立中之島図書館所蔵）から抽出した役掛りを記した。（　）は兼帯分を示している。なお、東京大学史料編纂所所蔵の同時期「御役録」には紙片が貼付されており、これには「仮役」「仮掛」という形で人名が列挙されている。この紙片に記された役掛りについても［　］を付して記載した。

［慶応４年４月］……「編輯御用書」（明治大正大阪市史編纂資料157、謄本を大阪市立大学学術情報総合センター所蔵）中の「戊辰四月改　大阪裁判所役員」と題する記事から抽出した。

［明治３年１月］……明治２年５月の「糺獄方兼捕亡使」各人の明治３年１月時点での職名を大阪府職員録から抽出した。なお、この表は明治２年５月の大阪府職員録を基準に作成したため、他の各時期には表に未掲載の元与力・同心も同じ職に就いている。明治初年（２～５年）の大阪府職員録中にみえる警察・裁判業務担当者の一覧については、拙稿「明治初年大阪の行政・司法組織―その人的資源の供給源―」19頁に掲載の表を参照されたい。

所同心――しかも一人を除き全員が「盗賊捕方」――から構成されていた。

その捕亡長の活動の一端を示す史料として、菊屋町文書「明治三年年五月　大阪府捕亡長御役人様御出役諸入用控」[27]がある。これは同町会所への捕亡長出役の際に町が負担した各種経費（使賃・炭油代・茶代・紙代・蠟燭代など）の書上げであるが、そこには表中に見られる元同心たちの名とともに、「役方」として「手附」「役木戸」「垣之内」「鳶田」といった記載が散見され、旧幕期と同様の補助者たちを伴う出役が行われていたことを窺わせる。本章で掲げた各種補助者のうち、非人身分については先行研究により、府が明治四年に四ヶ所を廃止した際、長吏手先一〇〇人を取締番卒として採用したこと、またその後も明治十年代初めまで、正規の官員外として警察雇の「探偵掛（警察掛）」となり、警察業務の末端を担った者が存在したこと、などが明らかにされているが、役木戸をはじめとするその他の補助者については、ほとんど不明であるといって過言でない。[28]明治初年の大阪府における警察・裁判業務のおそらくは緩やかな近代化の流れの中で、元与力・同心[29]やその補助者たちが果たした役割およびその退場の時期についても、今後の研究の進展が不可欠であるといえよう。

〔注〕

（1）改革の概略については、拙稿「延享期の大坂町奉行所改革」（塚田孝編『近世大坂の法と社会』、清文堂出版、二〇〇七年）を参照されたい。

（2）野高宏之「大坂町奉行所の当番所と当番与力」（『大阪の歴史』四六、大阪市史編纂所、一九九五年）五〇頁。

（3）桑田優「摂州西宮邸裁判至要（一）～（四）」（『経済経営論集』八代学院大二―二、三―一・二、四―一号、一九八三～四年）。同氏の解説によれば、本史料原本の作成年代は、享和元（一八〇一）～文化五（一八〇八）年の間と推定される。

（4）通常の「吟味之筋有之もの」の欠落は、「三十日宛六ケ度」計一八〇日の尋が命じられたが、「裁判至要」（元之部〔二〕手鎖預並尋帳之事）には「殺害・手疵為負之類、其外重キ悪事相聞候分、初之三十日を五日宛両度、十日宛両度与日を割、跡者三十日宛五ケ度ニ可申付候、右尋日数満候而も不尋出候得者、過料三貫文取上、其品ニ寄永尋をも可申付候、併一件吟味役江為相渡候上之儀者、其役所ニ而可為取計間、最初当番所ニ而申付候尋証文茂、掛役所引渡可被申候事」とあり、『所之者（家主並年寄町人又者家請人、在方ハ庄屋・年寄）』への尋は、最初の三十日間の度数が増える（五日・五日・十日・十日ごとの役所への報告）以外には、一八〇日後に永尋となる手続など、大きな差異は見られない。吟味役へ割り振られた事案が永尋となった——すなわち一八〇日間行方不明——後は、少なくとも役所による積極的な捜索は行われなかったであろうと考えられる。

（5）『大坂町奉行所旧記』（上）（下）（大阪市史史料第四十一・二輯、大阪市史編纂所、一九九四年）。各役の勤書が作成されたのは文化五（一八〇八）年と考えられる。

（6）「手覚」は盛田嘉徳「番非人文書」（『部落解放』第五号、大阪部落解放研究所、一九六九年）所収。その成立は文化八（一八一一）年頃と推定される。なお、作者につき盛田氏は「おそらくは、天満同心の老練者でもあろうかと推測」されるが、史料中に「盗賊方之儀、廿五年以前未年迄四五年之間、私相勤候節迄ハ（後略）」とみえることから、盗賊方役人であったことが判明する。

（7）但し、「勤書」中には、「毎年六月者諸神事ニ付相廻候外、天神祭礼之節者当日朝五ツ時ゟ群集相鎮り候迄、私共両人・東御組町廻リ立会、二組ニ相成、下役同心増人四人、都合五人宛、其外木戸之者長吏下小頭共召連、為捕者番罷出申候」と役木戸の召連れが一カ所のみ見られる。

（8）塚田孝「近世大坂における非人集団の組織構造と御用」（『近世大坂の非人と身分的周縁』第五章、部落問題研究所、二〇〇七年）一四三頁。

（9）吟味役設置前の事案（明和五〈一七六八〉年）ではあるが、『大坂東町奉行所与力公務日記（続）』（大阪市史史料第二十六輯、大阪市史編纂所、一九八九年）には、谷町廻り大塩政之丞が召捕り連行した盗賊が、日記の作成者八田五郎左衛門と「相掛り」となった事例が記されている。当該事件はその後、既に召捕済みの盗賊との引合により、盗賊方とも「相掛り」となっている（三九〜七六頁）。

（10）『大坂町奉行吟味伺書』（大阪市史料第三十三輯、大阪市史編纂所、一九九一年）所収。

（11）安竹貴彦「評議帳」（七）（「法学雑誌」第五〇巻四号）二五六頁。

（12）「当番所取捌覚」（大阪商業大学商業史博物館史料叢書第一〇巻『支配Ⅰ』、二〇〇六年所収）二八二および二八七頁。

（13）吟味役の職務を記した纏まった史料として「吟味役手留」（『大阪市史史料』第四十三輯『大坂町奉行所与力・同心勤方記録』所収）が存在するが、各箇条に付された「〇〇年両奉行申合」という年号は、全て吟味役設置以前のものであるとともに、大半がいわゆる出入筋に関連する記事であり、吟味筋については非常に少ない。

（14）前掲『大阪町奉行所与力・同心勤方記録』所収。なお、解題では延享〜安永期の成立と推定されている。

（15）天明八年九月の大坂町触中には「捨子いたし候儀、前々より御制禁之旨被仰出有之候處、今以不相止、近来別而町々ニ捨子多有之、不届之至ニ候、此上致捨子候者見逢次第召捕、急度御仕置可申付候（後略）」と記されている（『大阪市史　第三』一一七三〜四頁、觸三四八三）。但し、「裁判至要」には「且又致捨子候者、其手筋知可申様ニ候得共、是又（者カ）可遂吟味候条、一件吟味役江可為相渡事」（〔四　捨子帳之事〕のうち）と、捨子をした者が判明する場合には、吟味役――盗賊吟味役でなく――に一件を渡す旨の記述がある。当番所に捨子届がなされた場合、実行者の判明の可否により振り分けがなされたのかもしれないが、現時点では判然としない。また、寛政六年の博奕については、同年の幕府による博奕重罰化および遠国奉行に対する「他領引合も自分仕置」とする旨の達に対応する処理であろうと考えられる。

（16）本章の対象とする時代からは下るが、安政六（一八五九）年三月の「長町四ケ町木賃宿以外ニ而、無宿空人別之者等為致止宿間敷事」と題する大坂町触（『大阪市史』第四下、二二七一〜三頁、觸六二〇八）には

右四ケ町旅籠宿木賃宿之義、前々ゟ旅人之宿致し候計ニ無之、難渋人共身上相仕廻、可手寄方無之、無宿相成、野宿袖乞いたし、或ハ日々市在江日雇働歩行荷持、搗米屋・酒造屋・絞油屋等へ働ニ罷越候者共之類、雨露を為凌候ため、右四ケ丁宿屋共ニ限、聊之宿賃取之、差泊遣候仕来ニ付而ハ、盗賊悪党共取締方之義も、右宿屋共へ追々厳重申渡置候趣有之處（中略）無宿空人別者等を、長町四ケ丁宿屋同様之振合を以、猥ニ為致止宿候者不少由相聞、自然盗賊悪党共身を忍ひ候手寄ニ相成、一躰之取締方并ニ風俗ニも拘り、以之外之事ニ付（後略）

と、長町四ケ町宿屋と同様の稼業を他所で行うことを禁ずる旨が記されている。長町木賃宿・旅籠宿は、大坂町奉行所が犯罪予備軍と認識する無宿者を集中監視・管理するための装置としての役割をも果たしていたといえよう。

(17) 床髪結による町髪結の支配は明和元（一七六四）年に成立したと考えられる。『大阪市史 第三』七〇二、五頁参照。

(18) 前掲『大坂町奉行所与力・同心勤方記録』所収。

(19) 『悲田院文書』（岡本良一・内田九州男編、清文堂出版、一九八九年）一一七～八頁、「九四 長吏小頭垣外番在方番人勤め方申渡につき請書案」。同様の史料は『悲田院長吏文書』（長吏文書研究会編、解放出版社、二〇〇八年）三一八頁、「宝暦十二年［一七六二］七月二七日、盗賊吟味方より四ケ所長吏の御用についての仰せ（史料番号八〇）」にも見られるが、文言も幾分異なるうえ、最大の相違は『長吏文書』が「町方」とするのに対し、本章に掲げた『悲田院文書』が「町在共」と、その対象領域を在方にまで拡大している点にある。原形は『長吏文書』に近いものであったのを、長吏らが加筆した文書を作成し、既得権として実質的に権限拡大していく際の根拠とした可能性も考えられる。なお、この点については研究会報告の際に臼井寿光氏よりご教示いただいた。記して深謝申し上げる。また、「手覚」には、長吏・小頭からの報告（内意書）に関し

（前略）前々より盗賊方与力手許江直々ニ内意書差出、差図等も受候儀ニ候處、七八ケ年以前より、盗賊方附町惣代新規ニ加入出来、弐人宛ニ相成候後、多分長吏・小頭共より之内意書ハ、右弐人之惣代之内取次・差図等もいたし候付、前々惣代壱人ニ而相勤候節とハ権高ニ相成、或ハ長吏・小頭共差出候内意書を惣代一覧之上、聞合方不行届由ニ而、東盗賊方与力江ハ不相伺候以前ニ、今一應も委細ニ聞合セ可申、又ハ在方迄も當表より自身ニ罷越、得と聞合セ之上可申立抔と、差図いたし候儀等も間々有之（後略）

と、一九世紀初頭の増員を契機に盗賊方附惣代が権高となり、与力との間に介在して長吏・小頭らに指図をする状況が記されている。

(20) 『城下町警察日記』（紀州藩牢番頭家文書編纂会、清文堂出版、二〇〇三年）中には、紀州藩牢番頭配下の長吏を中心とした、近隣諸国（摂津・河内・和泉・大和・山城・近江など）長吏たち――とりわけ大坂――との間の、情報収集・探索あるいは被疑者身柄拘束の際の緊密な協力関係が散見される。その際の特徴の一つとしては、他領他支配役所

間での正式な交渉を経ていないことが挙げられよう。たとえば堺長吏が紀州藩長吏を頼って捕縛に訪れた際、牢番頭は「他所御用之義者相互ニ而候間」とこれを許可しているが、堺長吏は「各人若見及候共、御国ニ而捕ル之押ルのと申、騒動ケ間敷義不致、随分密々にて召捕候様ニと、堺御役所ニ而被為仰付候」と、堺奉行所で「密々にて召捕」を申付けられた由を述べている（六〇六頁）。彼らの有する非常に広域におよぶ連携とともに、役所間の正式かつ繁雑な手続を介さない「内々」「密々」の捕縛や引渡が、役所にとっても大きな意義を有していたであろうことを窺わせる。

(21) 巻之七（雑業）のうち。喜田川守貞著・宇佐美英機校訂『近世風俗志（一）』（岩波文庫、一九九六年）三四三頁。

(22) 藤田実「大坂の捕方手先と近代化―奥田弁次郎と長堀橋筋署事件―」（『大阪の歴史』増刊号、大阪市史編纂所、一九九八年）二三一、二四一頁などを参照。

(23) たとえばその一例として、「刑事御仕置伺書綴」には、明治元年七月に「蔦亀事播磨屋亀吉」なる者を、元土州藩士が長州藩脱走人数名と謀って殺害し、橋上に梟首した事件が記載されているが、その口上書には殺害に及んだ原因として「右次郎外四人、於長州尋之身分相成居候を洩聞候哉、潜居いたし候を聞探口外いたし」「長州遊撃隊江加入いたし居候大利貞吉儀、先般長州事件之節、當表潜居罷在候を、右亀吉儀、探索いたし候上、壬生浪士谷万太郎江申告、終ニ同人儀、右貞吉を及殺害候儀有之（いわゆる元治二〈一八六五〉年一月の「ぜんざい屋事件」）」などが挙げられている。また、梟首の傍らに添えた罪状書の表題は「極悪人猿の蔦亀」で始まっており、この亀吉が「猿」であったのはほぼ間違いないと思われる。安竹貴彦・西川哲矢「刑事御仕置伺書綴（壱）」（『法学雑誌』第五九巻三号）事件番号（八）参照。

(24) 町目付は同心のみから構成される部署であり、遅くとも延享期以降の武鑑には同心の項に「町目附」として二名が掲げられている。近年の大坂町奉行所の町目付に関する研究として、たとえば髙久智広「大坂町奉行所と『長吏の組織』―特に町目付との関わりから―」（『大阪人権博物館紀要』第一三号、二〇一一年）がある。なお、「手覚」には

町目付同心之儀も、往古は長吏下小頭之内を東西同心弐人間江壱人召連、質素之躰ニ而出役いたし、平生之聞合事等ハ、同心共自身ニ身を忍ひ聞探り候由（中略）當時一ヶ年代りニ而長吏・小頭共之内より東西町目付手附四人宛召仕、出役之品々より是又若キものをも引連出候儀有之（後略）

と記されている。

(25) 藤井嘉雄『大坂町奉行と刑罰』（清文堂出版、一九九〇年）。

(26)『維新期大阪の役務記録』（大阪市史史料第三十輯所収、大阪市史編纂所、一九九〇年）八〜九頁参照。なお原本は大阪市立大学学術情報総合センター所蔵。

(27) 大阪府立中之島図書館所蔵、菊屋町文書目録のうち文書番号三一三。

(28) 北崎豊二『近代大阪の社会史的研究』（大阪経済大学研究叢書第二六冊、一九九四年）第一章「警察の近代化と非人」参照。その他、藤田、前掲注（22）論考、『大阪府警察史第一巻』（大阪府警察史編集委員会編、一九七〇年）八七〜九一頁、『明治時代の大阪（上）―幸田成友編「大阪市史明治時代未定稿」―』（大阪市史史料第七輯、一九八二年）三三〜四頁、などにも維新後の長吏・小頭に関する記述がある。なお、藤田氏は「猿」についても、明治期には「下探偵」という形で取締番卒の下で存続していたと推測されている。

(29) 幕末から明治初年における大坂町奉行所与力・同心の再雇用の状況に関しては、拙稿「『大坂町奉行所』から『大阪府』へ（一）・（二・完）―幕末から明治初年における町奉行所与力・同心の動向を中心に―」（「奈良法学会雑誌」第十二巻三・四号、第十四巻二号、二〇〇〇〜二年）、「明治初年大阪の行政・司法組織―その人的資源の供給源―」（『大阪市立大学文学研究科叢書四　近代大阪と都市文化』、清文堂出版、二〇〇六年）などを参照されたい。

第2章　大坂三郷支配における町惣代の役割

野高宏之

一　はじめに

大坂町奉行所（以下、本稿では町奉行所と表記する）と惣会所に所属して、近世大坂において都市支配の末端業務を担当したのが町《まち》惣代である。三郷《さんごう》惣代またはたんに惣代とよばれる場合が多い(1)。

都市行政全般にかかわる役職でありながら、その研究は進んでいない。町惣代に関する古典的研究に幸田成友《しげとも》の仕事がある(2)。幸田は町惣代を大坂三郷に雇用された吏員であり、惣会所に所属しつつ町奉行所の業務もおこなったとした。一方、近年の研究は定町廻《じょうまちまわ》り、盗賊吟《とうぞくぎん》味《み》方《かた》といった町奉行所の治安・警察業務との関係に特化している。わずかに塚田孝が惣会所の町惣代をとりあげているが、町惣代の全体像を描くにはいたっていない(3)。筆者は以前、幸田の研究を批判し、幕府権力が町惣代を設置したことを確認した。そして近世初期の幕府にとって宿継《しゅくつぎ》文書の廻達が重要課題であり、これを実現するために町惣代と船惣代をセットにして掌握し、継《つぎ》飛脚をはじめとする御用人足を確保したことを指摘した(4)（以下、前稿と表記する）。また寛延三（一七五〇）年の惣代勤書をもとに(5)、町惣代の業務をまとめた表を作成した（以下、前稿表と表記する）。

本稿の課題は町惣代の職務を「町方諸事支配」と「諸御用向」という二つのキーワードをもとに概観、整理することである。ただし、定町廻り、盗賊吟味方下役としての活動は塚田孝・藤原有和・松永友和・髙久智広らが触れているので、本稿では原則として省略する。(6)

町惣代の職務は、およそ二つに分かれる。

第一の職務は、宿継状箱の輸送から派生すると思われるものである。宿継状箱の輸送を実現するために、大坂市中の人足支配も町惣代の職務となった。さらに人足が人・物・情報の輸送を確実に行う必要から、大坂市中の道に関わることも町惣代の職務となったようだ。また、往来は家屋敷とは異質の空間であり、ここから派生して、持家・借家《かしゃ》をとわず家に所属する者（家族・奉公人・同家人《どうけにん》）とは異なる集団（乞食・牢人など）の取締も管轄した。

この種の業務として人足支配、老中以下幕府関係者来坂時の案内御用、往来の捨子・死人の処理、牢人や元（武家）奉公人の監視、船宿《ふなやど》・旅籠・風呂屋・芝居小屋の監督などがあげられる。

第二の職務として、町奉行所と都市住人の間に介在して、町奉行所の都市支配を実現する仕事がある。これに含まれるものとして徴税、警察（盗賊方など）、司法（目安《めやす》方や当番町惣代の職務）、諸調査（水帳・人別・商況）、入札（小口銀を扱う）などがある。

往来御用と都市行政という二つの職務は成立当初からのものである。元和二（一六一六）年、松平忠明《ただあきら》は町惣代に「町方諸事支配」と「諸御用向」を命じた。(7)「町方諸事支配」は公役《こうやく》の徴収・治安維持・公事《くじ》取次などをさす。一方「諸御用向」は御伝馬《てんま》・継飛脚などの人足支配が中核になる（前稿）。すなわち「諸御用向」が第一の職務、「町方諸事支配」が第二の職務に相当する。なお「町方諸事支配」に関わる職務は、「諸御用向」から派生したと思われる往来に関わるものと、町奉行所や惣会所でおこなう都市行政（司法警察を含む）の二つに整理できる。

このような見通しのもとに、本稿では第二節で「諸御用向」、第三節で「町方諸事支配」のうち往来管理を、第四節で「町方諸事支配」のうち都市行政を扱う。

二　町惣代と人足支配

1　町奉行所の人足支配

都市大坂は幕府にとって西国支配の拠点であった。大坂町奉行（以下、本稿では町奉行と表記する）は大坂城代らとともに、その一翼をになった。その役割の一つに人足の支配があった。

（一）　宿継文書の輸送

老中から大坂城代にあてた宿継文書を輸送する責任は町奉行にあった。宿継文書は直接大坂城に届くのではなく、一度町奉行所に到着し、奉行所から大坂城に送る手順をとる（前稿）。町奉行が介在する理由としては、城代以下の幕府役人は市中の人足を掌握せず、町奉行所が市中の人足を管轄していたことが考えられる（後述するように、大坂城の六役にかかわる人足も町奉行所の管轄であった）。

宿継状箱の輸送を主たる目的として町奉行は町惣代・船惣代を置いた。船惣代が宿継状箱の輸送に関与したことは前稿で明らかにしている。町惣代と船惣代の支配権は町奉行に存する。ならば町惣代らが遂行する宿継文書の輸送は町奉行の責任でおこなわれたと考えるのが自然である。こうした輸送を実現する前提として、市中の人足が町奉行の支配下にあり、その差配は町惣代・船惣代がおこなったと考えられる。

（二）　島原の乱における武器・兵糧輸送

島原の乱（一六三七～三八年）に際し、幕府は曾我丹波守組与力坂井新右衛門・本庄長四郎の両名を塩噌《えんそ》の運搬奉行として島原・天草に派遣した。(8) 与力両名に戦闘能力を期待したのではない。兵糧を輸送する人足の指揮を命じたのである。のちに町奉行組与力はこれを「不時《ふじ》御用」と表現した。(9) ちなみに船惣代も、このとき石火矢積送御用を勤めている。(10) 石火矢の運搬については、長崎奉行所の指示をうけた惣年寄が武器・飼料を輸送した旨の記載が惣年寄の勤書にある。(11)

三郷町中が継飛脚・御用早人足・御普請所人足をつとめる際には町奉行所から指示をうけた惣年寄が支配の者に申しつけると、惣年寄勤書に記されている。支配の者とは町惣代をさすと考えられる。町中の夫役《ぶやく》は惣年寄の管轄であり、その実現のために町惣代を通じて人足を支配していたことがうかがえる。

（三）　大塩の乱における人足動員要請

不時の際には、大坂市中をこえて兵糧や武器の輸送を実現するために人足を差配する役割と権限が大坂町奉行にあったことがうかがえる。

大塩の乱（一八三七年）の際、大坂城代と大坂町奉行がそれぞれ尼崎藩にたいして「御人数」の派遣を要請している。その理由として城代は一揆の鎮圧、町奉行は火事をあげている。また町奉行は「具足・弓・鉄炮」の準備も願っている。(12) 尼崎藩にたいする派遣要請をめぐる城代と町奉行の役割分担を筆者は次のように考える。西国の軍事権を代行する城代は兵の派遣を要請した。一方、平時・不時をとわず人足の支配権をもつ町奉行は火消と武具輸送に必要な人足の派遣を要請したのである。小倉宗は、「出火」であるにもかかわらず大坂町奉行が武具の持参を要請したのは理解に苦しむと考えているが、(13) 島原の乱に先例があるように、武器輸送のための人足支配も町奉行の管轄であった。

以上、幕府が支配を実現するうえで重要と考え、町奉行がその任にあたった人足差配の実務を担当したのが町物代・船物代であった。このように考えると、町物代の職務のなかで、人足の差配が幕府からみた場合には最も重要であったことは明らかである。

2　大坂三郷の公役と人足役

幕府が大坂三郷に課した公役には①御用人足賃、②支配打銀、③火消し方人足賃、④江戸拝礼献上物進上物代并物年寄物代道中逗留諸入用がある。①③のような人足賃は町奉行所及び惣会所において使役する各種人足の賃銀をいい、(家)役掛りである。一方、②の支配打銀は町奉行所や惣会所において日々使う諸雑費が中心である。②④は石掛りである。このうち①③の人足賃が公役の中心であった(14)。

文化五(一八〇八)年十一月に惣年寄がまとめた「役掛り石《こく》掛り名目覚書」をみると、役掛りは五二項目。このうち三郷惣代扶持銀・三郷宗旨巻入候長持《ながもち》代などを除く四六項目が人足に関わる経費である。このなかには遠国《おんごく》への飛脚賃や御用宿《やど》の経費も含まれる(御用宿については後述)。一方、石掛りはこうした人足賃を除くもので一九項目である(15)。

人足役(夫役)は本来町人が勤めるべきものである。人足賃はこれが銭納《せんのう》化したものである。町人にかわって労役する人足に支払う賃銀である(16)。町人自身が夫役を勤めると仮定した場合、惣年寄が町人を率いるはずである。これに対し、町人にかわって夫役をはたす人足は、町物代が監督したと思われる。町物代が人足を差配する淵源は、このあたりに求められる。

3　町惣代の人足支配

大阪市史編纂所が所蔵する『芦葉一乱記』には、寛保三（一七四三）年に大坂両町奉行所が使用した早人足の人数がのる。それは以下の通りである。

当番所　諸向御用人足	九五八三人
与力出役《しゅつやく》召仕《めしつかい》人足	一万四四一六人
同心出役《しゅつやく》雨具挑灯《ちょうちん》持人足	四二五六人
牢屋敷牢舎者夏行水手伝人足	一〇八人
惣代召仕《めしつかい》候人足	一万九九三六人
惣代部屋　御使人足	一八万八三七九人
牢屋敷より御用使人足	二万三八一五人
御番所月番渡書物持送人足	二六〇〇人
東役所勝手方手伝人足	二五六一人
西役所勝手方手伝人足	三七二六人
合計	二六万九三八一人半（マヽ）

東西両町奉行所では、一年間に延《の》べ二七万人近くの人足を使用している。一日平均約七五〇人。この七割にあたる一八万八千人余が惣代部屋の「御使人足」である。惣代部屋は町奉行所の門脇にある。町惣代・船惣代らの詰所である。町奉行所の差紙はここから発給される[17]。惣代部屋の人足は差紙を個別町に伝達する者である。これに町惣代が使用する人足二万人弱を加えると、町奉行所が年間に使用する人足の四分の三以上が町惣代に直接関わるものである。

約二七万人は延べ人数である。町奉行所が常雇いしている人足の総数ではない。前稿でものべたように、町奉行所が常雇いの人足にきりかえるのは延享年間以降である。それ以前は日用《ひよう》人足でまかなっていたことになる。

『芦葉一乱記』は御用人足を

A御役所向

B御役所を離候人足

C三郷惣会所惣年寄惣代共召仕

の三つに分類している。また惣年寄の勤書は

A諸向御用人足（御役所）

B所々駈付人足

C御用小使人足（惣会所）

D出火之節場所相働候鳶人足

の四つに分類している。(18)

人足の働き場によって整理すると、町奉行所（A）、惣会所（C）、その他（B・D）となる。

『芦葉一乱記』にのる人足の合計約二七万人はAとBである。これに惣会所御用のCを加えると、町奉行所と惣会所で使用する人足は膨大な数になる。

『芦葉一乱記』は「御役所を離候人足」（B）について、町奉行所の御破損方・御蔵方・御塩噌方・御鉄炮方が使う人足としている。また、延享二（一七四五）年四月に「御役所向を離レ候人足」の請負人をもとめる町触は、町奉行所を離れる人足として御破損方・御鉄炮方・御蔵方・御塩噌方・御普請方・地方《じかた》人足をあげている。同じ年に作成された『御役所諸事取計相改候品覚』をみると、町奉行所がかかわる町人足を「御役所遣《つか》ひ候人足」と「御破損方其《その》

外《ほか》諸向町人足」に分けている。後者は別の箇所で「御城外所々御普請方并御弓方・御鉄砲方・御破損方・御蔵方・御塩噌方、其外町奉行所附御普請所御修復」の際に出す人足としている。[19] このように「御役所を離候人足」を必要とするのは地方人足を除くと、大坂城の施設に関わる六役が多い。[20] とりわけ諸施設の修復普請をおこなう御破損方の利用が多い。このように考えると、「御役所を離候人足」の大半は大坂城の修復普請に関わる鳶人足である可能性が高い。こうした人足も町惣代が監督したのである。[21]

それでは地方人足をどう考えればよいだろうか。町奉行所の役職の一つに地方役がある。この地方役が必要とする人足をさすとも考えられる。しかし、地方役の人足はA「御役所向」に含まれるはずである。文化五（一八〇八）年の役掛り出銀の項目に「惣代町方在方聞合等ニ被遣候節人足賃」がある。[22] 大坂市中および在方の探索や情報収集は町物代の管轄であり、その職務遂行のため町物代は人足（手先）を派遣するのである。町方在方聞合の人足を地方人足といったとも考えられる。しかしこれも町物代が使う人足であり、町奉行所または惣会所に関わる点でAまたはBに分類するのが妥当である。もう一度延享二年の町触に戻ると、地方人足は六役の人足とともに書き上げられている。六役の人足のように、地方人足は町奉行所でも惣会所でもない役職や部署が必要とする人足とは考えられないだろうか。大坂城代に関わる役職に地目付《じめつけ》がある。後述するように、谷町周辺（大坂城周辺の武家屋敷地をさすと考えられる）の町廻りをする役職である。この地目付が使う人足を地方人足とよんだ可能性を呈示しておきたい。

Cの「三郷惣会所惣年寄惣代共召仕」（『芦葉一乱記』）、「御用小使人足」（惣年寄勤書）はともに惣会所の人足をさすと思われる。一八八七（明治二十）年に編纂された『旧市制記』は旧幕時代の市制の概要をまとめたものである。ここに惣会所の職員についての記載がある。そのなかに惣会所の小使がある。これによると、北組には二〇人、南組には二一人、天満組には一六人の小使が所属する。報酬は常給ではなく、使役のたびに支払われたことがわかる。

以上、町惣代は大坂町奉行所・惣会所はもとより大坂城に関係する部署で必要とする日用人足を差配したのである。

4　武家奉公人と町惣代

町惣代の人足支配は武家奉公人にまで派生する。それを示す史料が例触二である。正月十一日の町奉行所御用始めに、町奉行、三役・盗賊方・目安方与力が列座する前で、惣年寄と町惣代に対して公用人《こうようにん》が読み上げる儀礼的な町触が例触《れいぶれ》一・二である(23)。例触一は惣会所経費の公正と惣会所で惣年寄が扱う公事《くじ》の公正を指示するもので惣年寄が町奉行にたいして勤める御用である。これに対し例触二は大坂城大番衆が雇う武家奉公人以下を取り締まる内容である。例触二の頭書は「例年御番衆之下々出替《でがわり》奉公人掟之事」と記されている。内容は次の三カ条である。

一御城中御番衆之下々暇を出し被申候もの、侍小者ニよらす、町中宿かし申間鋪事

一出替之奉公人主取不仕内、盗又者狼藉いたし候ハ丶、宿主江か丶るへき事

一三月五日以後、宿なしの小者中間に、猥ニ宿かし候者者可為越度事
　附、町人召仕之陸尺《ろくしゃく》小者、三月五日前出替候とも、五日より以後我儘ニ出し申間敷事、但、主之気ニ不入もの者格別之事

御用始めにあたり、町奉行が惣年寄と町惣代に対して二通の触書を与えるのは、管見の限り承応二（一六五三）年からである（補触二七・二八）(24)。例触二に対応する補触二八は以下の通りである。

一二月廿日、八月廿日已後、主なしの小者中間ニ宿かし候者於有之者、宿主《やどぬし》曲事たるへし、并五人組同前之事
　付、町人召仕候六尺小者、二月廿日・八月廿日前出替候共、廿四日ゟ已後ハ我ま丶ニ出し申間敷候、但主の気ニ不入ものハ各別之事

補触二八から、承応二年ころ、大番衆が雇う武家奉公人の出替わりは二月と八月の年二回であったこと、彼らを取り締る触の内容は最初、例触二の第三条に相当する条文だけであったことがわかる。例触二の第三条にある「三月五

日」という日付は、大番衆が交替する二月に暇をだされた小者中間の再雇用期限をさしている。明和五（一七六八）年の御用始めの例をみると、第三条は「三月廿日・九月廿日以後、主なしの小者中間」となっている。[25]武家奉公人の出替わりの時期は、当初二月と八月であったが、いちじ二月のみとなり、再び二月と八月の二回に復したことが予想される。いずれにせよ、例触二の三月五日、明和五年の三月二十日と九月二十日は、二月と八月の交替時期から一カ月ほど経過して職を失った奉公人の再雇用期限である。

例触二にもどる。第一条と第三条は大番衆から暇をだされた武家奉公人に対し町中が宿を提供することを禁止するものである。第二条は出替によって失業した奉公人が盗みや乱妨を働いた場合、人宿《ひとやど》に責任を問うというものである。補足の条文には、二月の奉公人交替期間は町人も奉公人に暇をだしたり新規に雇いいれてかまわないが、三月五日以後は理由なく奉公人に暇を出すことを禁じるというものである。

第一・三条の宿と第二条の宿が異なるものであることは明らかである。前者が町人の家をさすのにたいし、後者は人宿（口入れ宿）をさす。武家奉公人や人宿（奉公人口入業）の研究は、江戸と比べて大坂は未開拓の分野であり推測の域をでないが、大坂でも近世初期から人宿が存在したことは第二条から明らかである。また付帯条文からは武家奉公人が町家の奉公人となったり、その逆もあったことがわかる。人足と奉公人は同じ階層であり、人宿に身を寄せるものも多かったのである。また雇主を失い仕事にあぶれた彼らが犯罪予備軍とみなされていたことも第二条から推測できる。町中に仮の宿さえ求められない彼らは、失業して人宿にもどることを嫌えば、往来を稼ぎ場とするほかない。ただちに牢人・盗人・野非人《の》の予備軍となるのである。人足を監督する町惣代が往来の治安にも関わる背景にはこうした事情も考えられる。

例触二で町奉行が、宿継《しゅくつぎ》人足でもなく町奉行所人足でもなく、元武家奉公人の監視を町惣代に指示した理由は何であろうか。これが町触であることを考慮すると、次のように考えられる。一つの理由は牢人取締の一環である。主なしの武家奉公人が牢人として市中を徘徊することを幕府が嫌ったのである。二つめは町人に対する信頼の確保である。主なしとはいえ武家奉公人が犯罪を繰り返すようであれば、元雇主である幕府の信用が失墜する。これに対し、宿継人足や町奉行所がつかう日用人足は本来、町人がつとめるべき夫役であり、幕府が雇主であるとはみなされなかったのである。

5　天満惣会所の役割

幸田成友《こうだしげとも》は月番惣会所が人足を差配したと考えた(26)。しかし現在のところ、当時の史料から「月番惣会所」の文言を確認していない（月番惣年寄は存在する）。毎月北組・南組・天満《てんま》組の惣会所が交替で月当番にあたるとして、はたして多人数の人足を迅速に手配できるのだろか。人足が常駐する寄り場のような所が市中にあり、こうした場所に近い惣会所が人足に関する業務を引き受けた方が効率的ではないか。

『大坂三郷雑記』の三郷惣会所坪数、天満惣会所の項に「月番詰所」の記載がある(27)。しかし北組や南組惣会所の項にこの記載はない。この点から、「月番詰所」は月番（惣年寄または町惣代）が天満惣会所に出向いてその職務をはたす執務場所であったと思われる。以下は今後の課題となるが、天満に日用人足の寄り場があり、近接する天満惣会所が人足の差配をおこなったと考えておきたい。

それをうかがわせる事例として、「享保以来御取計替候ケ条書」によると、町奉行所が修復方として雇用する鳶《とび》人足は明和八（一七七一）年以前は天満又次郎町の柳屋清兵衛と天満八丁目の豊島屋善助が五年季で請け負い、その後は天満四丁目の伏見屋平八が定請負をしている。このように、鳶人足請負人は天満の住人である。また享保八（一七二三）年、馬借や継飛脚の扶持方について町奉行所与力が町惣代作右衛門にたずねている(28)。この作右衛門は享保十三（一七二八）年の『浪花袖鑑』から天満組の町惣代山田作右衛門であろう。ただし『南組惣会所年中行事録・臨時雑之部』によると、東町奉行所の早人足頭《がしら》は谷町二丁目、西町奉行所の早人足頭は豊後町に住所があり、天満郷の者ではない。(29) 宿継や差紙《さしがみ》をあつかう人足は大坂城近くの上町《うえまち》（内町）、大工関係の鳶人足は天満郷に多くいたとも考えられる。

以上、本節では町惣代の職務のうち「諸御用向」とよばれる人足支配について考察した。

三　往来の管理

本節では「町方諸事支配」のうち「諸御用向」から派生したと思われる往来管理について概観する。

1　往来の治安

宿継状箱を輸送するには、往来の安全確保が必要である。こうしたことから町惣代は往来の治安にも関わっていたと考えられる。近世初期にその傾向が強かったようだ。

近世初期の町触には町奉行から三郷町惣代に宛てたものがある。その内容は牢人仕置、(30) 船宿《ふなやど》仕置、(31) 乞食取締、(32) 往来の管理、(33) 質物・盗品取締、(34) 火事場作法である。(35)

乞食取締の触は、町奉行が乞食（野非人）取締を長吏《ちょうり》に命じるよう町惣代に指示したものである。ここから、町惣代が野非人を取り締まる立場にあったことがわかる。この町触によると、野非人を次のように分類している。

ｉ最近野非人となる／健康　→町惣代へ届
ⅱ寺門前／身体障害者　→住持の判断
ⅲ寺門前／健康　→長吏に排除を指示

ⅳ座入した乞食が悪事　→その組の長吏を処罰

ⅰの最近野非人となる者とは「座入」すなわち非人組織に所属していない非人である。健康な野非人は町物代の管轄下におかれたようだ。これに対して寺の門前は町物代の管轄外であった。身障者か健常者かによって、監督権が住持と長吏に分かれた。非人の乞場は寺社境内地か往来である。健康な野非人は長吏によって寺門前から排除されると、往来を乞場とせざるを得ず、やがて町物代の管轄に入ったと考えられる。

往来管理の町触は、町物代を通じて町中《ちょうちゅう》に指示を与えるものである。内容は①町中（往来）に穴を掘りゴミを捨てること②物干しの杭③借家《かしや》人④出合《であい》女の四カ条である。③以外は道路と何らかの関係があることがわかる。

盗品・質物取締の町触であるが、奥書によると三郷町物代各自に一通ずつ与えたものである。この触が出た明暦元年から、盗品に関わる市中の盗難事件が町物代の管轄となったことがうかがえる。

火事場作法は、火事現場の治安維持である。三郷公役による火消人足を町物代が監督した可能性を先に示した。ところで大坂市中で火事がおこったとき、渡辺村からも火消人足を出した。[36] 彼等も町物代が監督したと思われる。

このほか、慶安二（一六四九）年四月二日付の補触一三は承応元（一六五二）年正月二日に町物代から町中へ伝えられた。[37] この触の内容は①町中大道におだれを出すこと②下水道に塵芥を放棄すること③悪路の修理④浜に家を建てること⑤町内の屋敷地に家作せず空き地として放置すること、を規制する内容である。⑤をのぞくと、市中の往来・堀川の浜・下水路などが町物代の管轄であったことがうかがえる。

以上、一七世紀に町奉行から町物代に宛てた町触の内容を確認すると、町人の家（掛屋敷を含む）を除く、空き地、往来、下水路、堀川浜といった空間や、往来を乞場とする野非人を対象とする取締の多いことがわかる。また、町中に家（掛屋敷・借家を含む）を所有しない牢人の監視も町物代が担当している。

これから派生して、往来にかかわる次のようなものも町物代の職務となったようだ（以下の記述は特にことわらないかぎり『大坂三郷城代条目』、『摂州西宮邸裁判至要』『当番所取捌覚《とりさばき》』『大坂町奉行所凡例録』による。なお町惣代の職務内容は時期により多少の変化がみられる。ここに示すのはその概略である(38)。

（一） 捨子・迷い子

町内に捨子があると、町奉行所の当番町惣代は夜番人から捨子養育の請《うけ》証文を取る（当番町惣代については後述）。迷い子の親が見つからず養人が養育するときは、町惣代が証文を書き養人・請人・町年寄が請印《うけいん》し、その証文を当番所の永代箱に保管し、写を惣代部屋に保管する。

一方、大坂城・町奉行所・町奉行所（与力）組屋敷・辻番所近辺の捨子は、町惣代の責任で惣会所で養育する。いずれも貰人が現れたときは請人を取る。当番町惣代が書類を処理する。

（二） 大坂城堀への身投げ

城の堀に水死体があがったときは、当番与力の指示で当番町惣代が役の者をよぶ。身投げ者が存命の場合は当番町惣代の責任で惣会所で養生する。身投げ者の主家との連絡も当番町惣代の役割であった。

（三） 捨物（遺失物）

御城前などの捨物が当番所に届けられると、当番町惣代が受け取る。軽い遺失物は払物にする。当番町惣代が入札の手続きを指示する。

（四） 病人村送り

他国者の病人村送りを当番町惣代が差配する。

以上、町惣代の役職は交通路や往来にかかわる性質のものが多いことが確認できた。これは刑事事件における町奉行所役人・町惣代・長吏の任務分担にも現れている。

元文二（一七三七）年七月二日夜、曾根崎《そねざき》新地三丁目の茶屋大和屋十兵衛方で主人夫婦・下女二人・同町桜風呂の髪洗《かみあらい》女《おんな》菊野が殺害される事件がおきた。世にいう五人斬《ぎり》で、のちに並木五瓶《なみきごへい》や鶴屋南北によって歌舞伎の演目となった。薩摩藩士早田八右衛門が犯人と考えられたが、すでに鹿児島行きの船で出帆した後であった。

町奉行所では町廻り役与力、町惣代、長吏が手分けして捜査にあたった。与力は薩摩藩蔵屋敷出入の商人、早川に下宿《したやど》（宿泊先）を提供した蔵屋敷仲仕《なかし》倉橋屋吉右衛門、藩邸のある町内住人（牢人）から、町惣代彦四郎は薩摩藩の御蔵小早船《こばやぶね》の乗船者（物頭《ものがしら》分の侍・仲仕中間・相撲取・加子《かこ》）から、長吏は早川の下宿先付近での目撃者（倉橋屋が預かる蔵屋敷仲仕）から聞き取り、その内容を書面にまとめている。(39)

与力は持家であれ借家であれ家屋敷に居住する町内住人を、長吏は蔵屋敷の小屋ないし長屋に起居する者から聞き込みをおこなっている。いずれも都市の住人である。これに対し町惣代は国元にかえる薩摩船の乗船者、つまり「よそ者」に対しているようである。わずか一例を根拠に判断するのは早計である。しかし町奉行所が捜査をおこなうとき、「家」「小屋」「路」（陸上・水上）に対応する役割分担があったという可能性を呈示しておきたい。

以上のように、町惣代の宿継状箱の輸送や町奉行所・惣会所御用人足の差配・監督は、そもそも領主支配における道路の管理に淵源をもつ可能性が考えられる。

近世初期から延享年間まで、町惣代の職務は宿継状箱の廻達が第一であり、それを実現するための人足支配であった。往来の管理はここから派生した職務と考えられる。ところが延享年間、人足支配にかかわる町惣代の権限が縮小する。延享元（一七四五）年十二月、東町奉行松浦河内守は奉行所改革の一環として、町人が負担する人足賃銀の半減を惣年寄らに指示した。その結果、翌年から町奉行所御用（御役所向）の人足は日用《ひよう》から人数を定め常雇とし、鳶人足は指定業者による請負から入札制に変更した。(40)

これにかわって町惣代の職務として浮上してくるのが「御案内方」の職務である。

2　御案内方

惣年寄の職務について、従来は都市の行政官としての側面を重視してきた。しかしその勤書をみると、第一の仕事は将軍以下諸大名・旗本来坂時における「御宿割」などの町方御用を勤めることである。町方御用は町方の御用ではない。町方へ仰せつけられる御用である。町方がはたすべき幕府の御用は惣年寄が引き受けるという意味である。この役目を御用掛りといった。御用掛りには、町人が買米《かいまい》を蔵出《くらだし》する際に監督する買米蔵出御用などもある。しかし朝鮮通信使が大坂に滞在中の御用、老中巡見中の御用といった事例が多い。(41)

惣年寄の町方御用は町惣代が実務を担当した。その内容は御迎え、道筋案内、町中宿割、道筋掃除、道筋絵図作成、与力出役の下役などである。また朝鮮通信使来坂時、担当与力の下役として、庖丁人改・賄《まかないかた》方諸事入札・御堂筋掃除・昼夜町廻・荷揚《にあげ》人馬差配などがある。(42)

延享二（一七四五）年をさかいに町方人足に対する町惣代の権限は縮小する。その五年後の寛延三（一七五〇）年から「御案内方」が町惣代の勤書に現れる。(43)宝暦二（一七五二）年、老中松平武元《たけちか》の大坂巡見にあたり、川方・地方役与力は御用掛り町惣代を通じて御道筋諸事作法を市中に出している。(44)宝暦六年、こうした御案内方町惣代に対して町奉行所は煮売《にうり》株を一五株与えた。(45)町惣代の他の職務にこのような特典はなく、町奉行所が御案内方を町惣代のもっとも重要な役職のひとつと位置づけたことがうかがえる。

城代巡見のとき、町奉行所から町惣代が出た。(46)このことから御案内方町惣代は惣会所ではなく町奉行所からの出役であったことがわかる。長崎出島のオランダ人が江戸に参府すると、その帰路大坂に立ち寄り、泉屋（住友）の銅吹所を見学する慣例があった。通常は大坂銅座役所と町奉行所の御案内方町惣代から泉屋に連絡があるのだが、寛政六（一七九四）年にはその連絡がなく、泉屋から西町奉行所の惣代部屋に、当日の見廻り警固役人の派遣を願っている。(47) この事によっても御案内方町惣代は町奉行所の惣代部屋で執務していたことがわかる。

御案内方の事例をいくつか紹介しよう。

寛延三年五月、町中くわえ煙管《ぎせる》を取り締まる口達が出た。そのなかに「御城代様御通り之節ハ、案内之者相添候」という文言がみえる。(48) 城代が巡見等で町内を通行する際には町奉行所が案内の者を添えるという意味である。この案内の者は「御案内方」町惣代をさすと考えられる。ちなみに同年十二月、町奉行は市中を徘徊する怪しき者の召捕を命じる町触を出した。(49) 頭書のみで本文が略されているので誰にあてた指示であるかは不明である。しかし惣年寄または町惣代への指示と考えるのが妥当であろう。かりに町惣代への指示とすると、寛延三年は往来に関して貴人の案内と治安維持という二つの役割が町惣代に与えられたことになる。

宝暦十（一七六〇）年に城代松平康福《やすとみ》が大坂巡見をおこなった時の記録として『松平周防守様御巡見一件留』がある。(50) これによると、十一月十五日、町惣代内海武右衛門が東地方《じかた》役所によばれ、与力の羽津元右衛門から、住吉・天王寺・天満天神宮を参詣する上使の案内を命じられた。参詣当日は市中案内役として町惣代から出役二名、御駕役一名が選ばれ、惣会所若き者が二名随伴している。この間、内海・後藤・武林・矢野・山田の五名の町惣代が、旅館御用掛り・出役・御駕《かご》役を分担している。

旅館御用掛りは宿割《やどわり》方ともいう。来坂時、幕府役人と家臣は町人宅または町会所を宿泊先とした。宿泊先となる町家を御用宿という。『永瀬直庸雑記』は大坂城御番衆交替時に御用宿を提供する町として、道修町、平野町、淡路町、瓦町、備後町、安土町、本町の各一丁目をあげている。(51) また道修町三丁目町会所文書には、御用宿に関する史料が多

く残されている。(52)

十二月十九日には町惣代両名が西地方役所によばれ、与力田中宇左衛門・近藤三右衛門から、明日大坂城代が四天王寺への初参詣をおこなうことが伝えられた。この時、城代と町奉行両名にそれぞれ御案内方として、町惣代・若き者がついている。

翌年二月四日、(惣代詰所)詰合の武林が東地方役所から、城代町方巡見の道筋を提出するよう指示された。六日には西地方役所からも同様の指示があり、惣代詰所にいた内海武右衛門が対応している。十二日には道筋の下見をおこない、十三日と二十一日には巡見の町触を町惣代が出している。この触は掃除触といい、惣会所から箇条書によって町中に指示するものである。(53)

御案内方町惣代を示す別の史料に文政五(一八二二)年の『諸用控』がある。(54)この年、老中松平乗寛大坂巡見中の旅宿として、先例により松山藩があてられた。同藩蔵屋敷留守居は月番西町奉行所にその旨を届けた。町奉行所では東西の川方・地方役の与力・同心が掛りとなった。この準備のため町奉行所は町惣代を窓口にして蔵屋敷のある築島《つきしま》町《ちょう》に指示を与えた。築島町も町惣代を介して要望を伝えている。たとえば、老中到着当日の警固役同心の詰所に築島町が指定されたが迷惑なので、町年寄が掛り町惣代に相談した。町惣代は同心御番頭へ蔵屋敷役人への引合を頼んでいる。

掛り与力が町惣代武林仁右衛門を伴い蔵屋敷を下見した。後日この件で蔵屋敷役人から町年寄へ掛合があった。その内容は与力・同心は名札を出したが、何者ともしれず一本差で羽織・袴の者、さだめて町惣代と思われる者は名札を出さなかった。その者が御用なき者ならば玄関からあがらないでほしい。御用の者ならば名札を出してほしいというものであった。町年寄は町代と相談のうえ、「惣代との意味も有之間」同心ではなく与力に対応を依頼した。これをうけ、与力弓削新右衛門は蔵屋敷役人にたいして、町惣代は「是迄何方へも召連」れている者であり、御届するのはかえって失礼かと名乗るのを控えていたと返答している。この応対から、近世大坂では町惣代が身分の上で境界的存在であったこと、町奉行所では町惣代を与力の下役と位置づけていたこと、与力が市中に出役する際にはかならず町惣代をともなったことが確認できる[55]。定町廻り与力に同行する町惣代も、このような文脈で理解することができるのではないだろうか[56]。

大坂三郷町方の見廻りを町奉行所与力がおこなったのに対し、谷町の武家屋敷地周辺の見廻りは城代配下の地目付がおこなったようである。町惣代は町廻りの際、地目付配下の者二名を伴い、ときには下聞をさせている[57]。

以上から、御案内方は町惣代にとって人足差配にかかわる重要な役職として町奉行所が位置づけたことがわかる。その職務は幕府役人が大坂を巡見、通行する際の道順を定めること、御用宿の手配、住来の管理である。また掃除触というかたちで、町惣代が町中に触をだす機会を得ていたことも確認できた。

3　その他の出役

この他、特殊な出役として、江戸参府、将軍上洛時の御迎え、町奉行初入の御迎方がある。このうち将軍上洛は特殊な事例なので除外する。江戸参府は毎年正月、惣年寄に随伴して江戸城に年頭の挨拶に出かけるものである。町奉行初入の際、与力・同心・町惣代から御迎方が選ばれる。彼らはその町奉行在職中は町奉行と親密な関係を保ったようだ。天保年間に作成された『大坂御役所年中行事』をみると、町奉行所の節目の行事ごとに御迎方の与力・同心・町惣代が料理を振る舞われている[58]。

四　都市行政

本節では「町方諸事支配」のうち都市行政について概観する。本節も特にことわらないかぎり『大坂三郷城代条目』、『摂州西宫邸裁判至要』『当番所取捌覚』『大坂町奉行所凡例録』による。

1　惣代部屋と当番町惣代

町惣代は元和五（一六一九）年から町奉行所の御番御用をつとめた。当番町惣代の仕事は御番御用から始まると考えられる。延宝八（一六八〇）年からは町惣代一二人を四番に編成し、毎日三人体制でのぞんでいる(59)。その後、一日三人の六番体制になっている（前稿表）。

当番町惣代の執務場所を惣代庭屋《べや》・惣代詰所・惣代部屋と称した(60)。「大阪東町奉行所図」をみると、奉行所表門の右手に使番部屋《つかいばん》（人足部屋）と並んである。部屋の名前は「惣代船手代部屋」となっている。船手代《ふなてだい》は近世前期の船惣代のことである(61)。惣代部屋について、かつては「訴訟当事者となった惣代が出頭する部屋」、または「公事宿惣代の詰所」と解釈されたこともあったが、どちらもまちがいである(62)。

惣代部屋には町惣代のほか、船惣代、馬借惣代が常駐する。町惣代と船惣代の詰所であったことは前稿で述べた。馬借惣代について関連史料で確認すると、備後福山から献上の畳表が蔵屋敷に到着する連絡を受けると、当番所は馬借惣代に馬の手配を指示した。使番部屋が隣接していることから考えて、惣代部屋は町奉行所が必要とする人足・川船・馬を手配するのが第一の役割であったことがわかる。当番惣代は惣代部屋に詰める町惣代・船惣代（船手代）・馬借惣代の総称と考えられる。

2　当番物代の仕事

（一）人足・継飛脚《つぎ》・番船の差配

月番町惣代は必要な部署に人足を派遣する。これに対し当番惣代は町奉行所で必要とする人足・継飛脚・川船の手配をおこなった。江戸への継飛脚の手配、長崎奉行や長崎御用目付衆から申請をうけた役船《やく》（八軒屋～川口）の手配（寛保以前は船惣代、以後は町惣代が担当）などである。石州銀山運上銀を積んだ廻船が川口に到着したとき、当番船惣代が番船を手配するとともに、当番町惣代は廻船停泊中の町に寝ずの番を指示している。長崎銅代上納銀が過書町（現北浜三・四丁目付近）の長崎（御用銅）会所（のちの銅座）から江戸に上納される旨、長崎屋五郎兵衛から連絡がきたときも、当番町惣代は近隣町に火之元の用心を指示している。

（二）当番所業務の補完

当番町惣代は町奉行所の窓口業務をおこなう当番所の業務を補完した。[63] 当番町惣代の職務内容は時期により多少の変化がみられる。ここに示すのはその概略である。

A　町人等への連絡（惣代触・廻状・差紙）

惣代触といって、町奉行の指示を町惣代が大坂市中に伝える町触があることは第三節で述べた。町奉行所が大坂市中全体に伝えるものを町触という。これに対し特定の町中に伝達するものを廻状という。廻状を町中に伝えるのも町惣代である。たとえば朝鮮通信使来坂中の御用宿に指定された町中に案内の廻状を出している。[64]関係者を町奉行所に呼び出す差紙も町惣代が担当した。『元文実記』をみると、容疑者早田某が乗った船が大坂を出帆したか確認するため、町奉行は廻船年寄を呼ぶよう当番町惣代藤兵衛に指示している。また町奉行組与力に対し、当番所勤務の当番日をしらせる差紙も町惣代が出している[65]。その他、町惣代が惣会所から出す廻状や差紙もある。

在方への差紙は用聞・用達が村方へ届けるきまりであった。用聞等へ町奉行所から差紙を届けるのは町惣代であったと考えられる[66]。

B　当番所が扱う書類の受理・作成

『旧市制記』によると、大坂町奉行所の職務をひきついだ大阪裁判所は明治元（一八六八）年、本庁常勤の町惣代三人を任命し、ひきつづき十月には庁内詰所で町人の願伺などを扱う書記役として、七名の町惣代を採用した。都合十名の町惣代は、三名が町人の願書の作成を引き受け、残る七名は裁判所の書記役になったようである。この二つの業務は、町奉行所時代の当番町惣代と目役方惣代の職務を引き継いだものと思われる。当番町惣代は毎日三人の交替制であった。最初に雇用された三人はこの惣代詰所の当番三名と思われる。

当番町惣代の職務のひとつに当番与力の下役としての仕事がある。当番所で作成する書類の多くは当番町惣代が作成する。そのいくつかを紹介する。

〔引越願〕

町人が他国へ引越をするときは公事場で直ちに許可し、当番与力が町惣代に証文を作成させる。

〔家明願〕

東西高津村・南北平野町等の家請株の者が借家人に対して家明願を出したときは、当番与力が借家人を呼び出し家明けを命じ、当番町惣代に請証文を作成させる。

〔奉公人欠落〕

奉公人欠落を主人が届けたとき、当番与力は町惣代に命じて請人を出頭させ尋帳に証文を書かせ印形を取る。吟味筋の者が欠落した場合は家主らに尋ねを命じ、尋帳に証文を記載するよう当番町惣代に指示する。

〔欠所〕

欠落者残道具は金額により、欠所または払捨とする。いずれも当番与力は当番町惣代に欠所目録を渡し、入札等の処理をさせる。

〔吟味中請人預《うけにんあずけ》〕

奉公人・茶立女《ちゃたておんな》を請人預にするときは公事場《くじば》で申し渡し、当番町惣代に命じて尋帳に証文を書かせる。

〔久離願〕

久離願は公事場で聞き届け、久離願は当番町惣代が書式を作り、関係者から請印をとる。

〔手鎖預〕

手鎖預は公事場で申渡し、当番町惣代に命じて証文を作らせる。

〔渡辺村の訴願・出入〕

渡辺村が町奉行所に提出する願・断は当番宛とする。当番町惣代が取り次いで当番所に渡す。なお渡辺村の出入（紛争）は、まず町惣代が内済を指示する。解決が困難な場合、町惣代が調査した報告をもとに町奉行所が判断をくだす。入組出入に限り与力が吟味を担当する。

C　公事にかかわる業務

近世初期から中期にかけて、大坂では公事の処理方法が段階的に変化する。当初訴訟に関わる度合いが高かった惣年寄や町惣代が、次第に排除されていく過程である。

一七世紀、町年寄は町奉行の指示や自身の願いによって惣会所で公事を担当することがあったが、一八世紀にはすべて町奉行所が処理するようになった[67]。一方、町惣代も公事に関わった。慶安元（一六四八）年、曾我丹波守は三郷町惣代に対して公事の迅速な処理を指示した。承応元（一六五二）年の補触二五によると、名代（訴訟代理人）が公事場へ出頭する可否は当番町惣代が判断したようだ[68]。享保ころ、町奉行所は金銀出入の取り扱いを二つに分け、それぞれ裏書（裏判）訴状と惣代付訴状とよんだ。裏判訴状は初訴とみなされ、次の段階は双方の対決である。一方、惣代付訴状は次の段階が初訴である。惣代付訴状は町奉行所が正式に受理した公事ではないことがわかる[69]。

当初、惣年寄や町惣代は扱人《あつかいにん》として公事に関わったと考えられる。惣年寄が公事に関与した根拠とされる例触一には「年寄曖度与乞請候公事」という文言がある[70]。これは惣年寄が仲裁人にたつことを願う公事と解釈できる。これを前提として考えると、惣代付訴状は町奉行所が正式に公事として受理する前に、案件を町惣代に預けて内済を実現するための手続きと考えられる。したがって町惣代の仲裁が不調に終わった場合、改めて町奉行所に訴状が提出され、初訴として受理されるのである。町奉行所が受理した公事についても、町惣代は名代人の選別といった、裁判の進行にかかわる場面を管理した。一八世紀、惣年寄が公事に関わることはなくなったが、町惣代は金銀出入に限定して公事に関わったのである。

その後、町惣代付訴状はなくなるが、大坂町中の訴状は惣代部屋の町惣代が添書を加え、相手方に送った。この町惣代が添書を加える手続きは延享二（一七四五）年に廃止され、町奉行所が裏書（裏判）を加えて相手方に送る手続きに替わった。これを実現するため与力の役職として目安役が新設されたのである。同じ年、公事場における町惣代の役割が大きく低下した[71]。

以上、町奉行所における訴訟手続きの変化について概観した。その結果、町惣代の役割が大きく変化していることを確認した。公事にかかわることは町惣代の業務でもっとも変化の大きなものであるという理解を得たいためである。

このことを前提として、近世中期における町惣代の公事にかかわる業務は次のようになる。

諸届（断《ことわり》）は当番所に提出される。一方、三郷の訴状はまず惣代部屋に提出される。訴状は当番町惣代が目安役に手渡す（在方の訴状は地方役が受理し目安役に渡った）(72)。目安役は訴状に裏書したのち町惣代に渡す。町惣代は若き者または人足に命じて訴状を相手方に届けた(73)。不受理となった願書・訴状は当番町惣代が訴願人に訴状への奥書と請証文を書かせ署判をとった。裁判中は関係者に関わることは当番町惣代、裁判関係書類の管理・出納は目安方・証文方惣代が担当したと思われる(74)。対決日に被告・原告が町奉行所に着くと、まず惣代部屋に向かう。そこで出頭したことを告げ、下宿《したやど》を記した届を提出するのである。この係を点合掛《てんごうがか》り惣代といった。対決日に欠席する場合も、病気断などを提出するのは惣代部屋であった(75)。病人であることを確認するため、町方には町惣代が病気見分に出向いた（在方は用聞）。取調中の者を町内預けにする際、惣会所の町惣代が町内に出かけ、町年寄・五人組から御預手形への署判を求めた(76)。和解が成立すると、当番与力はその内容を惣代部屋にある訴訟根帳に記録させた(77)。

公事のうち、金銀出入は当番所が扱った。これにより、金銀出入の日切手形の作成は当番町惣代がおこなった。

D　その他

〔長崎銅代上納銀〕

長崎銅代上納銀が大坂の長崎会所蔵から江戸に上納される旨、銅座役所から連絡がきたとき、当番町惣代は銅座の隣町に火之元注意を指示する。

〔過料銀〕

三郷の過料銀は当番町惣代が徴収する。

〔欠所銀〕

欠落した町人の家屋敷諸色を欠所にとり、諸色の点数と欠落人名前を当番町惣代が「残し道具請証文帳」に記録する。借屋《かしや》者欠落残《のこし》道具の場合、およそ百匁以下の物品は惣代部屋掛捨《かけすて》銀に入れる。残し道具諸色《しょしき》付を当番町惣代が保管する。

〔火刑〕

火罪の捨札《すてふだ》・紙幟《のぼり》は惣代部屋で作る。火罪者の首金・くさり等は町惣代が鍛冶屋町《かじやまち》・関町《せきまち》の年番町に準備させる。火罪の薪・柴は町惣代・若キ者が町々から受け取る。(78)

〔入札〕

御用買上入札・払物入札・人足入札の出目録が町奉行所与力から当番所に提出されると、当番与力は当番町惣代に入札の三郷触を指示するとともに札開《ふだびらき》の掛り物代を一人指名する。与力が準備した証文（契約書）を町物代が落札者に読み聞かせ、札主・請人から請印をとる。

御蔵方・小買物方・御塩噌方の入札開封には担当与力が立ち会うので当番所は関係ない。大坂城の薪入札や大豆煮汁払物は東西御塩噌役与力が当番町惣代に入札触の指示を出す。(79)また米町相場書が必要なとき、御蔵奉行は当番町惣代に指示して米方年行司に相場書を提出させる。(80)また大坂城の在番衆が求める小屋物御修復所古物の払い下げは惣会所の月番町惣代が入札触を出す。(81)

（三）与力の下役

町奉行所で与力の下役であった町惣代の職務については前稿表を参照していただきたい。このうち盗賊方の職務が近年注目を集めていることは冒頭で述べた通りである。その他の職務としては唐物掛り惣代が確認できる。(82)地方役の下役である水帳改は水帳方ともいう。三郷水帳の表紙は水帳方惣代の筆による。(83)

（四）惣会所の業務

町奉行所と惣会所が大坂の都市行政をどのように分掌していたかは明確ではない。かつて内田九州男が、町奉行所が家屋敷管理や都市住民の個に関わる問題を扱うのに対して、惣会所は行政的な施策の具体化・促進を担ったという説を呈示したくらいである(84)。惣会所に関してはまだ未解明のことが多い。町惣代に関わる職務は前稿表で示した。ここではそれを補足するにとどめておきたい。

支配銀や扶持銀を各惣会所の町惣代が集めていたことは前稿でのべた。その他、惣会所における町惣代の役割として、以下のようなものがある。

〔町触〕

通常の町触は惣年寄が三郷町中に伝達するが、廻状・入札触・掃除触などは惣会所の町惣代が伝達した。入札触・掃除触は第三節でふれた。廻状の事例としては惣会所の月番町惣代が八朔御礼や歳暮御礼・宗旨巻納を知らせるものがある(85)。

このほか町奉行からの要請で町惣代が町中へ触れる次のような事例もある。寛保元年十二月、松浦河内守の家臣が三郷への触を北組町惣代に要請した。その内容は河内守家中の者が市中で買掛りをしていれば二四日までに支払う約束である。不払いの者があれば公用人《こうようにん》まで文書で申し出るように、というものである(86)。

〔仲間惣判〕

大坂市中の株仲間は惣年寄と町惣代が分担して監督した。町惣代は、船問屋・船宿、八軒屋・長町《ながまち》旅籠屋、風呂屋、芝居小屋・曾根崎新地などを受けもった（前稿表）。大坂の内外から不特定多数の者が出入する業種に集中していることがわかる（第一項参照）。

〔商況調査〕

惣会所は大名米登り高や大坂移出入高の調査をおこなっている。前稿表には町惣代の職務として登り米高、諸色移入高、同移出高が確認できる。こうした商況調査は道修町三丁目文書でも確認できる。ただし登り米高や十一品江戸廻送の調査書は惣年寄宛となっており、町惣代の関与は確認できていない。[87]

五　おわりに

前稿では、町惣代を三郷の雇人であり惣会所の職員とする通説を否定し、大坂町奉行が船惣代とセットで町惣代を設けたという考えを示した。幕府の全国支配にとって重要な宿継文書の輸送を第一の目的としたためである。本稿では町奉行が町惣代に課した役割である「諸御用向」と「町方諸事支配」を基準に、その職務の整理を試みた。

第一節の人足支配は「諸御用向」に対応する職務である。また第三節の都市行政は「町方諸事支配」に相当する職務である。これに対し第二節の往来の管理は「諸御用向」＝人足支配から派生して都市行政に関わる職務である。初期の大坂では武家奉公人・町家の奉公人と日用人足は牢人や野非人に直結する者とみなされた。雇主のない元奉公人は町中の家に居住することを許されず、人宿に寄宿するか往来で稼ぎをおこなうほかない。こうした階層の者を監視し治安を維持することも町惣代の職務となったのである。

また「諸御用向」と「町方諸事支配」の中核はそれぞれ人足支配と公事取り扱いであるが、どちらも延享年間に町惣代の権限が縮小した。その見返りとして、町奉行所は町惣代に「御案内方」という名誉の職を与えた。

さらに前稿と本稿の考察を通じて、町惣代の社会的地位が、当時の人々にとってやっかいな問題であったことも浮かび上がってきた。三郷町人は個別町の町代の経歴を町惣代にすりかえることで、その地位と権限を削減することを望んでいる。町奉行所は町人の願望を半ば聞き入れながら、町惣代にも一定の配慮を忘れない。また蔵屋敷の役人は町惣代を武士でも町人でもない者として処遇している。このような身分の周縁に置かれた町惣代が、広域支配（諸御用向）と都市行政（町方諸事支配）という、都市支配の中核に深く関わっている点に、近世都市大坂の特質が現れている。

本稿では、惣会所における町惣代の活動を明らかにすることができなかった。これは町奉行所と惣会所研究の現状がそのまま反映されたものである。この点も含め、町奉行所と惣会所がどのように都市行政を分担しているのか、惣年寄と町惣代がどのように職務を分担しているのかは今後に残された課題である。

町惣代に関しては、その構成員をまだ明らかにしていない。また前稿や本稿でも断片的に示したが、町惣代の役割や地位は時期によって大きく変化する。これを明らかにするため時系列で町惣代の活動を整理しなおす必要がある。この二点が次の課題である。

〔注〕

（1）町惣代を「惣会所附惣代」とよぶ場合もあるが、これは町惣代の住所をさすのであって、執務場所をいうのではない。なぜなら「町奉行所惣会所附惣代」ともいうからである。町奉行所で執務する惣会所附惣代という意味である。大阪市史編纂所所蔵『米売買等ノ術語辞書及雑書』。

（2）『大阪市史』第一　三一三頁〜三一八。幸田成友『江戸と大阪』市制（冨山房、一九三四年）。

（3）塚田孝『歴史のなかの大坂』（岩波書店、二〇〇二年）。藤原有和「大坂北組惣代の盗賊方仮役の記録について」『関西大学人権問題研究室紀要』五一号　二〇〇五年。塚田孝「近世大坂の法と社会」（塚田孝編『近世大坂の法と社会』清文堂出版、二〇〇七年。同「近世大坂における非人集団の組織構造と御用」（塚田孝『近世大坂の非人と身分的周縁』部落問題研究所、二〇〇七年）。安竹貴彦「延享期の大坂町奉行所改革」（塚田孝編『近世大坂の法と社会』）。松永友和「大坂非人研究の新たな展開のために―研究史の整理と新史料『長吏文書』の紹介―」（『部落解放研究』第一七七号

部落解放・人権研究所、二〇〇七年）。大阪の部落史委員会編『大阪の部落史』第十巻　解放出版社、二〇〇九年。高久智広「「長吏の組織」と大坂町奉行」（宇佐美英機・藪田貫編『〈江戸〉の人と身分Ⅰ　都市の身分願望』吉川弘文館、二〇一〇年）。

（4）野高宏之「町惣代（一）」（『大阪の歴史』七六号、二〇一一年）。

（5）「正徳年中ニ差上候仲ケ間勤書」大阪商業大学商業史博物館所蔵。

（6）前掲注（3）参照。

（7）「三郷惣代先祖之覚下書」大阪商業大学商業史博物館所蔵。

（8）『徳川実紀』三六、「石山要録」寛永十四年十二月条（『大阪編年史』五）。土屋信亮「近世中後期における大坂町奉行と西日本地域」（関東近世史研究会編『近世の地域編成と国家』註三八　岩田書院、一九九七年）。

（9）「両御組与力古格追々相省候次第手覚書」（『金言抄』大阪市史編纂所蔵）。野高宏之「大坂町奉行組与力における吏と武の意識」（『大阪の歴史』第七一号、二〇〇八年）。

（10）『浅田氏手控』大阪市史編纂所所蔵。

（11）「三郷物年寄由緒書并勤書」『大阪市史』第五　一五九頁。

（12）『甲子夜話』三編一一、『大阪編年史』天保八年二月条。

（13）小倉宗「江戸幕府上方軍事機構の構造と特質」『日本史研究』五九五号、二〇一二年。

（14）『大阪市史』第一　六〇八～六一〇頁。『大阪市史』第二　一七九～一八四頁、「大坂三郷記録」（『日本経済史資料』大阪市立大学学術情報センター所蔵）。幸田成友は『江戸と大阪』（冨山房百科文庫　六二頁）のなかで、公役を大坂では御用人足賃というと、端的に指摘している。ちなみに『旧市制記』には三郷の各町が勤める賦役として御用人足賃、火消人足賃、臨時御用宿入用、宿継人馬賃、国役堤修繕費をあげている。

（15）『大阪市史』第二　一七九～一八四頁。『大坂町奉行所旧記（上）』（『大阪市史史料』第四一輯、一九九四年）。

（16）近世都市住民の町役として人足役（賃）の負担があったことは、高木昭作・吉田伸之が指摘している。高木昭作「幕藩初期の身分と国役」（『歴史学研究』別冊『世界史の新局面と歴史像の再検討』　一九七六年。のち同『日本近世国家

史の研究』岩波書店　一九九〇年に所収）。吉田伸之「日本近世の交通支配と町人身分」（『中世史講座』三巻、学生社一九八二年。のち吉田伸之『近世都市社会の身分構造』　東京大学出版会　一九九八年）。

(17)『大阪市史』第一　六〇八頁。惣代部屋の諸入用もこの経費に含まれている。大坂町奉行所の職務をひきついだ大阪裁判所は明治元年閏四月、「諸願事ニ付町人呼出差紙持十人」を任命している。これは常雇いの差紙人足と考えられる。大阪府編『旧市制記』（一八八八年）。

(18)「三郷惣年寄由緒書并勤書」（『大阪市史』第五、一六七頁）。

(19)補達六〇、達五〇九（『大阪市史』第三　五二一頁〜五二四頁。『御役所諸事取計相改候品覚』は大阪商業大学商業史博物館所蔵。安竹貴彦が塚田孝編『近世大坂の法と社会』（清文堂出版、二〇〇七年）の中で翻刻している。

(20)野高前掲注(9)。町惣代の職務に「御金方役」も存在したことが片桐一男によって紹介されている（『江戸のオランダ人』中公新書　二〇〇〇年）。これにより、町惣代が六役すべての下役を勤めたことが確認できる。

(21)六役は大坂城代・定番の家臣と町奉行与力者が協力して勤めるものである。大坂城に執務場所がない与力が六役にかかわる第一の理由は、人足の手配にあったと考えたい。野高宏之「大坂町奉行組与力における吏と武の意識」（『大阪の歴史』第七一号　二〇〇八年）

(22)『大阪市史』第二　一八一頁。

(23)『大阪市史』第三　一・二頁。

(24)『大阪市史』第三　四二頁

(25)『大坂東町奉行所与力公務日記』一一頁。

(26)『大阪市史』第一　六〇八頁。

(27)「大坂三郷雑記」大阪府立中之島図書館所蔵。

(28)『大阪市史』第五　一二三頁。『元和五未年享保五子年迄古例集』大阪商業大学商業史博物館蔵（同館『大阪商業大学商業史博物館史料叢書』第十巻、二四七頁）。

(29)大阪府立中之島図書館所蔵三津家文書。早人足は市中に差紙を届ける人足である。早人足頭は宿継人足も差配している。早人足頭が谷町や豊後町に、鳶人足頭が天満に居住していることは延享・宝暦・明和年間の『大坂武鑑』からも確認できる。

(30) 慶安元年八月二十三日付牢人仕置(『大坂御仕置留』、大阪府立中之島図書館所蔵。塚田孝・近世大坂研究会編『近世大坂町触関係史料2』(大阪市立大学大学院文学研究科都市文化研究センター、二〇〇七年)に翻刻されている。承応元年八月二三日には牢人仕置に対して三郷ごとに惣年寄と町惣代がそれぞれ請書を作成している。『大阪市史』第三、四〇・四一頁。

(31) 年未詳(慶安四年)卯八月十八日付覚(『大坂御仕置留』、大阪府立中之島図書館所蔵)。船宿に対して請人なしに乗船させないよう指示している。

(32) 年未詳(慶安五年)辰一月十三日付覚(『大坂御仕置留』)。

(33) 年未詳(承応元年)辰十月二日付覚(『大坂御仕置留』)。

(34) 明暦元年十月十七日覚(「大坂御仕置留」)

(35) 延宝四年八月二日　触二〇三　『大坂御仕置御書出之写』(『近世大坂町触関係史料2』、二〇〇七年)

(36) 『近世風俗誌』巻之七　雑業(喜田川守貞『近世風俗誌』　岩波文庫　三四三頁)。

(37) 『大阪市史』第三　三一頁。『元明条目』(大阪商業大学商業史博物館所所蔵。『大阪商業大学商業史博物館史料叢書』第十巻に翻刻されている)の中に差出と宛所を含む全文が翻刻収載されている。

(38) 「大坂三郷城代条目」大阪市史編纂所蔵(野高宏之「江戸時代中期の大坂東町奉行所当番所史料」『大阪の歴史』四四号、一九九五年)、『裁判至要』内閣文庫所蔵(桑田優「摂州西宮邸裁判至要」『八代学院大学経済経営論集』一一一二、三一一・二、四一一)、『当番所取捌覚』(大阪商業大学商業史博物館所蔵)、『大坂町奉行所凡例録』(東京大学史料編纂所所蔵。中之島図書館所蔵の複写版を使用)。

(39) 『元文実記』(大阪市立中央図書館所蔵)

(40) 達五〇五・五〇六・五〇九、補達六〇(『大阪市史』三、五一八・五二一～五二四頁)。松浦河内守による町奉行所改革については安竹貴彦「延享期の大坂町奉行所改革」(塚田孝編『近世大坂の法と社会』清文堂　二〇〇七年)

(41) 「三郷惣年寄由緒書并勤書」(『大阪市史』第五 一六一、一六八頁)。補達一〇一、補達一〇八、補達二五六(『大阪市史』第三 六七七、六九三、一二六三頁)。
(42) 前稿表。『正徳年中ニ差上候仲ケ間勤書』(大阪商業大学商業史博物館所蔵)。
(43) 前掲注(5)『正徳年中ニ差上候仲ケ間勤書』。
(44) 補達七七(『大阪市史』第三 五八〇・五八一頁)。「御案内方」は当初「御用掛り」とも呼ばれていたと思われる。
(45) 「株仲間名前帳前書目録」(『大阪市史』第五 七六六頁)。元禄年間以降、町惣代の人数は子息も含めて一七名である場合が多い。株数の一五はこの人数を合致しない。一五は案内方に関わる町惣代の人数と思われる。なお、町惣代の数や名前などは別稿を予定している。
(46) 『地目付年来勤書』(国文学研究資料館所蔵常陸国土屋家文書『浜田乾坤書抜』、『新修大阪市史史料編』第六巻、一四〇頁)。
(47) 片桐一男『江戸のオランダ人』二一四・二二二頁、中公新書 二〇〇〇年。片桐は「案内方物代」を「御金方役所」の物代役人と解釈しているが誤りである。物代は一人でいくつもの役務を兼職するので、「御金役方」町物代が「案内方」を勤めても不思議ではない。
(48) 達五三二(『大阪市史』第三、五六三頁)。
(49) 達五三四(『大阪市史』第三、五六七頁)。
(50) 竪帳の表紙には「御案内方」とあり、御案内方町物代が作成したものであることがわかる。大阪市史編纂所所蔵。
(51) 大阪市史編纂所コピー版を使用。
(52) 大阪府立中之島図書館所蔵。岩城卓二は大番衆の旅宿として御用宿をとりあげている。岩城卓二『近世畿内・近国支配の構造』 八四~八六頁、柏書房 二〇〇六年。
(53) 『大阪市史』第二、一七・一八頁。幸田成友はこの掃除触を御道筋作法書と表記している。補達二五六(『大阪市史』第三、一二六三頁)。
(54) 大阪市立中央図書館所蔵『大坂御城内有増』に収載。

(55) 定町廻り与力が市中を巡廻するとき町惣代が同行することは塚田孝が指摘している。これも与力出役に町惣代が随伴するという文脈のなかで理解できる。注(3)参照。
(56) のち、定町廻り与力の町廻りの際、町惣代にかわって同心が随伴するようになった。文化五年の「定町廻り方勤書」(『大坂町奉行所旧記』(下) 九六頁、『大阪市史史料』第四二輯 一九九四年)参照。
(57) 『大坂城代公用人諸事留書』(下)(『大阪市史史料』第三九輯、八三頁、一九九四年)。「地目付年来勤書」。
(58) 埼玉県小川町立図書館戸田文庫蔵。『新修大阪市史史料編』第七巻第五章に翻刻掲載。
(59) 『勤筆免思』大阪市史編纂所蔵。同書では物代詰所の御番御用を「御ヤシキ御番」と記している。
(60) 『道修町三丁目丁代日誌』五八頁、八二頁(『大阪市史史料』第六二輯 二〇〇四年)、「道修町文書」一〇一〇四二(くすりの道修町資料館所蔵。野高宏之編『道修町文書近世編』第一巻 二〇一〇年)、『大阪市史』第一 六〇八頁。
(61) 『大阪市史』附図。前稿参照。
(62) 石井良助『続近世民事訴訟法史』三八頁 創文社 一九八五年。瀧川政次郎『公事師公事宿の研究』一〇二頁 星雲社、一九八四年。
(63) 町奉行所当番所については野高宏之「大坂町奉行所の当番所と当番与力」(『大阪の歴史』四六号 一九九五)参照。同じような職務をおこなう当番与力・当番同心と当番惣代の執務場所が当番所と惣代詰所で分かれている理由は今後の課題である。
(64) 宝暦一三年『朝鮮人来朝一件日記』(大阪市史編纂所蔵)。
(65) 『大坂東町奉行所与力公務日記』(『大阪市史史料』第二三輯 一〇二・一〇四頁)。
(66) 『枚方市史』第七巻六四三頁に、河内国交野郡三十ケ村の惣代が三郷町惣代に対して、訴訟の呼び出しは谷町一丁目河内屋弥七に通知するよう願う史料がある。
(67) 塚田孝「近世大坂の町と町触についての断章」(広川禎秀編『近代大阪の行政・社会・経済』青木書店 一九九八年)。
(68) 補触二五(『大阪市史』第三 四一、四二頁)。
(69) 野高宏之「享保期の町触・組触—荻田家文書の紹介—」(『大阪の歴史』第六五号 一〇八~一一〇頁)。

(70) 例触一（『大阪市史』第三、一頁）。
(71) 大阪市立大学学術情報センター蔵「せん年より御ふれふみ」（大阪市立大学大学院文学研究科・都市文化センター編『せん年より御ふれふみ―近世大坂町触関係史料―』六〇頁）。安竹貴彦前掲注（3）論文。
(72) 『米売買等ノ術語辞書及雑書』（大阪市史編纂所蔵）。
(73) 触二一一三（『大阪市史』第三　五六七頁）。寛延三年以後、訴状は翌朝訴訟人（願人）に渡し、願人が相手方へ持参するようになった。人足賃節減のためであろう。
(74) 『大坂東町奉行所与力公務日記』（『大阪市史史料』第二三輯、四頁）。『裁判至要』。
(75) 「御役所書上帳」（『寝屋川市史』第五巻　七六〇頁）。
(76) 『惣会所表諸事書上帳』（大阪府立中之島図書館蔵、道修町三丁目文書）。
(77) 『元和五未年ゟ享保五年迄古例集』（『大阪商業史商業博物館史料叢書』第十巻、二〇二頁）。
(78) 『御除曰并御仕置心得覚書』（『大阪市史史料』第四三輯、七三頁）。
(79) 大阪府立中之島図書館蔵『大坂城御塩噌役諸色覚』。
(80) 「公務集」三（大阪市史編纂所蔵。『大阪の歴史』増刊号、一九九八年に野高が翻刻している）。
(81) 「古物御払入札」（『大阪商業史商業博物館史料叢書』第十巻、八五・八六頁）。
(82) 「仲間諸証文下書並びに切替願控」（くすりの道修町資料館蔵『道修町文書』、一〇五〇九四）。
(83) 『米売買等ノ述語辞書及雑書』（大阪市史編纂所蔵）、『大坂の町式目』九〇頁、一〇五頁（『大阪市史史料』第三一輯一九九一年）。中野喜雄『大阪道修町三丁目の町法について』（関西学院大学法政学会、一九六一年）。
(84) 内田九州男「享保元文期における個別町の把握」（朝尾直弘教授退官記念会編『日本社会の私的構造』思文閣出版、一九九五年）。
(85) 「惣年寄年中行事」（『大阪市史』第五）。
(86) 『大阪市史』第三　四六七頁。
(87) 『惣会所表諸事書上帳』。

第3章　平人と被差別民との婚姻・雇用をめぐる裁判について

——大坂町奉行吟味伺書の考察——

藤原有和

一　はじめに

江戸時代において、平人と被差別民との結婚、或は被差別民が百姓・町家へ奉公に出るといったことに対して、幕府はどのような態度で臨んだのだろうか。

有名なものとして、摂津国下新庄《しもしんじょう》村の百姓幸七が丹波国出身で穢多身分の女性きちと夫婦になり、幸七が丹波・丹後国の穢多身分の者二〇人について、その身分を隠して百姓・町家へ奉公の斡旋をした事例がある。また、大和国上牧《かんまき》村の穢多身分の記八ほか五人が、その身分を隠して平人方へ奉公の世話をした事例をあげることができる。いずれも江戸幕府の刑事判例集ともいうべき『御仕置例類集』（幕府評定所の刑事裁判に関する評議書を類別・編集したもの）に含まれている。従来の研究は、この判例集にもとづいている。[1]

江戸時代の刑事裁判のシステムは、近代の行政機関の決裁手続（稟議制）に類似している。司法についても、下級裁判役所（大坂町奉行）は判決案を作成するだけで決定権がなく、決定権は上級裁判役所（大坂城代もしくは老中）が留保していた。上級、下級といっても審級を意味しない。上訴の制度はなく、始審すなわち終審――一審制――であった。

本稿では、松平輝和《てるやす》と父子二代にわたって大坂城代をつとめた松平輝延《てるのぶ》が編集したと考えられる『大坂都督所務類纂《おおさかとくしょむるいさん》』（静嘉堂文庫蔵）に収められている大坂町奉行および堺奉行の御仕置伺書（吟味伺書）にもとづき、寛政・文化・文政期における平人と被差別民との婚姻・雇用をめぐる幕府の判決について考察したい。

(2) (3) (4)

二　平人と被差別民との婚姻・混住をめぐる学説

井ヶ田良治論文は、「近世のように、その時々の政策が法に優越しながらも、幕府が先例を重視し、その上に立って全国的な裁判の準則を統一しようとする傾向があった時代には、判決の動向の中に幕府の政策推移をみることは不可能ではなかろう」という認識のもとに、「近世における被差別民と平人との結婚に対して裁判所はどのような態度をとったか、そしてそれは時代とともにどのように変化したかを再吟味」されている(5)。

そして、その吟味の結果、つぎのように述べられている(6)。

当時の幕府は、前述のごとく、身分違いの婚姻をおこなったものそのものについては、平人側は非人手下へ貶下し、穢多・非人は急度叱りへと、従来の御構いなしの態度から処罰を厳しくしてきた。そして、穢多の百姓家・町家への奉公や食売奉公についても、本人については「急度叱り」に止め、奉公を斡旋したもの・さらに口入料を取ったものを三〇日手鎖などの刑に処している。この事実は、幕府の政策基調が安永の風俗取締りをきっかけとして、次第に刑による婚姻差別の強制に進みながらも、その力点は、身分違いの婚姻禁止よりも、秩序維持のために身分違いのものたちの居住地域の空間的分離におかれていたことを示している。つまり混住禁止政策の貫徹に重点があったのである。

しかし、当時の幕府は、身分違いの婚姻をおこなったものについて、従来お構いなしの態度であった、と断定することはできない。(7)また、身分違いの婚姻禁止と混住禁止政策とを分けて、幕府の政策基調が安永の風俗取締りをきっかけとして、後者の貫徹に重点があったというように解釈することは妥当であろうか。後述するように身分違いの婚姻・雇用と混住は密接な関連があるからである。むしろ、混住には、身分違いの婚姻と雇用が含まれているので、分けて考えることは妥当でない。婚姻の前段階として奉公関係があることにも留意すべきである。(8)

後述する大坂・堺のいくつもの事例から、幕府が穢多身分に平人との交わりを禁止したにもかかわらず、民衆の間では婚姻や奉公を通じて身分を越えた交わりが実践されていることがわかる。天保二（一八三一）年、京都市中に混住していた多数の被差別民が摘発された事件では、「洛中払之上、出生居村構《かまえ》」相当の刑が執行されている。被差別民に追放刑を科すことは、被差別身分の隔離政策に矛盾するし、追放されても生活のためには、市中に舞い戻らざるを得ないのである。従来の学説では、寛政頃から文化・文政以降、被差別民に対する圧迫はいっそう甚だしくなったとされているが、むしろ民衆の行動によって、隔離政策は破綻しつつあったと言うことができる。なお、京都の事件について、『京都の部落史5　史料近世2』(9)が、「京中に住む穢多が捕えられ、出身の村へ追い返される」と説明しているのは誤りである。「出生居村構」とは、生れた村から追放するという意味である。

まず、身分違いの婚姻については、二つの場合に分けて検討する必要がある。すなわち、①平人身分の男性が被差別身分の女性と婚姻した場合、②被差別身分の男性が平人身分の女性と婚姻した場合である。

つぎに、被差別民が平人に混じって百姓・町家に住居した場合と、百姓・町家に奉公に出た場合について検討する。

三　平人身分の男性が被差別身分の女性と婚姻した場合

事例1　百姓幸七が穢多身分きちと夫婦になった事例

この一件は、『御仕置例類集』では、寛政十一未年御渡・大坂町奉行伺「摂州下新庄村幸七儀、穢多を女房ニいたし候一件」として、幸七は密通之部に、きちは穢多非人之部に分類され、そのほかの訴訟関係者についてもすべて評定所の評議内容がわかる。[10]『大坂都督所務類纂』では、「大阪 寛政十一未従四月同十二申至二月 江戸上り御仕置伺留」（第四冊）のなかに「平人之身分ニ而穢多を致女房、穢多共奉公口入いたし候一件、御仕置伺書」として収められている。前者はそれぞれ伺と評議の部分から成り、評議の末尾に朱書で「評議之通済」と記している。老中が評定所一座の評議の通り、大坂町奉行に指図（「差図《さしず》」）したことがわかる。後者は寛政十一年四月付の御仕置伺書と同年八月付の指図からなっている。前者では、風聞による事件の摘発から町奉行所での吟味、伺書の進達、評定所の評議、老中の指図までの具体的な手続はわからないが、後者によってその手続が詳しくわかるとともに、本件の全貌が明らかとなった。

寛政十一（一七九九）年四月二十三日、大坂東町奉行水野若狭守忠道は、着任して間もない大坂城代松平輝和に本伺書を持参した。同月二十六日大坂城代から江戸の老中へ進達されると、老中は本件を評定所の評議にかけ、八月七日評議の通り下知を済ませている。

本伺書によれば、大坂代官篠山十兵衛が支配する摂津国西成郡下新庄村の百姓幸七（四十四歳）は、穢多身分の女性きち（二十五歳）と夫婦になり、そのうえ多数の穢多身分の男女を同村または吹田《すいた》村百姓家へ奉公に差出し、口入《くちいれ》料を取ったとの風聞によって召捕られ、松屋町の牢に入れられたことがわかる。入牢したのは前年の十月九日であったから、大坂町奉行所での取調べに六カ月余を要している。十二月六日、幸七は重病につき、「下宿所預」となり、きちは「高原小屋預」となっている。当時、牢内の衛生状態はきわめて悪かった。順を追って吟味したところ、引合いのうちに寺社奉行土井大炊頭領分の者がいることが判明したため、城代から老中へ進達されたのである。吟味物に重き役人（老中、所司代、大坂城代など）および評定所一座（寺社奉行・町奉行・勘定奉行）の領分知行所の者が関連しているときは、中追放以下といえども一件を伺うべきであった[11]。

伺書によれば、事件の概要はこうである。

幸七は、代々百姓として下新庄村に住んでいたが、八カ年以前子年（寛政四年）丹波国何鹿郡《いかるが》上林《かんばやし》ノ庄殿村次郎八後家くに娘きち（当時十八歳）が下新庄村近辺へ日雇働きにやってきているうち、不斗《ふと》密通に及んだ。幸吉方にそのまま住まわせておいたところ、彼女から同国同郡八田郷大安村礒右衛門の悴次郎吉が奉公を望んでいるので、世話をしてくれるよう頼まれて、下新庄村の百姓茂助方へ口入れし、請人となっている。また、五カ年以前卯年（寛政七年）十二月には、丹後国加佐郡八田村惣五郎の悴藤吉の請人となって、下新庄村百姓弥三兵衛方へ奉公の世話をした。そのあと彼女と身分について語り合ったところ、彼女は申すに及ばず、次郎吉と藤吉も穢多身分であると聞いて驚く。しかし、きちへの愛憐黙しがたく、彼女の伯父である丹波国何鹿郡安國寺村の穢多善助へ熟談のうえ、改めて女房に貰いうけた。村方の者へは穢多身分であることは隠して、人別帳に加え、一子も出生し、きち妹とめも同村惣助方へ奉公に出している。

その際、雇主の茂助・弥三兵衛・惣助へも奉公人が穢多身分であることは隠した。その後この縁を頼って、丹波・丹後の所どころの穢多の人びとが奉公口入れを頼んで来る。もっとも平人に混じってはいけないことを知っていたけれども、世話をして少しでも口入料が入れば、さしあたり貧窮のしのぎにもなるので引きうけ、都合一六人、同村または吹田村百姓家へ奉公に遣わした。いずれも請人に立ち、親判はめいめいの親兄弟、または近隣の大道新家《だいどうしんけ》村百姓九兵衛・上新庄《かみしんじょう》村百姓忠右衛門（両人は寺社奉行土井大炊頭領分の者）に頼んだ。

幸七は、奉公人給銀のうちから世話料として一人につき五匁宛貰ったが、すぐ使ってしまった。去る午年（寛政十年）九月、奉公人の口入れをしている天満空心《くうしん》町川崎屋清兵衛方にて京橋四丁目帯屋市兵衛方に奉公人が入用であると聞いたので、丹波国何鹿郡物部村の穢多久右衛門娘とめ（二十五歳）を清兵衛方へ連れて行き、身元が確かであることを伝え、同人より市兵衛方へ下女奉公の「目見働《めみえはたらき》」に遣わして置いたところ（試用期間中）、身元が明らかとなり召捕られた。幸七は二〇人目の奉公の斡旋をしようとしたところで風聞により捕まったのである。この両名のどちらかが密告したのか、或いは四ヶ所長吏手下の者が聞きつけたのか、いずれの証拠もない。ただ、伺書のなかで、清兵衛と市兵衛の両人は、とめを正式に召抱える前であったとはいえ、とめの身元を糺さなかったことは不念《ぶねん》につき、叱り置くと記している。この両名について、町奉行はそのほかの関係者のように老中へ進達することなく、その刑罰を決定している。

『御仕置例類集』に収められた評議書によれば、見合う先例があれば、その先例を参考として老中からの諮問にこたえている。本件はいずれも「評議之通済」と記されているので、老中はその通り指図したことがわかる。そして、その内容は、さきに触れた寛政十一年八月付の指図と一致している。

当事者ならびに女房きちの母と伯父について、大坂町奉行伺、評定所評議および老中の指図はつぎのようである。

①百姓幸七

伺「幸七については、きちと密通のうえ、穢多であることを知りながら、夫婦になり、ことに利欲にかかわり、きち所縁をもって、穢多ども多人数、百姓・町家へ奉公に差出し、口入料をとったことは不届きにつき、入墨《いれずみ》のうえ当表穢多村（渡辺村）年寄へ引渡し、向後穢多仲間へ加えるよう申渡すべきでしょうか」（傍点筆者、以下同じ）。

評議「安永二（一七七三）年摂津国豊嶋《てしま》郡池田村の多田屋彦右衛門借屋・神田屋市郎兵衛同家娘とよについて、不埒なことも聞かないので、構いなし、村預けとすべきかと大坂町奉行が伺ったところ、評議のうえ、百姓の娘にて番非人と密通したことは、不届きにつき非人手下《ひにんてか》とした例。寛政八（一七九六）年穢多身分の娘を百姓の娘と偽って食売奉公に出し、給金のうちから世話料を取ったことは、不届きにつき敲《たたき》のうえ所払《ところばらい》を申付けた例。両例に見合い趣意は同様なので、敲のうえ非人手下を申付け、その地穢多村年寄へ引渡す」。

指図「敲のうえ非人手下を申付け、その地穢多村年寄へ引渡すべきである」。

②百姓幸七女房きち

伺「きちについては、穢多の身分にて百姓幸七と密通し、その後夫婦になり、かつ穢多ども奉公の世話を幸七へ頼んだことから、多人数引きうけ、百姓・町家へ奉公に出す仕儀になったことは、不埒につき五十日手鎖《てじょう》を申付けるべきところ、穢多の儀につき、当表穢多村年寄へ引渡し、相当の咎めを申付けるよう申渡すべきでしょうか」。

評議「寛政八（一七九六）年穢多の身分を隠して、娘両人を食売奉公に出し、離縁の後、平人妻になったことは不届きにつき、三十日手鎖申付けるべきところ、穢多の儀につき、相当の咎めを申付けるべきことを申渡し、穢多弾左衛門へ引渡した例に見合い、三十日手鎖を申付けるべきところ、穢多の儀につき、相当の咎めを申付けるべきことを申渡し、その地穢多村年寄へ引渡す」。

指図「三十日手鎖を申付けるべきところ、穢多の儀につき、相当の咎めを申付けるべきことを申渡し、その地穢多村年寄へ引渡すべきである」。

大坂町奉行所では、穢多非人について遠島以上は奉行所で執行し、追放以下は、穢多は渡辺村（「役人村」）年寄へ、非人は四ヶ所長吏へそれぞれ引渡して、相当の仕置を行うこととされていた。(12)

③穢多次郎八後家くに・穢多善助

伺「くに・善助については、穢多の身分にて、くに娘きちを善助（四十四歳）が世話して、百姓幸七の女房に遣わし、またきち妹とめも百姓家へ奉公させたことは、不埒につき、両人とも三十日手鎖を申付けるべきところ、穢多の儀につき、善助は当表穢多村年寄へ引渡し、相当の咎めを申付けるよう申渡し、くにも存命であれば、同様に申付けるものであることを一件の者どもへ申渡すべきでしょうか」。

評議「このことについては、相当の例が見つからない。きちが幸七と密通した後、この事を聞いて世話して縁組させ、又はきち妹とめも百姓家へ奉公に差出したものにて、不筋の取扱いをしたまでの不束《ふつつか》に相聞える。事実において、きちよりは品軽く、一同急度叱《きっとしか》り置くべきところ、穢多の儀につき、相当の咎めを申付けるべき旨申渡し、かの地穢多村年寄へ引渡し、くにも存命であれば、同様に申付けるべき者であることを一件の者どもへ申渡すべきである」。

両人についても、同じく評議の通り、老中から指図をうけている。

本件について三好伊平次は、「其の判決の軽きことは留意すべきであろう」[13]と指摘されているが、前述したとおり幸七は入牢中に重病となり「下宿所預」となっていること、きちも「高原小屋預」となっていること、さらにきちの母くには村預け中に病死（寛政十一年三月四日）していること、奉公人の親判をした上新庄村百姓忠右衛門も病死（同年二月二十二日）していることなどから、町奉行所の取調べは苛酷であったことが窺われる。

町奉行が本件を城代に伺った寛政十一年四月の時点では、奉公人二〇人のうち一八人は、「元居村穢多共江預」とされているのに、残り二人のうち、百姓弥三兵衛下女いそは病死（同年二月二十六日）、百姓藤右衛門下女つね事さん（二十五歳）は「高原小屋預」とされている。おそらく両人はとくに厳しい取調べをうけたものと思われる。その理由は、両人の親判をした下新庄村の百姓が吟味中に失踪したため、ともに捜査中であったからである。さんは、彼女の親判をした同村幸助に幼少から養育され、成人になって、自分が丹波国の被差別部落出身であることを聞かされていた、と記されていることは注目される。

当時、大坂市中やその周辺には、近隣諸国の農村から働き先を求めて多数の奉公人がやってきたものと思われる。

表１　丹波・丹後国被差別部落出身の奉公人一覧表

	生国	奉公人名	年齢	奉公先	奉公契約期間	年季	給銀	親判	請判
1	丹波国	次郎吉	22歳	下新庄村百姓茂助	寛政４子(1792).12-寛政12申(1800).12	８年	120目	父・礒右衛門	幸七
2	丹後国	藤　吉	18歳	下新庄村百姓弥三兵衛	寛政７卯(1795).12-享和元酉(1801).12	６年	150目	無	幸七
3	丹波国	宗　助	22歳	下新庄村百姓政右衛門	寛政８辰(1796).12-寛政12申(1800).12	４年	175匁	丹波国岸田村元七	幸七
4	丹波国	さ　わ	23歳	下新庄村百姓次兵衛	寛政８辰(1796).12-寛政10午(1798).12	２年	120目	大道新家村九兵衛	幸七
5	丹波国	つ　た	31歳	下新庄村百姓茂助	寛政８辰(1796).12-寛政10午(1798).12	２年	100目	上新庄村忠右衛門	幸七
6	丹波国	と　め	22歳	下新庄村百姓惣助	寛政８辰(1796).12-寛政10午(1798).12	２年	100目	丹波国安國寺村善助	幸七
7	丹後国	ま　つ	21歳	下新庄村百姓吉右衛門	寛政８辰(1796).12-寛政11未(1799).12	３年	100目	兄・久八	幸七
8	丹波国	き　よ	18歳	下新庄村百姓助右衛門	寛政９巳(1797).12-享和元酉(1801).12	４年	120目	父・甚四郎	幸七
9	丹波国	い　そ	不詳	下新庄村百姓弥三兵衛	寛政９巳(1797).12-寛政11未(1799).12	２年	105匁	下新庄村惣七	幸七
10	丹波国	さ　ん	25歳	下新庄村百姓藤右衛門	寛政９巳(1797).12-寛政11未(1799).12	２年	85匁	下新庄村幸助	幸七
11	丹波国	嘉　七	26歳	吹田村百姓弥三右衛門	寛政９巳(1797).12-寛政10午(1798).12	１年	170目	無	幸七
12	丹波国	友　七	26歳	下新庄村百姓佐兵衛	寛政９巳(1797).正-寛政10午(1798).12	１年11カ月	130目	父・礒右衛門	幸七
13	丹波国	権太郎	18歳	下新庄村百姓九助	寛政９巳(1797).12-享和２戌(1802).12	５年	145匁	新兵衛後家きく	幸七
14	丹波国	甚　六	26歳	下新庄村百姓九助	寛政９巳(1797).12-寛政10午(1798).12	１年	150目	父・久右衛門	幸七
15	丹後国	や　す	21歳	下新庄村百姓弥右衛門	寛政９巳(1797).12-寛政10午(1798).12	１年	45匁	父・惣五郎	幸七
16	丹後国	嘉　七	30歳	下新庄村百姓惣兵衛	寛政９巳(1797).12-寛政10午(1798).12	１年	155匁	兄・吉兵衛	幸七
17	丹後国	権　七	26歳	吹田村百姓庄兵衛	寛政９巳(1797).12-寛政10午(1798).12	１年	170目	父・作助	幸七
18	丹波国	そ　よ	25歳	下新庄村百姓吉右衛門	寛政10午(1798).６-寛政10午(1798).12	７カ月	40目	無	幸七
19	丹波国	ゆ　き	20歳	下新庄村百姓弥兵衛	寛政10午(1798).７-寛政10午(1798).12	６カ月	25匁	無	幸七
20	丹波国	と　め	25歳	京橋四丁目帯屋市兵衛	寛政10午(1798).９-（目見働き）				

京都市中については、宗門改帳の分析から、奉公人の出身地の国別では、近江、山城（京都を含まない）、丹波が他を抜いて多いことが明らかにされている。(14) 前述した天保二（一八三一）年京都市中で摘発された被差別身分の人びとの出身地も、近隣の摂津、近江、山城、丹波であった。

丹波・丹後では、被差別部落の人びとが働き先を見つけようにも、農村の人びとよりもいっそう困難な理由があった。伺書によれば、「国元近在にては、穢多であることを人びとが知っていて、雇ってくれるものもなく、穢多の人びとは多分に困窮にて、その節奉公人を抱えるものもいないので、穢多であることを隠して、めいめい頭書のとおり幸七に請人になってもらい、奉公に罷り越した」ことがわかる。つまり、被差別部落の人びとは、被差別身分であるために近在では雇ってもらえず、また同じ身分の人が困窮のため雇ってもらえないという二重の困難な境遇にあった。丹波・丹後の被差別部落の青年男女にとって、京都よりもさらに隔たった大坂方面へ出稼ぎに行く方が、身元を明らかにされる可能性が少なかったものと考えられる。

伺書によれば、奉公人の平均年齢は二十三歳である（表1）。なお、奉公人は二〇人（男性九人、女性一一人）であるが、病死したいその年齢が不明なので一九人の平均値である。奉公人の年季は次郎吉（二十二歳）が八年で一番長く、つぎに藤吉（十八歳）が六年、権太郎（十八歳）が五年である。いずれも幼少のころから親元を離れて働きに出ていることがわかる。四年が二人、三年が一人、二年以下が一二人と試用期間の一人である。奉公期間が一年未満の者三人を除く一七人の給銀の平均は、一二六匁（男性一五二匁、女性九七匁）となる。さきに触れたように幸七は各人の給銀のうちから、世話料として五匁（給銀のおよそ四パーセント）を受取っている。

事例2　京屋太吉が穢多身分のいさと夫婦になった事例(15)

寛政十一（一七九九）年九月十六日、大坂西町奉行成瀬因幡守正存は、本件に関する御仕置伺書を大坂城代松平右京大夫輝和に持参している。二週間後の同十月朔日、城代から附札（「差図」が記されている）が届き、同十日町奉行はその請書を城代に持参した。本件は、事例1が類例となったため、ほぼひと月で落着している。

　伺書によれば、摂津国東成郡北平野町で借屋住まいをしていた京屋太吉（三十五歳）は、当三月から雇っているいさ（二十八歳）と密通のうえ、夫婦の約束をして、町内へも届けて暮していたが、その出自を尋ねたところ、同国西成郡穢多村（渡辺村）新屋敷町の大和屋伊兵衛娘であることがわかる。親伊兵衛が困窮であったため、天王寺村中小路《なかしょうじ》町の導引渡世・天満屋宗玄の世話によって奉公に出されたのである。太吉が七月二十七日から用向きのために他出し、八月十四日に帰宅すると、いさは留守であった。太吉の帰宅が延びたのを自分の身分が疎んじられたためと察して、親元へ逃げ帰ったに違いないと思った太吉は、すぐに彼女を慕って実家を尋ねた。そこで一両日逗留しているところを捕えられている。九月二日に牢に入れられて、取調べをうけ、同十五日申口《もうしくち》（供述したこと）がわかると、下宿所預けとなった。いさは、親元へ預けられている。

　町奉行は、太吉について、いさと密通のうえ夫婦の契約をした後、穢多身分であることを承知しながら、そのまま過ごし、いさが同村を退いた後も慕い参り、しばらく同家に居たことは不埒につき、「非人手下」を命じるべきか、と城代に伺った。これに対して城代は、いさと密通のうえ夫婦になったまでのものにて、利欲にかかわることがないので、類例（事例1の百姓幸七）に見合い、伺の通り指図している。なお、「大坂御仕置伺留」では、城代が指図にあたって参考とした「類例」の部分は、藍色もしくは紺色で書かれている（後掲史料では「紺書」と表記している）。

　いさについて、穢多の身分にて平人に相交わったことは不埒につき、「急度叱り」置くべきところ、穢多身分につき、渡辺村年寄へ引渡し相当の咎めを命じるべきかと、町奉行は城代に伺っている。これに対して城代は、いさについて、平人と相交わったまでのものにてほかに不埒なことがないので、類例（事例1のきち）に見合い、伺の通り指図している。

したがって、事例2では、大坂城代は、江戸の類例（評定所一座の評議）を基準として指図したことがわかる。事例2が事例1に比べて刑が軽いのは、利欲にかかわることがなかったからである。そういう意味では、事例2が身分違いの婚姻に関する典型的な事例の一つといえる。

事例3　穢多身分とみが百姓傳兵衛の妾になった事例(16)

摂津国八部《やたべ》郡宇治野村の新助姉とみ（三十四歳）は、亡父利八の取計らいにより、二十一カ年以前未年（寛政十一年）三月その身分を隠して摂津国今福村勘兵衛に請人を頼み、同国浄光寺村次右衛門方へ十カ年季奉公に出され、年季が来ても引続き二カ年勤めて暇を貰っている。なおまた、利八は、同国尼崎築地町の浄光寺屋輪佐七が浄光寺村に住んでいた頃、同様に身分を隠して、請判を頼み、九年以前未年（文化八年）三月より同村傳兵衛方へ十カ年下女奉公に出している。その後、利八は果て、そのまま当時まで奉公しているうち、去春より不斗《ふと》主人傳兵衛（四十六歳）の妾となった。当三月男子が出生したので、自分の出自を傳兵衛へ打明けたところ、口外するのを差しとめられたので、そのままにしていたということである。

大坂城代は、町奉行伺の通り、「急度叱置」き申すべきところ、穢多につき渡辺村年寄へ引渡し、相当の咎めを申しつけるよう申渡している。

とみの類例として、文化五（一八〇八）年穢多身分しけが百姓善次郎と夫婦になった事例がある。(17)百姓善次郎女房しけは、穢多であることを隠して、百姓家に奉公したうえ、善次郎と夫婦になったことは、不束につき「急度叱り置」き申すべきところ、穢多につき、渡辺村年寄へ引渡し、相当の咎めを申しつけるよう申渡している。

百姓傳兵衛は、下女とみを召し抱えた折は、穢多であることを知らなかったが、妾に召し抱え、一子出生の後は素性を知りながら、そのまま女房同然にしていたことは不届きにつき、伺の通り、「非人手下」を申しつけられている。

傳兵衛の類例として、事例2の京屋太吉、文化九（一八一二）年の播磨屋徳次郎の例[18]に見合い、城代は伺の通り指図しているのである。

また伺書によれば、とみが寺社奉行土井大炊頭領分の者であるにもかかわらず、事例1のように老中には伺わなかった理由は、文化五年六月以降、手鎖の科以下の軽き咎めの先例のある分は伺いに及ばず、見合い例もない分は軽き咎めであっても、御定のとおり伺うこととされたことによる（大坂城代松平能登守の『御用留』から引用している）。つまり、とみへの咎めである「急度叱り」は、手鎖以下の軽き咎めで、これについては先例があったので、江戸へは伺わなかったものと解釈することができる。

なお、伺書のなかで、京屋太吉の関わった事案について、「寛政十一未十月亡父右京大夫差図」と記していることは、『大坂都督所務類纂』の編集責任者が松平輝延であることを示唆するものである。

四　被差別身分の男性が平人身分の女性と婚姻した場合

事例4　穢多身分の万吉が平人のさよと夫婦になった事例[19]

文政元（一八一八）年四月、西町奉行荒尾但馬守は城代へ「穢多平人ニ混、町家ニ致住居候もの一件吟味伺書」を差出している。これによると、摂津国住吉社領安立《あんりゅう》町一丁目の借屋・濱口屋卯兵衛方に同居している万吉（三十八歳）の素性が穢多であるとの風聞があったため、社領において調べたところ、万吉は代官嶋田帯刀が支配する同国天王寺村堀越町の百姓又兵衛借屋・伏見屋清兵衛（六十八歳）の悴であることがわかる。本件は、他領引合いの旨をもって、社務津守三位から奉行所へ提出された。

伺書によれば、清兵衛は、山城国の出身で、父文七が死去したため、二十カ年以前女房きん・悴万吉とともに、村方を出奔して、大坂表へやって来た。無宿になり身分を隠して、所どころ一夜泊まりにて日雇い働きなどをしている。堀越町の百姓弥兵衛と心易くなり、家請人に立って貰い、十三カ年以前寅年（文化三年）五月より当時の借屋を借請け、名前を差出して、青物商いに携わった。三人で暮していたが、その後女房きんは病死した。悴万吉は十二カ年以前卯年（文化四年）おりおり髪結日雇い働きに出かけていた大和国辺りで、不図《ふと》さよという女性と密通している。十カ年以前、彼女を連れて帰って来たので、様子を尋ねたところ、彼女は伊賀国名張の藤堂宮内家中の引田庄左衛門娘で、幼少のみぎり、両親とも死去したため退転したとのことである。宮内の当表用達の者に名張表を調べさせたところ、申口は符合している。夫婦の契約をして連れ帰ったので、家請人弥兵衛に話して、同人より町内へ引き合って貰い、同年より同居し、人別帳にも加え置いた。九年以前午年（文化七年）万吉夫婦は、安立町一丁目の多川屋しつ借屋を借請け、同所四丁目の大和屋佐兵衛に家請人に立って貰い、大坂屋万吉と名前を差出して、髪結渡世をしていた。しだいに身のうえが不如意となったので、去る丑年（文化十四年）正月右借屋を仕舞い、万吉が兼ねてから心易くしていた同所一丁目濱口屋卯兵衛方へ夫婦とも同居している。万吉は女房さよならびに同居主卯兵衛へも京都生れと偽っていたが、身分が明らかとなり、清兵衛をはじめ吟味をうけることとなったのである。

本件も城代は町奉行伺の通り指図している。

清兵衛について、身分を隠し、平人に混じって町家に住居したことは、不届きにつき「入墨」のうえ渡辺村年寄へ引渡す。これに見合うとされた例では、小兵衛という者が、穢多身分を憚らず、まつが平人であることを知りながら、夫婦になり、その素性を隠して百姓家に住んだことは不届きにつき、存命であれば、入墨のうえ、渡辺村年寄へ引渡すべきもの、と城代大久保加賀守が申渡している。(20)

万吉について、穢多の身分を憚らず、さよが平人と知りながら、自身の素性を隠して夫婦になり、平人に混じって町家に住居のうえ、当時も茂兵衛方に同居していたことは不届きにつき、「入墨」を申付け、渡辺村年寄へ引渡す。

前書清兵衛例と同じであると記されている。

さよ（四十二歳）について、万吉と夫婦になるうえは、同人の身の上をも承るべきところ、そのようにせず、穢多身分であることも知らずに夫婦になったことは、不束につき、急度叱り置く。さよについての先例も大久保加賀守の指図である。髪結利助女房ちゑについて、「利助と夫婦になるうえは、同人身の上をも承るべきところ、そのことをしないで、穢多身分であることを知らずに夫婦になったことは、不束につき急度叱り」とした例である。[21]

ところで、さよ・まつ・ちゑと同様に相手が平人の女性という点では共通の先例があった。事例1で触れた評定所における先例では、安永二（一七七三）年番非人と密通した百姓の娘に非人手下を命じているのである。この例では、大坂町奉行は「百姓の娘について、不埒の筋を聞かないので、構いなし、村預けとしてよろしいでしょうか」と伺ったが、評議のうえ、「百姓の娘にて、番非人といったん密通したことは不届きにつき、非人手下」と老中に申上げ、その通りと済ましている。このときの評定所一座の量刑の基準については何も記されていない。ただし、百姓の娘は相手が番非人身分であることを承知していた可能性がある。

この点については、これまで述べてきた事例において大坂城代が何を量刑決定の基準としたかを考えればよい。つまり、婚姻に際して、相手の身分を承知のうえで婚姻したのか、それとも相手の素性をよく調べもせず、そうとは知らずに婚姻したのか、ということである。城代は、前者については「不届き」な行為であり、後者については「不束」な行為である、としている。したがって、城代は、相手が被差別身分であることを承知のうえで婚姻あるいは密通した場合は、男女の別なく、「非人手下」を命じたと考えられる。[22] 他方、相手が被差別身分であることを知らずに婚姻した場合、女性は「急度叱り置く」ということである。男性については後述する。

したがって、井ヶ田論文がこの点を考慮することなく、評定所が百姓幸七の刑について、「従来の御構いなしの態度から処罰を厳しくしてきた」と解釈されたことは、妥当ではないこととなる。

五　被差別民が百姓・町家に住居した場合

事例5　穢多身分とよ等が堺の町家に住居した事例(23)

堺の錦之町濱・平野屋とよ（六十七歳）、中濱弐丁目・平野屋利右衛門（とよ忰）ならびに女房るり（二十三歳）は、穢多の身分にて町家に住居し平人に混じっているとの風聞があったため、文化十三（一八一六）年五月中おいおい召捕られ、いったんは牢内に留置されて吟味をうけている。

とよは、国許を出奔し、穢多であることを隠して、町家に住居したことは不束につき、伺の通り、急度叱り置き申しつけるべきところ、穢多につき、和泉国舳松《へのまつ》村の内塩穴穢多年寄へ引渡し、相当の咎めを申しつけられている。しけという女性が、身分を隠して百姓家に奉公し、善次郎と夫婦になった例(24)に見合い、大坂城代は堺奉行伺の通り、指図している。

とよは、備中国の出身で、四十八カ年以前（当時十九歳）両親が死亡したため、困窮になり、同じ身分の者も困窮にて奉公に召抱えて貰えないため、出稼ぎに行くしかなく、同年十一月家出をして大坂表にやって来た。所どころで雇われているうち、無宿利兵衛と密通し、素性のことは隠して夫婦になり、夫が懇意にしていた空心町の善七の世話で、神田屋吉右衛門という名前で同町に借宅している。草履花緒商いをしているうち、忰の利右衛門と利八が出生し、また善七の娘てる（当歳）を養女にもらったが、その後商いが不勝手となり、素性を隠して平野屋と家号を改めて錦之町の借屋へ引越した。忰の利右衛門は中濱二丁目へ借宅し、利八は摂津国住吉郡安立町二丁目の美濃屋惣兵衛借屋・平野屋みよ方の養子となり、養女てるは櫛屋町の帯屋三郎兵衛借屋・大坂屋庄兵衛が女房に貰いうけたいというので、素性を隠して嫁入りしている。去る亥四月、夫吉右衛門は病死している。

利八の召捕りについて、大坂町奉行所に懸け合っているが、家内残らず家出して行方知れずになっているので、所の者に日切《ひぎり》尋《たずね》を命じている。

利右衛門女房るり（二十三歳）は安芸国の被差別部落出身で、父が五年前に死去したため、その後困窮のため相続が難しくなり、母親を残して姉すへとともに六年前（文化八年）三月家出して大坂表にやって来た。母しゆんも当二月中に家を出ているが、行方知れずとなっている。四年前、るりは利右衛門と密通して、素性のことは隠して夫婦になり、一子小吉が生れている。利右衛門の名前で借屋の借請けを所どころの知合いに頼んだが、埒が明かないうちに取調べをうけることとなった。姉すへは同居していたが、その後南糸屋町の和泉屋新兵衛が女房に貰いたいというので、素性のことは隠して嫁入りしている。

女房るりと一緒に召捕られた利右衛門は、吟味不取締のため牢内において煩い、薬用手当を命じられるが、養生叶わず当八月七日死去している。組与力を遣わしたところ病死に相違ないということなので、死骸は仮片付けとされている。堺奉行においてもその取調べは苛酷であったことがわかる。

大坂城代は、女房るりについても、伺の通り「急度叱り」と指図している。

したがって、被差別身分の女性が平人の町家へ住居した場合は、「急度叱り」の刑を科せられた。これに対して男性は、平人と婚姻した場合と同様に「入墨」の刑を科されたことに注意すべきである（事例4の清兵衛）。小吉は当歳幼少のため取調べはせずに小屋預けを命じ、追って落着の節、るり一同和泉国舳松村の内塩穴穢多年寄へ引渡す、と伺書には記されている。

養女てると婚姻した大坂屋庄兵衛、るり姉すへと婚姻した和泉屋新兵衛の二人については、相手の女性を女房にするうえは、とくとその身分・生所について糺すべきところ、そのことをしないで、穢多身分であることを知らずに夫婦になったことは不束につき、「過料三貫文」を命じられている。ここでは、しけを女房にした百姓助左衛門の例に[25]

見合っている。つまり、相手が穢多身分であることを知らずに夫婦になった場合、女性は急度叱り置かれた（事例4のさよ）のに対して、男性は過料三貫文の刑を科されたのである。

事例6　穢多身分清八が百姓家に住居し、そのうえ無宿へ養子の世話をした事例(26)

天王寺村小儀《おぎ》町の井筒屋五郎吉借屋・穢多播磨屋清八（五十五歳）は、その身分を隠して平人に混じって借宅し、そのうえ養育料を添えた小児を養う表向きの貰い人となり、無宿智園へ養子に遣わした。その後智園が出奔する際、その小児を取戻し、実親ならびに世話人へも内証にて、非人番藤兵衛へ養料銭を添えて遣わしたが、小児の生死は不明である。重立って取計らったのは又兵衛という者で、養育料銀を掠め取る申し合わせをしたとは聞いていない、と大坂町奉行吟味伺書には記されている。

伺書によれば、町奉行は類例をもとに量刑を検討していることがわかる。すなわち、この度の清八について、実親ならびに世話人へも内証にて非人番藤兵衛へ小児を遣わしたことは儀兵衛例に見合えば所払。穢多身分が平人に混じったことは善次郎例に見合えば入墨。かつ偽りに同意したことは喜八例に似ているが、喜八には養育料を掠め取るため偽りの取計いがあったが、清八は利欲のみにした訳ではないので、喜八より一段軽く入墨を除き、大坂三郷払と見込んだところ、穢多身分にて平人に混じったこともあるので、彼是三例を見比べ、入墨のうえ大坂三郷払が相当かと伺っている。結局城代は奉行伺の通り指図している。

六　被差別民が平人方へ被差別民の奉公を斡旋した場合

事例7　大和国の被差別民が堺の旅籠屋へ被差別民の奉公を斡旋した事例(27)

本件について堺奉行は、老中につぎのように伺っている。右のものども（穢多記八ほか五人）は、穢多身分の人びとの身分を隠して平人方へ奉公の世話をし、ことに記八・仙助・笠神丈助は、世話料を貰いうけ、そのうえ記八が娘きのを同様奉公に差出したことは、一同不届きにつき敲、中井戸丈助・儀兵衛・清八は、世話料を貰いうけていないので、五十日手鎖を申しつけるべきところ、いずれも穢多身分なので、和泉国舳松村の穢多年寄へ引渡し、相当の仕置咎等を申しつけるべき旨申渡すべきでしょうか。

この一件には、先例とすべき例（事例1の幸七の類例）があった。すなわち、寛政八（一七九六）年穢多身分の娘を百姓の娘と偽って食売奉公に出し、給金のうちから世話料を取ったことは、不届きにつき敲のうえ所払を申しつけた例である。評定所はこの例に見合い、笠神丈助・記八・仙助は、敲のうえ所払。中井戸丈助ほか二人は、世話料を受けとっていないので、右より品軽く、所払を申しつけるところ、穢多身分につき相当の仕置きを申しつけるよう申渡し、和泉国舳松村の内、穢多村年寄へ引渡すと評議した。老中は評議の通り、堺奉行へ指図している。

娘の身分を隠して平人方へ奉公に出した親について、堺奉行は、不埒につき、三十日手鎖を申しつけるべきかと伺っている。評定所は、丹波国大安寺村の被差別民が、その身分を隠して、子供・弟妹を百姓家へ奉公に差出した件で、不埒につき、「三十日手鎖」を申渡した例（事例1）に見合い、伺の通りと評議している。したがって、事例7について、井ヶ田論文が、「子供を奉公に出した親は、三十日手鎖で従来の急度叱りより重くなっている」と述べているのは誤りである。

つまり、事例1と事例7によれば、少なくとも寛政八（一七九六）年もしくは寛政十一年から文政八（一八二五）年までの間、つぎの四点について評定所一座の評議と老中の指図に変更はなかったものと考えられる。一つ目は、その身分を隠し、奉公を斡旋して、世話料を貰った被差別民は、「敲のうえ、所払」、世話料を貰わなかった者は「所払」の刑罰を科せられること。二つ目は、子どもならびに妹弟を百姓・町家へ奉公に差出した被差別民は、「三十日手鎖」相当の刑罰を科せられること。三つ目は、身分を隠して平人方へ奉公に出た本人は、「急度叱り置く」こと。四つ目は、奉公人を雇うには、その身元を糺すべきところ、請人が立っているからといって、穢多身分であることを知らずに雇った者も不束につき「急度叱り置く」ことである。

したがって、被差別民が平人方へ奉公に出た事例について、評定所では先例が尊重されたことがわかる。

七　おわりに

以上の判決例によれば、評定所一座ならびに大坂城代は、身分違いの婚姻の刑罰を決定するに際して、相手の身分を承知のうえで婚姻したのか――つまり、婚姻が身分秩序の否定を意味することを承知していたのか――、それとも知らずに婚姻したのかを判断の基準としたものと考えられる。

まず平人の男性が、相手女性が被差別身分であることを承知のうえで婚姻した場合、男性は「非人手下」を申渡される（事例1の百姓幸七、事例2の京屋太吉、事例3の百姓傳兵衛、類例の播磨屋徳次郎）。平人の男性について、大坂城代の指図は老中の指図と一致している。つまり、評定所の先例が尊重されている。被差別身分の女性について、大坂城代は、奉行伺の通り「急度叱り」を指図している（事例2のいさ、事例3のとみ、類例のしけ）。なお、城代は事例2のいさについて、「平人ニ相交候迄のものニ而外ニ不埒無之間、右類例（事例1のきち）ニ見合、伺之通及差図」としているので、女性についても評定所の先例が尊重されているとみなされる。

平人の男性が、相手女性が被差別身分であることを知らずに婚姻した場合、男性は過料三貫文を申渡される（事例5の大坂屋庄兵衛・和泉屋新兵衛、類例の百姓助左衛門）のに対して、相手の女性は急度叱りを命じられる。たとえば、百姓善次郎女房しけは、被差別身分であることを隠して、百姓家に奉公し、善次郎と夫婦になったことは、不束につき急度叱り置かれている（事例5平野屋とよの類例）。

つぎに被差別身分の男性が、相手女性が平人身分であることを承知のうえで婚姻した場合、男性は「入墨」のうえ渡辺村年寄へ引渡される（事例4の万吉）。相手の男性が被差別身分であることを知らずに婚姻した女性は「急度叱り」とされている（事例4の万吉女房さよ、類例の髪結利助女房ちゑ）。

刑罰に関しては、被差別民側からすると、男性は「入墨」とされるのに対して、女性は「急度叱り」であるから、その刑は男性の方が重い。平人側からすると、相手の身分が被差別身分であることを知らずに婚姻した場合、男性は「過料三貫文」を命じられるのに対して、女性は「急度叱り」置かれるという違いがある。いずれも女性に比べると、男性は重く罰せられている。

つぎに、被差別民が平人に混じって百姓・町家に住居した場合、男性は「入墨」のうえ当表穢多村年寄へ引き渡される（事例4の万吉父・伏見屋清兵衛）。女性は、「急度叱り」である（事例5の平野屋とよ、類例の百姓善次郎女房しけ）。したがって大坂・堺では、被差別民が百姓・町家へ混住した場合も平人と婚姻した場合と同様の扱いをうけている（混住には、そもそも身分違いの婚姻が含まれている）。

最後に、江戸時代は、「幕府が先例を重視し、その上に立って全国的な裁判の準則を統一しようとする傾向があった」（井ヶ田説）ということについて考えてみたい。このことについては、これまで主として『御仕置例類集』にもとづいて指摘されている。「江戸上り御仕置伺」である事例1と事例7は、それに該当する。

では、大坂町奉行や堺奉行が、江戸に伺わなかった事案（事例2、3、4、5、6）について、大坂城代はどのように指図しているであろうか。事例2（太吉・いさ）は、前述のとおり評定所の先例を尊重している。事例3（百姓傳兵衛）も同様にみなすことが可能である。ただし、そのほかの事例については、いずれも大坂城代が以前に指図した類例に見合い、指図している。

被差別身分の男性が自分の素性を隠して平人女性と婚姻した事例（事例4）や、平人に混じって町家や百姓家に住居した事例（事例5・6）は、『御仕置例類集』には見当たらない。評定所の先例については不明であるが、京都町奉行所[28]および長崎奉行所[29]において、平人女性と婚姻した被差別身分の男性は、いずれも追放刑を科されている。また前述した天保二（一八三一）年京都市中に混住していた被差別民について、京都町奉行は追放刑を科している。ところが、大坂町奉行所および堺奉行所では、被差別身分の男性が自分の素性を隠して平人女性と婚姻した場合、或は平人に混じって町家や百姓家に住居した場合、いずれも被差別身分の男性に入墨刑を科しているのである。入墨刑については、つぎの評定所評議書が参考となる。すなわち、寛政二（一七九〇）年無宿小山隼太盗いたし候一件において、「入墨・敲は、道理も不弁卑賤之もの、一旦之悪事を懲候刑ニて、武家之家来、帯刀いたし候程のものえは難引当」[30]とされている。道理を弁えない被差別身分の男性（「卑賤之もの」）に対して、身分違いの婚姻や百姓・町家への混住（「一旦之悪事」）を懲らしめるため入墨刑を科したのである。

このように同種の事例について、幕府裁判役所が異なる刑罰を科していることから、幕府が全国的な裁判の準則を統一することは容易ではなかったことがわかる[31]。したがって、法曹法の統一には自ずと限界があったと考えられる。

〔注〕

（1）柳瀬勁介『社会外の社会 穢多非人』（大学館、一九〇一年）、喜田貞吉「特殊部落の成立沿革を略述して其解放に及ぶ」『民族と歴史』第二巻第一号特殊部落研究号（一九一九年七月）、畑中敏之「「かわた」身分とはなにか」朝尾直弘編『日本の近世7　身分と格式』第8章（中央公論社、一九九二年）、井ヶ田良治「婚姻差別の歴史的諸相—江戸幕府の判決をつうじて—」『日本法社会史を拓く』第四章（部落問題研究所、二〇〇二年）。

（2）寛延三（一七五〇）年生れ、寛政十二（一八〇〇）年歿。大河内松平家第五代当主（第四代高崎城主）。同家第四代輝高の次男。兄輝行の死去により、安永四（一七七五）年嫡子となる。寺社奉行（天明四年～寛政十年）、大坂城代（寛政十年～寛政十二年）をつとめる。死去に際し実子輝健がいたが、輝健の誕生以前に弟輝延を嗣子に定めていたため、家督は輝延が継いでいる。『高崎市史』第三巻（高崎市、一九六八年）、『柳営補任』などによる。

（3）安永四（一七七五）年生れ、文政八（一八二五）年歿。大河内松平家第六代当主（第五代高崎城主）。同家第四代輝高の三男。寺社奉行（享和二年～文化十二年）、大坂城代（文化十二年～文政五年）、老中（文政六年～文政八年）をつとめる。

（4）寛政九（一七九七）年から同十一（一七九九）年、文化十二（一八一五）年から同十四（一八一七）年、文政元（一八一八）年から同四（一八二一）年四月までの「御仕置伺留」（全六〇冊）が含まれている。

（5）井ヶ田前掲書、一〇五頁以下。

（6）井ヶ田前掲書、二六頁。

（7）元文五（一七四〇）年九月二十五日、京都町奉行は、千本蓮臺野村の穢多伊兵衛について、「下長者町千本西江入町、近江屋伊兵衛抱の女ちよと相なしみ、穢多へ連帰り、妻可致由、其上穢多におとし候不届に付、三日さらしの上、山城国中大津追払」を申付けている（『日本庶民生活史料集成』第一四巻部落、三一書房、一九七一年、一四七～一四八頁）。

（8）寛政八辰年太田備中守殿御口達「穢多之身分ニて平人之交いたし候もの之儀ニ付評議」（『御仕置例類集』古類集、二二四）。

（9）（京都部落史研究所、一九八八年）三九～四四頁。『日本庶民生活史料集成』第一四巻部落（三一書房、一九七一年）二五六～二六一頁。三好伊平次『同和問題の歴史的研究』（財団法人同和奉公会、一九四四年）三〇四～三〇九頁。

（10）『御仕置例類集』古類集、一九〇九、二二七八ほか。

（11）平松義郎『近世刑事訴訟法の研究』（創文社、一九六〇年）五一三頁。続けて、「寛政六年（一七九四）八月には、しかし、博奕処罰特例法適用の一環として、博奕の処罰に限り本条は適用なきものとされ、文化五年（一八〇八）には、手鎖、過料、急度叱は伺うに及ばざることとなった。この制度は、幕府高官に対する敬意ないし優遇と裁判の公正とを併せて全うする趣旨と解すべきであろう」と述べられている。
(12) 藤原有和「大坂町奉行所の刑事判例(五)—大坂城代土屋氏御用留による—」(『関西大学人権問題研究室紀要』第六一号、二〇一一年三月)三〇~三三頁、七九~八〇頁。
(13) 三好前掲書、三一〇頁。
(14) 速水融『歴史人口学研究　新しい近世日本像』(藤原書店、二〇〇九年)一九〇頁。京都四條立売中之町の宗門改帳の分析によれば、「家族員では約一六%、下人では五五%、住民の合計では二三%が、京都の町以外を生国としていることがわかる。この率は、下女において最も高く、実にその七三%が市外の出身者であった。出身地の国別では、近江、山城(京都を含まない)、丹波が他を抜いており、比較的近距離から人口を吸収したと言えるだろう。また家族員と奉公人では、前者の方が拡散的で、信濃や周防といった遠距離を含んでいるのに対し、奉公人は相対的に近隣諸国に集中している」と述べられている。
(15) 寛政十一(一七九九)年十月一日大坂城代松平右京大夫輝和差図、大坂西町奉行成瀬因幡守掛り、「盗賊取逃かたり、御構場江立入、穢多平人ニ交候者共御仕置伺書」(第五冊「大阪　寛政十一未九月十月　御仕置伺留」所収)。
(16) 文政二(一八一九)年十一月六日大坂城代松平右京大夫輝延差図、大坂東町奉行彦坂和泉守掛り、「穢多平人ニ混候一件吟味伺書」(第四八冊「大坂　文政二卯年十一月　御仕置伺留」所収)。
(17) 文化五(一八〇八)年三月大坂城代松平能登守差図、大坂東町奉行平賀信濃守掛り、「穢多平人ニ混候一件吟味伺書」(類例)。
(18) 文化九(一八一二)年大坂城代大久保加賀守差図、大坂東町奉行平賀信濃守掛り、「穢多身分ニ而平人与夫婦相成、御構場江立入、品預候者一件吟味伺書」(類例)。
(19) 文政元(一八一八)年五月十五日大坂城代松平右京大夫輝延差図、大坂西町奉行荒尾但馬守掛り、「穢多平人ニ混、町家ニ致住居候もの一件吟味伺書」(第三二冊「大坂　文政元寅年五月上　御仕置伺留」所収)。
(20) 文化十(一八一三)年大坂城代大久保加賀守差図、大坂東町奉行平賀信濃守掛り、「強盗取逃、博奕、穢多非人に混、入墨を消候もの吟味伺書」(類例)。

(21) 文化十（一八一三）年八月大坂城代大久保加賀守差図、大坂東町奉行平賀信濃守掛り、「強盗幷盗品預又者売払、穢多平人ニ混、御構場江立入候者、吟味伺書」（類例）。

(22) たとえば、相手の爲蔵が堺表四ケ所長吏之内湊長吏金兵衛手下非人であることを相弁えながら密通した和泉屋伊兵衛娘つまは、非人手下を命じられている。文化十三（一八一六）年六月五日大坂城代松平右京大夫輝延差図、堺奉行小菅備後守掛り、「密通之もの申合、主人之小児を連、出奔いたし候者一件吟味伺書」（第一一冊「大坂 文化十三子年六月上 御仕置伺留」所収）。

(23) 文化十三（一八一六）年十一月六日大坂城代松平右京大夫輝延差図、堺奉行小管備後守 掛り、「穢多之身分ニ而町家住居いたし候もの一件吟味伺書」（第一七冊「大坂 文化十三子年十一月 御仕置伺留」所収）。

(24) 注(17)「穢多平人ニ混候一件吟味伺書」。

(25) 享和元（一八〇一）年九月大坂城代青山下野守差図、大坂東町奉行水野若狭守掛り、「雇女を致打擲候処、病気差重相果、穢多之身分ニ而交居候者一件吟味伺書」（類例）。

(26) 文政二（一八一九）年三月二十六日大坂城代松平右京大夫輝延差図、大坂東町奉行彦坂和泉守掛り、「穢多平人ニ混、百姓家ニ致住居、其上無宿者江養子之世話致し世話料貰請候一件吟味伺書」（第三九冊「大坂 文政二卯年三月 御仕置伺留」所収）。

(27) 文政八（一八二五）年御渡（老中差図）、堺奉行伺「和州上牧村穢多記八、身分押隠奉公又は平人ニ混罷在候一件」（『御仕置例類集』続類集、一四九九、一二七〇、七七八）。

(28) 注(7)。

(29) 事例2の掛り奉行であった成瀬因幡守は、後に長崎奉行に就任しているが、そこでも身分違いの婚姻の事例を担当している。皮屋町乙名竜蔵が元丸山町升屋太三郎抱遊女吉川と密通のうえ女房にした事例で、享和二（一八〇二）年四月二五日、竜蔵は軽追放、吉川には非人手下を申付けている（森永種夫編『犯科帳 長崎奉行所判決録』第六巻、一九五八年、九〇〜九一頁）。

(30) 『御仕置例類集』古類集、一四九八。

(31) この点については、平松義郎『江戸の罪と罰』(平凡社選書一一八、一九八八年、二三頁)のつぎの指摘が参考となる。すなわち、「老中・評定所は「一事両様」「一事両端」「先例区々」になるのを避けようとして法曹法の統一につとめた。法の整合性という内在的要請と幕府の事務権限の集中策に出るもので、「奉行所は一躰《いったい》之儀」(「御留書」)「御料所は諸国一体之規則」(『天保類集』)が標榜されたが、役所ごとの多少の差異は免れなかった。法曹法は原則として部外には秘密であり、これに携わる吏員は、就任に当って守秘義務を誓約するのが常であった」と述べられている。

〔事例2〕

寛政十一（一七九九）年十月一日大坂城代松平右京大夫輝和差図、大坂西町奉行成瀬因幡守掛り、「逃賊取逃かたり、御構場江立入、穢多平人ニ交候者共御仕置伺書」（第五冊「大阪　寛政十一未九月十月　御仕置伺留」所収）

（内表紙）
「寛政十一己未年九月十六日持参
同十月朔日付札直相達
同十日承付、持参（朱書）

盗賊取逃かたり御構之場所江
立入、穢多平人ニ交候者共
御仕置伺書

書面伺之通御仕置可申付旨、御附札を以被仰渡
承知仕候

未
十月朔日
成瀬因幡守」

〔御仕置伺書のうち「盗賊取逃かたり御構之場所江立入」に関する部分を略す〕

永井日向守御預所
摂州東成郡北平野町
弐町目塩屋利助借屋
京屋
太吉
未三拾五歳

未九月二日入牢
同月十五日申口相分
下宿所預

（附札）
此太吉儀、伺之通
非人手下可被申付候

（黄紙下ヶ札）
此太吉儀、いさ与密通之上夫婦之契約いたし候後、穢多与乍承其分ニ罷過、同人居村退候後も慕参、暫も同家ニ罷在候段、不埒ニ付、非人手下可申付候哉

（紺書）
「右類例

当未四月廿六日宿次ニ而進達、同八月七日付之宿次ニ而御下知相済、平人之身分ニ而穢多を致女房、穢多共奉公口入いたし候一件之内

篠山十兵衛御代官所
摂州西成郡下新庄村
百姓
幸七

右幸七儀、きち与密通之上、穢多与申儀乍存夫婦ニ相成、殊利欲ニ拘、きち所縁を以穢多共多人数百姓町家江奉公ニ差出、口入料取候段、不届ニ付、入墨

之上当表穢多村年寄江引渡、向後穢多仲間被差加候
様可申渡候哉

御差図

敲之上非人手下申付、其地穢多村年寄江引渡可
申候

右太七《吉カ》儀、いさ与密通之上夫婦ニ相成候迄之もの
ニ而、利欲ニ拘候義無之ニ付、右類例ニ見合、伺之
通及差図」

右太吉儀、同州穢多村新屋敷町大和屋伊兵衛方江立入、
紛敷相聞候付、吟味仕候処、同州天王寺村中小路町天
満屋宗玄世話を以、
(朱書)「右宗玄呼出シ候処、追々変宅いたし、当時居所相知
不申候」
いさ与申女、当三月ゟ日雇ニいたし候内、密通仕、夫
婦之契約いたし、町内江も相届、相暮罷在、出生相尋
候処、右伊兵衛娘之由申之、穢多与申儀、其節承候得
共、一旦申為替候事ニ付、致其分、当七月廿七日用向
有之、他出いたし、同八月十四日罷帰候処、女房いさ
家内ニ不罷在候付、此もの用向ニ而他出いたし、帰延
引之義、全いさ身分を被疎候事与相察、親元江逃帰候
儀与存、直ニ尋参、一両日逗留いたし候内、被捕候旨
申之、右始末不埒之旨、吟味詰候処、可申立様無之旨
申之候

(附札)
此いさ儀、伺之通同村
年寄江引渡、相当之
咎申付候様可被申渡候

同人女房
いさ
未弐拾八歳
親元江預

(黄紙下ケ札)
此いさ儀、穢多之身分ニ而平人ニ相交候段、不埒ニ
付、急度叱り置可申候処、穢多之儀ニ付、同村年
寄江引渡、相当之咎申付候様可申渡候哉

(紺書)「右類例

当未四月廿六日宿次ニ而進達、同八月七日付之宿次
ニ而御下知相済候、平人之身分ニ而穢多を致女房、穢
多共奉公口入いたし候一件之内

摂州西成郡下新庄村
百姓幸七女房
きち

右きち儀、穢多之身分ニ而百姓幸七与致密通、其後
女房ニ相成、且穢多共奉公世話幸七江相頼候より、
多人数引請、百姓町家等江奉公ニ出候仕儀ニ相成、
旁不埒ニ付、五十日手鎖可申付候処、穢多之儀ニ付、

当表穢多村年寄江引渡、相当之咎申付候様可申渡候
哉
御差図
三十日手鎖可申付処、穢多之儀ニ付、相当之咎
可申付段申渡、其地穢多村年寄江引渡可申候
右いさ平人ニ相交候迄のものニ而外ニ不埒無之間、
右類例ニ見合、伺之通及差図」
右いさ吟味仕候処、親伊兵衛困窮ニ相暮候付、奉公拵
仕度存居候内、兼而導引渡世いたし罷在候前書宗玄儀
世話いたし可遣旨ニ付、同人方江罷越、猶太吉方江被
雇参、密通之上夫婦之契約いたし、身柄申明シ候趣者、
太吉申口符合仕、其後同人用向ニ付、他出仕、帰延引
ニ付、全此者身分を疎候故、不立帰儀与其節ニ至後悔
致シ、親元江逃帰候処、吟味相成候旨申之、右始末不
埒之旨、吟味詰候処、可申立様無之旨申之候

摂州西成郡穢多村
新屋敷町池田屋次右衛門
借屋
大和屋
伊兵衛
未五拾八歳

（附札）
此伊兵衛儀、伺之通同村
年寄江引渡、相当之
咎申付候様可被申渡候

（黄紙下ヶ札）
此伊兵衛儀、いさ申合、最初ゟ平人ニ為相交候儀
ニ者無之候とも、宗玄奉公之世話いたし候ハヽ、行先
をも相糺可申処、任打置候ゟ既いさ平人ニ相交候仕
儀ニ相成、不束ニ付、急度叱り置可申候処、穢多之
儀ニ付、同村年寄江引渡、相当之咎申付候様可申渡
候哉

（紺書）
「右類例
寛政八辰年八月廿三日伊豆守殿江自分直達、遠州内
野村三郎兵衛外壱人ゟ同村役人幷百姓共相手取品々
申立候一件吟味伺書之内

内野村
番非人
鉄平

右鉄平儀、娘しのを下女ニ相雇度旨、庄屋茂兵衛
申聞候迚、辞退も不致、非人之身分を以しのを茂
兵衛下女ニ差出候段、不束ニ付、叱り置可申処、
非人之義ニ付、相当之咎可申付旨申渡、穢多弾左
衛門江引渡可申候
右類例ニ見合、伺之通及差図」
右伊兵衛吟味仕候処、困窮ニ付、娘いさ相対得心之上、
奉公ニ差出候積ニ而宗玄致世話候趣者いさ申口符合仕

候得共、定而同烈《ママ》之村方江差遣呉候儀与相心得居候処、
罷帰候上、平人ニ相交候段承之、驚入候旨申之候得共、
右始末不束之旨、吟味詰候処、可申立様無之旨申之候

摂州西成郡穢多村
新屋敷町家主
池田屋
次右衛門
未弐拾弐歳
年寄
出雲屋
太右衛門
未六拾壱歳

（附札）
此次右衛門・太右衛門儀、
伺之通同村外年寄江引渡、
相当之咎申付候様可被申
渡候

（黄紙下ヶ札）
此次右衛門・太右衛門儀、いさ穢多之身分ニ而平人
太吉女房ニ相成居候儀不存罷在候段、全人別改方不
行届故之儀、不念ニ付急度叱り置可申候処、穢多之
儀ニ付、同村外年寄江引渡、相当之咎可申付段可申
渡候哉

（紺書）
「右類例
当未四月廿三日水野若狭守相伺、同八月十七日及差
図、穢多之身分ニ而素性を隠、平人ニ混候一件之内

谷播磨守領分
丹波国何鹿郡大安村
朽木近江守領分
同国天田郡長田村

庄屋
年寄

右庄屋年寄儀、枝郷穢多市助悴伊兵衛、藤三郎娘
つる、百姓家江奉公ニ出居候を不存、穢多共申立
等閑ニ承り置、勤先等も不相糺、宗旨人別改之節
も畢竟糺方不行届故之儀、不念ニ付、叱置可申候
右類例ニ見合、伺之通及差図」
右之もの共、吟味仕候処、穢多平人ニ交候事不相成
儀者一同兼而相弁居候処、此度吟味之上、いさ儀右躰
太吉女房ニ罷成居候段、始而承之、驚入候旨申之候得
共、右始末不念之旨、吟味詰候処、可申立様無之旨申
之候

永井日向守御預所
摂州東成郡北平野町
弐町目
京屋太吉家主
塩屋
利助
未三拾八歳

（附札）
此利助幷庄屋年寄共儀、
伺之通急度叱り置可被
申候

庄屋
年寄

（黄紙下ヶ札）
此利助并庄屋年寄共儀、太吉女房いさ素性穢多与申儀不存罷在候段、全改方不行届故之儀、不念ニ付、急度叱り置可申候哉

（紺書）
「右例
当未四月廿三日水野若狭守相伺候右同断一件之内

摂州西成郡下新庄村
庄屋
年寄

右庄屋年寄共儀、村方江穢多共入込、奉公いたし罷在候儀、吟味之節迄不存罷在候段、改方不行届故之儀、不念ニ付、急度叱置可申候

右例ニ見合、伺之通及差図」

右之もの共吟味仕候処、利助借屋内京屋太吉女房いさ儀、素性穢多与申儀、曾而不存、此度吟味之上、始而承之、驚入候旨申之候得共、右始末不念之旨、吟味詰候処、可申立様無之旨申之候

右之者共御仕置黄紙下ヶ札を以相伺候、以上

未
九月
成瀬因幡守

〔事例4〕

文政元（一八一八）年五月十五日大坂城代松平右京大夫輝延差図、大坂西町奉行荒尾但馬守掛り、「穢多平人ニ混、町屋ニ致住居候もの一件吟味伺書」

（第三二冊「大坂　文政元寅年五月上　御仕置伺留」所収）

（内表紙）
「
穢多平人ニ混、町家ニ致住居候もの一件吟味伺書

書面伺之通御仕置可申付旨御附札を以被仰渡承知仕候

寅
五月十五日
荒尾但馬守

」

八（朱書）

摂州住吉社領安立町壱丁目阿波屋恒五郎借屋濱口屋卯兵衛同居万吉儀、素性穢多之趣風聞有之、社領おゐて相糺候処、同人儀者嶋田帯刀御代官所摂州天王寺村堀越町百姓又兵衛借屋伏見屋清兵衛忰ニ而他領引合茂有之旨を以、一件社務津守三位ゟ差出候間、請取吟味仕候趣、左之通御座候

嶋田帯刀御代官所
摂州東成郡天王寺村
堀越町
百姓又兵衛借屋
伏見屋
清兵衛
寅六拾八歳

寅二月六日入牢

（附札）
此清兵衛儀、伺之通入墨申付候上、当表穢多村年寄江引渡可被申候

（黄紙下ヶ札）
此清兵衛儀、穢多之身分ニ而素性押包、平人ニ混町家ニ住居いたし候段、不届ニ付、入墨申付候上、当表穢多村年寄江引渡可申候哉

（紺書）
「例

文化十酉八月大久保加賀守差図　平賀信濃守懸

大岡久之丞御代官所
摂州西成郡北野村
八百屋甚兵衛借屋
丸屋
小兵衛

一　強盗取逃、博奕、穢多平人ニ混、入墨を消候もの吟味伺書

右小兵衛儀、穢多身分不憚、まつハ平人与乍存、夫婦ニ相成、素性押包、百姓家ニ致住居候段、不届ニ付、存命ニ候ハヽ、入墨申付候上、当表穢多村年寄江可引渡もの二候段、一件之もの江申渡

右例ニ見合、伺之通及差図」

右之もの吟味仕候処、城州八幡清水町出郷東村穢多死亡文七悴ニ而、弐拾ヶ年以前女房きん悴万吉諸共村方欠落いたし、

（朱書）
「右村穢多年寄与左衛門、佐野肥後守・松浦伊勢守江掛合、呼出、相糺候処、申口符合仕候」

当表江罷出、無宿ニ相成、穢多与申儀押包、所々一夜泊ニ而銘々日雇働等いたし、此もの儀同町百姓死亡弥兵衛方江折々被雇罷越、心易相成、右躰素性之儀者不申明、同人家請人ニ相立貰、十三ヶ年以前寅年五月ゟ当時之借屋借り請、名前差出、青物商ひいたし、家内三人相暮罷在、其後女房きん儀者致病死、悴万吉者十二ヶ年以前卯年ゟ和州辺江折々髪結日雇働ニ罷越居候処、右働先ニ而致密通候由ニ而、さよ与申女十ヶ年以前召連帰候付、様子相尋候処、同人儀者伊賀名張藤堂宮内家中引田庄左衛門娘ニ候得共、幼少之砌両親共相果、死跡致退転候もの二而、

（朱書）
「右宮内当表用達之ものを以、名張表相糺候処、申口符合仕候」

夫婦之致契約、召連帰候間、同居人別ニ差加呉候様、万吉申聞候付、家請人弥兵衛江相咄、同人ゟ町内江引合貫、同年ゟ同居、万吉女房与申、人別差加置候処、九年以前午年万吉夫婦之もの共、安立町壱丁目多川屋しつ借屋借り請、同所四丁目大和屋佐兵衛家請人ニ相立貫、

（朱書）「右佐兵衛行衛不相知候付、尋幷召捕候手当申付置候」

大坂屋万吉与名前差出為致別宅、髪結渡世いたし罷在候処、追々身上不如意相成候付、去丑正月右借屋相仕廻、万吉兼而心易いたし候同所壱丁目濱口屋卯兵衛方江夫婦共同居いたし罷在候処、身分之素性相顕、吟味請、恐入候由申之候、右始末不届之旨、吟味請候処、無申披由申之候

（附札）
此万吉儀、伺之通
入墨申付候上、当表
穢多村年寄江引渡
可被申候

住吉社領
摂州住吉郡安立町壱丁目
阿波屋恒五郎借屋
濱口屋卯兵衛同居
万　吉
寅三拾八歳

寅二月五日入牢

（黄紙下ヶ札）
此万吉儀、穢多之身分不憚、さよを平人与乍存、自身之素性を押包、夫婦ニ相成、平人ニ混、町家ニ住居之上、当時茂卯兵衛方ニ同居いたし罷在候段、不届ニ付、入墨申付候上、当表穢多村年寄江引渡可申候哉

前書清兵衛例同断

右之もの吟味仕候処、前文親清兵衛母きん諸共、村方欠落いたし、当表江罷出、日雇働いたし、其後清兵衛儀堀越町又兵衛借屋ニ致住居居候内、和州働先ニ而此もの儀不図さよ与密通之上、夫婦之契約いたし、連帰、安立町四丁目江前書佐兵衛家請人ニ相立貫、別宅いたし、一旦名前差出候迄之手続、清兵衛申口符合仕、女房さよ幷同居主卯兵衛江茂穢多素性之儀押包、京都出生与而已申偽罷在候処、身分之素性相顕、清兵衛始此もの茂吟味相成、恐入候由申之候、右始末不届之旨、吟味詰候処、無申披由申之候

（附札）
此さよ儀、伺之通
急度叱り置可被申候

右万吉女房
さ　よ
寅四拾弐歳

他参留

（黄紙下ヶ札）
此さよ儀、万吉与夫婦ニ相成候上者、同人身之上を
も可承処、無其儀穢多与茂不存、夫婦ニ相成居候段、
不束ニ付、急度叱り置可申候哉

（紺書）
「例
文化十酉八月大久保加賀守差図　平賀信濃守懸

一　強盗幷盗品預又者売払、穢多平人ニ混、御構場江
立入候者、吟味伺書之内

小堀中務御代官所
河州若江郡下小坂村
髪結利助女房
ち　ゑ

右ちゑ儀、利助与夫婦ニ相成候上者、同人身之上
をも可承処、無其儀穢多とも不存、夫婦ニ相成候
段、不束ニ付、急度叱り
右例ニ見合、伺之通及差図」

右之もの吟味仕候処、出生名張ニ而幼少之砌、両親共
相果死跡断絶後、和州知ル辺之方ニ手寄罷在候内、万
吉与致密通、此もの身寄之もの無之候付、夫婦之契約
いたし、同人ニ随ひ当表江罷越、夫婦ニ相成候後、当
時卯兵衛方ニ同居いたし罷在候手続申口符合仕、夫万
吉儀者京都出生与申聞候趣、実事与存罷在候処、素性
穢多与申儀吟味之上始而承、驚入候由申之候付、実者
穢多与申儀乍承、夫婦ニ相成候儀ニ可有之旨、察度申
聞候処、曽而左様之儀無之由申之候得共、右始末不束
之旨、吟味詰候処、可申立様無之由申之候

（朱書）
「書面万吉同居主卯兵衛相糺候処、万吉儀身上不如意
ニ相成、名前相退候趣相咄候付、前文清兵衛申口ニ
有之候通、此もの同居候夫婦共差置遣候儀ニ而、万
吉身元同人親清兵衛、堀越町住居之内町役之ものゟ
送り書を以別宅いたし、名前差出候儀ニ付、身元相
糺有之儀与慥ニ存、同居人別ニ差加遣候儀ニ而、此
度吟味之上穢多与申儀始而承、驚入候旨申之候付、
実者穢多与申儀乍存、差置候儀ニ可有之旨、察度申
聞、再応相糺候処、曽而左様之儀無之旨申之、不念
之筋相聞不申候」

前書天王寺村
堀越町
百姓
又兵衛
寅四拾三歳
幷
庄屋
年寄

（附札）
此又兵衛・しつ・庄屋・
年寄共儀、伺之通
又兵衛・しつ・庄屋幷
しつ丁年寄者急度
叱り、又兵衛村方年寄者
叱り置可被申候

前書安立町壱丁目
多川屋
しつ
寅三拾八歳
幷
年寄

（黄紙下ヶ札）
此又兵衛・しつ・庄屋・年寄共儀、右又兵衛・しつ、借屋ニ住居いたし候清兵衛・万吉身分穢多与申儀不存罷在候段、兼而改方不行届故之儀、不念ニ付、又兵衛・しつ・庄屋幷しつ丁年寄者急度叱り、又兵衛村方年寄者叱り置可申候哉

前書小兵衛一件之内
（紺書）「例

大岡久之丞御代官所
摂州西成郡北野村
八百屋
甚兵衛
幷
庄屋
年寄

右甚兵衛・庄屋・年寄儀、甚兵衛借屋ニ致住居候小兵衛身分穢多与申儀、不存罷在候段、兼而改方不行届故之儀、不念ニ付、甚兵衛・庄屋ハ急度叱、年寄ハ叱り

右例ニ見合、伺之通及差図」
右之もの共吟味仕候処、又兵衛者前書死亡弥兵衛家請人ニ而、清兵衛を借屋ニ差置、しつ者佐兵衛を家請人ニ取、先達而万吉を借屋ニ差置候手続一同申口符合仕、両人之もの共素性穢多与申儀者此もの共一同曾而不存、吟味之上承、驚入候由申之候、右始末不念之旨、吟味詰候処、可申立様無之由申之候
右吟味仕候趣、書面之通御座候、御仕置之儀黄紙下ヶ札を以相伺申候、以上

寅
四月　　　荒尾但馬守

〔付記〕
本稿執筆後、事例1、2、3、4、5、6の原史料については、全文翻刻している（藤原有和「大坂町奉行吟味伺書の考察㈢」『関西大学人権問題研究室紀要』第六五号、二〇一三年三月）。続いて、「大坂都督所務類纂」に含まれる密通・女犯の事例紹介（「大坂町奉行吟味伺書の考察㈣」同前紀要第六六号、二〇一三年九月、大坂都督所務類纂目録を付す）および松平輝和大坂城代勤役中直書留の紹

介（「大坂城代松平輝和直書留について」同前紀要第六七号、二〇一四年三月）をしている。

第4章 「風聞書」の世界
——大坂町奉行所と「長吏の組織」——

藪田 貫

一 はじめに——大塩事件と「風聞書」——

天保八（一八三七）年二月十九日早朝、大坂天満で砲声が響き、やがて大坂市中の五分の一を焼失することとなった大事件は、今日、その首謀者の名前をとって大塩平八郎の乱、あるいは大塩事件と呼ばれている（図1）。大阪市史編纂の過程を通じて、この事件に強い関心を持ち、一九一〇（明治四十三）年、いち早く『大塩平八郎』（東亜堂書房）を著わした東京生まれの歴史家幸田成友《こうだしげとも》は、その冒頭、「大阪は天下の台所である。しかり台所であって書院または広間ではないが、台所の一小事は一家の煩いとなり、大阪に生じた異変は海内に波及する」と書いた。「天下の台所」大坂に起きた異変、という意味合いである。

事件関係者の裁判記録である「評定所一座大坂市中放火及乱防候一件吟味書」（のち『大塩平八郎一件書留』東京大学出版会、一九八七年）や坂本鉉之助《さかもとげんのすけ》筆「咬菜秘記《こうさいひき》」（岡本良一『大塩平八郎』創元社、一九七五年に掲載）、さらには『洗心洞詩文』（中尾捨吉編、一八七九年）に載せる「辞職詩并序《じしょくのしならびにじょ》」や『洗心洞箚記《せんしんどうさっき》』に添えて昌平坂学問所教授佐藤一斎に与えた書簡（神宮文庫所蔵、のち『佐藤一斎・大塩中斎』岩波書店、一九八〇年）といった数少ない自筆史料を駆使しながら書かれた本書は、大塩の人物、事件の概要の双方において、大塩研究の定型を形作ったといっていい古典的名著である。

幸田はその後、一九四二（昭和十七）年から四三（昭和十六）年にかけて改訂増補版を著わす（わたしがはじめて手にした中公文庫版『大塩平八郎』一九七七年は、これによる）が、文中「いまだに檄文《げきぶん》の原物を見たことがない」と書いている。その一方、一九二〇（大正九）年刊行の石崎東国《いしざきとうこく》著『大塩平八郎傳』（大鐙閣）にコロタイプ版で掲載された檄文を見たとして、「大いに悦ぶと同時に、他方少なからず遺憾を感じた」と記した。「原本の出所が記載していない」ことへの不満である。現在、檄文の原物は、大塩家の菩提寺成正寺に一本、所蔵されているが、「洗心洞後学」を自任した石崎東国が、同寺に寄贈したものと伝えられている。

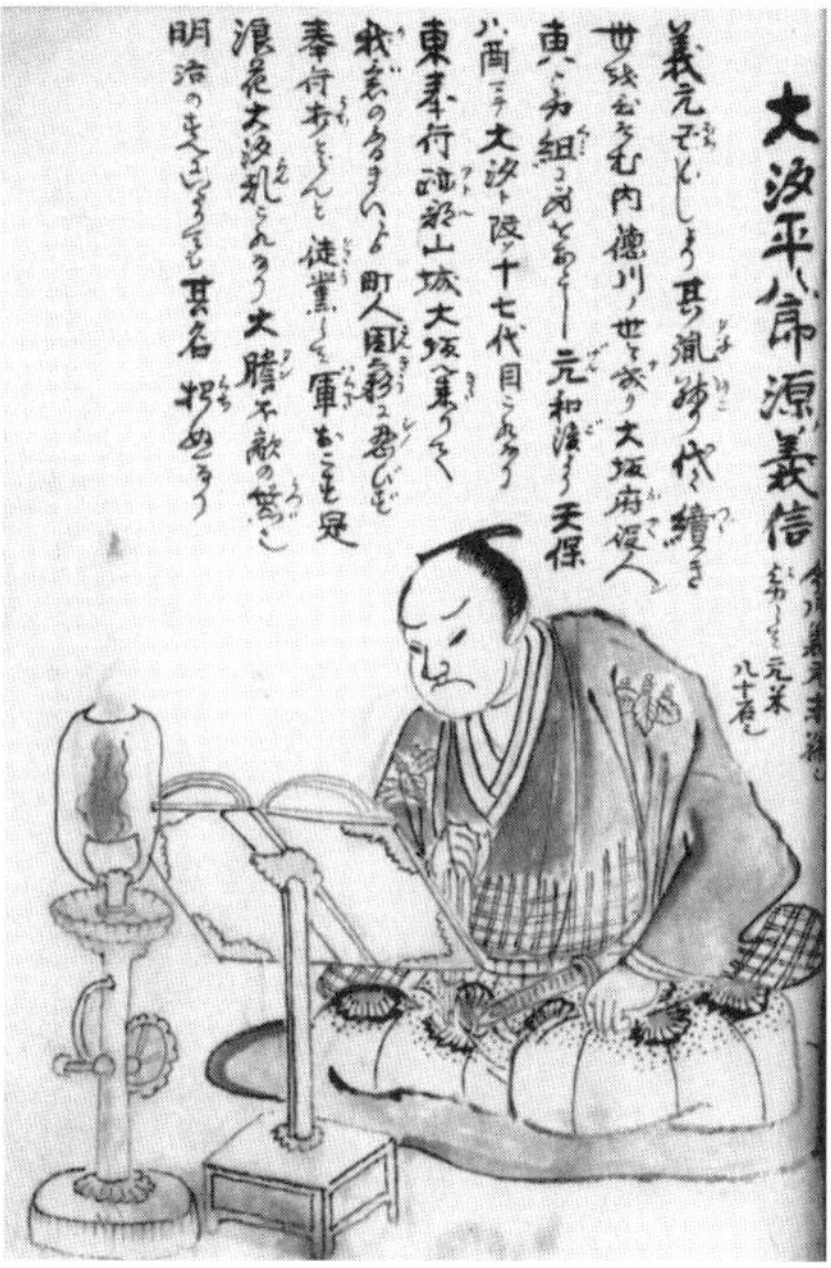

図1　大塩肖像

（大阪府立中之島図書館蔵）

いずれにしても、約二〇〇〇字からなる檄文が、大塩の思想を考え、大塩事件の目的を考える鍵であることは動かない。ところが二八年前、「大塩平八郎建議書」とされるものの実在が明らかにされ、大塩事件に新しい光が当てられることとなった。一九七四（昭和四十九）年に青木美智男、さらに一九九〇（平成二）年に仲田正之が伊豆韮山《にらやま》の江川家文庫中から発見することで、全く新しい史料が、大塩事件研究に加わることとなったのである。同史料については幸田が、大塩の先輩交友の一人、大学頭《だいがくのかみ》林述斎を取り上げるなかで「平八郎から御老中、水戸殿用人及び林大学頭宛の書状、その他」として言及していたが、それが現実に姿を現したのである。

仲田正之編『大塩平八郎建議書』（実教出版、一九九〇年）をひもとけば、件《くだん》の建議書は「大塩後素建議書《おおしおこうそけんぎしょ》」と肩書きされた表紙をうけて、林大学頭内《ない》島村丈助宛荷札・書状箱・書状（同書に付けられた通番20）、老中宛建議書（21）、目録（22）と続く。目録には一二点の史料名を載せるが、「不正無尽取調」一冊（23）と「武家方宮方寺社無尽名前書」（24）を除く一〇点は、無題の表紙（「大坂諸事書留」と仮題が付されている）に綴じられている（25〜54）。その意味で、無尽関係の史料とその他一連の史料とに大きく分類することができるが、目録の最後を飾るのは「老若昇進《ろうにゃくしょうしん》円能戯書《えんのうぎしょ》」（41）で、それ以降は、水戸藩用人宛書状（42）、林大学頭宛書状（43）と続き、ここにもうひとつのグループがある。

いいかえるなら、書状の形態を別にすれば建議書は、A老中宛建議書（21）、B不正無尽取調（23・24）、C大坂諸事書留（25〜40）、D水戸家用人宛（42）、E林大学頭宛（43〜54）の五グループに分けることができる。

もちろん最重要なのは、蜂起前々日二月十七日の日付が書かれた建議書（21）、水戸家用人宛（42）と林大学頭宛（43）の書状である。しかも大塩が、林大学頭用人島村丈助に宛てた二月八日付書状で、「国家之儀ニ付、御老中方江申上候儀有之、大学頭様江差上候間、別箱名宛江早々御届可被下様仕度」と訴えていることからすれば、老中宛建議書（21）が国家の行く末に大きく関わることを示唆している。

また老中宛建議書には、林大学頭へ別封を渡すように求めた上で、「累代《るいだい》聖賢の道を学候家柄に付、御諫言《かんげん》も被申上候身分」と書いており、幕政の中枢を握る老中に訴えるばかりか、林家当主による将軍への諫言をも大塩は期待していたと思わせる。言い換えれば、建議書によって大塩は、幕府政治の刷新を期待していたのではないかと思われるのである。

その建議書の日付が二月十七日。同日には洗心洞で檄文が門人たちによって刷られ、配布の用意が整えられていた。

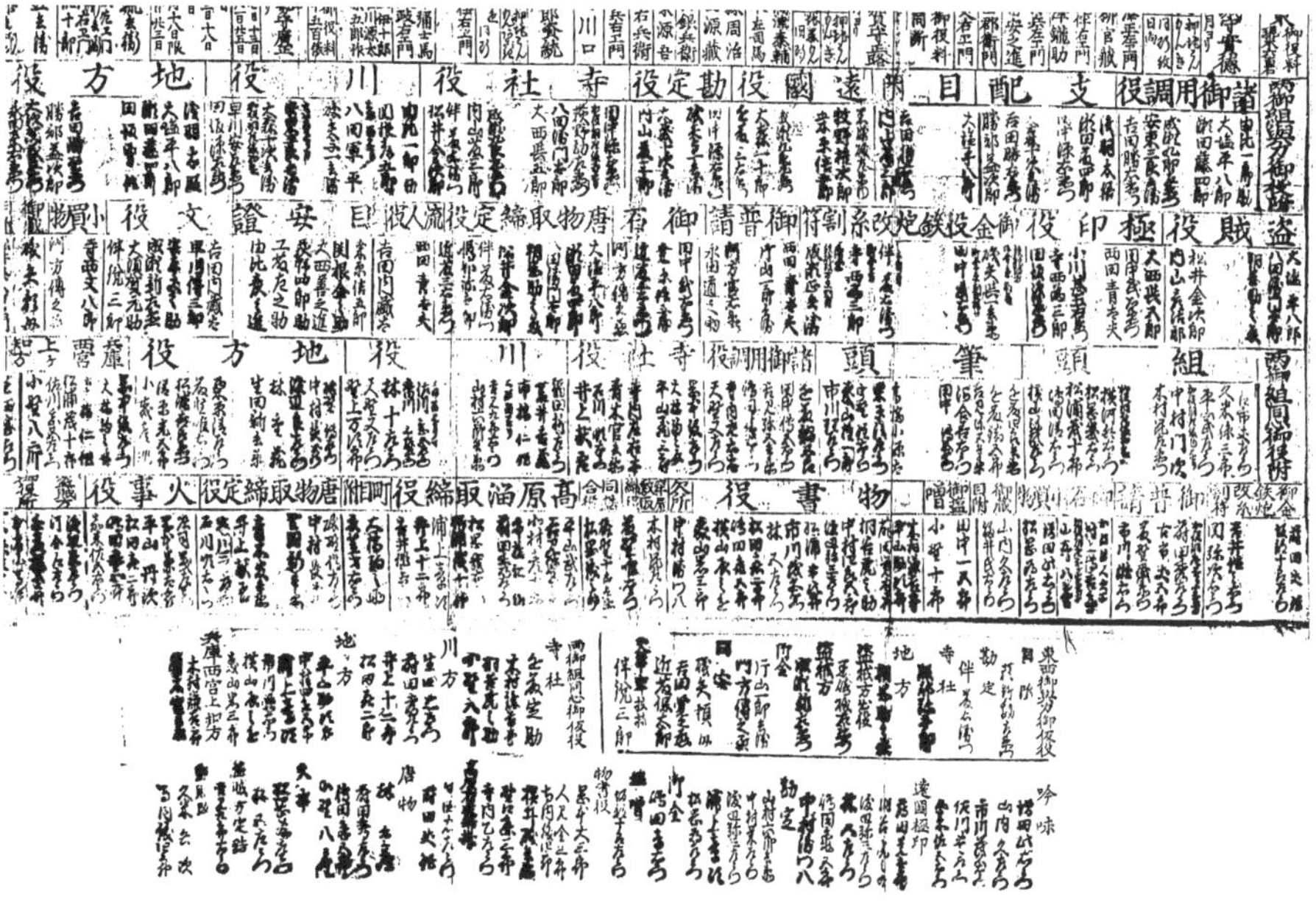

図２　『御役録』（文政12年、上三段は省略）　（大阪歴史博物館蔵）

檄文には、「小人に国家を治しめば災害並び至る」と、長引く飢饉・災害は人災であることが強調され、①大坂町奉行跡部良弼《あとべよしすけ》らを誅殺する（町奉行批判）、②鴻池ら豪商を襲撃し、金と米の蔵を開放し、救民に与える（豪商批判）、③大坂に騒動が起れば駆けつけよ（軍事行動の必要性）、④村々で借金証文などを焼き捨てよ（世直しの提起）、など、現地大坂とその周辺での解決策がアピールされているが、中央である江戸の幕府中枢への言及は少ない。

ところが大塩は、蜂起の前々日に建議書を認《したた》めることで、中央政治への荒療治を試みていたのである。要するに大塩の行動は、檄文と建議書の双方向に展開するように計画されていたといえる。

さて、その老中宛建議書だが、宛名である六名のうち、大久保忠真《ただざね》（加賀守、小田原一一万石）、水野忠邦（越前守、浜松六万石）、本荘宗発《むねたか》（伯耆守、丹後宮津七万石）、太田資《すけ》始《とも》備後守（掛川五万石）ら四名の大坂城代・京都所司代在勤中の不正無尽が指弾されている。無傷はわずかに、脇坂安董《やすただ》中務大輔と松平乗寛《のりひろ》和泉守の二名のみである。「在坂武士の顔触れ」（次頁の表）と対応すれば、中枢の汚染ぶ

〔表〕 在坂武士の顔触れ

蔵奉行	定員２名　大坂市中に屋敷居住　家族同伴　旗本　出身地江戸
金奉行	定員２名　大坂市中に屋敷居住　家族同伴　旗本　出身地江戸
具足奉行	定員２名　大坂市中に屋敷居住　家族同伴　旗本　出身地江戸
鉄砲奉行	定員２名　大坂市中に屋敷居住　家族同伴　旗本　出身地江戸
弓奉行	定員２名　大坂市中に屋敷居住　家族同伴　旗本　出身地江戸
破損奉行	定員３名　大坂市中に屋敷居住　家族同伴　旗本　出身地江戸
大番頭	毎年８月交代、旗本クラス　大坂城内居住（東小屋・西小屋）　単身 旗本　出身地江戸
加　番	毎年８月交代　小大名クラス　家老以下家臣　1～2万石大名、 大坂城内（山里曲輪・中小屋・青屋口・雁木坂）に居住　家族同伴
定　番 ２名	家老・公用人・家臣―上屋敷（玉造門・京橋門） 数万石の譜代大名　中・下屋敷（大坂城外）　家族同伴 与力・同心―――中屋敷周辺に居住
城　代 １名	家老以下家臣――上屋敷（城内追手門） 10万石以上の譜代大名　中・下屋敷（大坂城外）家族同伴
町奉行 （東・西）	２名 家老・公用人ら――町奉行屋敷　家族同伴 与力・同心――――天満屋敷　　旗本　出身地江戸
堺奉行	定員　1名　与力・同心――――堺　家族同伴　旗本　出身地江戸
船奉行	定員　1名　同心―――――――川口　家族同伴　旗本　出身地江戸
代　官	定員　2名　手付・手代――――代官（谷町、鈴木町）屋敷　家族同伴 旗本　出身地江戸
目　付	定員　2名　城内目付屋敷　単身　毎年９月交代　旗本　出身地江戸

上段は大坂城守衛・修復・保全を主とする　　→大坂城内に居住限定
中段の大坂城代と定番は大坂城と市中に関与する　　→上屋敷は城内、中・下屋敷は城外に
下段は大坂市中の統治業務を主とする　　→大坂城外市中に居住

りが理解できる。

とくに本荘宗発にいたっては、大塩みずから処断した奸吏弓削新右衛門《ゆげしんえもん》や八百屋新蔵事件との関係を示す史料が七通も添付され、不正無尽取調（23・24）と大坂諸事書留（25～40）は、老中宛建議書を裏付ける証拠書類と位置づけることができる。

その中でも圧巻は、大久保忠真の分家で長らく京橋定番を勤めた大久保出雲守教孝（相模荻野山中藩一万三〇〇〇石）の関わった不正無尽である。後述のようにこの不正無尽は、大塩が辞職する直前まで手がけていた御破損奉行一場藤兵衛らの不正無尽に続くものであった。

まさに建議書は、大塩の与力在勤中に直結している。与力時代に相方西町奉行所の頭《かしら》であった内藤隼人正矩佳《のりよし》（文政三・四―十二・三）、久世伊勢守広正（天保二・十―四・六）、矢部駿河守定謙《さだのり》（天保四・七―七・九）の三名が糾弾され、久世の家来金子敬之進、矢部組の与力内山彦次郎の不正に関する史料が添付されているのも同様である。

文政十三（一八三〇）年八月、町奉行高井実徳《さねのり》の参府に合せて養子格之助に跡番代（後任与力職のこと）を譲って洗心洞主人となった大塩が、蜂起の前々夜、老中に「国家之儀ニ付」懸合うために認《したた》めた建議書は、その実、与力晩年に扱った不正事件に関わる史料の山でもある（図2には、現役与力最期の大塩の名が、諸御用調役・盗賊役の項に見える）。城代本荘宗発に関わっては八百屋新蔵との癒着（25、26）を、内山の非道については大坂町奉行与力同心ら非法につき訴状（36）、そして町奉行久世の家来金子敬之進に関わっては大坂町奉行所家来等内密風聞書（38）らが、それに相当する。それら証拠書類のなかに、本章で扱う主題「風聞書」がある（以下、風聞書とする）[1]。

二　町奉行と風聞書（一）

別稿で明らかにしたように、文政十二年四月に処分が下された西町奉行所古参与力弓削新右衛門と八百屋新蔵の事件は、建議書で問題とされているように、一場ら破損奉行三名の不正無尽と地続きであった。(2)その最中に新任西町奉行として新見《しんみ》正路《まさみち》が大坂に入り、八月十五日から勤務日記を付け始めた。したがってその日記に、破損奉行の一件が出る。(3)

日記によればその初出は、文政十二年十月十九日で、「御破損奉行風聞書上方、今日打合」（以下傍線は筆者）とある。東町奉行高井の役宅でのことだが、この日、大塩は諸御用調役を拝命している。その後、西に月番が代わった十一月六日、城代太田資始《すけとも》から新見は「地役人風聞之儀調被仰聞、藤兵衛儀別段調上候様」求められ、盗賊役松井金次郎に命じている。こうして御破損奉行を含めた地役人に関わる風聞——それはおそらく不正無尽（公金を元手にした頼母子講、武士は加入を禁じられている）に関する風聞と思われる——は、東西奉行所の重要案件となった。ところが十日には、「地役人風聞 探《さぐり》候儀に付き内慮伺候処、御定番 初《はじめ》大番頭加番等相除」と、調査から定番・大番・加番らを「除く」よう城代太田から指示を受け、さらに代官もすでに東で調べたので調査に及ばないとある。

その後、文政十三年正月二十八日の項に、「今般御用召ニ付、帰府いたし候付、拝借願差上候由」として、破損奉行一場と飯島の江戸召喚が記されるが、明らかに城代の指示で、無尽調査の風向きが変わった。この記述の行間には、納得していない新見の顔が浮かぶが、いずれにしても城代太田の判断で、不正無尽の調査対象から、定番・大番頭・加番・代官らが外されることとなった。

ところが建議書には、「除け」とされた定番大久保と代官辻・岸本両名らの不正無尽の取調書（23）が収められている。末尾に「出雲守（大久保）名前之無尽者以上四口之外、六拾人組之無尽今一口相催居候由ニ候得共、風聞迄ニ而世話人共之名前者勿論、仕法書も相分不申候、以上聞探之義者申付置候」とある。

つまり高井―大塩による不正無尽調査の最中、城代太田資始の判断によって、これらの証拠書類が生かされなかったのである。その憤懣を老中宛建議書のなかで大塩は、「御破損奉行一場藤兵衛外両人無尽吟味之上、夫々御仕置被仰渡候者誰も屈服不致候」と書いている。こうして見ると建議書は、新見日記に記された不正無尽調査と地続きであるばかりか、その裏面を暴露している。

別表「在坂武士の顔触れ」は、幕府から派遣され、大坂で勤務する武士を一覧したもので、城代から上は大坂城居住者と大坂城の維持管理の役職、下は大坂市中はじめ民政に携わる役職で、中段の定番・城代は双方に関与した。このうち「地役人」と呼ばれるのは通常、蔵奉行以下六奉行と代官である。建議書によれば不正無尽の汚染は、さらに城代・定番にも広がっていたのである。大塩の目には、許しがたい金権腐敗と映ったことだろう。

ところで建議書に載せる風聞書が、新見日記にある「御破損奉行風聞書」と同一のものかどうかは分からない。しかし町奉行による不正事件調査において、「風聞書《ふうぶんがき》」あるいは「風聞探《ふうぶんさぐり》」とよばれる行為があったことは明らかである。建議書に収められた「大坂西町奉行所家来等内密風聞書」と題された史料（38）は、風聞書の典型と思われる。

冒頭、「此間被仰付候内密聞探之儀追々承合候趣左ニ申上候」とあり、「西様家来金子敬之進」ら数名の人物に関する調査内容を記す。金子については「西様御家来向等江内証取扱方相頼候故之儀ニ可有之哉と、下方ニ而ハ専疑惑之風説有之候江共、右役筋頼込之儀難究留」、町人茶店松の尾の吉兵衛については「敬之進方江内証頼ハ有之哉之儀、差当難究留相聞申候」などと書き連ね、末尾は「右之趣風聞承合候儘申上候、猶手を入置有之候間、相分候儀も御座候ハヾ、申上候様可仕候事」と結ぶ。冒頭の「内密聞探」と末尾の「風聞承合候儘申上」とは見事に釣り合っており、風聞書は、金子らの不正に対する調査指示（A）に応えた回答書（B）ということができる。

とすればこの指示は、誰が与え（A）、回答は誰が行なう（B）ものなのか。大塩建議書に、その過程を伺う文言はない。風聞書はおそらく、A・B双方の出所を書くまでもない周知の人間関係の下で作成されるからではないか。しばらく、この問題を追究してみる。

新見日記によれば、「破損奉行風聞相探」は十月十六日、城代太田の指示の下、町奉行新見から盗賊役与力松井金次郎という経路で行なわれている。対する回答書は、十月十八日、金次郎から新見へ提出され、翌十九日の「御破損奉行風聞書上方、今日打合」をへて、二十日の提出となっている。指示から回答まで、わずか三日である。どうしてこんな早業が可能になるのか、という問いは措くとして、風聞書には迅速さという特徴がある。

しかし、新見日記での風聞書の初出は、「過日御沙汰有之候堺表風聞書、御直《じき》ニ上ル」（文政十二年十月六日）とあるよう、堺に関するものであった。翌七日の御用日に両奉行は、「堺高聞之儀打合、明後日東一同町目付差遣可申旨」と申し合わせ、八日、町目付井上十二郎が現地に派遣されている。堺の風聞探は、この時、一度きりではなかったようで、十一月二十五日には、前日に派遣された町目付から「高聞之趣書面」が新見の下に提出され、翌二十六日「堺風聞書一通御直ニ上ル」となる。実はこの間、堺奉行久世広正の参府と転役という事態が進行しており、「堺表風聞書」は堺奉行の離任・交代に関わって行なわれていたと思われる。「風聞高聞」には、城代の指示によるという意味が込められているのだろう（傍点筆者）。

御破損奉行の場合は、城代→町奉行→盗賊役であったが、堺の風聞書は、城代→町奉行→町目付の経路で行なわれている。いずれの場合も城代が起点となっているが、日記には、奉行新見が起点となった風聞書がいくつも見られる。たとえば文政十三年正月八日には、「旧臘阿洲淡洲之前江異船渡来之趣風聞有之候ニ付、虚実内々聞探候様彦次郎江申渡」とあり、新見から盗賊役内山に「聞探」が命じられ、三日後の十一日、「阿洲江渡来之節之風聞書一通、御直ニ上ル」となる。最終的に城代へ上げられているが、調査の起点は新見にある。民政の責任者が町奉行であるという基本から言って、風聞書の起点は、町奉行にあるといえるだろう。

これらは御破損奉行の事件と同様、新見→盗賊役与力という経路を取っているが、風聞書に関わって頻出するのは、奉行配下の同心の役職である町目付である。

十一月二十八日に「孝行奇特者風聞書二通、昨日町目付より差出し」と出たかと思えば、二十九日には「堺にて明日富興行ニ付、為見聞月番之町目付壱人遣積申合」（十一月二十九日）があり、十二月五日、風聞書三通が城代に上げられている。ここでもやはり迅速である。

十月十日に大坂市中の瓢箪町で火災が発生した。東西両奉行の出役となり、新見は現場に駆けつけた町目付から焼失状況を聞いている。ところがその後、十一月四日に「町目付井上十二郎、於場所聞探火付召捕」たとして井上に褒美金を与えている。火災現場に駆けつけた井上は、焼失状況を確認するだけでなく火元について「聞探」っていたのである。その結果、放火犯が逮捕されたのであるが、それが風聞書として提出されたかは記述がない。その意味で、「聞探」がつねに「風聞書」に直結するかどうかは確認する必要がある。しかし、ここで注意したいのは、火事場で町目付が自主的に、あるいは習慣的に「聞探」をしていたと考えられることである。おそらく「孝行奇特者」の調査も、その範囲に入るだろう。町目付という職掌上、市中のさまざまな出来事について「聞探」り、その結果を、風聞書として町奉行に提出していたと想像される。(4)

新見の日記に与力は相当の頻度で顔を出すが、同心の実名が出るのはきわめて少ない。その点で例外は、町目付である。その頻度は、風聞書の作成・提出という職務のためであろう。

西町奉行久須美祐明《くすみすけあきら》（天保十四―十五）の日記（筑波大学附属図書館所蔵）にも、つぎのように見えている。「天満北木幡町紅屋市兵衛倅栄三郎と云うもの両親江手向ひいたし母江疵付候趣之風聞書、町目付差出候」（天保十五年五月七日）。その結果、奉行久須美から盗賊方へ、栄三郎の逮捕が命じられている。これもまた町目付の守備範囲であった。

それに対し盗賊役に直接、「風聞探」の下命があるのは、破損奉行一件や異船一件のような、通常の市中監視を超えた場合ではなかったと思われる。(5)

三　町奉行と風聞書（二）

ひとまず仮説として風聞書は、通常、町奉行と町目付の間で下命⇕上申という経路を辿り、キースティションに町奉行がいたと理解する。その上で町奉行と風聞書の関係を、風聞書が多数、書き留められている西町奉行一色直温《いっしきなおあつ》関係史料（一橋大学附属図書館所蔵）から探る。

一色直温は安政五（一八五八）年九月、堺奉行から大坂東町奉行に転じ、文久元（一八六一）年正月、勘定奉行となって大坂を離れた。その間、約二年余の大坂町奉行勤務であるが、幸田が『大阪市史』別巻に収めた東町奉行所絵図の所蔵者として知られている。

その記録「一色本」には「講武所御入用金ニ付風聞書　八月」のように目次が付けられ、そのなかに風聞書が頻出する。目次が同筆であるのに対し、記録には異筆が多く、当時の史料が綴じられたものと判断される。

まず注目されるのは、風聞書の形態である。「天満御組与力心得方ニ付風聞書　酉五月」と目次にある史料は、冒頭に「風聞書」と大書した表紙が付き、つぎの丁から本文が始まり、「右之通ニ御座候、以上」で終わり、「酉ノ(文久元年)五月日」と年次が添えられている。冒頭「天満御組与力心得方儀者都《すべて》而下々より訴出候利分ニ者心寄せず、只出入りの銀高大数成ルを好ミ」と、金銭に執着する天満組の与力・同心の姿を炙り出したあと、現役与力が実名で登場する〈後掲史料1。一部、原文通りではない〉。

一東西之御組与力之内ニ而、当時厳重之御役人と申す者、勝部与一郎・八田五郎左衛門、この両家之外御座なし

と申す風聞ニ御座候

一内山彦次郎殿・朝岡助之丞殿・成瀬九郎右衛門・荻野七左衛門・中島豹三郎、これらは老分之面ニ而賄賂もなかなか少々ニ而ハ御話も成り難く、先ツ百金位最初より入れ候心得ならでハ寄り付きがたき風聞ニ御座候

内容は、東西両町奉行所与力のうち、清廉に勤めるのは勝部と八田の二名のみで、内山彦次郎以下の面々は老練の与力で、まず百両くらい賄賂を渡さないと話しも聞いてくれない――という評判である。

酉年、つまり文久元年五月の風聞書にはもう一点、表紙に「上」と書かれた史料がある。「御組同心　増田伝次郎」に関する調書から始まり、与力・同心や、「同心へ格別入込密談」する町人の氏名が挙げられているが、ここでも「御組之内、東ニ而八田五郎左衛門、西ニ而山本善太夫、此両人之外、跡者一統賄賂つかみ」とあるように、主題は与力・同心の賄賂である。「賄賂次第ニ而、出入者賄賂之多イ方ニ勝チ候御制(政)事ニ成行、歎敷《なげかわしき》時節と申風聞御座候」とあることから、この史料もまた、風聞書と目次に書かれるのである。したがって風聞書の最大の特徴は、市中の「風聞」を記して、町奉行に「上申」される点にあるといえよう。

こうして「上」ないし「風聞書」として清書された史料は、奉行を通じて城代に上げられることも、また問題に応じて盗賊役など担当与力に下付されることもあったと思われる。

しかし、この形態の風聞書は無署名であるため、誰から奉行一色に上げられたのか、その経路が分からないという問題を抱える。経路を確定するには、差出人の署名のある風聞書に当たる必要がある。

目次に「新地惣年寄高三《たかさぶ》内蔵太郎・惣年寄助役具足屋五郎兵衛風聞書」とある史料には、午（安政五）六月二十四日の日付とともに町目付の署名が見える。「被　仰付候風説之趣承探候之処、左之通御座候」に始まり、具足屋五郎兵衛の身分とその「悪事」が列挙され、「右之外数ヶ条悪事之次第承込候得共、今一段難聞詰、当時再探中ニ付、猶追々朱番を以可達申上候、以上」で終わる。

一色は安政五年九月十五日、堺奉行から大坂町奉行に転任を命じられ、大坂に入るのが九月二十四日であることと文面から見て、これは堺奉行時代の風聞書と思われる。ここで特徴的なことは、風聞探りの指示があり、それに対する回答であることが明記されていることである。その意味で、この史料は「町目付回答書」というべきものであるが、これも一色文書の中では風聞書として捉えられている。

ここで考えられることは、おそらく風聞書は、町奉行から町目付に下命があり（火事場見分や善人褒賞などの習慣的な事案は除く）、それを受けた町目付が、上記史料のように逐一、調査結果を奉行に上申することで、その内容が整えられていったと思われる。内容が詰められ、最も整理された形で上申される場合に、「上」「風聞書」と表書きされ、無署名で作成されたのではないか、ということである。したがって風聞書は、地表面にあたる無署名の風聞書（A）、その下に地下一階に相当する目付からの回答書（B）という二層構造になっている。目付からさらに下級役職者に「聞探」の指示があれば、風聞書は三層構造になるが、それはどうか？

果たせるかな、もう一段下層にあると思われる風聞書（C）がある。目次には、「四天王寺山内御修復之儀ニ付探索書」とあるが、「御聞探被為　仰付候四天王寺山内霊舎《たまや》御修復之儀ニ付承合候趣、左ニ申上候」と、先ほどの目付の上申書と同様の記載から始まり、「右之通探索仕、此段奉申上候」で終わる。したがって、四天王寺境内の霊舎修復に関して誰かの下命を受けた「聞探」であることは確かだが、その主の名はない。代わって上申した人物の氏名が、「辰十一月」の日付とともに記されている。[6] 長吏善次郎・小頭柾次郎である。

この両名の名は、「当地海岸御固《かため》諸家風聞書　未二月」にも見られ、目次には「天王寺」と添書されている〈後掲史料3〉。この史料も「御聞探被為　仰付候当地海岸御固《かため》之内」として指示のあった内容が書かれ、最後に「右之通風聞承探、此段奉申上候、以上」とある。冒頭に「乍恐口上」とあるのを除けば、四天王寺探索書と瓜二つである。その意味で、探索書と風聞書の間に差はない。

興味深いことに「当地海岸御固」についてはもう一点、風聞書がある。それには「上」との表書に続いて、「乍恐口上、過日被為　仰付候」として上中島にある水戸藩蔵屋敷留守居名代らの名前が続く。各藩蔵屋敷に滞在する人員を報じたものであるが、この署名者は長吏仁左衛門。添書は「道頓堀」である。要するに、これらの風聞書は、安政六年未二月（正月に神奈川・長崎・箱館が開港されている）に、大坂湾岸の海防に関わって各藩蔵屋敷の人員を、天王寺と道頓堀の各長吏組織に「聞探」を命じ、それに応えて上申されたものと判断される。

ここに至って風聞書は（A）（B）（C）三層の構造からなり、三層目は（C）に、天王寺・道頓堀・鳶田・天満のいわゆる四ケ所長吏組織の関与する領域があることが判明した。道頓堀の風聞書には「夫々《それぞれ》手を入承探」「尚跡《なおあと》手を残し置」と、長吏組織の配下にひそめく人影の存在が記されている。したがって風聞書の世界は、さらに下層に根っこを持っているが、それは「長吏の組織」そのものである。

「長吏の組織」とは、髙久智広によれば、「四ケ所の垣外仲間、および摂津・河内・播磨の村方非人番を含め、四ケ所長吏の指揮下で大坂町奉行所の御用に携わった組織」のことである。(7) 大坂四ケ所の非人たちが町奉行所の御用を受けていたことは、文化八（一八一一）年に奉行所関係者によって作成されたとされる「手覚」によってすでに指摘されている。「盗賊方並諸向きより聞合事・捕もの手当」とあるように、①盗賊役与力、②町廻り与力・同心、③町目付同心の下での御用である。(8)

こうして風聞書の世界は下部において、「長吏の組織」と重なっていたのである。

四　「長吏の組織」と風聞書

町奉行から町目付・盗賊役へ、町目付・盗賊役から「長吏の組織」へと、風聞書の世界は三層の構造を持って底辺に広がっていったことが明らかになってきた。幸い、大坂四ケ所非人仲間を配下に置いた天王寺の長吏林家の史料が近年、『悲田院長吏文書』（正・続）として公刊されたが、そこにも風聞書が多数収められている。[9] 彼ら「長吏の組織」と「風聞探索」が密接な関係にあったことの現れである。

その中でももっとも多いのは、各地の非人番・小頭から天王寺長吏善吉・善兵衛・善次郎に宛てた上申書で、「乍恐口上」に始まり、「一　先達而被為　仰付候極密御聞合之儀、左ニ御報奉申上候」を受けて、本題である調査結果を書き入れる。本題の記述形式は、命じられた主題によって変わる。そして末尾に「右之通り密々手ヲ入聞合仕候所」、あるいは「右之通り風聞承合候ニ付」として、書面で回答した旨を記し、年（ただし十二支）月日、差出人の小頭・非人番の名前、そして宛名である「上」「天王寺長吏善吉様上」「天王寺御長吏様上」が付く。いうなれば、差出と宛名が揃った口上書の形式を取る風聞書といえる。したがって風聞書の世界には、第三層に当る長吏のさらに下層に第四層として各地の小頭・非人番がいたのである。いいかえれば風聞書の世界は、町奉行（第一層A）⇕町目付（第二層B）⇕四ケ所の長吏（第三層C）⇕小頭・非人番（第四層D）という立体構造の下に成立していたといえよう。

このうち「長吏文書」は、その性格上、長吏（第三層C）⇕小頭・非人番（第四層D）の関係を示している。問題は、町目付（第二層B）⇕四ケ所の長吏（第三層C）の間の経路について手がかりがないかどうかである。

幸いにも少数ながら、町目付から長吏への指示が残されている。包紙に「渡辺定右衛門　天王寺長吏善次郎江」と記され、一通には「嘉市・権七出勤之儀、相談之上西より相達候得共、難波踊一条ニ付、嘉市改而取締いたし候間、同人風聞情々《せいぜい》承探可給候由」（長321頁）、もう一通には京橋五丁目代年寄越後屋儀助ら四名の氏名を記し、「右之者共身元糾之儀、御達有之候間、例之通入念風聞情々承探可給候事」（長445頁）とある。簡潔ながら、定式化した風聞探索の指示書といえる。しかも後者には、「御達有之《これあり》」として上級機関、おそらく町奉行からの指示があったことが示唆されている。もう一通、町目付渡辺を差出人とした善次郎宛書面には、「昨日風聞差出呉候証文之一条之内」とし

て、帯刀《たいとう》人の聞き合わせを求めている。(10)

町目付の下で「長吏の組織」から手付が採用され、町奉行所の御用を受けていたことが知られているが、申年（文政七年か天保七年か）四月十五日付で道頓堀手付から天王寺の手付伊七・三津蔵に宛てた急廻状は、渡辺定右衛門（西）と清原佐一郎（東）が「舞稽古さらへ一件」に関わって閉門になったと伝えている。手付伊七・三津蔵の名前は、「東様より御出口ニ而為尋置、同月二十三日伊七を以て御返事申上ル」（長476頁）、「東様御出口もの、申十一月二十四日光蔵より御返事申上ル」（長542頁）という形（いずれも端裏書）でも見え、町目付との間で頻繁な情報交換があったことが推測される。(11)

しかし『悲田院長吏文書』を精査すると、「長吏の組織」が風聞書を介して関わるのは、町目付だけでないことも分かる。

「是ハ御懸《かかり》朝岡様より御下《さ》ケ有之候書付写　尤巳四月二十二日ニ蒙《こうむる》もの」と端裏書された史料（長458頁）は、文政四年に起きた竹本義太夫の名代株譲渡をめぐる紛争に関する一連のものであるが、末尾に「巳四月二十二日草之」とあり、朝岡から直接、下付された文書である。争っている玉水源次郎や河内屋藤兵衛らの氏名と身元、紛争の経緯が書かれ、文政四年三月、東町奉行所で争われていることが記されている。

それを受けて五月一日（提出は二日）、五月五日の風聞書が続くが、「此之間御聞合被仰付候」「此之間再御聞合被仰付候」のごとく、与力朝岡から下付された文面をベースに、回答のたびに増補が加えられていく（長459〜463頁）。こうして訂正・増補され、練り上げられたものが、無署名の風聞書として完成するのだと思われる。

文政四年の朝岡助之丞であるが、東方の目安証文役である（同年『御役録』による）。竹本義太夫の名代株譲渡をめぐる紛争を裁く立場から彼は、長吏に関係者の風聞書を求めたといえるだろう。

「巳二月二十二日蒙之　佐川豊左衛門様御懸候」との端裏書のある史料（続長132頁）は、天王寺村中小路町で起きた按摩渡世の盲人の頓死にまつわる風聞書だが、巳年が天保四年とすれば、『御役録』に佐川は「盗賊方御役所定廻方」の同心として載る。

こうして長吏の組織は、基幹である町目付との風聞書の下命と上申という関係を超えて、町奉行所全体の機構とかかわって「風聞探索」の任務を果たすように機能を拡大しているように思える。[12] その絶好の事例が天保四（一八三三）年の買米調査と、同十五（一八四四）年から弘化三（一八四六）年にかけての作柄調査である。

天保四年十二月十八日から翌年正月十八日にかけての一七通の風聞書は、いずれも河内国若江郡ほか一〇郡、摂津の平野郷と住吉郡の囲米《かこい》調査に関するもので、「先達而被為　仰付候於在々ニ米仲買之者、当時米買取蓄置、囲米ニ仕候哉、亦ハ百姓家ニ身分相応より多分米貯置有之哉之御聞探り」の命に応じて、回答されたもので、百姓ごとに「右同人方ニ当時百五十石斗《ばかり》所持仕居候付、密々手を入聞探り見候処、下作人より持参之米ニ相聞へ、例年所持仕、全囲米《かこい》ニハ無御座候由」（長360頁）のように、貯蓄米の量と囲米か否かが書かれている。一七通と多いが、これらは長田友七、久宝寺左兵衛ら各地の非人番ごとに報告されている。

ただし、この囲米調査が誰の命でなされたかを解き明かす文言は見えない。飢饉による米価高騰を背景に町奉行所が同年八月十四日と九月十二日に、買占め・囲持の禁止と小売米の販売促進を命じる触書を出している（『大阪市史』四下）ことからすれば、一七通の風聞書は、この町触れを契機としていることは間違いない。その背景としてあるのは、大坂入津米《にゅうしんまい》販売圏が市中からその周辺へと拡大していった事実である。天保四年の堂島米仲買の調査では、市中への出米三六五〇石（一日当り）に対し、「近在々」「泉州」「堺」「尼崎より兵庫まで」を合せると五六四〇石となり、市中分を凌駕している。飢饉という異常事態を考慮するとしても、米穀相場は、市中と在方が一体のものとして連動しているのである。[13]

私見では河内の囲米調査は、地方《じかた》役与力のもとで行なわれたと判断するが、後述の作柄調査は、そのものズバリ、地方役与力の命で行なわれた。

　その作柄調査であるが、天保十五（弘化元辰）年～弘化三（午）年の三カ年分の風聞書が残されている。「過日出来作御聴探り被為　仰付」とあるように、上部の指示を受けた調査であることは明瞭である。天保十五年は八月二十七日から九月一日の日付をもつ風聞書が一一通（『続長』にも五通）、さらに弘化三年が一二通、のべ二三通ある。[14] そのうち太田村新五郎の風聞書は組下九ケ村と小規模だが、三田代与吉を差出人とする風聞書はなんと播州一円に及ぶ。これだけ広範囲の「稲綿大豆当時作柄並ニ所々米売買直段」の書き上げをひとりの非人番や小頭で担当することは困難なので、配下のデータを集計したものと思われる。

　ここでも、上申される過程で作柄風聞書のなかに与力名を確認することができる。「諸国米綿作柄御聞合下書　辰九月二十九日言上」と表紙のある風聞書には、「東地方磯矢様御掛り」と明記されているのである（続長59～67頁）。天保十五年八朔の『御役録』で確認すれば、東地方役として磯矢頼母がいる。いまひとつ「摂河泉播《せっかせんばん》並諸国手広ニ付」として回答の猶予を願う書面には「地方―中島元之進様」とある（長411頁）。作柄風聞書の指示は、まちがいなく地方役与力から出されている。[15] 大坂市中でなく、摂河泉播四カ国農村における米・綿・大豆などの作柄を収穫時に一斉に調べ、また米や繰綿の市場価格を調べるというのは、いかにも地方与力の職務に適している。

　磯矢の名が入った「諸国米綿作柄御聞合下書」は、冒頭「過日被為　仰付候摂河泉播、其外諸国、当辰秋米穀並綿作豊凶御聞合之儀、一体之風聞承合候趣」として摂津以下四カ国の地域ごとの作柄を報じる。河内が石川郡辺と南河内、丹南《たんなん》・丹北・渋川・若江郡辺、河内・交野・茨田《まった》郡と淀川筋近郷と三区分されるに対し、摂津は島上《しまがみ》・島下両郡、能勢・有馬郡、北在として豊島《てしま》・川辺郡、兎原《うばら》・武庫《むこ》郡・灘・兵庫、西成郡中島郷辺と五ブロックに分けられている。おそらくこれは、単純な国郡制の原理に基づくものではなく、調査を担当した非人組織のあり方に対応していると推測される。[16]

風聞書は、町奉行所から指示されたものを四ケ所の長吏が受け、それをさらに配下の非人に指示することを基本にしている。したがって風聞書は、それぞれの末端から「乍恐口上」として逆方向に上申されてくることとなるが、長吏の手元に届くまでにどれだけの中間段階があるかは、「長吏の組織」のあり方による。この点は今後、在方非人の組織と合せて検討が加えられるであろう。(17)

ただ、この大掛かりな風聞調べが、町奉行所のどういう判断にもとづき、またどういう政策の一環として行なわれたものか、特定できていない。今後の課題である。

町奉行所を海面に譬えれば、その下には長吏と非人からなる組織があり、彼らを頼ることで奉行所は、大坂の都市社会という海面下の情報を得ることができたのである。町目付がまず、その手づるを利用したとすれば、さらに盗賊役あるいは目安証文役へと、町奉行所から海面下へいたる経路は拡大していった。しかも大坂三郷と周辺農村は陸続きであり、支配国として「摂河泉播」は一つの単位であった。それが地方《じかた》役による囲米・買米調査、さらには摂河泉播四カ国の作柄調査へと「風聞探」を促したものと思われる。幕末開港後になれば、海防に関する風聞書も登場する。(18)「風聞書の世界」の拡大は、町奉行所の政治課題の拡大に照応している。(19)

興味深いのは、町奉行所からの経路がどれだけ複線化しようが、四ケ所長吏を中心とする非人組織は、その末端から風聞書を長吏の下に忠実に回答してきた。『悲田院長吏文書』(正・続)に収める大量の風聞書は、それを雄弁に物語る。

五　おわりに

「大塩建議書」の中にある風聞書からはじめ、「風聞書の世界」について考察を加えてきた。そこに長吏と非人の組織が介在することは、ある意味必然である。すでに『道頓堀非人関係文書』や『悲田院文書』、あるいは『悲田院長吏文書』などを駆使して町奉行所の御用を受ける非人組織について優れた研究が積み重ねられている。この場合、基準点は、史料を生み出した四ケ所の非人組織、「長吏の組織」にある。

しかし本論では、分析の基準点を町奉行においた。さらに素材を風聞書に特化した。そうすることで「風聞書の世界」が、下は現地末端の非人番から上は小頭・長吏、そして目付・盗賊役・地方役などの与力・同心をへて町奉行、さらに大坂城代へ至る経路として存立することを明らかにした。さらに、町奉行所と「長吏の組織」の経路が複線化することで、「風聞書の世界」が拡大していく様相を明らかにしたと思う。それは、天明七年以降、大坂町奉行所の警察機能が充実・強化されるとともに、「長吏の組織」が携わる御用も増加し、変質するようになったという評価とは異なった側面であろう。[20]

その一方、課題も残る。その一つは、ここでいう「風聞」「風説」とは何か、という問題である。[21]

「同人儀、去辰年十二月頃より駅年寄相勤居候江共、平日人気宜く而已、下廻り之者共差配等行届不申候由相聞申候」（文化六年西宮宿駅拝借銀出入に関する風聞書、長505頁）

「右村方役人共申合、米百四十石囲置御座候、尤右ハ米高直ニ附、来午年米高直ニ相成候得ハ、百姓一同之者難渋可致哉と存、其段御代官所へ申上候而、百姓共助ケ米として囲有之由相聞へ申候」（天保四年河内村々米買占めに関する風聞書、長363頁）

前者は個人に関する、後者は村に関する風聞であるが、両方ともに不正はないと報告している。その意味で風聞書は相当程度、客観性を担保している。しかも、報告される数値も詳細であり、具体性を持っている。およそ「風聞」＝噂というニュアンスを超えている。

近世の都市社会や藩社会、地域社会には「噂の力」とも言うべき領域があり、人々の噂は「世上之評議」と共鳴して、藩主を批判するほどの政治力となった。[22] 蓋のできない「人の口」が、ボトムアップの形で噴出するケースである。それと対比するならば、トップダウンの形で、「人の口」に聞き耳を立てることがある。本章で扱った風聞書は、そのタイプであろうが、関東取締出役と寄席場組合物代との間で交わされた「内密御用状」なども、その類型に入る。[23] その意味で、どこの社会領域でも成立していた。「風聞書」を噂や情報という視点から検討することは、今後の課題である。

課題の二つは、「風聞書」が作成される政治空間の中味である。トップダウンで「風聞探」が命じられ、それと逆方向で地域の非人番・小頭を基点に「風聞書」が作られる時の力関係と言い換えてもよい。それは当然、非人仲間が負う御用の一環として行なわれる以上、そこに力関係、あるいは軋轢が発生する。その力関係を村と百姓たちは、どう受け止めたか、という問題である。

近世後期に非人が地域社会の問題群の一環をなしていたことはよく知られているが、[24] その中に「風聞探」はどう位置づけられるのか、その現場を捉えた研究は、まだない。『大塩平八郎建議書』には、天保五年の年記をもつ「摂河両国村々役人大坂町奉行与力同心ら非法につき訴状」（同書通番38）が収められている。槍玉に上るのは、内山彦次郎をはじめ「西御奉行所付之与力同心衆」であるが、「賄賂取扱、摂河播三ヶ国番人を威《おど》し苦シメ」ている人物の筆頭に出るのは、「長吏の組織」を統括する悲田院の長吏善吉である。風聞書の視線は、長吏の組織そのものにも向けられていた。底辺の社会領域で生み出された風聞書が、結果として何をもたらしたのか、それが問われないと風聞書という世界は完結しない。[25]

それにしても感慨深いのは、大塩の立ち位置である。檄文の中で「四ケ所之奸人共」と罵倒し、同僚弓削新右衛門を自殺に追い込んだ奸吏糾弾事件では、竹林寺にあった千日前の長吏吉五郎の石塔をみずから破却し、四ケ所垣外の土蔵を取り払い、葺いてある瓦を取り払うという強権を発動している。その一方で「長吏の組織」をキッチリ使うことで、不正無尽に関する風聞書を入手し、それを証拠文書として江戸の幕閣に送っているのである。与力・同心と四ケ所の関係は、悪の温床にもなれば、悪を摘発する道具にもなる。その肝心要《かなめ》のところを大塩は、現役与力を退職し、洗心洞主人として子弟教育に励みながら、最後の最後まで手放さなかった。

本来、市中に向けられるべき「風聞探」は、やがて目付を含む与力・同心自身にも向けられるようになったことはすでに触れた。一色文書中に、「御組与力同心御目付等ニ付風聞書」とタイトルが付けられた史料がある〈後掲史料2〉。書き上げられた事案は、西町奉行与力成瀬捨蔵係りの摂津国町綿屋喜十郎出入、ならびに役人村の年寄交代に関して与力・同心の不正があるとの指摘であるが、注目されるのは、「与力・同心より申上候義、実情与　思召候得者大ニ相違と奉存上候」と忠告している点である。

この風聞書は、「市中之儀、諸国入込之場所柄ニ而容易ニ下々実否承知被成かたく」と「天下の台所」大坂の実情把握が容易ではないことを指摘した上で、与力・同心・町目付らは、奉行から尋ねられたことも自分の勝手よいように取り繕い、奉行の思召を心得ず、ただ金銭のみに心を寄せていると指弾する。その上で、いまのように「与力・目付のみ御当《おあて》」にしていては「御奉行様之評判」にも関わるとして、「都而上ハ乍恐御奉行様、下々ハ惣年寄中に御与力を加え、御制《(政)》事御取究りニ可相成哉」と提言するのである。無署名であるために、誰の手になるものか不明だが、市政は奉行と与力に惣年寄を加えて行なうようにとの提言は、与力・同心を金銭でマヒさせてしまう「町人の都」大坂の凄さを語って余りある。

〔注〕

（1）近世社会における風聞書については、坂本忠久による研究整理とともに、江戸町奉行所の三廻りが関わった風聞書の分析が行なわれている（「近世後期の三廻りと「風聞書」」（『近世後期都市政策の研究』大阪大学出版会、二〇〇三年）。

坂本は風聞書を「都市政策立案において果たした役割の検討」という視点から分析しているが、本章にも共通の問題関心がある。

（2）藪田「新見正路と大塩平八郎」（大塩事件研究会編『大塩平八郎の総合研究』和泉書院、二〇一一年）。

（3）藪田編『大坂西町奉行新見正路日記』清文堂出版、二〇一〇年。

（4）大塩による蜂起を西町奉行所に密訴した平山助次郎は、天保七年正月の「御役録」によれば町目付であった。「町目付は組与力同心の勤方、市中の風聞、そのほか奉行の隠密の用を勤める役柄」と幸田は紹介する（『大塩平八郎』中公文庫、一一八頁）。

（5）新見は大坂町奉行のあと江戸に帰り、御側御用取次を勤めるが、その日記に風聞書が見える（深井雅海『江戸城御庭番』中公新書、一九九二年）。その意味で、新見は大坂と江戸で風聞書を取り扱っている。そこには共通の基準があったものと思われる。

（6）辰は安政四年のことと思われる。この年正月、四天王寺御霊屋修復助成として市中三郷と町続在方、兵庫・西宮に対し、勝手次第、寄進してよいとの通達が奉行所から出されている（『四天王寺年表』）。一色の堺奉行時代のことである。

（7）髙久智広「「長吏の組織」と大坂町奉行」（『都市の身分願望』江戸の人と身分一、吉川弘文館、二〇一〇年）。

（8）塚田孝「近世大坂における非人集団の組織構造と御用」（『近世大坂の非人と身分的周縁』部落問題研究所、二〇〇七年）。

（9）長吏文書研究会編『悲田院長吏文書』二〇〇八年、『続悲田院長吏文書』二〇一〇年、解放出版社。同書の解説にあるように、最初に本文書を使って論考「大阪町奉行管下に於ける司法警察組織について」（『創立七十周年関西学院大学文学部記念論文集』）を著わしたのは藤木喜一郎であった。発表年が一九五九（昭和三四）年とあるから、半世紀前である。「与力や同心を司法警察とすれば、手先は司法警察吏である」として、みずから名付けた「長吏文書」を使っている。本格的な論文というよりはモノグラフに近い論考であるが、論文中に「現在拙架には凡ゆる面に亘って、秘密警察の末端として四箇所長吏の提供した、探索書が存するが他日を俟って発表したいと考えている。」と記され、藤木がすでに風聞書に注目していたことが分かる。

（10）渡辺は『御役録』に同心として登場するが、町目付として確認される年次を特定出来ていない。したがってこの閉門事件も何時のことか、不明である。「大坂御役所年中行事」に目付の交代は正月十一日が定日とある（『新修大阪市史』史料編第七巻）が、『御役録』や新見日記とつき合わせてみる必要があろう。

（11）町目付手付としての御用については、高久「大坂町奉行所と「長吏の組織」」（『大阪人権博物館紀要』一三、二〇一一年）に詳しい。

（12）この点に関わって高久は「これまでの非人と町奉行所との関係についての議論は、盗賊方・定町廻り方を通じた都市大坂の治安維持、あるいは非人身分の勤めた御用という範疇に限定されていた」と指摘している。高久「大坂の非人組織とその展開」（『部落史研究からの発信』第一巻前近代編、解放出版社、二〇〇九年）。

（13）本城正徳「大坂入津米集散状況の数量的検討」（『幕藩制社会の展開と米穀市場』大阪大学出版会、一九九四年）。

（14）『悲田院長吏文書』では辰を天保十五（弘化元）年、午を弘化二年と注記しているが、弘化二年は巳で三年が午である。弘化三年と訂正する必要がある。

（15）ただし弘化三年の『御役録』の地方役に中島の名を見つけることはできない。目安証文役にいる。

（16）「諸国米綿作柄」とあるように作柄探索は摂河泉播四ヶ国だけでなく、西海道・南海道・東海道など全国に及んでいるが、それは「堂島其外米売買筋に携候ものとも」の「風説」（天保十五年）、あるいは「堂島其外米商人共之風聞」（弘化二年）とある。風聞書が非人の組織によるものだけでないことを示して興味深い。

（17）非人組織が上げる風聞書には、「上海道」という地域単位が見られる。それは、河内点野《しめの》・守口・梨作《なしづくり》・梶原・高槻・田中・水尾・吹田の八人の小頭からなる「上海道八組」をさす（『茨木市史』五、八九四頁）。現在の枚方市・守口市・高槻市・茨木市・吹田市を包摂し、その間を淀川が流れている一帯であるが、非人独自の地域単位であろう。

（18）高久によれば、幕末に二度、町奉行となっている川村修就文書の中にプチャーチン来航に関する風聞書があるそうである。高久前掲「大坂の非人組織とその展開」参照。

（19）風聞書が幕府の都市政策に深く関わったことを坂本は見事に実証したが、本章では、まだ風聞書を政策立案過程に位置づけるには至っていない。今後の課題としたい。

(20) 高久「「長吏の組織」と大坂町奉行」(前掲注(7))。

(21) 「風聞」について『国語大辞典』には、①うわさとした上で、「風聞書」を載せ、風聞を書き記したもの、とくに江戸時代、諸藩で江戸に人を派遣して広く世間の風聞を集めて報告させた文書、とする。とある話好きの大名のもとを訪れた客たちの四方山の話を集めた『元禄世間咄風聞集』は、前者の用例である。風聞書は、それとは異なるもので、『国語大辞典』は、藩と江戸の関係でその成り立ちを理解しているが、深井雅海『江戸城御庭番』(中公新書、一九九二年)は、江戸の将軍の下での成り立ちを示唆する。

(22) 岩城卓二「日本近世における噂の力」(『人文学報』〈京都大学人文科学研究所〉一〇一号、二〇一一年三月)。

(23) 天保三年から八年の五カ年の間に、関東取締出役から三九通、寄場組合大惣代から一四通、交わされている(岩田みゆき『幕末の情報と社会変革』吉川弘文館、二〇〇一年)また紀州藩にも「風聞録」がある(『和歌山県立文書館だより』三六、二〇一三年)。

(24) 藪田「地域社会が作る差別」(『日本歴史の中の被差別民』新人物文庫、新人物往来社、二〇一〇年)。

(25) 『大阪の部落史』第三巻に収められた史料「和泉国四郡で堺長吏出役にともなう費用負担に関する取締書が作られる」には、召捕出役の折、その費用をあらかじめ村々に縄代としてかけているとの風聞を受け、「以来右様風聞不相立様取締被仰出候ニ付、四郡立会取締」をしたとある。「長吏の組織」が上げた風聞が、奉行所を通して四郡村々惣代に新たな対応を迫ったといえるだろう。非人の組織が上げた風聞書が、やがてみずからに跳ね返ってくることも予想できたであろう。

〔付記〕

本章を書くに当たっては、関西大学大学院生諸君と共同で行なった一色文書の検討会がベースになっている。史料を収集したのはわたしだが、院生諸君が思い思いに分析したことが本章の大きな下地となっている。氏名を列挙することは避けるが、一言、付記して謝意を表しておきたい。

〔史料1〕天満御組与力心得方ニ付風聞書

一橋大学附属図書館　一色山城守（直温）文書

（目次）
「天満御組与力心得方ニ付風聞書　酉五月 乙廿五　……①
右同断ニ付風聞書」　……②

①

（表紙）
（貼紙）「乙廿五号」
風聞書

一天満御組与力心得方之儀者、都而下々ゟ訴出候利分ニ者不心寄せ、只出入之銀高大数成ルを好ミ、夫の巳ニ心を附候趣、大金之出入も有之ハ内談ニ可参抔与、兼而出入之町人共江申聞候趣、右ニ付出入之町人共ハ、夜々尓御組ニ出入致、他人之公事沙汰之世話いたし、雑用金何程、又者最初旦那江菓子料何程与申世話いたし候、出入之町人共茶屋行、又者下相談抔与申、料理屋之座敷抔ニ寄合酒宴等仕、御組之与力御掛り江相願、夜分菓子料持参ニ而旦那ニ召連、蜜（密）々相願、此公事ニ勝チ候様成し被下候ハヽ、百金之御礼者献上仕候と打解ヶ、蜜（密）談仕候ニ付、願面等ニも御掛り之御加筆も有之候次第、何事も当時之振合者賄賂を以、厳重之儀も相立不申、正直もの者立ぬ時節ニ成行、右ニ順し同心其外小使等ニ至る迄、役筋之者権威をふるい、下々之もの難立行時節ニ御座候

一東西之御組与力之内ニ而、当時厳重之御役人と申者、勝部与市郎・八田五郎左衛門、此両家之外無御座候と申風聞ニ御座候

一内山彦四（次）郎殿・朝岡助之丞殿・成瀬九郎左衛門・萩野七左衛門・中嶋駒三郎、爰らハ老分之面ニ而賄賂もなか〳〵、少〳〵ニ而ハ御話しも難成り、先ツ百金位最初ゟ入レ候心得ならでハ、難寄附風聞ニ御座候、譬イ金銭ニ不厭相頼候而、成就事済ニ相成、大金之御礼差出し候上、改メ而御無心と申而百金も御談し有之、無拠半金ニ而も差出し、御断申上候仕舞ニ相成り候風聞、全く出入之町人どもゟ取計申出し候儀与奉存候、地獄之沙汰も金次第と風聞御座候

一大坂堀江青物市場之儀、往古堀江茅野之節ニ御免ニ相成り□□□（虫損）之市場ニ有之候処、先達而天満市之側青物市場問屋共ゟ、御組内山彦四（次）郎殿始、西地方一統江賄賂ヲ以、

出入之町人共相頼、内々問屋共蜜（密）談いたし、終ニ御組江出入相願、追々入魂相重、御組御台所御用等差出し、其上ニ而天満市之側青物市場衰微ニ付、何卒堀江之市ニ而、金高之品六品売止メ候様被　仰付度、誠ニ天満市場追〳〵難渋ニ相成り候間、何卒堀江青物問屋共御呼出し之上、願之通売止メ仕候様及出願候処、下地ゟ蜜（密）談もいたし居候、御組之事故早々堀江問屋共、西地方御役所江御呼出しニ相成り、右之通り天満市場問屋共ゟ願出候ニ付、天満問屋江対談いたし可申旨被　仰渡当惑仕、往古ゟ之始末申上候へ共一切御取上無之、手錠被　仰付、誠ニ歎敷次第ニ候へ共致し方無御座、天満問屋江対談仕候処一向聞入不申、堀江□問屋共者手錠之上、既ニ入牢も可被仰付もの、厳敷御叱り不得止事、一命ニも相掛り候程之義ニ相成り候ニ付、天満市場問屋江以後六品丈売不申と一札相認メ、事済願下ニ相成り候趣、誠ニ歎敷次第ニ御座候、其節御掛り御役人大森隼太殿ニ御座候、今以堀江之歎キ、諸人能〳〵存し居申候

右手続いたし候もの名前

天満鈴鹿町
丁代　金助

当時市之側青物会所ニ
引移り居申候

同市之側
米渡世　京屋与兵衛

右之もの共、東西御組江格別ニ入込候もの

石町年寄
昆布中買渡世　河内屋久兵衛

右久兵衛儀、当時勝手向不如意ニ相成り、市中公事不限何事ニ腰おしいたし、旧年御組江出入仕、与力ハ我か下役之様ニ心得居候人物ニ而、御制事向ヶ様ニ被　仰付候と与力衆と内談仕、御礼金為差出、当人も礼金貰渡世同様ニいたし、不埒之人物与申風聞専ら御座候

一当時丹向之御役人

大森隼太　大須賀鎌次郎
早川伝三郎　由比又太郎
朝岡泰蔵　成瀬捨蔵
丹羽欣次郎　寺西幾四郎
吉田猪三郎　寺西佐吉郎

右之御役人者、少々之御菓子料ゟ遊所、又船遊抔ゟ出入之丁人ヲ以取入候御役人ニ而、取りものきらわず、又者御無心も無遠慮御談し有之、御役人之風聞格別六ッヶ敷

顔ニも無御座候趣、無理成ル出入事も、金さへ出せハ埒明早キと申風聞ニ御座候
一御組同心之儀者右ニ順し、同様之始末ニ御座候
其外御役筋下々小使ニ至る迄権威強く、下々丁人難渋之趣ニ相聞江候、右出入仕候丁人共、江戸表ニ而も御召之上、追〱御吟味ニ相成り候へ者、御組も少しハ厳重ニ可相成哉と奉存候
右之通ニ御座候、以上

酉ノ
五月　日

②

（表紙）

上

御組同心
増田信次郎

一元来堺御組ゟ増田江養子ニ参り候者ニ而、養子娘有之候処、養母と蜜（密）通致し居候ニ付、家内心配仕候処追々出情仕、当時勘定役相勤罷在候、然ル処御時節を不恐大金を出し、北ノ新地白人を五拾両計ニ而身請いたし、妾ニいたし、其上北ノ新地間々之賄金四、五拾両宛有之趣ニ候処、右妾いや尓成り暇遣し、手切金等遣し、又候白人五拾両ニ而身請いたし、妾ニいたし候、右ニ付家之娘心配いたし病死仕候ニ付、右妾表向家内ニいたし、男子壱人出生いたし候処、是ノ女又暇遣し候由申聞候処、丼（井）ニはまり死抔与女申出し候ニ付、手切金五拾両遣し事済仕候、又候北ノ新地伊勢嶋と申茶屋ニ而、むめと申白人五拾両余も出し身請いたし、家内ニいたし候振舞仕居候処、其後又北ノ新地江馴出来、右梅暇出し、又新地之白人内江入、表向家内之披露いたし、其節天満鳥井筋魚平と申料理や之席ニ而大振舞いたし、雑用五十両余も入り候風聞ニ御座候、当時養母別宅為致候、右女之親伊丹ニ而酒造為致、大金を出し、則おめこ酒屋と世上ニ唱申候、追々金子有之候由ニ而、天満新宅と申安売女有之処ニ、弥三郎与申同心之定供有之、右弥三郎口入ニ而、金銭歩銭借しいたし候趣風聞相聞候、当時自分居宅普請、同心ニ過分之見事之儀ニ御座候
一小野十郎与申同心、当時勘定役相勤候、年々初午一日入

用銀三貫目と申風聞、居宅等見事之普請、自分居間之襖等之引手金めっきニいたし、都而右ニ順し、暮し方大変之風聞ニ御座候、付而者同役共江　御上ゟ御褒美金、并ニ御手当金被下候而も、勘定役故御時節ニ付差扣可有之抔与申、相渡し不申、銘々之義者申立請取勘定いたし候趣、表勘定帳・内勘定帳と有之趣、御取糺ニ相成り候ハ、、明白ニ相分り候与申風聞御座候

一関弥次右衛門と申同心、当時組頭も相勤居候なから、下々町人共江被頼、町之会所江町人共呼出し、町人と馴合、内々ニ而色々之私の制事いたし、下々難渋いたし候風聞御座候

一御組与力・同心ニ厳重之人無之趣ニ相聞候

一当年内山彦次郎殿、江戸表ゟ帰坂被致候而、於御役所ニ市中江戸積之町人をも呼出し、此度公義より親規(新)御新談之趣有之御趣意之趣、此度伊豆ノ下田と鳥羽と両所ニ、公義之御会所出来、御役人御出張ニ而、大坂町人江戸廻船之難波船之節、下々難渋無之様御取計被遣候ニ付、江戸積荷物元金百両ニ付、金壱両之積金可致旨被　仰渡候、其組々ニ而可及返答ニ旨被仰渡候ニ付、町人共申上候ニ者、何れ江戸表店方江も欠(掛)合、其上ニ而御返答可申上旨申上候処、決而江戸表ニ問合ニ者及不申、大坂丈ヶ之返答いたし候由被　仰渡候、然ル処江戸積之儀者、江戸海上取引之町人も有之、又大坂海上も有之、半分宛弁候海上積も有之候儀、右等被　仰渡候段下々困り候趣、全く此儀者内山様御格計ニ而、別段御加増も無之様子ニ付、御自身之御働キニ而、兎角丸イもの御好ミともニ者無之哉、格別物ニ者丸イものが付と申理かと風聞御座候

一天満与力・同心江格別入込、蜜(密)談致し候者名前

天満鈴鹿町丁代
金助

右金助義、当時天満市之側青物市場会所江引譲申候

天満六丁目
囃(雑)穀米渡世京屋与兵衛

右京与義、当時天満市之側九丁目浜ニ引譲り、六丁目ニ者悴同渡世致し候

石町年寄
松前御産物昆布中買職河内屋久兵衛

右久兵衛儀、身上不如意ニ而中買難勤ニ付、外人江中買株相譲、自身名前ニ而御会所江も罷出、仲間一統わくら

ん為致、仲人ニ相成り礼金ヲ取申候趣、付而者御組江出入致し、諸人之願事・公事沙汰を引請、与力と馴合金銭を貪り候趣、尤御組之御掛り江も賄賂を包み、当時商売同様ニいたし候風聞御座候

一堀江青物市場相手取、天満青物市場問屋共及出願候砌、右金助・京屋与兵衛両人より、大森・内山江入組及熟談候より為願上候趣、然ル処堀江市場銀高之品六品売止メ被仰付、往古堀江開発ニ御免ニ相成り候市場、歎敷相成り申候、右一条ニ付、天満市場問屋ゟ内山彦次郎・大森り(マヽ)其外地方一統江金銭者不及申、珍敷品不何寄持付、御台所御用者問屋之引請と申風聞、手続人金助・京与之趣ニ風聞御座候、右京与与申者、元来西地方成瀬九郎左衛門殿江奉公致し、中年之頃米商売相始メ、東西御組切米大概引請候而、相場より下直ニ而買取、切米引当ニ少々宛之仕送りいたし置候ニ付、無拠京与江切米遣し候趣ニ成行申候始末ニ致し、切米毎ニ五、六貫目宛難波御蔵ニ而、直様市中之米屋ニ売掛間銀取申候、壱石ニ付五匁六匁宛之口銭取申候、右間銀之何貫目之金、東御組与力中嶋駒三郎殿江割苻(符)致し候趣、何故中嶋江歩割差出し候、其儀中嶋京与之銀主ニ而、月八朱位ニ而出し候趣、なか〳〵八朱哉壱歩之利足ニ而、借し渡ス様成ル人物ニハ無御座趣ニ相聞江候人ニ御座候風聞ニ御座候、当夏内山彦次郎殿江戸ゟ御帰坂之砌ニも、右金助・京与之悴両人江戸表迄御迎として召下り候趣、格別之御意ニ入と申風聞ニ候

一石町年寄河内屋久兵衛、此頃申候ニ者、江戸表ゟ御小人目附御出ニ候而茂、何も分り候者等ニハ無之、私丁内之事故、能々承知いたし候抔と申居候風聞、蜜(密)々相聞候、甚以恐入言語同断之儀ニ御座候、都而御組江入込、色々企工候趣ニ相聞候

一盗賊方捕方之同心、在々江出役致シ、十日十五日位も出張と申、近郷之番人村々ゟ集り、色々之儀突込、中ニ者実々災難ニ而、三日四日呼出され、雑用壱人ニ日ニ七拾目位も入、仕舞ニ者御出張之役人江、為御礼与金子持参致し候趣、実ニ下々難立行、難渋之風聞御座候、御出張之宿番人、長吏等一統御役人与馴合、村々江厳敷雑用取立候趣ニ而、一度之御出役ニ弐〆(貫)目三〆(貫)目宛之御もをけニ相成り候風聞、専御座候

一御組之内、東ニ而八田五郎左衛門、西ニ而山本善太夫、此両人之外、跡者一統賄賂つかみと申、其中ニも別段賄

賂ニ而無之御無心与唱、大金を御談し有之趣ニ而、下々難渋仕候風聞相聞候、又中ニ者公事訴訟之儀、出入之ものを以相頼み候得者、出入者いヶ様ともいたし遣し候ニ付、金子何程借し呉候抔与、最初ゟ被申候御組与力も有之御様子、賄賂次第ニ而、出入者賄賂之多イ方ニ勝チ候御制事ニ成行、歎敷時節与申風聞御座候

一萩野七左衛門殿江堂嶋米相場渡世深江屋幸助与申者入込、昼夜寝泊りいたし、堂嶋之米相場之儀、七左衛門殿と馴合、堂嶋相場為くるハ候而、不道理之儀もいたし候風聞御座候

一石町年寄河内屋久兵衛儀、兼而御組江入込、市中之公事腰おしいたし、礼金を貪り、下々を難渋為致候趣、并ニ此節御役人様、石町・弥兵衛町・嶋町会所江御止宿有之候処、久兵衛申候ニ者、壱人も利口らしき役人者無之と申、無恐御組与力江入込色々相頼、渡世同様と申風聞ニ候

長堀安綿橋西詰
形附紺屋渡世　備前屋重兵衛
瓦屋橋壱筋北江入
同職　染屋喜兵衛

右両人、五、六年以前より萩野七左衛門殿江寝屋ニ入込、紋染屋仲間三拾壱軒形附紺屋仲間江加入為致候企、両人之者共萩野と入魂いたし、形附紺屋ゟ致出願、萩野之手掛ニいたし、紋染屋仲間ゟ加入銀百貫目差出し候様申聞、加入不仕候得者、形附紺屋共渡世御差止抔与厳敷被　仰渡、一統難渋仕候趣、然ル処是迄萩野江百貫目ぢかふも、五、六年之間ニ入用雑費相掛り候趣、并ニ天満十丁目筋寺町辺ニ、徳兵衛と申同心之定供、此者も萩野江頼込之手引之趣ニ風聞相聞候

〔史料2〕御組与力同心町御目付等ニ付風聞書

一橋大学附属図書館　一色山城守（直温）文書

（目次）
「御組与力同心町御目付等ニ付風聞書　三十」

（表紙）
三十号（後筆）

上

一此度市中江銭御触渡し有之候処、市中評判不宜、矢張十人両替江御申渡し斗ニ而、自然与市中取締ニも相成り候

義を、右等御触渡しニ相成り、全地方等之存寄ニ而申上候事どもニハ無御座哉、下ニ而ハ、乍恐　御奉行様之御評判ニも相掛り候はと申風聞御座候

一市中之儀、諸国入込之場所柄ニ而、容易ニ下々実否御承知被成かたく、都而御組与力・同心・町御目附等、別而御不都合のみ、何事も内々之表向、下々ニ一統相残り申上候儀も兎角用捨斗、御尋之向も同様取繕イ、身分之勝手宜敷様申上、只下々江入魂いたし、　乍恐御奉行様之思召之簾（廉）少しも不心得、只銭金之処ニ心を寄せ、不道理之事のみニ相成り、歎敷次第ニ成行申候、与力・同心より申上候義、実情与　思召候得者、大ニ相違与奉存上候、余り不道理のみニ相成、増長いたし候ニ付、不顧　御思召ヲ奉申上候、役筋之中ニもまだ三郷惣年寄与申ものハ、往古ゟ格別之御由緒有之身分ニ而、今ニ江戸表拝礼ニも罷出、都而市中之儀者御任せニも相成り候者、其内ニも善悪御取分ヶ御尋等ニも相成り候ハヽ、実否御当テニも可相成哉、都而上ハ乍恐　御奉行様、下々ハ惣年寄中ニ御与力を加江、御制事御取究りニ可相成哉と奉存候処、どふか只今之御様子ニ而ハ、只与力・目附のみ御当ニ被成候御制事向之様ニ奉存候事ニ寄候へ者、御奉行様之御評判ニも相懸り候事有之候而者、乍恐御仁恵之程、下々江満足不仕与奉存上候ニ付、極蜜（密）奉申上候

御組之ヶ条

一此度西御組成瀬捨蔵殿御掛りニ而、摂津国町綿屋宗兵衛出入、漸当九月三日済口ニ相成り申候、右出入ニ付、綿屋宗兵衛母ちか・同人実家藤屋九兵衛并ニ宗兵衛姉聟河内屋又兵衛、右三人実意申立候へ共、成瀬様其方ともも薄縁之者ニ付、何事も御取上ヶ無之、宗兵衛江対談いたし、済口差上可申斗被　仰付、他参留・所預ヶ、九兵衛・又兵衛被　仰付、無拠残念ニ候へ共、不道理之御制事と乍心得、済口書付差上申候、然ル処成瀬捨蔵様江内々宗兵衛身方之者、津の国町野間屋清兵衛・同丁代覚蔵・綿屋宗兵衛店方手代源兵衛・宗兵衛二男喜十郎、成瀬捨蔵様江入込ミ、折々新地茶屋并築地瓢亭ニ而振舞いたし、芸事其外諸雑用七月節季迄、都合三拾五両余り、九月三日済口祝として石町ニ而振舞、其節連中

成瀬捨蔵　仁木蔵太郎　綿屋喜十郎
野間屋清兵衛
綿屋宗兵衛手代
源兵衛

丁代　覚蔵
仲人日野屋又右衛門
〆七人
八月廿日頃、東堀新築地瓢亭之席ニて振舞、右連中済口之上、綿屋喜十郎ゟ金三拾両、成瀬捨蔵様江為御礼与献上仕候、都合成瀬様江百両余之入用相掛り、また是迄も御用之程難斗与、母ちか・又兵衛・九(巨)兵衛・宗兵衛店天秤方相勤候もの相歎キ居申候、臣細之義者

摂津国町綿屋宗兵衛
大悪人手代　源兵衛
〃　野間や　清兵衛
〃　丁代　覚蔵
京橋五丁目日野屋
仲人　又右衛門

右又右衛門義者、野間屋清兵衛より引出し候様奉存候、日の又与申ものハ名高キ邪人ニ而、人の恐候人物ニ御座候、　成瀬江之引入者丁代覚蔵・野間や清兵衛ニ御座候、是等ハ与力町一杯ニ入込候ものニ而、都而此等之事斗心掛居候ものニ御座候、日野屋又右衛門も同様入込、色々公事腰押しいたし、諸人之頭痛人柄ニ御座候、猶々東様江宗兵衛老母御歎キ、願ニも可出与申風聞も有之候ニ付、是等之実意も申上候、眼目之処、綿屋宗兵衛身上次男喜十郎おうりよふ致し度より事発り、手代源兵衛・清兵衛・角蔵・日の又等申合、末子小三郎ニ事寄、右等之取斗成瀬も一統いたし候趣、誠ニ恐入候次第ニ御座候、右源兵衛・清兵衛・角蔵・又右衛門・喜十郎・老母ちか・藤屋九兵衛・河内屋又兵衛御呼出し之上、御糺しニ相成り候へ者、与力東西とも少しハ心得方も相直り可申与奉存候

一此頃役人村年寄替り、名前等地方御役所江差上有之候処、朝岡・萩野老分之取斗(計)ニ而人気等不宜、旧悪等有之、住吉屋喜右衛門与申ものへ年寄役被仰付候、何故与奉存候処、喜右衛門ゟ地方大将江余程之大金を遣イ候処、筋違之もの故無遠慮相納り年寄被　仰付候趣、下々歎キ悲ニ居候風聞ニ御座候、又此度役人村中の丁年寄替りニ付、入札名前申上候、又候もの次第ニ而地方之思召と申様成ル次第、此義者能々御糺之上、御聞済与奉存候、入札名前之内、榎並屋利三郎与申もの実意ニ而、下々気服もいたし居候風聞ニ御座候、　与力衆者気ニ入不申人柄と奉存候

一役人村年寄住吉屋喜右衛門ヶ条、同所兼帯年寄河内屋源兵衛ヶ条、両人共至而入魂同罪、右源兵衛所持之大小便通り船、弐拾艘斗有之候内、壱艘を同所ニ有之無宿新助与申者(ママ)江金壱両ニ而売払遣し、外ニ無宿礒吉・小太郎・勘四郎申合、右舟ニ而尼ヶ崎ニ而諸品盗取候処露顕いたし、勘四郎壱人被召捕、外三人逃去、舟之義ハ同所御番所ニ未タ有之候由、同人共持帰り候品々、年寄源兵衛質物ニ取置候由、右ニ付　御上様より急御触有之候へ共、質屋帳面改候得共、源兵衛自分帳面者勝手ニ不改、右之盗取候諸品、他国舟江売払候事、并先達而大坂津浪之砌、右源兵衛、猿の文吉与申者江申付、川筋流もの捨(拾)イ度段　御役人様江奉願上、御用之小差相立候而、難渋を凌つなき居候、舟を切取廿斗之人足連れ乗帰り、右文吉薩州行之牛骨入有之納屋江引入置、源兵衛差図ヲ以船とき放し、金物類者高津新地鏡筋之古手や亀吉外弐人之ものへ、夜分ニ売払候趣も相聞江候、右源兵衛支配町内江御払ニ相成り候者四、五人差置、其中ニも盗物かいすも御座候由、相聞江申候

右等之儀も有之候へ共、其等之御糺しも無之、年寄等被仰付候儀者、甚以不都合と奉存候、当入札之年寄も如何被　仰付候哉、御組ニ而ハ只金を以て内蜜(密)いたし候へ者、如何様とも可相成趣、甚歎敷時節ニ成行候事哉と、乍恐奉存上候

一当御時節柄ニ御捨置被成かたく御事御座候へ共、御役人衆中も其辺ニハ御心寄り不申事与奉存候、外之義ニも無御座候、焔硝追々払底ニ相成り候趣、何故と申候処、当時御上様御用焔硝被　仰付候而、市中家下之土買取候儀も、先達而西御奉行様ゟ御聞届ニ相成り、製法仕候処、本人ニ似せもの出来、市中之土を代銭も不遣取り、猥りニ焔硝製法仕候者も有之趣、本人者其付届ヶニ迷惑いたし候趣、全く之処焔硝取〆り甚猥りニ相成り、御手支之時節ニ相成り候而ハ甚以恐入、是第一之品柄与奉存候ニ付、此段申上候、此儀者惣年寄ニても御沙汰ニ相成り、市中取締り被　仰付候へ者、ヶ様之義出来候共、御手支ニ相成り不申、又者直段等も同様之直段ニ而、御用イニ相成り可申与奉存候、御組与力衆之方ニ而ハ、又下々之物入等も相掛り、勝手之取斗可申上哉と奉存候ニ付、極内々奉申上候、以上

右之通御組之ヶ条も有之候へ共、互ニ相包ミ候而、皆下々之難儀与相成り、　御上様之御評判ニ相掛り候哉与

奉存候、以上

一先達而米太一条、其掛り御役筋江も落着之上、与力・同心其外盗賊方御筋江者下々ニ至る迄、少々之御礼ハいたし候趣ニ御座候、御同心ニハ毎度米太之方江御催促ゲ敷御話しも有之事も相聞江申候、何分誠ニ秘し候而、どふも名前等者臣（巨）細ニ相分り不申候へ共、猶心掛ヶ居申上候、以上

〔史料3〕当地海岸御固諸家風聞書

一橋大学附属図書館　一色山城守（直温）文書

（目次）「当地海岸御固諸家風聞書　未二月　天王寺」

乍恐口上

御聞探被為　仰付候、当地海岸御固之内、因州者旧臘ゟ当表江御出張人数相増、当節上下四百五拾人計、備前者去午年ゟ同弐百人計、御出張之儘人数増減無之、其外土州・長州・柳川之向々右同様ニ而、猶又京都　御宮家に御手続有之候薩州・長州・土州・因州・筑前蔵屋敷之内、同国福岡蔵屋敷ニ者、京都　二条御殿御続合を以、去辰年以来御頼談有之由ニ而、京地非常之節、当地蔵屋敷詰役人始、出入仲士共迄、早速登京之儀、兼而御手当有之由ニ候得共、福岡之外右蔵屋敷向々者、昨年以来定詰之余ニ人数増詰等之体無之、当春来品変り之模様、先相聞江兼申候

右之通風聞承探、此段奉申上候、以上

未二月

長吏　善次郎

小頭　柾次郎

（表紙）

上

乍恐口上

過日被為　仰付候

上中之嶋

水戸御蔵屋鋪

留守居代

豊村新十郎

外ニ小者三、四人計

同町

浜田御蔵屋鋪

留守居

小森伝太
外ニ上下十五、六人
同町
仙台御蔵屋鋪
御留守居
白石　勇
外ニ上下十三人計
宗是町
因州御蔵屋鋪
御留守居
□（赤カ）座為蔵
外ニ上下
十弐、三人
此赤座御氏外御方□□（々者カ）蔵屋敷定府
御役人之由
□（山カ）田藤馬
唯　武三郎
佐分利九允
外ニ組下
五百人計
右山田氏外御両人儀、御警衛組頭之由ニ而、去午九月頃、
御国元ゟ被罷越、外御人数者追々ニ御越、毎□（日カ）廿人計
ツ、川口御固メ場所江被罷越候由
過書町

南部御蔵屋鋪
御留守居
中村九郎右衛門
外ニ上下六人計
堂嶋新地壱丁目
忍御蔵屋鋪
御留守居
□山源次郎
外ニ上下三、四人
川口
一橋様御役所
御代□（官カ）
杉山伝次郎
外ニ上下七、八人計
南瓦屋町
土屋様御蔵屋敷
御留守居代
坂井元次郎
外ニ上下七、八人
土佐堀壱丁目
長州御蔵屋敷
御留守居
児玉　準
外ニ上下
二十四、五人
此御方々者蔵屋敷鋪定府之よし
小幡彦七
松田清吉
□浦新助
公行役

御代官　天野九郎右衛門
右小幡氏外御三人儀、□（兵カ）庫津御台場懸り二而、去
午九月比より被罷登、折□（々カ）兵庫江御越在之候由

江戸堀四丁目
薩州御蔵屋鋪
御留守居
徳尾藤左衛門
外ニ上下
二十七、八人
地付衆
二十人計

白子町
雲州御蔵屋敷
御留守居
後藤八四郎
外ニ上下
十七、八人

本五歩一町
芸州御蔵屋敷
御留守居
□（虫損）村亀次郎
外ニ上下
十五人計

常安町
柳川御蔵屋敷
御留守□（居カ）
小野平三郎
外ニ上下
十弐、三人

同町
阿州御蔵屋敷
御留守居
四宮与兵衛
外ニ上下
二十弐、三人

同町
肥後御蔵屋鋪
御留守居
黒川才右衛門
外ニ上下
三十人計

同町
小倉御蔵屋鋪
御留守居
□（虫損）沢十太夫
外ニ上下
二十人計

白子町
筑前御蔵屋鋪
御留守居
大岡舎人
外ニ上下
十五、六人

久保嶋町
肥前平戸御蔵屋敷
御留守居

合井一兵衛
外ニ上下
十人計

同町
筑前秋月御蔵屋敷
御留守居
谷　織人
外ニ上下
五、六人計

同町
備前岡山御蔵屋敷
御留守居
千田金右衛門
外ニ上下
十弐、三人計

此御方々者御蔵屋敷定府之由
高木右門
梶浦太郎兵衛
谷尾吉兵衛
外ニ上下
五百人計

右高木氏外人数御方々者、御警衛ニ付江戸表・御国元より追々被罷越、当時堀川・堂嶋両屋鋪ニ罷在候よし

天満下半町
肥前佐賀御蔵屋敷
御留守居
大目付役兼帯
相良源兵衛
外ニ上下
二十人計

白髪町
土州御蔵屋鋪
御留守居
若尾直馬

但、右御留守居儀、先月廿日比着被致候得共、病気ニ付、京都御留守居脇林栄平当時兼勤罷在候由

同御警衛掛り
孕石主税
此外上下
弐百五十人計

右孕石氏此外人数御方々ハ、御警衛ニ付去九月比より江戸表并御国元ゟ追々ニ被罷越、当時御蔵屋敷ニ罷在候よし

天満唐崎町
尾州様御蔵屋鋪
御留守居
中西孫四郎
外ニ上下
三、四人

右中西御氏者御蔵屋敷御定府御役人之由

右御蔵屋鋪此外諸家様御屋敷、夫々手を入承探り候処、御警衛御屋敷方脇書之通多人数被罷越候得共、外御屋敷

之定府人数之余他ゟ入込居候方者勿論、御藩中も当時御
蔵屋敷内ニ滞留無之、且又最寄宿屋向探索仕候得共、是
又如何敷者止宿いたし候儀者相聞兼、尚跡手を残し置、
先此段奉申上候、以上

長吏
仁左衛門

（安政六年）
未二月

コラム

中近世移行期かわた村の具体相

戦国～近世初期被差別集落の様相

十六世紀中後期すなわち中世後期（戦国期）から近世初期にかけての被差別集落の個別・具体的な実態を解明した業績は管見では極めて少ない。部落史の年来の課題が成立論にあったことを考えると意外ともいえる。貴重な史実を指摘した研究を加味したとしてもそれほど広がりをもたないといっていいだろう。

長州藩皮多町羽坂や播磨揖東郡広山皮田村で皮田集落全体が垣根に囲まれていたこと（布引敏雄・のびしょうじ）、元禄期に河内国更池村で集落を竹垣で囲う領主指示がなされたことから、これらの村の場合もそれが元来の姿ではなかったかと指摘した。また一部にせよ和泉国島村にも垣根があったこと（藤本清二郎）、和泉国南王子村の場合も現在地へ移転する以前には除地の「一囲い」とされていたように視覚的に明らかな囲い込み状態にあった。

明暦三（一六五七）年大坂町絵図では渡辺村も周囲を囲うように樹木に覆われ木戸が描かれた。南王子・島村にみられるように惣郷を異にする他村に一定以上の農地を保持し、近世への移行に際して出作以上の配慮を受けたことも明らかになっている。他には太閤・徳川初期検地帳等の分析（寺木伸明）、斃《へい》牛馬処理制研究のなかで明らかになってきた初期株持ちの実態（脇田修・藤本）等が明らかになってきている。

森田康夫の指摘以降明らかになってきた史実としては、中世以来の地域構造の結果としての身分複合村の存在がある。百姓村の下に複数の被差別民集落が枝郷として置かれており、それは決して例外的なあり方ではなかった。森田は河内国植松村を事例としたが、たとえば和泉国鶴原村は交通の要衝として町場化していた歴史的前提の下、町・百姓・漁民の外に夙《しゅく》・非人・皮田・三昧聖《さんまいひじり》の集落を抱える村であった。惣村は複数の被差別民の「彼らでしかなし

戦国期瓦屋村嶋居住地（部分）

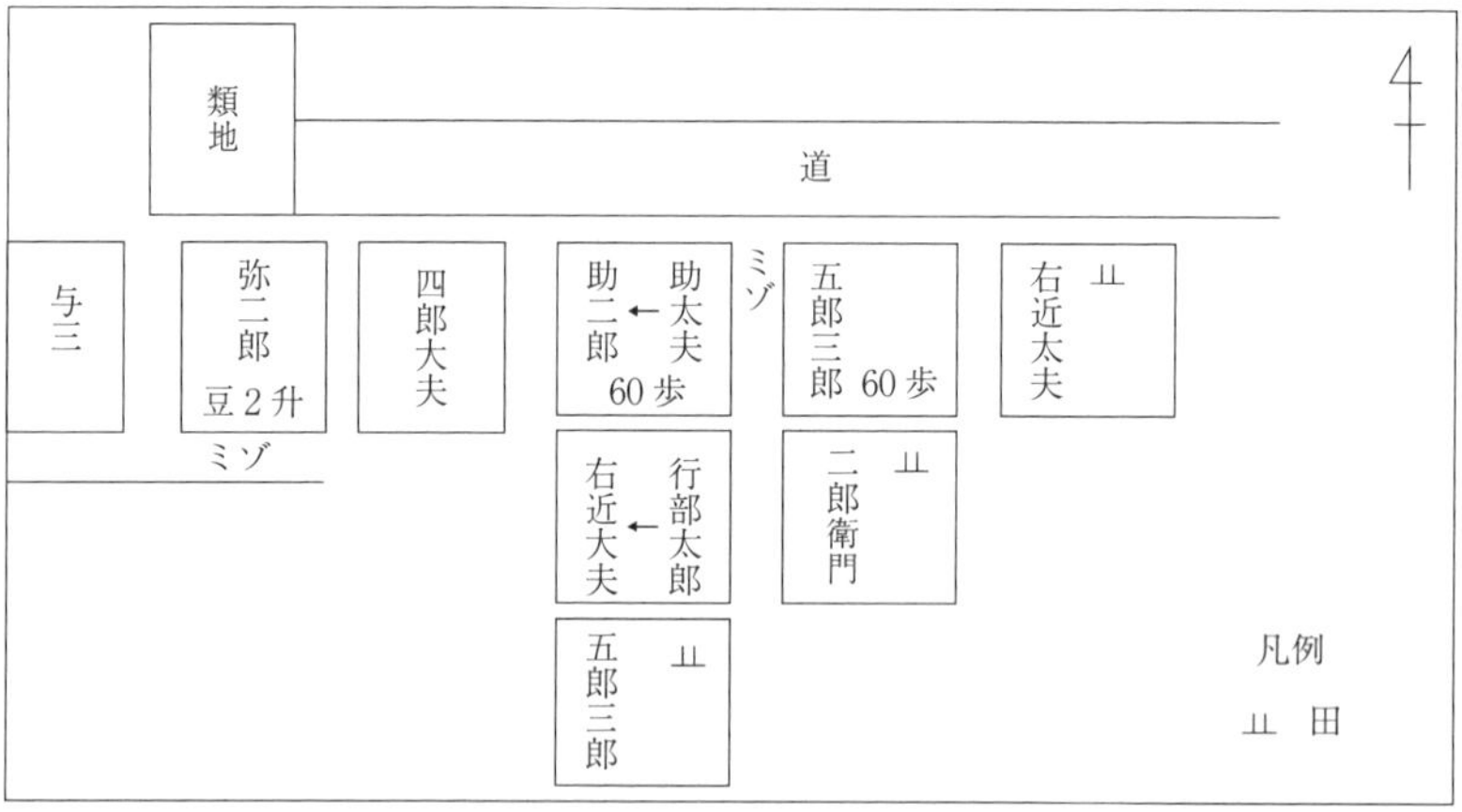

えない役務」によって運営されたからである。

とはいえ従来の研究に筆者が共通して感じる不満は、移行期から近世初期の村落や住民構成に焦点を合わせて、具体像を解明しようとする自覚的な視角が欠けていると思われることである。

筆者自身は「神は細部に宿る」とて村落構造や特質を具体的に解明することを自覚的な研究視角としたいと思ってきた。垣根などに囲まれた集落景観や、旧惣郷をまたいだ土地拡大、さらには難波村時代の大坂渡辺村の居住空間の復元などを試みてきた。大阪の部落史調査によって新たに明らかになったのは渡辺村・河内国更池《さらいけ》村、そしてここに掲出した天文期瓦屋《かわらや》村の家々の様相である。

皮多町渡辺村と更池村については『被差別民たちの大阪』近世前期編でその時点で明らかにできることの要点は指摘しておいた。瓦屋村については中家文書の売券を網羅的に取り上げて若干の知見を述べることもした。

大阪府域をフィールドに、中世から近世成立期までの移行期、集落としての皮田村はどのような姿を見せていたのであろうか。この一点に関心を集中させて整理を試みる。

初期検地帳の世界

まず取り上げるべきは太閤検地・初期徳川検地帳だろう。広域にしかも一定の数で残されているからである。寺木は一貫してこれらの史料を重視してきた。最近和泉国日根郡瓦屋村・長滝庄の文禄検地帳が明らかになるなど今後も総数は変わるが、かわた記載のある太閤検地帳は一一帳にのぼる。夙や三昧聖の記載を持つ検地帳も数点知られる。同性格の徳川初期検地帳の総数は把握されていない。既知では二〇点を超えよう。『大阪の部落史』第一巻には新たに和泉国大鳥郡草部村・南郡海塚《かいづか》村、摂津太田郡道祖本《さいのもと》村三村の慶長検地帳が収録された。

＊寺木a「近世部落の成立過程の具体相」（『新修大阪の部落史』上　一九九五　後『被差別部落の起源』明石書店所収）b「大阪府域における近世封建社会成立期の被差別民」（『大阪の部落史』10　二〇〇九　後詳細な註を付して『近世被差別民衆史の研究』阿吽社所収）

中後期百姓村で字・垣内の分離独立争論に際し太閤検地帳をどの垣内の誰が保持してきたかが問われた。藩制村である有力な証拠となっていた。皮田を始め被差別民単独の検地帳は存在しないことがまずもって指摘される。事実の問題であるとともに編成原理の問題であった。一部に近世出発時より独立村であったとみなす誤解のある南王子村も含めて、定住系被差別集落は独立村として出発した村はひとつとしてなかった。重要なことは和泉国島村では後に本村となる福田村よりも早くに集落形成されていたし、鶴原村皮田高は一四八石五斗で充分一村となる要件を具備していたにも関わらず枝郷となっている。

河内国更池村では幸いなことに検地帳の他文禄期の景観を復元しうる村絵図、隣接する東田井《ひがしたい》・河合村の文禄検地帳が発掘されている。本村民が同じ布《ぬの》忍《せ》郷《ごう》東田井に二四石余の出作をしているのに対して、皮田は東田井には二石弱しか持たず、隣村とはいえ八上《やがみ》郷に属する河合村に一一八石近くを所持していた。南王子村も信太《しのだ》郷王子村内に六〇石弱隣村とはいえ上泉《かみいずみ》郷伯方村に一五〇石近い高を所持し後そこへ集落移転する。中世の惣郷内で田畑所持が錯綜していたことは周知である。けれども惣郷を跨いで田畑所持が広がることは例外的な事象と考えられる。更池村では皆無だった。ところが皮田の場合には所属村を倍する田畑を所持していた。他郷所持は両村の他にも和泉国島村・摂津能勢《のせ》郡平野村・太田郡吹《すい》田《た》村にみられる。

この事実を普遍化しうるかは史料の集積を待つことながら、一村検地帳の名請集計でもって皮田個々の持高の少なさを云々することは慎重であってよい。さらに村に住む大工・鍛冶屋、あるいは漁民の所持高が低いことを以て経済規模を推し量れないとするなら、移行期必ずしも百姓化へ特化していたと決めつけることのできない皮田の場合も、持高によって家計規模を判断することには慎重であるべきだろう。この問題は地域における皮田・皮田村の経済構造の位置づけ、もしくは公的役割をどうみるかという根本とも密接に関わってくる。

持高と経済規模を直結させる傍証でもあった屋敷地の狭小さについても別の捉え方がありうる。寺木は検地帳が皮田集落としての屋敷地の把握を重視していたと指摘している。このことは屋敷地重視とそこにおける家屋規制が一体的に把握されていたことを示唆すると考える。彼らの集落を竹垣で囲う点にもそれは現れている。これは陰陽師村の例であるが、寛延期でも摂津島下郡茨木村陰陽師集落は竹垣で囲われた垣内に集住し、本村は別火別婚、奉公人の出入りもない集落とみなしていた。

近世の全体を通して家屋規制は強力なものであったし、文禄検地帳段階にも圧力は働いていたと考える。寺木は更池村について個別の屋敷規模を一覧表示し、本村では五間以下の家屋がゼロ（五間は二戸）であるのに対して、皮田の場合五間を超すものは一九戸中三戸を出ないことを指摘している。

単位皮田村の生業構造

残念ながら当該期集落単位で皮田の職業の総体がわかる史料は知られていない。すでに貨幣バブルの展開した享保九（一七二四）年時となるが、奈良東《ひがし》之坂《のさか》『宗門御改帳』の示す職業書上げが最良のデー

コラム

タであろうか（但しすでに一定数存在した借家層は本帳から除外されていた）。畿内と周辺についていえばこの奈良東之坂・京都天部《あまべ》村いずれも皮多町のものとなる。大阪では河内更池村と和泉南王子村がそうはいっても史料のある集落ということになり、それに続くのは和泉島村と大坂渡辺村であろうか。けれども持高・生業を総合的に書上げたそのものずばりの史料が得られていない。加えて従来はあくまでも一つの皮田村に執着して構造解明する視角がもたれなかった。

中世後期から近世初頭期の個別皮田集落の生業構造を解明した業績はない。接近する視角を表明した研究もない。部分的な先行研究から、明らかになっている特質をまとめれば次のことがあるだろう。①皮多町（藩領では城下に近い村など）では役の占める比重が大きいこと　②中期頃まで旦那場制（とそれによって保証されていた皮革業・皮革関連業）が生業・生活を規定する構造になっていたこと　③農業（それをベースとしての自給的経済）の占める割合は限定的であったこと　④生業構成の全体は非農業型であり、多元的複合的生業構造であったこと、である。大阪ならびに畿内で知られる事例を挙げて敷衍しておこう。

中世の「屠者《としゃ》・河原者・細工」が「穢多」の原型であったと戦前に喜田貞吉が仮説を述べていたが、渡辺広・藤本清二郎がこれを支持・継承している。畿内では青屋が加わろう。この仮説は期せずして成立期の皮田村が非農業型構造であったことを物語っている。

河内蛇草《はぐさ》村の濫觴（大⑨29）を天保に住職が古老から聞き取ってまとめている。蛇草では村の草分け三家は当地にある「有馬三昧」墓所と関わり深く、甚兵衛は斃牛馬支配、五郎兵衛は紺屋商売、吉兵衛は牛馬治療に従事した。甚兵衛が名を千枚ともいったのは千枚も皮が取れたからである。武士として高五〇〇石を領し、大坂の陣にも豊臣方で出陣した。五郎兵衛家は絶家したが、藍染に用いた備前焼の壺が今でもころがる。吉兵衛も藤田と唱え繁盛した。分家は鍼灸治療を専らとする。その後甚兵衛が東本願寺の八尾《やお》御坊（東本願寺）に転派、一方の吉兵衛は西本願寺にとどまったため村が二分する。有馬温泉地と平野郷の皮田村はここから分かれてできたと語る。

1　紀州城下岡島村頭仲間は元々皮革を扱っていたが、豊臣秀長入部時より「今迄のさいくを仕り候ハすとも、御掃除まてヲ仕候へと御意なられ、大納言様御前にてかわらけ《（土器）》をわり、其時より御掃除ヲ仕来候」（『城下町牢番頭仲間の生活』生活一1）、生業によらずとも御用（掃除→牢番）でもって生活が成り立つとされた。

　奈良東之坂甚右衛門家は興福寺・春日社の「役の家」として「彼らでしかなしえない役務」全般（行刑刑吏・死鹿処理・犬狩り・太鼓奉納等）を行い少なからざる役料・手当を得ていた。同時に奈良町の広義の掃除も担い町から「清メ銭」を受け取っている。近世にはその上に奈良町奉行所御用（掃除と行刑）も勤めた。

　京都天部村出身の頭として二条城の掃除役を勤めた下村氏は一〇九石の知行を受けた。また天部村は大坂渡辺村同様役人村と呼ばれるように、行刑刑吏・牢屋外番等江戸中期の公務書上げでは一〇項目が上がっている（『京都御役所向大概覚書』）。村地を除地として与えられ、除地居住者が御用の義務を負う。借家を建て家賃徴収を出役手当ともした。

　大坂渡辺村の負った御用の総体は安永五（一七七六）年の書上げで六点、行倒れや牢死体の片づけ・牢や城堀・刑場の掃除などだが、中核は慶長年中に課された断罪御用であった。時代が下るとともに漸次御用が増加していった。村には二人年寄と御用差配の小頭数人がいて、除地に住む村民に勤めをさせた。村に下された除地は七五五〇坪（移転後の木津村地籍では二四石余　二町一反余）で四つの町から構成されていた。除地に屋敷を所持する者が勤めるのが元来の仕組みであったと考える。

2　旦那場制に規定された生業構造という特質

　河内蛇草村草分けの伝承は生業の根幹に草場《くさば》権（斃牛馬処理権）のあった歴史的記憶を背景にしている。一六世紀を念頭におけば草場権を包含する

コラム

旦那場権が皮田村経済の基礎にあった。

江戸期の皮田村生業構造の特質をどのように規定するかについて、古くは雑業（真岡二郎＝内田九州男）の規定があり、近年では「農工傭結合→職業複合的」（藤本清二郎）「生業複合構造」（横田冬彦）論がだされている。在方百姓村と対比した場合に、明らかな構造的違いのあることがようやく意識されてきた。問題は藤本・横田にあってはなお農業重視の姿勢であること（南王子村研究者三田智子にあっては、それは容易に低持高・無高＝貧困層論となる）とともに、かかる構造的特質が近世の出発から存在する特質であり、それは集落を形成した被差別民に共通する旦那場所有に基礎づけられたものだということが視野に入っていない点である。

ここで追記的に指摘しておくべきは、一つは中後期に分岐が起こり、農業重視の村政にシフトする村と、利益率の高い皮革・関連業（革細工から、草履・食肉・博労・運送等を含むとする）に村ぐるみで向かう場合のあったこと、山崎隆三がつとに指摘している通り近世社会の利潤はつまるところ高利貸しであった。皮田富豪の場合も高利貸し・金融へのシフトはみられた。

いずれにせよ、旦那場や草場に依存する比率は低下する。意識的に被差別視をともなう旦那貰いから脱却する営みも起こる。もとより逆向きの圧力も働く。借家・前期プロレタリアート（日傭層）の増大は旦那場制への依存を深める作用をしたからである。もう一つは皮田村が持つ旦那場は多様な内容を持ち、草場が相続と金銭で売買譲渡されたのに対して、旦那場は村に所属し分離しない性格を持っていた（したがって売買されない）。

旦那場制構造を傍証しうる例として近世初期河内更池村をみる。文禄検地帳と寛永家数改めとは五〇年の隔たりがあり一名も同名がない。家数人数改帳と二〇年後万治宗門帳とは襲名がたどれる。この間戸数と人数の増加をみると、本村と対比すれば際立っていて、爆発的な増大といってよい。

この間に農地の大幅な拡大や増産がありえないとすれば、原因は農地以外の拠るべき生業に求められよう。家が継続しないことと爆発的増加とは一見相容れないかにみえる。これも農地を基礎とする家を想定しない場合にはむしろ必然といえるのではないか。やがて地字「ほねはら」が皮田集落の地字となっていく。斃牛馬解体の地であり、広義の皮革扱いの地を指していることは明らかであろう。それが皮田集落の地字になっているのである。

もう一例。寛永十九（一六四三）年和泉瓦屋村源蔵が貝塚御坊の四尺太鼓の張替をする。旦那場域にあったからである。慶長十六（一六一一）年には鶴原村の藤右衛門が張替えている。これだけ口径の大きい太鼓皮張は現在でも容易ではないから技術巧者であっただろう。どちらも張替料銀百目と相当に高価であった。同名なので数代前の先祖と思われる源蔵が、紀州名手郷に嫁入った娘に村の田地を与えていて、その娘が天文二十〜二十一（一五五一〜二）年に三回に分けて根来寺に売却している。皮革細工で得た利益で土地獲得に努めた結果と考える。

貨幣・市場経済と親和的な生業構造

3　旦那場制に基礎をおいた生業構造であることを前提とした「多元的複合的生業構造」について、藤本・横田の「農業ならびに皮革的手工業あるいは日雇いなど様々な生業で（複合的に）構成されていた」とするイメージとは異なる若干の側面を指摘しておく。それというのも近年では民俗学それに後追いするかのように歴史学においても、百姓村について「複合生業論」が提唱されている（斉藤修・安室知）。はたしてそれと皮田村の「複合生業論」とが質的にどのように異なるのか。自覚的な論点整理が求められるのである。

まず多元的であるということ。農家と遜色ない規模の農業（所持・自小作・小作）を行いうる家は少数ながらあり、一極には原始的狩猟・採集生活とは異なる再帰性をもつ節季的生活サイクル（季節・自然に依拠するが獲物の換金を前提とし、米麦の購入も行うという意味で原始生活とは区別される）がある。農村とはまた異なる自給的生活であり、かつ部分的には獲物や採収物の売買も視野に入っている。その対極には農地所持は少ないか持たないにも関わらず、親子兄弟、奉公人を抱えて一定規模の商売をするも

コラム

のがある。

中期頃までには前期プロレタリアート層（日傭）は大きな比率ではなかったが確実に存在した。史料の整っている南王子村を例にあげれば代々庄屋を勤めた利右衛門と婚姻によって村内で結ばれた「一家」は充分農業経営をもって生業としうる層であった。後に雪踏業者として台頭する五兵衛家は小高の時分に弟を渡辺村に移住させて「小間物屋」とし、また子どもの一人を鹿皮鞣しの大坂白革師に身分を偽って奉公させ技術習得を図ろうとした。中期に草場と旦那場を分離再編し後者を村の下層一〇〇家に割り振った。大半が「その日稼ぎ」の者たちであった。重要な点は農業にせよ商業にせよ、或は日傭まで濃淡はあれ旦那場制とは無縁ではなかった。

次に「複合的」のイメージとして農業から日傭、商人から細工・手工業者まで多様な職種を含むという点は、果たしてどこまで一六世紀の具体的職能と業態を把握しているか詰めてみる必要はある。けれどもその点は措いてどうしても指摘しておかなければならない点は、農村を視野に入れたうえで個別皮田村の個性を超えた共通する特質として、①皮革業・皮革関連業の生業構造上の比率が大きいこと②貨幣・市場経済と親和的な構造になっていたこと、である。

もとより被差別身分と切り離しがたい生業であり、それゆえに「自由」な取引が大幅に制限されていたし、西日本という広域に展開する皮革取引でありながら、藩領の「穢多頭」や皮多町の御用商人と大坂渡辺村の特定革問屋との特権的取引となっていて、価格・取引値段もまた伝統と先例が決定的な意味を持つ世界であった。「直接に社会化された取引」「地域に埋め込まれた経済」であったことは明らかである。けれどもやがて中期に至って人柄と才覚が大きな働きをする時代となる。

初期皮革豪商河内屋吉兵衛、永らく村年寄を勤めた豊後屋太右衛門らの凋落と入れかわるように抬頭した渡辺村太鼓屋又兵衛の登場である。

（のびしょうじ）

皮田用村牢「境の内」について

はじめに

『大阪の部落史』第十巻本文篇で江戸後期について述べた際に大きな皮田村、とりわけ本村人口を凌駕する村に村牢的なものがあることを書いた。その後『部落解放研究』189（二〇〇九）に「大坂賤民法制」を執筆する過程で、それを法的にどう位置づけるかという点と、ひょっとしてこれは皮田に固有な装置ではないかと考えるようになり、藪田貫・安竹貴彦の教示を受け、論文では指摘だけ行った。その後考え続けたことを報告したい。

行政権と刑罰権

幕末の和泉国南王子村情報によれば同じ和泉国の塩穴・嶋村、河内国富田新田・更池には「境之内と唱、仮牢ニ似寄候物立置」（『奥田家文書』第五巻771p）いていたという。嶋村が岸和田藩、塩穴は都市堺、河内国ならびに後述する摂津国渡辺村を視野に入れると、府域にあるといえども支配は一律ではない。領主権を越えて似かよった刑罰施設が設置されているのである。

肝心の点は本村庄屋権限に基づいて皮田のみを押込める仮牢という点であって、本村民が仮牢に入れられるということはない。それゆえに一村立てである南王子村の場合容易に許可されなかったのでもあった。

その上で問題はそれが①手限仕置（「村法」を法的根拠とする）であったか、領主からの村預けの一環としてあったか　②本村庄屋に皮田を「預け置く」行政権の延長として実施されたか、領主刑罰権の委譲としてあったか、である。更池で皮田に対する庄屋の敲きを領主が認めた時、数を決めれば刑罰権の侵害になるといったところから、行政権の一環であったと考えられる。実際に敲きを行っていたとしても厳密には「逸脱行為」といわざるをえない。

＊事実の問題としては適当であったろうし、村治に役

コラム

立つとなれば黙認もされたであろう。司法と行政の未分化が江戸期法の特徴であったからである。

本村が枝郷である皮田村民を押込めるという点では南王子村の村牢設置の嘆願は外れることになる。南王子村で村牢が問題になったのは天保六（一八三五）年の大量の博奕召捕り村預けが契機であった。皮田村の場合軽微な処罰は村預けとなり、奉行所の処罰規定に照らして、それを参考に村として罪科を課すことになっていたことが前提にある。ところがたとえば天保二（一八三一）年乱暴者として手鎖村預けとなった源右衛門・政平は役人が封印改めに来たときには鎖を外して外出していたのである。けれども天保六年の嘆願は聞届けられなかったようだ。改めて嘉永四（一八五一）年に願い出たのである。

明治三（一八七〇）年城連寺村が堺県に手鎖・押込小屋による仕置を継続させてほしいと嘆願して叱られていることも、手錠や村牢が対皮田用であったことを証するとともに、右の原理（私的制裁の否定と国法一元化）を示しているのだろう（史料1）。城連寺村が最初に手錠の拝借を願い出たのは天保十五年四月であった（大③365〜）。

嶋村にいつ頃に村牢が設置されたか大部の史料集でも分からない。天明六（一七八六）年に嶋村が村内取締りのために願出た村方番人役六名が認められ、従来「福田村孫右衛門より土蔵抔ニ入」（『和泉国かわた支配文書』上225）れているから、この時期以降のことではないかと推定される。しかもここでは「地頭ゟ頂戴仕候責道具ヲ以厳敷異見仕」（奥⑥609）「考門《（拷問）》ニ懸ケさせ急度政道可仕候」（島230）手限吟味が許されているが、これをどう考えるか。明らかに皮田が法の埒外に置かれていたといわざるをえない。

もう一つ明らかになることは皮田村に非人番は置くことができないという不文律である。幕藩法でこれを規制したものはないが（論理的には本村に置かれた非人番は枝郷皮田村の非人番でもあったとはいいえる）、皮田村に非人番が置かれた例はなく、先の嶋村村方番人役の例や、南王子村では解放令後に直ちに非人番（当時は廻り方）が置かれている事実を付け合せれば、このようにいうことができるだろう。荒本村についての畑中論文が明らかにしたことも、中心的には皮田が非人番手当に一切関わらないということを裏付けたことであった。

一般村に村牢はあったか

それでは百姓村や個別町にこの種の村牢・拘束施設が置かれた事例はあるのだろうか。またそれは一般性をもったものであったかどうか。

すぐさま想起されるのは文禄検地で除地となった天王寺村の牢であるが、四天王寺門前町という自治都市的構造都市として考えるべきことで、ここで問題にしている村牢ではないとみる。播磨の村落史料をみている限りでは村牢はまずなかったといえるのではないか。

はたして大阪府域ではどうであったか。さらに手鎖・手錠についても一般村の村預けに際して一般的であったかどうか、皮田側史料の限りではまずそうした事実はみられなかった。

一村立て皮田村の村牢

府域の比較的大きな皮田村に村牢があると南王子村が書上げたのは嘉永四（一八五一）年に自村に仮牢を設置したいと一橋川口役所に願い出た文書に例示されていたからである。渡辺村については『摂津役人村文書』の解説なかで盛田が中期には七瀬新地への渡り口に村牢があったという古老の談話をもって中期と推定しているが、私はあったとすれば幕末ではないかと考えている。

安永三（一七七四）年渡辺村は村法制定を嘆願し「軽き者ハ押込」（『摂津役人村文書』後篇4）たいとしたが、その時点で土蔵などへの押込はあったかもしれないが、村牢があったとは考えていない。

＊近世出発時独立した行政村としては一つの皮田村もなかった。渡辺村は難波村、南王子村は王子村の内にあった。それでその後に事実上の独立行政村となった皮田村を一村立てと規定している

枝郷制論

一九七〇年以降の部落史研究が達成した骨格構造として①複合支配　②役負担・御用　③旦那・草場制　④枝郷制　⑤生業構造が整理すべき、また可能な水準に至っている。この内④枝郷制については畑

コラム

中の「本村付体制論」が論点の不明確さゆえか、研究者の中で定着をみていないばかりか、今度の『部落史研究からの発信』でも立項されていないように、これを重要な「在地で差別を支える体制」とみなしていない研究者も少なくない。

村牢問題は、枝郷制論に一石を投じるものと信じる。

*なお畑中「本村付体制論」は①本村による皮田への政治支配　②別個の生活共同体を柱と主張しているが、百姓村による皮田集落支配を、相手が皮田身分だからというのでは同義反復以上に出ようがない。村牢問題は枝郷制論に新たな局面をみせているということができるのである。

*言及文献

畑中敏之『近世村落社会の身分構造』（部落問題研究所　一九九〇）第二章など

『奥田家文書』（部落解放研究所刊）／『和泉国かわた村支配文書』上下（清文堂）／『摂津役人村文書』（浪速同和教育推進協議会）

（のび　しょうじ）

〔史料1〕

河内城連寺村庄屋が維新後手鎖・押込小家継続を願い出て叱られる

明治三年『諸願届控帳』長谷川家文書

乍恐口上

河州丹北郡城連寺ノ内　富田新田

一右新田ノ儀ハ惣而穢多共へ御座候而、従来右ノ内悪事亦ハ不法之事とも出来候節ハ、其のもの手鎖又ハ小家へ入置取締仕来候、右ハ[　]御領主大久保加賀守殿ゟ御免ニ相成、今以[談来]候、然ルニ今般御上知へ相成、当[村]支配所ニ被仰付難有仕合奉存候ニ付而ハ、以来とも不法之奴とも先前之通り取付仕度取捌仕度奉存候ニ付き、乍恐此段御断り奉申上候、御許実（容）被為成下候ハヽ、難有仕合ニ奉存候以上

右支配城連寺村庄屋　為治郎

明治三年午閏十月廿七日

堺県御役所

右之通願上候処、大ニ御呵りニ付願下ケ之書付翌指上申し、以来ハ悪事不法仕候節ハ早速御届可罷出旨

被仰付候、万事御裁許可奉受旨御意以申上置御掛り
村上様依之［

〔史料２〕
○南王子村村牢の図
『奥田家文書』⑮二六六八

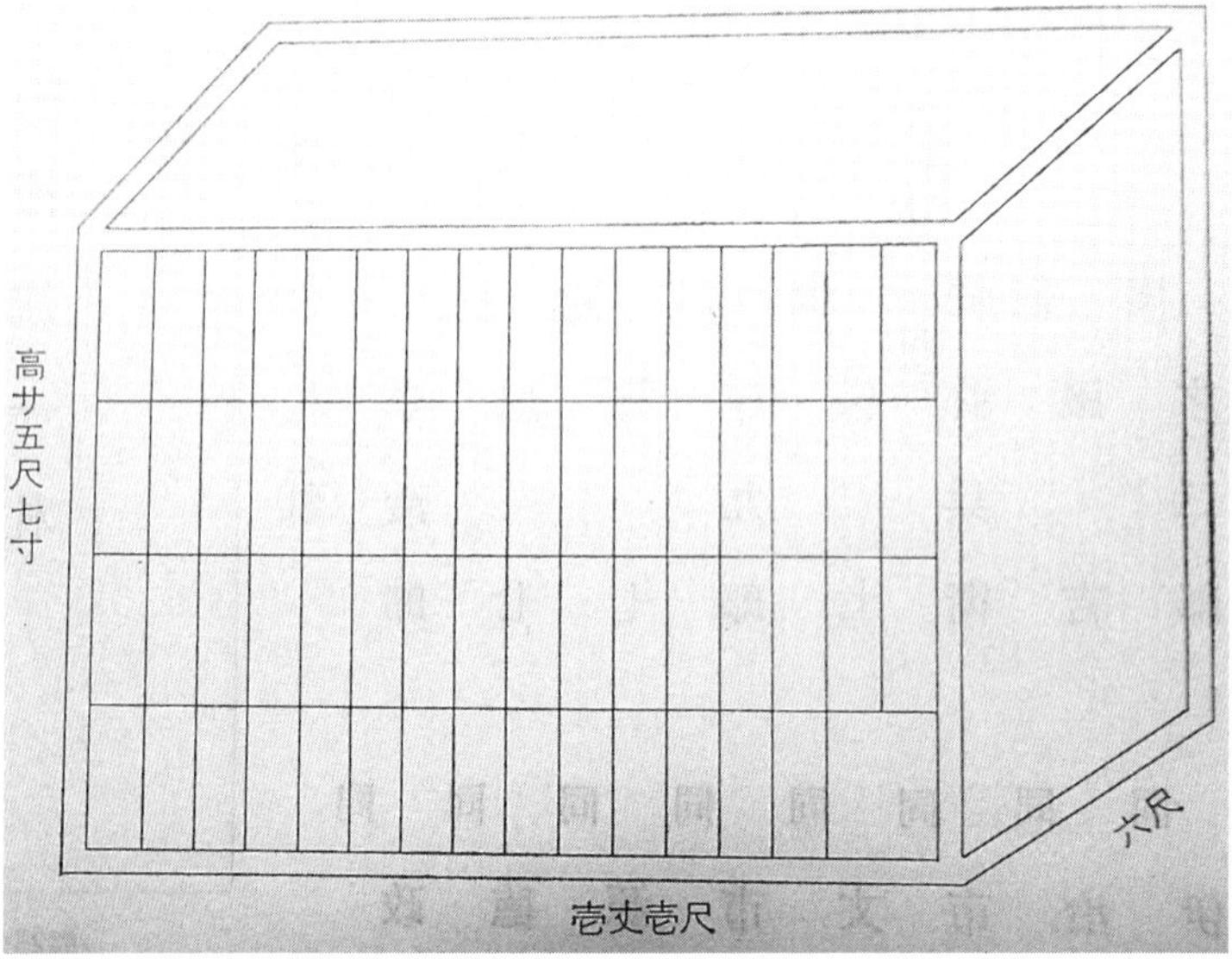

※元図を奥田家文書研究会の手で解読図としたものを載せた

コラム

大坂四ケ所の在方小頭支配

はじめに

一四年に及んだ『大阪の部落史』史料調査のなかでも、府域近世の被差別民史料の収穫では、従来非人と括られてきた垣外《かいと》・非人番関係のものが質量ともに特筆される。

江戸時代都市大坂には四つの「非人」集落があった。故に四ケ所ともいい、それは近代になっても俗語として残った。成立年代順にいえば天王寺悲田《ひでん》院《いん》・鳶田《とびた》・道頓堀・天満《てんま》である。早くに道頓堀垣外を支配する庄屋であった成舞家にまとまっていた簿冊は岡本良一・内田九州男編『道頓堀非人関係文書』上下巻として公刊され（半分は墓所聖史料）、さらに両人の編で府立中之島図書館が古書肆より購入した、天王寺垣外《かいと》自身が記録した稀有な文書『悲田院文書』約二〇〇〇点が公刊されていた。委員会は藪田貫の教示を得て旧藤木コレクションの中に大量の天王寺悲田院垣外文書のあることを知った。あまりに膨大なため別の研究会が立ち上がり『悲田院長吏文書』正・続二巻の刊行となる。私的文書など未翻刻もあり総点数一五〇〇点に及ぶ。中之島図書館分がその一部であったことも明らかとなった。

当地では彼ら自身は垣外と唱え、奉行所もそう呼び、百姓・町人が「非人」と呼ぶことあるいは書くことに神経質になった。中期には宗門帳上の「乞食」記載さえも削除してくれるよう庄屋に訴え出ている。研究者の間で異見はあるが、私たちは当該社会の当事者たちが呼んで欲しいと主張した呼称を基本的には用いる主義できている。穢多あるいは隠亡のように、当事者が強く忌避した称呼をできるだけ避ける意識的な努力をしている。

但し概念化となると自称を尊重する意図は変わらずとも難しい問題を孕む。その意味は十三組小屋頭を論じたコラムで若干指摘したとおり、彼らの境界が重層的あるいは曖昧なことにある。もう一つは和泉国堺奉行所管内では垣外と称される独特の役職があり、それはここで問題にする者達とは異なっていたからである。ともあれ摂河では彼らを垣外と呼ぶことにする。

右の一連の史料公開により大坂四ケ所の研究は飛躍的に進捗した。一方在方には村主体で雇用された非人番が広がった。広がったという形容がふさわしいほど、摂河泉の大半の村に基本型としては家族単位で置かれた。二・三カ村共同で置かれた者を考慮すれば後期〜幕末ほとんどの村で雇用されたといって過言ではない。箕面市域での悉皆調査でも近世後期、皮田村を除くと二〜三カ村に確認できないだけで（当面置かれなかったとしておく）大半の村に置かれていたことが明確にされている。

村落史料とりわけ村入用・支出に関わるものの中に比較的記録が残ることもあり、非人番の存在は早くから知られていた。一九七六年松岡秀夫・横田久和による包括的研究「『非人番』研究ノート」（『近世部落史の研究』雄山閣）、それを承けた拙稿一九八七年「村方非人番の成立」一九八八年「広域非人番制の展開と村々の抵抗」（いずれも『地域史研究』）によって焦点のあった像が結ばれるようになった。その後の研究もあって非人番の実態はかなりの程度に解明された。大阪の部落史委員会が収集した新史料をも使い、現段階での史実と概要を『被差別民たちの大阪』第九話で整理した。

そうすると隘路《あいろ》となって課題に浮かび上がったのは在方小頭の実態と性格である。大坂四ケ所垣外には長吏に次ぐ役職として「二十人小頭」（垣外ごとに最大で五人の小頭）があるので、これと区別するため地方《じかた》の小頭を四ケ所自体は「在小頭」と表記するがここでは在方小頭と呼ぶ。文政九（一八二六）年の時点で「摂河五拾三人之小頭」があった。

これまで明らかになっていること

初めにいっておけば在方小頭に関する専論はない。[補注]若干の言及があるばかりである。これまで明らかにされていること、ならびに筆者にとって自明であった要点を少し整理しておく。

まず在方小頭の出現とルーツである。在方小頭文言の初見は元禄十（一六九七）年八月河内国丹北《たんぼく》郡

コラム

新堂村非人番又右衛門ら組内が「小頭又助ヲ軽メ、諸事付ヶ届ケも不仕、無調法成義出来仕候間、自今以後小頭を相守、中間作法之義又助申付候義かろしめ申間敷候」（大①99・長639p）と誓った一札で、当の又右衛門は別の詫状を出したのだろう、組内田井中村市兵衛・西老原村長右衛門ら七人が「大坂四ケ所頭衆中」宛提出している。四十年後享保二十（一七三五）年渋川郡植松村久三郎が、右の詫状にも村名の出た志紀郡西老原村「御旦那中」に宛てて、「番人小頭……私へ被仰付」たお礼の一札を入れた（長648p）。

いずれの文書成文（印判あり）も悲田院長吏の下にあり、四ケ所の管理下にあったことは明らかながら、小頭の地位は非人番同様村方の同意が大きいこと、又助の居所は不明なるも（植松村の可能性は高い）配下八人が丹北・若江郡にまで広域（当時まだ非人番の置かれた村が限られていた）に及んでいたこと、上から設定したと思しき小頭又助では権威が保てない状況と考えられることなど、草創期の様相を示していよう。

小頭はどういう過程で生まれてくるのか。右の又助の例でも非人番出現とそんなに時間差のない頃に小頭が表れた。初期非人番はa地域の有力非人番が、弟子などをまず通いで次いで非人番として世話する（摂津川辺郡猪名寺《いなでら》村・大①109～113） b摂津高槻藩・尼崎藩や和泉岸和田藩の事例では藩番人制が先行したところもあった c四ケ所がカバーしていた村・地域への通い・派遣から設置へとなった（直場の淵源 悲56） d没落百姓・乞食を村抱えするケースがあった（岸和田藩 大②245・246）、これらのいずれかの形で置かれ広がった。

こうした現況の下で①aのような周囲に非人番を世話する有力非人番を四ケ所下の小頭とする ②bの一部都市域にあって壱分の頭（藩番人頭あるいは都市域内の長吏）であった長吏を四ケ所配下の小頭へ編成する（兵庫津・尼崎、平野郷）③村方非人番を、任命した在方小頭の下に編成する（そうでない非人番は直場となる）。

具体的な史実をみる。有力非人番が要請のあった村に非人番を出す方法には大きく二つあった。一つは摂津川辺郡猪名寺村非人番が周囲の村へ当初は廻村のようにして、次いで弟子を住まわせるようになった場合、もう一つは擬制親子関係（親分―子分）を介して広域に非人番を送り込んだもので川辺郡昆《こ》陽《や》村藤兵衛が河内富田村や鴻池新田まで非人番を派遣し（長651p）、「非人のつかさなる」久宝寺村某も尾張から流れ来た作助を亀井村へ出した。享保以前のことである（大①近世115）。

中世都市には乞食・非人層とこれを監督する長吏らとがあった。平野郷では非人と乞食に分かれていた。除地の「非人堂」は古来よりとされていたので私は中世とみたが、野高宏之によって寛永六（一六二九）年の建立と明らかにされている（『大阪の歴史』77）。壱分の頭であった弥四郎が四ケ所下の非人番となるのは宝暦後期と思われる（大②解説33p）。兵庫津の場合も同じ構造であった。

寛保三（一七四三）年垣外長吏喜兵衛父親伊兵衛の言上によると、旧来夙村が津の警備を行っていたが手を引き、替わって非人が勤めることになったが長吏職というものがなく、尼崎藩長吏久三郎の願いで兄庄兵衛が母ともに当地に来て長吏職を勤めた。「年数不知候へとも只今喜兵衛ニて六代ニ罷り成る」（岡方文書『官要録』）。これに続いてもう一つの長吏角兵衛家について、二代目喜兵衛姉の入婿の代から別家して只今五代と述べている。近世初頭のこととなる。四ケ所の支配を受けたのは来歴を語った寛保三年である。この場合も血縁もしくは擬制血縁であった。但し注意を要するのは兵庫津長吏が四ケ所支配の小頭となったからといって、尼崎藩領の村々非人番が自動的に組下として系列下に置かれるわけではない。藩領の番人制論理と四ケ所の論理は葛藤を孕んだ過程にあった。

高槻藩内外の事情と動向

そのあたりの事情を対抗する村側の抵抗・運動も含めて如実に物語ってくれるのが摂津と山城の国境高槻藩内外の動向である。

＊高槻周辺の動向については『高槻市史』第四巻2（一九七九）所収5戸口の関係史料、ならびに『大阪の部落史』第二巻七章4収録の関係史料による

コラム

寛政元（一七八九）年領内五九カ村中、城下小頭要助配下にあったのは四五カ村で、それ以外は他領の小頭の支配下にあった。この年残る一四カ村分も城下要助支配となるよう関係村々が藩奉行所へ訴え出ている。その願書によると他領小頭吉郎兵衛・喜兵衛のみならず要助までも「彼是故障申立承引不仕候」一元支配に反対あるいは渋ったという。小頭仲間の論理によるのだろうか。

寛延二（一七四九）年二月、折からの倹約令に合わせ藩代官より番非人心得方三カ条「覚」（a小屋は一間《ひとま》の土間とし、宛行《あてがい》物は半分にするb羽織の着用は無用c弟子は置くな）が出された。それを承けて村はさらに厳しい法度を自村番非人（非人番）に申渡す。庄所村では六カ条に及ぶ細則（宛行物一斗を七升に減ずる、髪結・商い・傘張禁止、筵戸《むしろど》の強制）であった。藩内六組の内五組が近頃非人番「おごるゆへ」寄合評定しての運動であった。村によっては代官申渡し通り手当を半分に減じるとするところもあったらしい。村側の意図を察する非人番側は次のように口上した。

一是迄被下候物半分ニてハ京・大坂入用、小頭佐吉入用ニもとどき不申候、めいわく仕候
一往古ハ非人之内ニ而番非人ニ御定、其節者高槻番も無、尤大坂・京之御用も無之候
村々之番人ハ小頭佐吉次第ニ而御座候
此節ハ大坂しか（四ケ所）の支配之様ニ罷成候

三月には小頭佐吉他二人の小頭を伴い、非人番より嘆願されたとして村々を回り是迄通り給与してもらいたいと談判、六組庄屋中はこの行動を小頭が「諸事之うわ米取候故」の行動と考え圧力と捉えて代官宛に訴え出た。代官は村と小頭の折り合いとして宛行物半分は七分にすることを認めた。

天明四（一七八四）年には村が抱えている非人番が「村々役人支配ニ而無之外支配之様ニ相心得居申候段甚不届キ」と、村に服するよう藩奉行へ訴え出ている。合わせ「身持之義未タ身柄不相応」つまり分不相応の身なりをしているとして正すよう願い出た。経過としては続いて冒頭の寛政元年の訴願となる。

藩小頭が設定されることで高槻御用が生まれ、少

し遅れてだろうか大坂四ケ所御用が課されるに至る。けれども藩領全村に小頭の一円支配が整備されるのはさらに後のことであった。ここに京御用とあるのは島上《しまがみ》・島下《しまがみ》郡などでは支配国の論理とは異なり、早くから京都悲田院系非人番が入り込んでおり、これが認められていたため、いくつかの村非人番は京悲田院に属した。

摂河小頭の具体相

在方小頭の実相が知れる史料は限られている。いましばらく実際の具体的な様相の分かる例をみよう。

先の植松村小頭が西老原村宛礼状を出した享保後期、一部は高槻藩領と重なる合給村島下郡鮎川村での出来事である。享保十六（一七三一）年八月水尾村小頭喜兵衛が罷免される。鮎川・赤大路・目垣・野々宮村五村（後十一《といち》村が加わる）非人番が申合せ四ケ所「直付」を願い出る。四ケ所は「喜兵衛落ち目でこのような申し出をするのは不埒」と突き返す。喜兵衛は復帰する。するとすぐさまこれらの村役人が表に出てくるから、当初より裏で糸を引いていたのが村方であるのが知れる。鮎川村非人番清七は「自分は養子に来たばかりだし、せっかくだけども四ケ所付は望まず小頭喜兵衛付でいい」といい、赤大路非人番半三もそれでよいとの意向だった。

非人番たちの思惑を超えて四ケ所で小頭・非人番が対決したり関係村が訴訟を提起するといったおおごとに展開する。途中では村が喜兵衛に四ケ所直付の「証文下書」を書かせるも四ケ所が奥印を拒否する一幕もあった。結果的には元文元（一七三六）年十月四ケ所より非人番召捕り牢舎入りが命じられ、清七を除く五人が非人番役儀取上げられ、当分近隣非人番が勤める結果となる。村方に対しての小頭の立場の弱さと四ケ所の強硬さ、村側の執拗な分離運動が際立つ。

それから一世紀近く後の文政十三（一八三〇）年正月水尾村小頭組下、島下郡小野原村などの非人番一二人が連署して、大要次のような嘆願を四ケ所に宛て差し出した。百姓衆の小頭への不帰依により大坂直支配を願い鳶田長吏支配となっていたが昨年水尾村小頭支配に復した。けれども凶作勝ちで困窮百

コラム

姓多くやはり直支配を願い出ている。そうなれば我々非人番として天満長吏作兵衛支配を願いたい、という。享保の一件とつながるかは確定できないが「中古奉願上」ともありそれほど時期的に離れていないとも思われる。但し組下村名は重ならない。一二人は全員と考える。願いは聞き届けられたようで十五年後弘化二年十二村非人番は今度は小頭支配に戻ることを承知している。

旧に復するにあたり四ケ所長吏は村々に宛て二通の文書を出した。四月二十一日付在方小頭宛「掟書控」、もう一通は六月二日付摂州島上・島下両郡御物代庄屋中宛「書簡」である。いずれも直場非人番を在方小頭下に復活するについて村々と、要となる小頭宛に勤め方を正すものであった。

＊水尾村小頭問題は『鮎川村庄屋日記』二・三（茨木市史　史料集）『新修茨木市史』五による

天満長吏作兵衛は大塩平八郎派が作文したと思しき天保六（一八三五）年閏《うるう》七月付「四ケ所・非人番訴状」で「非人ニ稀成無欲もの篤実正路もの」と称賛された人物である。大塩の三大功績の一つに西町与力弓削新右衛門処断事件があり、連座して天満作兵衛・鳶田久右衛門も処罰されている。その後新たに長吏に据えられた作兵衛についての大塩の評価であろう。故に多くの村・非人番が直支配を願い配下になったと指摘する。右の弘化の動向は村方にあって無欲の作兵衛なきあとでは直支配の「うまみ」はなくなったためである。

その配下に豊中原田村小頭弥七がいた。中国辺浪人で作兵衛の世話で一〇年ほど前原田村非人番となった。組下にはかつて小頭居住地であった昆陽村紋吉以下一〇人が属している。作兵衛死去後に悲劇が待つ。悲田院長吏善吉らの悪巧みで追放され、組下には「断罪」となる者も出た。世話などで特定の長吏と深い関係があったとしても支配は四ケ所下であった。一般化して重要なことは直場を別として非人番は特定の垣外・長吏に属しているのではなく四ケ所下にあったこと、在方小頭も制度的には同様であったが、先に述べた歴史的経緯もあって特定の長吏との人的関係の抜きがたい一面を持った。弘化二年の六カ条「掟書」は冒頭「在小頭共身分慎方之儀」とあるように、村方ならびに個々の非人番の在方小頭不信を払拭することにあった。

　ここに享保から弘化まで百年の足跡をたどった水尾村小頭は「上海道八組」と唱え、河内国點野《しめの》・守口・茄子作《なしづくり》・梶原・高槻・田中・吹田の小頭とともに組に編成され、奉行所—四ケ所御用を担っていた。摂河の小頭は組編成をもって御用を勤めていたのである。同時に四ケ所が直接御用と動員をかけられるのは、在方小頭までであった。奉行人足賃（昼夜一日一六四文）と四ケ所仲間入用よりの手当銀四匁が定められていた範囲は在方小頭までである。村方非人番は在方小頭の指揮下に臨時動員を受けることがあるとしても、四ケ所の直接命令下にあったのではない。

　在方小頭に焦点を合わせつつこれまでの成果と大きな流れを概括した。ここまでの叙述からも中期に非人番ならびに在方小頭の奉行所（＝四ケ所）と村方の綱引きが起こり緊張を高めた。直接には在方小頭制（小頭の設置と非人番組の整備、四ケ所御用賦課と役銭上納）が根本にあった。

　緊張と軋轢を生んでも奉行所からの系列化の圧力が弱まらなかったのは、ある事件によって摂河に張り巡らせた垣外—在方小頭—非人番網の絶大な有用性が奉行所側に認識されたことが大きい。その捕物とは宝暦十四（一七六四）年四月大坂で惹起した鈴木伝蔵一件、七日明け方朝鮮通信使主席崔天宗を通辞鈴木伝蔵が殺害して逃亡した事件の探索をいう。現場で箝口令が敷かれたこともあり、奉行所が事件を知ったのは一週間後の十四日であった。

　東町奉行所与力八田五郎左衛門がまとめた一件記録（大②13）は初動捜査の遅れを挽回して余りある在方小頭と非人番網の働きを活写する。最大の功労者は摂津池田村小頭弥右衛門の父親と組下非人番たちであった。十八日には鈴木の身柄を確保して奉行所は面目を保った。

（のび　しょうじ）

＊補注　委員会メンバーであった中尾健次「摂河の在方非人番と在方小頭」（『部落解放研究』191　二〇一一）のあることを失念していた。

第二部　地域社会のなかの被差別民

第5章　大和川付替による河内国矢田部落の集落移転について

臼井壽光

一　枝郷制論の現在

近世皮田村は例外なく枝郷（枝村）として存在した(1)。

藩政村に従属して存在するという皮田村の行政形態をめぐっては長い論争史がある。まず彼らの被差別身分にともなった政治的本質的なものとみる論者と、百姓村の場合にも小字・出村・新村・出屋敷などの名称で、普通にみられることであって特別な意味をもたないとする論者がある。後者には枝郷という行政形態が事実として従属性を認められるものであり、枝郷の側に不利に働くことがあったとしても、それは偶発的散発的な事象であって身分に必然的なものではないとする論者も含めることができるだろう(2)。

枝郷制を重視する論者の間にあっても、その位置づけや身分的地位とのかかわりについては種々の見解が出されている。本村付体制として枝郷を位置づける畑中敏之は、本章が対象とする移転後の城連寺《じょうれんじ》村皮田にふれて次のようにいう〔畑中一九九七　六九頁〕。

（百姓村による皮田村支配の）淵源は「村」と「村」との歴史的・社会的関係などにあるのではなくて、その「村」の居住地が、その「村」の村領（支配地）にあるかどうかというところに存在していた社会を止った固着体とみれば半分はその通りである。出来上がっている村に後から集団移住してくれば、垣内《かいち》（小字）を別に立てることはあったとしても、その村の新住集団として支配に服するのは当然である。近くの杉本新田村皮田ではこの論理が通用している（大⑩一七一頁以下）。けれども太閤検地時に一定のたとえば二〇〇～三〇〇石のまとまった屋敷と耕地を持ち、住民も一個の集落としての帰属意識を持っているにもかかわらず、どうしてその集落が独立した村高を持てなかったのか、個別の事情を超えて「かわた集落」がおしなべて同じ境遇に置かれたことが明らかになっている場合に、そのような形式論理で割り切ることが正しい態度であるのか、改めて問われるのではないか。焦点はそこにある。

国土の周囲を外洋と内海に囲まれた日本では多くの漁村が生成した。ところが漁民のみの藩政村は作られなかった。(3)漁村は石高を持つ農村の一部として位置づけられ、いわば枝郷として存在していたのである。この場合にも周囲の差別的視線はあるが（近代になっても通婚に困難がつきまとった）、第一義的には権力側の支配原理にあったことはいうまでもない。定住系の被差別集団の場合も戸数や石高の多さ大きさにかかわりなく、彼らのみの藩政村としないという明確な方針が存在したと考える。そしてそれが枝郷として帰結するについては、中世後期から戦国期の村落のあり方、つまりは地域社会の歴史的事情（惣や郷のなかでの従属的地位・役割）が決定的な役割を果したのである。百石を切る百姓身分の小村が藩政村となりながら、皮田集落が外形において充分一村となる条件を具備しながら、枝郷に置かれた真の理由は歴史的事情なしには説明のつかないものであろう。

また移転前の南王子村の事例などからも知られる通り、一定数の皮田村では居住地・屋敷地が除地となっている。いってみれば本村の村領から除外されている。畑中の論理ではその皮田村が枝郷支配を受けている理由を説明できないことになる。和泉国三昧聖《さんまいひじり》はおよそ六十カ所の居住地に分かれて仲間を作り、その居住地はおおむね除地であった。しかし村の支配に服していた。村領論では支配の根拠を説明できないのである。

半分は、と限定したのは村領論では部落史の持つ独自の構造や論点を霧消させてしまう、つまりは百姓村でも普通にみられること、という主張を切り崩せないからである。畑中も事例分析している更池村は中期には本村と皮田村の戸数・人口が逆転し、後期には明確な開きをもって皮田村の戸数・人口が圧倒する。本章が対象とする城連寺村でもすでに中期元文元（一七三六）年『明細帳』（松③一6）によると、戸数は本村四二戸一九八人に対して皮田村四四戸二〇六人であり、高持戸数は本村二二戸に対して皮田二八戸と、拮抗しているが皮田優位の関係にある。[4] この頃には入札で村役人を選んでいることが分かっている。本来高持のみ「選挙権」を有するのであるから、皮田村庄屋が生まれ、それが本村を含む支配庄屋になってよいことになる。けれどもいうまでもなくそういう事態はおこらない。

村領論で枝郷を説明する畑中は、城連寺村皮田について①歴史的関係にあるのであれば、移転後も移転前の枯木村支配が続き城連寺村支配は発生しなかった　②慶応段階で皮田が屋敷地拡大を求めたことに対して、矢田部《やたべ》村が枯木・城連寺村両村庄屋に「保証」署名を求めていることから二村の支配だった　③歴史的関係に起因するのであれば、少なくとも二つの本村をもつようにはならなかった、[5] と述べている〔畑中九七　一章2〕。それは果たして事実であろうか。

本章は枝郷論に留意しながら、大和川付替にともなって起った城連寺村皮田の移転について事実関係を明らかにしたい。

二　大和川付替普請下の富田郷

1　大和川付替の事実経過

奈良県生駒山脈と金剛山系の連山が途切れたあたり（亀の瀬）から大阪府柏原市に流れ込む大和川は、そのままほぼ一直線に東から西へ流路をとり、都市堺の北を通って海に注ぐ。けれども現在の大和川は元禄末から宝永にかけて新たに作られた河川である。それ以前は大小の河川の離合をともなって、大阪城のある上町台地の北側を廻り込んで大川（淀川）と合流して大阪湾に流れていた。

延長一三〇町・幅一〇〇間（一四キロメートル・一八〇メートル）の河川をおよそ二年程度の公儀普請で完成した。当然大小の利害・損得が生起し、旧河道・新流路沿いの村々のみならず、泣く者笑う者の物語を生んだ。河内国に深刻な影響を与えた事業であるから、多くの顕彰事業や研究の蓄積がなされている。付替遺跡も数知れず、伝承も多く残されている。関係自治体の市町史類にも必ず書かれている。したがって大和川付替史に踏込むことはしない。必要な範囲で摘録しておく。

まず、蛇行する長い河川は古くより大きな洪水被害をたびたび河内国にもたらしてきた。水都大坂が形成されてからは大坂をも巻き込んで被害が拡大した。永禄六（一五六三）年五月梅雨の長雨では河内国の半数が被害を受け、死者一万六〇〇〇人を超えたという。寛永十（一六三三）年八月の大雨では二万石分の被害が出たという。残された「河州志紀郡船橋村・柏原村より、西は住吉手水橋迄の村々の百姓共」差出しの延宝四（一六七六）年の付替反対嘆願には「是迄通り」とあるように、相当以前から村々を通して賛否両方幕府に意見があがり、そのための下調べや聞取りが行われてきたことがわかる。幕府直轄事業として掛かる費用の大きさもさることながら、水利の不安も大きく、利害は割れていた。新河床となる村々の反対はもちろん、旧河道の村々にしても、数年数十年に一度起る水害と毎年の豊富な水量のどちらを取るか、思惑は入り乱れていた。それは幕閣内の対立をも生んだ。天和三（一六八三）年、後に大坂の大川改修に手腕を発揮する河村瑞賢《かわむらずいけん》は付替に反対意見を上げ、彼の意見によって淀川の河口に安治川が開削された。若年寄・稲葉正休《まさやす》は推進を主張し、大老堀田正俊《ほったまさとし》は河村の意見を入れて反対した。その後も対立は尾を引き貞享元（一六八四）年八月二十八日殿中で稲葉が堀田を刺殺、稲葉もその場で老中大久保忠朝《ただとも》らによって斬り殺される事件が起きる。

次に大和川付替工事は実質二年間という短期の大工事であった。最下流からほぼ直線に流路が作られていく。それは河床を掘るのではなく土石を上に積み重ねていく工法で行われた。中側に残された凸凹も水流によって海に運ばれるであろうとの考えから、ほとんど成形されなかった。そのため享保元（一七一六）年六月、工事の起点となった「築留」堤防が、幅約一四〇メートルにわたって決壊する。川の中に長さ一キロメートル以上、幅約一〇〇メートルの巨大な粘土の台地が、いくつか残されたままだったためである。天井川の大きな利点は大川からの用水取口の設置が容易なことである。このためもあって指定された取水口以外の新規の用水取口を厳しく禁じた。もちろんデメリットもあり、旧河川との合流が困難なこと、悪水抜きなどの排水（つまり流路に流し込む向き）が難しいことと、また天井川ゆえひとたび堤防が決壊すれば直ぐさま大きな被害が家屋・耕地に及ぶであろうことである。

新川筋となった農地は、約二七〇町歩であるのに対して旧川筋だった地面は約一〇六〇町歩、それは多く新田として開発された。それだけをとれば差引き三倍近い農地が拡大されたことになるが、実際には河川の付替で水利・用水は充分に確保できず衰微し、さらには途絶えた村さえもあり、日照り勝ちの年には旱害になる村も出た。事実続々と作られた新田の内でも長く続いて名を残しているものは少ない。

2　富田荘周辺の実情

さて、城連寺村の普請は宝永元（一七〇六）年四月二十六日から始まった。以下城連寺村付近の事情を記しておく。すでに村切りは終了し藩政村単位で行政が行われていたが、水利や祭礼・墓郷などの村の枠を越えた広域の結びつきも強かった。城連寺・枯木村周辺は中世末には富田荘と呼ばれていたがさらに古くは矢田荘があった。それは今回の大普請によって再編を余儀なくされる。以前の西除川《にしよけがわ》は新大和川と直交する形となり、しかも西除川と盛土して作られた大和川とは水位が異なるため、南から流れてきた西除川は、そのままで大和川に流し込むことができなかった。西除川を大和川の水位の標準に合わせるためには西除川を大和川と並行して流れさせ、深い堀割りになっていた浅香付近で水準を合わせることになった。新大和川で遮られた西除川下流は水の流れない枯川となる。当初城連寺村は高の三分の二にあたる三二一石二四町歩を、枯木村は南北両村で二〇〇石一四町歩を失うことになる。『松原市史』によれば（典拠は城連寺村『記録　乾』）城連寺村は当初古大和川分流の長瀬川筋植松村の川上に八町歩の代地を与えられた。しかし二里余も離れていることから南老原村七左衛門らに譲渡され、水が流れなくなった西除川北側の旧河床の開発を許されて、富田新田と名付けられる。

宝永元年六月大和川の付替えの付帯工事として、大和高取藩と丹波柏原藩に西除川の切違いが命じられる。かくして合流をはたすが、この結果城連寺村などには水が流れなくなる。村には旧川床を利用して富田新田を開墾することが許される。けれども川底であったため荒砂が多く、また大和川付替えと同時につくられた落堀川もたびたび洪水をおこし、耕作条件の悪い土地であった。新しい皮田村が移転したのはこの西除川の旧河床であった。

最初に用語の整理をしておく。城連寺村に移転した皮田集落を本村と庄屋は当初は「穢多村」とまるで別村のように肩書きしていたが、やがて富田新田と肩書きするようになる。寛政十三（一八〇一）年の村明細に多分明治二（一八六九）年に付けられた付箋には「在名富田新田と申候」（松③一12）とある。皮田たちは当初より積極的に自らをそう呼んでいる。享保の飢饉時の拝借銀を本村庄屋が記した帳面は『夫食御拝借穢多共渡帳』（大②115）となっているが、中に収録された当事者の請状は「富田新田肝煎」肩書きの甚九郎以下の署名捺印となっていた。肝煎《きもいり》とは村方三役の年寄に該当する呼称であるが、更池村でも城連寺村でもそれは皮田村役人のみの肩書きであって、本村での年寄肩書きと歴然と区別されていた。

ところで富田新田というのは新大和川によって寸断され不用になった西除川の河床に鰻の寝床のように長く伸びた新開地全体を指すもので、城連寺村皮田分の居住地部分のみを指すものではなかった。穢多・皮田の身分表示を嫌う彼らが積極的に富田新田を村名として名乗ったことで、富田新田といえば彼らを指すようになっていった。以下でもその意味で使用する。

彼らを表わす正式な表記は城連寺村皮田であり、枝郷であることを考えれば城連寺皮田村とはいえない。富田新田とは彼らの居住地を指す用語で皮田集団・住民を意味しないが、便宜上、住民・集団を表わす場合も富田新田とする。

次に移転後の彼らを指示する名辞は右の通りとしても、彼ら皮田が移転前には枯木村に居住していたことはほぼ間違いないようだ。さらに後に検証するように移転後にも一部は枯木村に残っていたと考えられる。しかも草場などの権利関係では枯木村と城連寺村に住む彼らは一つの集団として行動していたようだ。それで彼らの集団を示すためにあえて近代の村名になるが矢田村として書いていくことにしたい。ところで矢田村とは町村合併で生まれた一地方行政区画名であり、住道《すんじ》・矢田部村など一般村を含んだ近代行政村（村役場）名である。それが旧行政村の解体後には部落のみを指す村名となる。富田あるいは富田新田という名乗りが被差別部落を指すため、住民は以前より対外的に自らを矢田村と名乗っていたためでもある。

三　移転直前・直後の矢田村の実情

1　移転以前の矢田村の様相

現時点の史料状況にあっては、新大和川敷設以前の矢田村の様相を示す一次史料は見出されていない。(6) 大和川付替以前に城連寺村に皮田居住地が存在しなかったことは宝永元年「年貢免定」(松④六10) に皮田屋敷地高などの記載のないことからも明らかである。(7) けれども中世後期から「かわた」の土地所持は進行していた。文禄検地時に一〇名で三〇石近い高を所持していた【表1】(松④五1)。入作であったことは一筆も屋敷地登録のないことから明らかである。他村民の入作を示す記載は村名を付しており、やたへ・すんち、住道・かれキ、枯木と肩書がある。「かわた」表示部分については入作を示す「ノ」はなく、「かわた」肩書が大半である。当時枯木村に居住地を持っていたと考えられるところから「枯木かわた」「枯木村ノかわた」とあってしかるべきかとも思うが、村帰属は自明であるためか、あるいは地域のなかでは同一村であることを表わすことを嫌ってか、地下請を達成したムラとはみなされていないためか、村名表示はなかった。

表1　城連寺村文禄検地帳のかわた

名前	持高	畝歩	備考
源五郎	7.291	55.02	
与三郎	4.676	49.04	
源三郎	4.413	44.28	
孫二郎	3.979	29.03	
孫　七	2.251	20.27	
二郎五郎	2.251	20,00	
源二郎	1.585	14,20	かわら
与五郎	1.384	11.06	
与四郎	1.184	9.26	
弥五郎	0.254	2.16	
合計	29.268	257.12	

＊文禄三年『河内国丹北郡富田之内城連寺村御検地帳』(『松原市史』3)
＊持高は7石2斗9升1合、畝歩は5反5畝2歩を表示の通りに略した

枯木村は中世末から戦国期にかけて富田荘に属していた。郷社は枯木村に鎮座する式内社阿麻美許曽《あまみこそ》神社で氏子は矢田部・住道・城連寺・池内・芝・油上村（芝・油上は旧村名を砂村といった）であった。矢田部・住道・枯木は摂津国住吉郡、城連寺以下は河内国丹北郡でつまりは国をまたいでの郷庄結合がなされていた。国をまたぐことにあまり抵抗はなかった。摂津と河内の両国は古くから一体的に扱われてきたためである。西除川旧河床上に細長く伸びた富田新田の場合も、近代の地租改正までは摂津住吉郡分も城連寺村の村域となっていた。現在鎮守社は周辺地とともに摂津国地（現代的にいえば大阪市）の飛地のような形で河内国側（松原市域）に張出している。

さて断片的に明らかな事実をあげると、神社の境内（残された城連寺村絵図によるとぎりぎりのところに堤がある　大②43）と枯木村屋敷地を避けながら、皮田集住屋敷地の大部分を潰地としたこと、一部が河床とならず「古屋敷」の小字で残ったこと、枯木村には多く耕地を持たず、以前から城連寺村に三〇石（三町歩前後か）以上の出作高を所持していたこと、文禄検地帳に同程度の石数を有していることからも、中世以来かかる状態にあったこと、そして移転後世帯分離などもあったことを考慮すると三〇～四〇戸近くが移転している、などがある。以下に述べることは右にあげた諸事実をふまえ、近年の部落史研究が到達した視角をもって、いわば演繹的に実相にせまってみたものである。

彼らは神社に近接して集落を作っていた。それは郷社阿麻美許曽神社の役務を負っていた、いや固有の役務を果すために置かれたであろうことを示唆する。移転に際して集落的なまとまりを犠牲にしてまでも一定の住民が旧地に留まったことは、引き続く神役のためと考えることができるであろう。ところが河川付替の大変動によって神社と皮田とのつながりは（とりわけ移転した大部分の皮田の場合は）途絶えたと思われる。聞取りによっても近代以降に祭礼とのかかわり慣習が記憶として残っていない。

次に彼らの集落は二つの国をまたいだ両属的なあり様だった。概念化すれば集落は摂津国枯木村の東南境、田畑は河内国城連寺村の西境にあった。国郡（あるいは中世的な感覚からいえば惣郷）の境界に両属的に展開していた皮田村はかなりの数存在したことが分ってきており、矢田村もまたそのような皮田村の一つであった。両属的（境界的）な被差別集落と、その持つ意味についても考察がなされてきている。但し本件の場合両国にまたがってという点は大和川の付替ともかかわりがあり、事実元禄郷帳では先のすべてが河内国に属している。天保郷帳においても河内国とするものもある。けれども年不詳ながら後期と思われる更池村文書には「北条相模守様御領分摂州住吉郡枯木村之内皮田　七三郎」（更②368）とあり、地元では確実に国違いと認識されていた。

この点をふまえて移転の実態をみていくことになる。

2　枯木村から城連寺村支配へ

移転期の具体的様相を記したいくつかの史料から論点を取出していく。いずれも史料全文が紹介されているので最低限の読下しての引用で論を進める。

まず取上げるのは『古川　御代地』（大②40）と題された書冊である。内容をよく示す包紙の文言に「古川床御代地下され候書物并穢多村御代地案内書付」「宝永元申年末より同二年酉年三月迄」とあるように移転直後の代替地を記録したものである。「弐本入」ともあるように、前半は当初代地として与えられた遠里小野《おりおの》・植松村付近の詳細な土地面積の明細、後半は宝永二年三月の二件の問合せを一つにした嘆願書からなる。『松原市史』は当初植松村に代地を与えられたが遠方で不便ゆえ旧西除川河道に変更されたとする。しかしこの一次史料によると最初から西除川古河床分も宛てられていたことがわかる。

嘆願書は、一つは西除川河床を代地に下されたが、西堤の外に油上村分の四畝の荒場があり、油上村より開発したいと申し込まれたがどうしたらいいか、というものであった。もう一つが移転した皮田にかかわる内容である。まず「枯木村領分に罷在候穢多村、新川潰地に罷成候ニ付、此度西除川古川床御新田へ罷成申候、穢多村へ御代地下され置候」、皮田集落が枯木村にあったこと、それが新川普請のため移転を余儀なくされ西除川古川床に代地を与えられたこと、しかも文言では「穢多村」全部が新川潰地になったかに書かれている。これに続いて仕切り（案内）を城連寺村がしたことを述べたあと、「枯木村高の内弐町八反弐畝拾八歩、城連寺村高の内壱町八反弐畝弐拾三歩我々共へ御渡し下され」、枯木村と城連寺村の高の内から皮田村に分割され、それを割譲した高の多い枯木ではなく、代地として旧西除川川床を与えられていた城連寺に差配が命じられた。右のような事情のうえに「此度右之場所開発仕ニ付、杭打諸事之改我々共ゟ仕くれ候様ニと穢多村ゟ申来」った。嘆願は、境界などの杭打ちを皮田村のほうから城連寺村へ申入れがあったので引受けてよいかという伺いであった。

城連寺村庄屋の手になる大和川付替のまとめ『記録　乾坤《けんこん》』二巻には次のように書かれている（松⑤130頁）。

是ハ往古穢多共枯木村領これ在る所、川違に付居屋敷迄川床へ入候に付、当村へ下し置かれ候御代地の内へ屋敷床遣わされ引越申候に付、枯木領持地穢多分引続キ御代地遣わされ候分ならび堤両側屋敷とも、且又宮ノ西枯木村へ遣わされ候御代地、今川ノ下西瓜破へ遣わされ候御代地、右二ケ所少々の義故当村支配被相頼、これにより町歩一縄に城連寺村へ御渡遊ばされ候

ややニュアンスは違うが、皮田集落が枯木村に居住地を持ち、全部が川床になったこと、適当な移転先が得られなかったのか、城連寺村に与えられた富田新田への屋敷地移転がなされ、当然のこととして杭打ち縄引きが城連寺村に任されたという解釈になろうか。

二つめの史料は署名・宛先・年号を欠く後欠の嘆願書である。残された部分に続いてさらに一つ書きがあることも考えられないわけではないが、冒頭の一つ書きとしては完結していると思われる。内容から移転直後、城連寺本村から領主（幕領　代官）宛に出されたものと推定している（大②39）。高札をめぐる問題であった。皮田村が御新田場に移転したことで「城連寺村より支配仕り候様に仰付け下され」た。これは個別領主というよりも大和川御普請の主体

であった幕府の決定であろう。そこで高札宛名を城連寺村支配領主（宝永二年からは幕領となり当時代官は万年長十郎であった。延享元（一七四五）年『村明細帳』松③一10）に書替えてもらうため「古制札此方へ渡シ申様ニと穢多村へ申入」れた。皮田村より枯木村に許可を求め、枯木村は領主曲淵市郎右衛門の役人今井段右衛門に上申に及んだ。すると領主側は「未だ此方へ何方よりも是れ断り無く候ニ付制札御渡シ成られ候事罷り成らず由ニ御座候」、支配替の話はどこからもないから渡すに及ばないと引渡しされなかったが、さりとて皮田高札場に枯木村からの高札も掲げられなかった。

「元来穢多村之儀」という表現や『文禄検地帳』に「かわた」記載があることから、城連寺村は村の始まり時より皮田の田畑が村内にあり、それは「城連寺村之領分高米三拾弐石程之出作」だった。それで「森本惣兵衛様之御支配迄」すなわち森本がこの村の代官だった天和二（一六八二）年八月から元禄七（一六九四）年五月までは「城連寺村・枯木村二ケ村之御制札御座候」とある。別々に二カ村に出されたというより宛先が連記だったのだろう。それがその後は枯木村宛の制札ばかりになった。城連寺村（富田）新田に移転したことであるし、そこは「近在之往来筋」でもあり、自村宛高札を頂戴したい、との願いであった。この村の居住地が枯木村に集住形態をとり、田畑が隣村城連寺村に一定程度の出作地としてある、という、百姓村の場合にも往々に存在するあり様なのに、どうして「二ケ村之御制札」が出されたかが指摘されるべきであろう。具体的事情は不明であるが、根底に耕地のまとまりが通常の質入・買得を重ねて生まれる出作とは異なる歴史性を持っているという認識が、地域側にもそしてそれを受容する領主側にも前提としてあったためと考える。

三つめは『宝永元申年　新大和川違後城連寺村御田地大絵図』（大②46）の当該部分である【図1参照】。現存絵図は享保元年の洪水で損傷して享保十三（一七二八）年に作り直された。絵図から読み取れることは①新川をはさんでかつて百姓の「新町」があったが普請で分断され、南堤に三軒が残される形になった。けれどもそれは新開とはかか

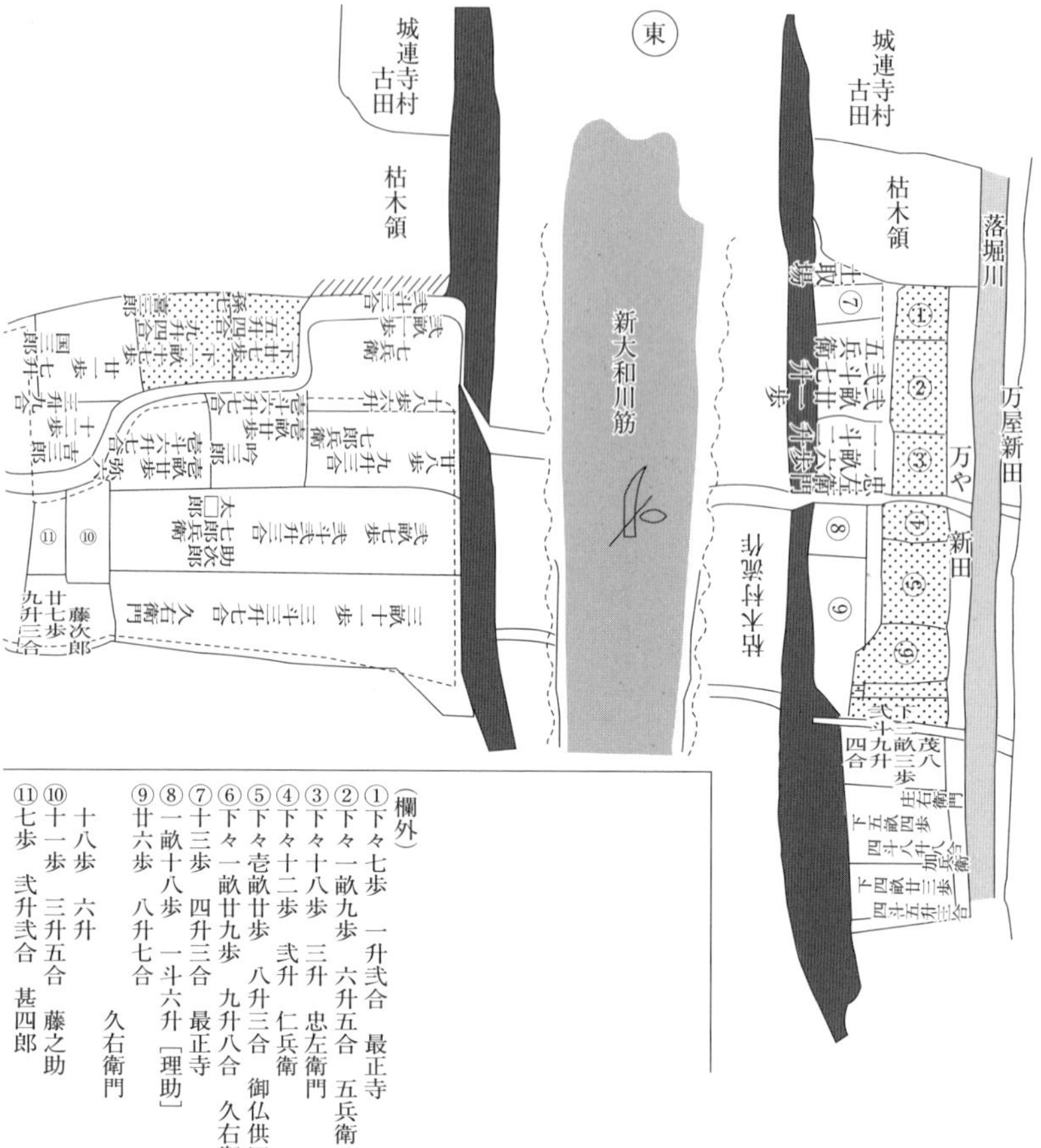

わりがないため絵図帳に詳細は記載されていない。その後一軒となっている ②新川の北堤下から皮田屋敷地が続き、中央に幅一間（一メートル八〇センチメートル）の広い中道がまっすぐに伸びている（正確には堤下から集落東際を通りすぐに集落中央に入り込む形であった）。屋敷地は中道で東西に振分けされ、中道と直交した区割りで長方形を基本としている ③屋敷区割りは

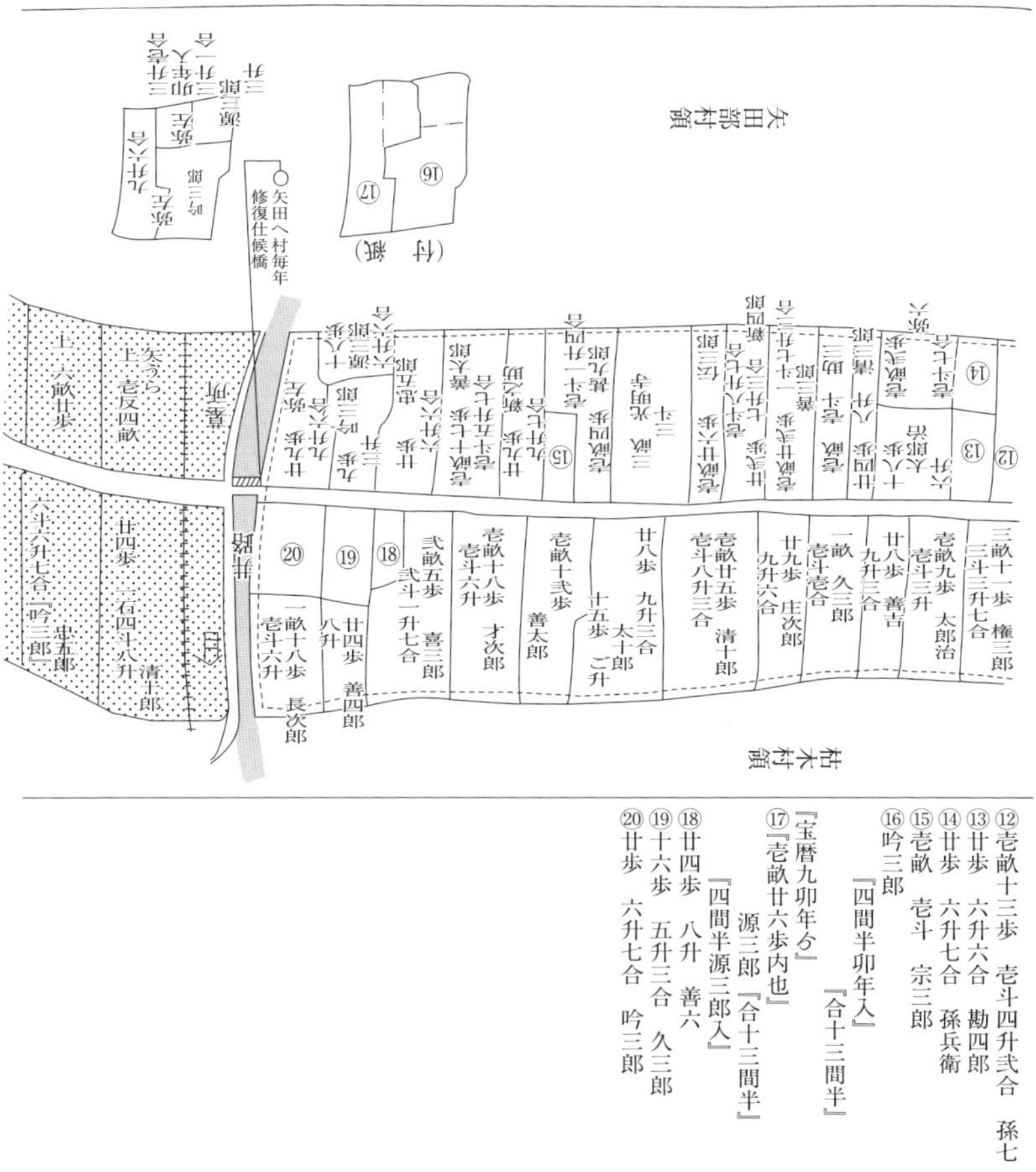

図1　城連寺村御田地大絵図（享保13〈1728〉年）より、宅地部分トレース図抜
（『大阪の部落史』第2巻より）

四五区画あり、三畝一一歩の久右衛門・権三郎から七歩の甚四郎まで開きがある。同時に吟三郎が三筆、弥六・善太郎・久三郎が二筆と複数の屋敷地を所持している。移転前の枯木村居住時から質入・売買によってすでに持主が移動していたのであろう。いずれにせよ枯木村時の屋敷所持状況の一端が知れる④皮田の墓所は集落北側に隣接して置かれた。それより北へは耕地が続いている。

耕地は旧河床全幅をほぼ一反前後で包丁で切るように長方形に区切り、出来上がった耕地の真ん中を道が通る。したがって耕地は道を無視して東西に長く区画される形になっている。すべて畑であり、旧の河床ということもあり地味はよくない。皮田以外の所持する耕地もある　⑤皮田集落に独自の高札場があったかに書かれていたが、絵図でそれを確認することはできない。

村の中央を貫く中道は村道であるとともに街道を兼ねていた。文政十一（一八二八）年「六月八日氏神え矢田部村百姓大勢参詣致候節、右穢多の内通り、庄兵衛と申ものの門ト先ニて口論におよ」（更③773）ぶということがあった。

3　明らかにしておくべき若干のこと

三点の史料を取上げた。宝永五年には新田の検地帳も作成された。当初検地帳下付直後城連寺村本村は全戸の富田新田への移住を願い出て一旦は許可されたようだ（『記録　乾』松⑤134頁以下）。けれども村側の「力」がなく実現しなかった。翌年から検地帳に基づく年貢が課され以後「宝永六丑年改新田」と表記されたりする。そこには多くの皮田が登録されているが、同時に早くも所持権が移っていて、移転直後の名請実態を明示しうる史料とはならないと考え、さらには主題から離れていくことを懸念して論じなかった。

さてこれらの史料から何が明らかになるであろうか。移転以前の枯木村時代の様相についてはここでの史料と考証の成果を織り込んですでに述べた。では移転後の矢田村の石高はどうなったのだろうか。先の『古川　御代地』から、皮田居住地・所持地で潰地となった面積は、枯木・城連寺合わせて四町六反五畝一一歩であった。地味等級や水利などの考慮条件もあり、面積のみでは代地規模を計れないけれども、同規模程度の目安を立てることは許されるだろう。まず城連寺村本村内の所持地はそのまま保持されている。その様相は(7)

七石三斗八升弐合　穢多高

此取米　弐石六斗七升九合　　三ツ六分弐厘九毛内

実質の村高一五九石の内に七石の穢多高が設定されていた。すなわち城連寺村の内部に「穢多高」として明確に区分された石高設定がなされていた。内半分は皮田以外に所持されていたようだし、実際には移転以前から名目はともかくとして独自の高分けが意識されていたらしい。この問題は「段免」として後述する。ともあれ皮田高だからといって皮田が全部を所持していたのではないらしい。と同時に皮田が城連寺村の皮田高以外の田畑を所持していたこともあったと思われる。先の制札嘆願では「三拾弐石程之出作」だと述べていた。皮田高は移転後もそのまま残ったようだが、皮田高も含む三二石分の一部は潰地になったと考えられるが、具体的なことは分からない。

次に居住地ともなっている富田新田での矢田村の様相はどうだろう。この場合は皮田身分の者の所持高の合計であるからたえず変動する。屋敷地として設定された範域でも絵図記載の名前には本村庄屋久右衛門らの名や寺（最正寺）があり、早い段階で矢田村民外へ売買が行われている。そうではあるが、宅地の場合百姓の所持であっても居住しているのは矢田村村民であろうと考えられる。宅地分は元来矢田村民の区画として配分されたものと前提して集計すると、(8) 五反五畝二三歩五石四斗四升（一筆一畝一二歩の斗代不明）となる。周知の通り享保五年幕府は突然皮田の年貢を穢れているから金納にせよと命じる触れを出す。同年の「免定」（大②44）には

拾弐石八斗　　穢多米銀納

と別記されている。村内の皮田高納米三石弐斗六升であるから、富田新田の屋敷地・耕地の年貢は九石五斗四升だった計算になる。皮田屋敷地の免率を仮に最大二ツとすると一石程度であるから、残る八石五斗が耕地年貢だったということになる。

これ以外にも皮田出作高がある。寛保三年『村明細帳』（松③一8）に次のような興味深い記載がある。矢田村の家数や寺、制札に触れたのちに

一農業之間　雪踏表作申候并大坂へ雪踏直シニ通申候
　高廿五石五斗弐合　　殿様御代官矢田部村へ出作
　高八石五斗五升六合　同御断　枯木村へ出作

と書かれている。出作分に一つ書きがないこと、皮田の余業の内訳として書かれているかに思われることからして、これは矢田村民の出作を示すと考える。

その部分以外で指摘するべきことで成案のない問いが一つある。それは享保五年の「穢多米銀納」という場合、別の史料では設定された皮田高の内半分程度は百姓の所持になっていたとされていた事実にかかわる。銀納は設定された皮田高全部を対象としていたのか、それとも皮田が耕作・収穫した米にのみかかわるのか、という点である。当然矢田村屋敷地年貢を含めて実際の所有者の身分によるのか、名目によるのか。管見ではこの問いに対する史料はないようだ。

次に移転地富田新田の「杭打諸事の改め我々共より仕りくれ候様にと穢多村より申来候」とあり、杭打ちを皮田から申入れたとしている点である。改めて考えれば今回の移転措置には違和感がつきまとう。それはどういうことか。二つめに検討した高札嘆願書によれば、旧矢田村にかかわって潰地となった土地は枯木が二町八反二畝一八歩、城連寺が一町八反二畝二三歩であり、明らかに枯木村分が大きいし、なにより矢田村屋敷地の大半が潰地に含まれていた。一般的にいえば枯木村の代地として矢田村分も算入すべきものであろう。それがいかなる理由から城連寺村代地に矢田村屋敷地が与えられることになったのか。そしてそれは城連寺村が新たに皮田村枝郷支配を引受けるということでもあった。といって枯木村には少数とはいえ一定の皮田居住地・戸数が残ったと考えられている。富田郷の郷社で枯木村に鎮座した阿麻美許曽神社の神役を担うため神社に近接して居住していたと考えられる点からも相当に不自然であった。そのことは制札引渡しに際しての枯木村領主の対応に明らかである。領主からすれば支配石高の減少となるからである。城連寺村には「穢多高」があり居住地・耕地一体化のため、まとまった耕地のある城連寺村への支配替えを矢田村が強く希望したためなのだろうか。

4　考えるべき二つの問題

以下では二点問題となる点を取上げる。第一には制札と高札場である。これらは独立村[9]（藩政村）の指標の一つである。南王子村の事例研究を行った久留島浩が強調した点でもある。筆者は枝郷であっても高札場をもつ皮田村があることを指摘したことがあるが[10]、本件もその一事例ということになる。史料篇には新たにみつけた更池皮田村の高札史料二点を収録した。これによっても更池皮田村に高札と高札場があったことが知られる。と同時に本村が皮田高札場について否定的な立場にあったことも明らかにしてくれる。

富田新田の内実から明らかになるのはもう一つの事実である。明るみに出してくれる今回の事情によると、たとえ皮田村に高札場と制札があったとしても、それ自体から一村立か枝郷であるかを即座には決めかねる。それというのも城連寺村が高札を管理しているであろう矢田村にモノとしての制札引渡しを申入れたところ、矢田村は自村で判断・決定を行うことができず、本村である枯木村に伺いを立てている。枯木村も事の重大さということなのか領主に意向を確かめている。城連寺村が自村に移転してきた皮田に対して制札の引渡しを申入れたこと自体が、高札の管理権は自分達にあるとの当然の前提での行為とみなすべきであろう。高札場・高札の有る無しにかかわらず、高札・高札場が誰の管理下にあるかが重要であることを教えてくれる。

枯木村領主は城連寺村への引渡しを拒否した。城連寺村を支配した代官が矢田村分の高札を下付したのは明和八年を大きくは下らない時期で、移転から数え干支のひとまわり六〇年を超えている。象徴的にせよ高札が意味を有しているいることを示している。明和八年『村明細帳』（松③―12）の本文にはなく、皮田家数・人数のところに張紙されて次のように書かれている。もとより本村には前々より「御高札　三枚」が下げ渡されている。これとは別個に前々から嘆願していた皮田分の高札のことである。

御高札　切支丹札／火元之札

先年より本村へ右御高札被仰付建置申候

矢田村に高札と高札場はあるが、その管理責任は本村である城連寺村にあったのである。

もう一つの問題が「穢多高段免《だんめん》」である。経過を追ってみていこう。

1．皮田移転前の城連寺村「免定」には皮田高・穢多高表示はなかった。直前の宝永元年「免定」（松④六2）にも別記載あるいは穢多高表記はなかった。居住していないのだし、隣村の出作なのだから、無いのはけだし当然といえる

2．移転直後の宝永二年「御年貢割付状」（大②41）に

七石三斗八升二合　　穢多持高免下

此取米二石九斗五升三合　　四ツ

富田新田検地帳が作成されるのは宝永五年、これに基づいて年貢が賦課されるのは翌六年からであるから、ここにいう「穢多持高」とは以前からの城連寺村域の中にある持高を指すことは明らかである。(11) つまり移転以前から、実際には皮田持高は村高のなかでは出作以上の別扱いをされていたことになる。この事実は畑中村領論の陥穽を示すこととも なる

3．このことを示唆するのが次の史料である。寛保三（一七四三）年、移転から四〇年後大和川付替によって村は「大悪所」になり衰微したとして、巡見に際して提出された書冊の下書きである。やや長い引用となる。

一川違後万年長十郎様御吟味之上、土地之善悪御見立被遊て、川北之本田は出水之痛無之、古来ニかわる義無之

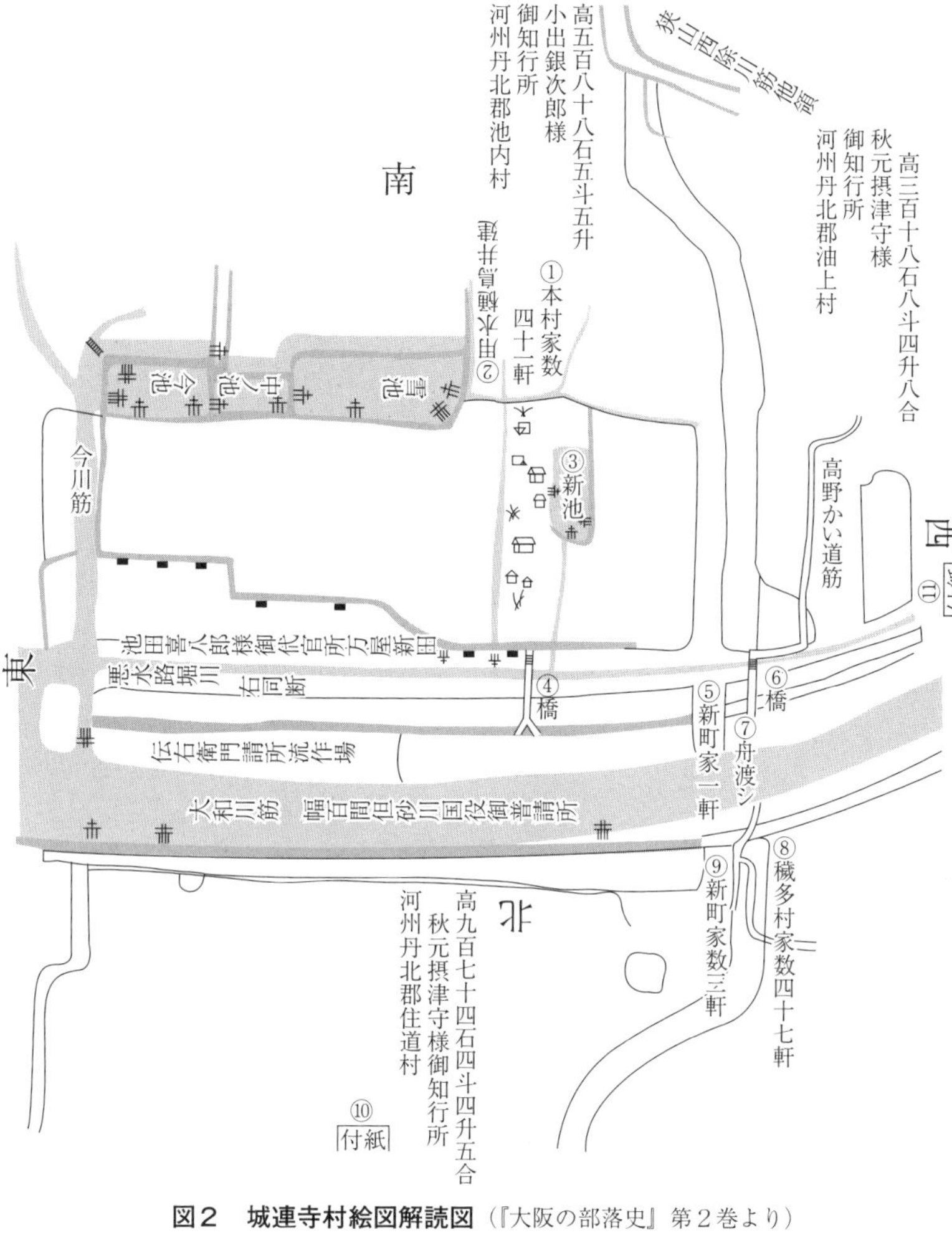

図２　城連寺村絵図解読図（『大阪の部落史』第２巻より）

由ニて、御取ケ古（箇）来之通被仰付、段免ニ罷成申候、其節右段免場上場ニて穢多共勝手「宜」由申貫取申候故、穢多高と名目御付被遊候へ共、本村ニも半分通所所持仕候、此場所と本免場と作事「手間」夥敷違申候、質入ニも銀主快取申候、本免場ハ兎角銀主きらい、他借仕候ニ難義仕申候＊

＊『村方盛衰帳』（松③—8）下書きの

ため抹消部分を採らず加筆（「」に入れて引用）のみとし、また而・者もかなとするなど、掲載文通りではない。

引用文言だけでは解釈も容易ではないが、次のように理解した。すなわち①万年長十郎が城連寺村担当代官であった時期は元禄七年六月から正徳三年五月（一六九四〜一七一三）までである。新川普請以後に起った事態であり、宝永二年もしくは富田新田検地が行われた宝永五年時のことを言っているのだろうと思われる　②「見立」＝検地に際して皮田が一方的に自分達の高だと主張して「穢多高と名目」がつけられたとあるが、文言通りに理解することはできないだろう。以前から一定の範囲の耕地が固有地となっていたと思われる。新田検地以前の年貢割付帳にすでに「穢多持高」として別記されているからである　③「本免場」（本村耕地）は質入・売買があまり進捗しないが、「穢多高」「段免場」は質入・売買が容易だという　④「穢多高」がそのまま「穢多高段免」であることは、たとえば享和元（一八〇一）年「免定」（松④六13）に同一高で段免と表示されていることからも明らかである。

4．本村田畑は融通がスムーズでないが、皮田高は融通が容易であると書かれていた。ところがそれから一世紀後の維新期解放令直後の一八七一（明治四）年十一月の「租税可納割附之事」（大⑨近代192）によると

高七石三斗八升弐合　悪地段免

悪地となっているのである。では「段免」とは何か。元来は田畑の個々にそれぞれ異なる免率が掛けられていることを指したが、近世後期には通常以上に低い免率の田畑を指すようになった。すなわち寛保の言い分とはおよそかけ離れた実態になっていたのである。

さてここまでが史料と年月を追っての検討である。では根本に立ち帰って、城連寺村内に設定された「穢多高」とは何なのか、どうして居住者でもない他村皮田の田畑が独立した耕地として登録されているのか。皮田高を所持する最大のメリットはその土地には本年貢以外の国役銀などが掛からない、相対的に負担の少ない耕地という点にある。それは元来皮田には百姓夫役とは異なる皮田役を勤める代償に、国役銀を免除されていたからである。ところが田畑

は所持者を移動するだけでなく身分をも超えて皮田から百姓に質入・売買が行われていく。すると百姓は皮田役を勤めることはありえないから、村高に掛かる国役銀などの本年貢以外の負担がその高には掛からないことだけが身分を離れて一人歩きするのである。(12)

四　その後の富田新田

1　枯木村皮田の存在

まずもって検証しなければならないことは枯木村皮田のその後である。そもそも枯木村にあった皮田集落は全部が新川の河床になって全村移転したのか、それとも一部は河床とならずその後も存在し続けたのか。また居住地全体が河床とはなったが、一部の移転は枯木村内での移転に留まったのか。あるいは一旦は全村移転をしたけれども早い段階で一部が枯木村に戻ったか。史料に忠実である限り思考しうる可能性はこの四つである。

一部が移転しないで残ったか。その反対の傍証はできる。少なくとも右で取上げ検討したすべての史料は全居住者が城連寺村領富田新田に移転したかの如くみなしていた。一部が残った、もしくは村内移転に留まったことを示唆するものさえ皆無であった。城連寺村の大和川付替の詳細かつ大部の『記録』二巻のどこにも匂わせる記述さえなかった。

それればかりではない。三節2項に取上げた城連寺村から枯木村への制札引渡し要求に対して、一部にせよ移転せず枯木村内に皮田が留まっているのであれば、正当な拒否（多数が城連寺村に移転した今後の制札についてはともかく、従来の制札は枯木村の管理すべきもの）を行うことができるはずである。けれども枯木村の態度は要請を呑んで領主に指示を仰ぐというものであった。そこから突飛な仮定であるかもしれないが、全戸移転の後に一部が枯木村に戻った。穿った見方ながらその地を「古屋敷」というのは旧態を強調したため、という可能性が考えられる。

　別の側面からみよう。管見の限り移転後に枯木村皮田が出る早い時期の史料は、河内浅香村死牛引取りをめぐる更池村皮田との争論であろう、寛政六（一七九四）年十二月二日住吉郡浅香村茂右衛門の死牛を枯木村七（吉）三郎が取片付けたため更池が掛合う。けれども吉三郎は死牛を渡さず更池村皮田側は十三日本村庄屋らの奥書を受け奉行所へ駆込み願いを出す。けれども奉行所では聞届けられず、本村庄屋間での折衝となるが、これも折合わず十八日訴訟、ところが奉行所は「公儀の仕来りではない。強いて願うなら役人村（渡辺村）へ願え」との判断を伝え、やむなく更池は渡辺村へ持ち込む。渡辺村は枯木村吉三郎を呼出すが、本人病気として代人重助が出てきては、持主から貰ったものと主張して譲らず、渡辺村は下にて解決しないとして公訴を促すに至る（更②320～）。これより以前の枯木村皮田の史料は得られていない。一八世紀後期になんらかの居住地事情の変化したことを示唆するのかもしれないと考える。因みに南王子村宗門帳は寛延三（一七五〇）年つまり移転から半世紀以降の簿冊が比較的整っていることで知られている。富田新田からの嫁取りは高持作兵衛女房かな「富田新田与兵衛娘」として明和五（一七六八）年のもの（奥①15）を最初として、以後他の移入者も出るが、最後まで枯木村皮田の肩書きは出てこない。

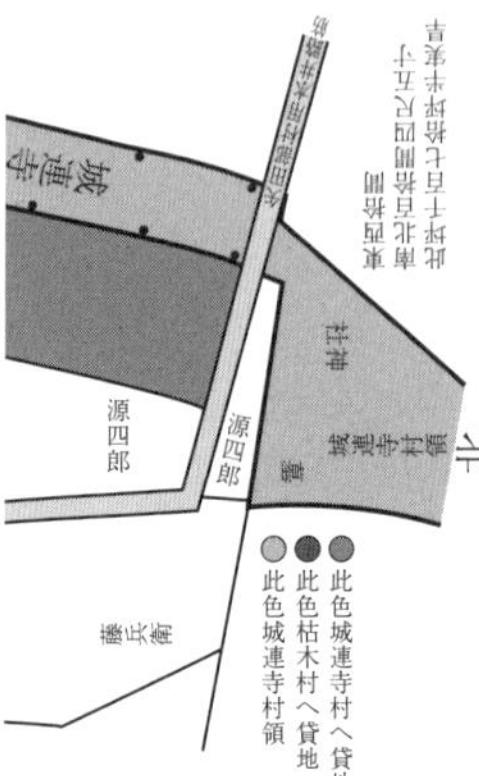

　では枯木村古屋敷と呼ばれる皮田居住地はどこにあったのだろうか。管見ではその位置を明示した唯一の史料は、後述する慶応二年矢田部村から新たに宅地を借受けたことで作成された証文絵図に「枯木村領支配古屋敷村」と明記されたものである【図3参照】。位置的には新大和川北堤下で富田新

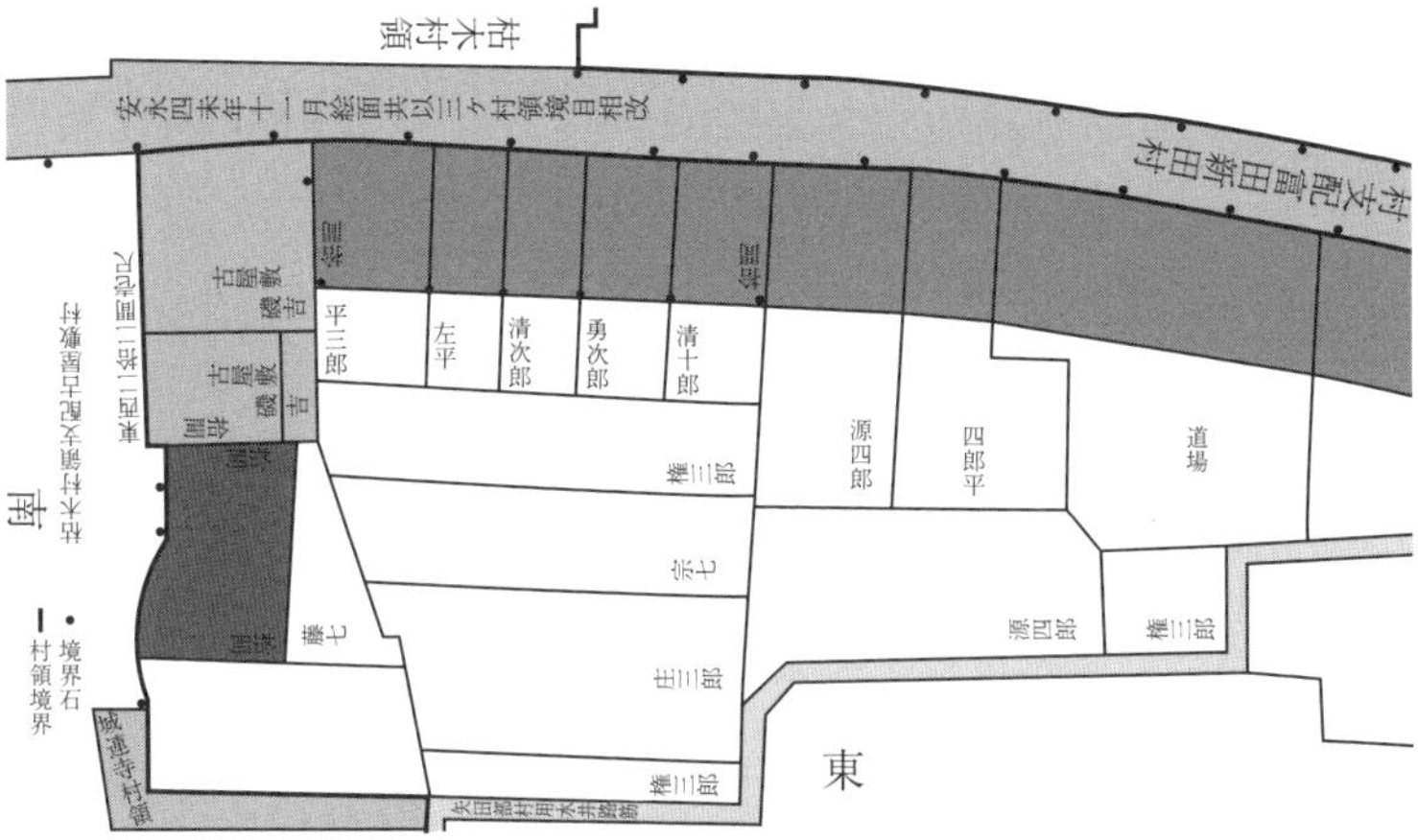

図3　幕末の矢田村絵図　宅地［史料1］の省略した絵図部分

田皮田の居住地とほとんど隣接しているといった位置である。先の城連寺村新町の家屋三軒と道（穢多中道）を挟んだ東にあった。この事実は富田新田移転以降に旧村枯木村に一部が「里帰り」したことも充分可能性があることを示唆すると考える。

　これは実態ではなく史料表記の問題、すなわちなぜ枯木村皮田表記の史料が少ないか、可能性として富田新田も枯木村に住む皮田も自らを同じ共同体（＝集落）と考えており、また草場・寺檀家（光明寺）を同じくしていた。したがって枯木村に居住していても文書上富田新田と表記された可能性もあり得たことは考慮しておかなければならない。解放令が出される直前明治四（一八七一）年七月二十九日前々から盗賊団内偵を行っていた南王子「村探索の者」（南①314）が枯木・富田新田に潜んでいることを掴み、この日人足八四人を動員して夜四ツ時踏込む。枯木村光造方で不審物をみつけ、また居合わせた和州風根村佐四郎・善六、光造女房いそ合わせ四人を「枯木村支配古屋敷肝煎儀吉」に預けおき、預け証文をとった。南王子村庄屋参十郎が御役所に提出した届書には「河州本郷枯木村之内穢多富田新田古屋敷光造宅」となっていた（南④1207・1208）。

もとより行政村として別個であることはいうまでもない。天保二（一八三一）年八月枯木村皮田久米蔵と富田新田三吉・弥助の博奕が露見する。その場で皮田肝煎への「ぞう言」もあったという。本村に届けるべきところ集落内で解決するよう配慮があり「寺堂へ村中打寄り二人の者共厳敷異見」を行った。当然ながら枯木の久米蔵は入っていない。村制裁となると行政村単位であった（大③364）[13]。しかし草場争論ではひとつの単位となっていた。文久二（一八六二）年八月のこと、富田新田光明寺の借財返済のための草場から、源四郎が死牛馬を横領しているとして寺で集会をしていた場に、源四郎派が殴り込み双方怪我人が出る。そこに枯木村皮田弥造が出てくる。内々で和談が成立し「本郷御役人様」宛「済口証文」には城連寺村役人を本郷＝本村としない枯木村弥造も、富田新田源四郎らと並んで署名している（大③237）。いずれにせよ矢田村は藩政の上では大部分が城連寺村支配、小部分が枯木村支配となっていたのであって、畑中のいう両村による支配が行われていた訳ではない。

2　矢田部村屋敷地承諾一件

表2の人口推移からも明らかなように、幕末には一〇〇戸、移転時の戸数・人数は不詳ながら、前出絵図（大②46 174頁参照）から区画も大きく向きも南向きの八筆を（本村民の屋敷地と考える。家があったとすれば居住者は皮田であろうが宅地に家屋が建っていたと確定しえないのでとりあえず除外する）除いた三七筆がおよその戸数と推定している。移転から三十年後元文元年のデータ四四戸二〇六人、二～三倍に膨れあがっていた。しかし一般的にいえば皮田村への宅地規制は厳しく、小さくは間取から屋根仕様、大きくは家数から場所規制まで、強弱はあれほとんどの枝郷皮田村に強いられた。本村の平均的造作を大きく上回る家作を禁じるためである[14]。富田新田の場合は本村にとって新大和川を挟んだ対岸にあるため、境界が曖昧化する可能性、交ざる危険性はないこともあって史料的には厳しい規制を示す

文書は余りみられない。けれども事実問題として当初の外に相対にせよ矢田村の意思にせよ屋敷を建てることはなかった。これだけ人口膨張を遂げながら矢田村側からなんらの嘆願あるいは実力行使がなかったとは考えにくい、という意味で本村あるいは領主規制が働いたことは間違いないだろう。

このことを示唆する史料が安永四（一七七五）年十二月付の富田新田絵図（大②48）である。証文は残されていないために絵図制作の意図は確かではないが、富田新田と両側の土地境界に七一個もの石を埋め、これを詳細に記録しておくなどということが何を意味するかは明らかであろう。境界が曖昧になって矢田部・枯木村に滲み出すことを極度に警戒する。とりわけそれは家屋・納屋などの建出しであったろう。直前にこれだけの境界石を置かせる事情が生じたためと考えられる。城連寺村に保存されておらず、矢田部村が大切に保管していたものを借受け、写したという。

さて畑中が取上げた慶応二～三（一八六六～）年矢田部村領地の一部を富田新田宅地に借受けた一件の検討に入る。関係史料は「矢田部村領内当村支配穢多居屋敷借地一件并絵図一件　枯木村穢多居屋敷被借受候」と書かれた袋に入れられ

表2　富田新田戸数人数

和暦	西暦	戸数	人数	内訳	本村戸数	本村人数	典拠	備　　考
元文1.8	1736	44	206	水呑16男108	42(水呑20)	198(男99)	松原市史③	農間男女とも草履・雪駄表、穢多高7石382、高18石212御代地
寛保3.6	1743	48	246	高持32男120	43(高持22)	205(男100)	松原市史③	農間雪駄表作り、大坂へ雪駄直しに通う
延享1.12	1744	47	236	高持31男120	45(高持26)	205(男200)	松原市史③	同年作成の絵図も同数大②47
寛延2.7	1749	48	228	高持33男114	41(高持29)	198(男95)	松原市史③	
					44(高持30)	218(男99)	松原市史③	寛延明細帳の張紙3紙の一番上をとった
明和8.1	1771	57	295	男143	49(本百姓33)	228(男110)	松原市史③	石高区分表示なくなる
天明7.3	1783	57		高持22	47(高持35)	255(男114)	松原市史③	
寛政13.2	1801	64	305	高持53男155	49(高持33)	255(男118)	松原市史③	
享和2.3	1802	63	273	男140、牛3馬1	51	251(男114)	覚	
明治2	1869	97	530	高持32男262	65(高持38)	331(男165)	松原市史③	牛13馬2、付箋だが明治2の年号あり従う
明治3.11	1870	99	542	男261			大⑨近代166	

た三点である。[15]

1慶応二年二月城連寺村役人が連署して矢田部村役人宛に差入れた「約定一札之事」（大③283）

2枯木村分新借地が富田新田惣七ら三人の畑地に「差構」（迷惑）になるとして、一坪当り九勺の余内米（カンパ）を毎年出すことを約した古屋敷礒吉から惣七ら三人に宛てた慶応三年四月付「差入申一札之事」（控文書では①と同一紙　大③283）

3貸地分を絵図に認め枯木村（兼帯庄屋東我堂村）・矢田部村・城連寺村三庄屋の連署した慶応二年二月の「絵図証文」（別掲史料1）

本件について畑中の主張したことは①皮田村借地でありながら、生活規制を含む「約定」（1文書）に当事者である富田新田村は署名にも出ず、城連寺村が矢田部村と取替せしている。富田新田村に当事者能力がなかった。枝郷が原因か皮田であることが原因かは今後の事例研究に俟つ　②新借地を必要とし実際にも利用したのは富田新田村だが城連寺・枯木両村が借受ける形となったのは二村ともに富田新田村を支配していたからである　③支配は村領内に住むことによって発生し、居住がなくなれば離れるもので、歴史的・社会的関係や淵源などとかかわりはない。[16]事実レベルで畑中の間違いを指摘することは容易だ。枯木村（兼帯）庄屋が署名しているとした三つめの史料（別掲史料1）には畑中は省略したが一九〇～一九一頁にトレースしたような絵図があり、そこには「枯木村へ貸地」分が描かれているからである。また行政村（＝藩政村）を支配の基礎単位（法人格）としている幕藩制下では、対外的な責任が生じる問題について枝郷に当事者能力の付与されないのは当然である。早くには身分にかかわる（その意味で本村にかかわりのない）旦那場制や、皮田集落内の軽微な出入等は皮田村に委ねられていたこともあったが、中後期にはそれさえも本村の介入が一般的となっていく。

貸地一件の要点を略述しておこう。富田新田屋敷地と耕地の間には新大和川から引いた矢田部村への井路が東西に横切り区切りとなっていた。人口の増加から矢田村は井路より北側に屋敷地を広げたいと本村に嘆願し、本村も城連寺村領の内でもあり了解して領主に取次ぐことになった。これに矢田部村が異議を出す。矢田部集落に近づくことになり「穢村之事故彼是申分出来候義も難計」穢多村が近くなれば何が起るか分らないという露骨な意見である。交渉の結果矢田部村地である富田新田集落地続きの東側に幅一〇間長さ一一〇間四尺五寸（一八・二メートル×二三五メートル）、坪数にして一一〇七坪半（六万千平方メートル）の耕地部分に家屋を建てることを承諾することとなった。慶応二年二月城連寺村庄屋・年寄連名で七カ条の約定を矢田部村役人宛に差入れた。

ところが同年同月作成された絵図付の取替証文（史料1）は、右の約定の具体的な様子を示すとともに、本件の別の顔というか従来の理解を覆す一面を示してくれる。まず矢田部村が宅地として貸出したといっても、その全部が矢田部村民（新田以外の百姓を含む）の所持地であったわけではない。新たに貸出される宅地の内、矢田部村民所持地（正確には富田新田住民以外の所持地）には境界に石が埋められた。それはすでに矢田村民の所持地となっている場所の境界（認可した宅地と耕地との境）には境石が置かれなかったことでもあった。今回の矢田部村の宅地許可とは矢田部村の村域（村領）に矢田村が屋敷を建てることを承諾するということであり、線引きした範囲に新田住民以外の百姓が耕地を所持していれば、その分は貸地とはなるが、全体としてみれば貸地は南側の三分の一程度に留まる。[17]実体は宅地とすることを許可した範域の三分の二は富田新田住民のすでに所持している耕地であり、今回の措置で貸地となるのは三分の一に過ぎない。にもかかわらず本件全体が矢田部村が城連寺・枯木村に貸地する取決めになっているのである。

この事実は二様の解釈を生む。一つは小部分でも貸地のある限り貸地約定は有効だという解釈、もう一つは田畑を宅地へ地目変更する権限は矢田部村にあり、対象地を誰が所持しているかにかかわらないとの解釈である。土地所持に対する行政村の実質的関与を認証する論点である。後者の理解をもって本件を解釈したい。

次に人口の増加は枯木村古屋敷でも起っていたらしい。そこで富田新田の宅地が拡張されるこの機会に、古屋敷肝煎儀吉所持の二筆分二六七坪余を宅地にすることを承認されたと思われる。但しその部分は元々城連寺村地であったのだから承認主体は城連寺村であろう。この二筆の東に新たに四筆分七畝一〇歩が宅地として矢田部村の承認を得た。このために絵図証文に枯木村庄屋が署名することになったのである。尤もその土地も皮田藤七の所持地の一部である。本件は地目変更の権限を藩制村が持ち、その変更を承認することを示す一件だったのである。

五　近代の部落「枝郷」制

本章が対象とした城連寺村ならびに富田新田の近代前期の史料発掘はほとんど進捗していない。したがって具体的な形で近代移行期を述べることはできない。一般的展望を略述するに留まる。(18)

めまぐるしく変転する近代の村であるが、大きくは一八八八（明治二十一）年の町村制施行前後に画期を置きうる。近世から持続する強力な慣習と、地方制度の混乱によって却って旧村の行政権限が担保されてきたのが町村制以前の村だったといってよいだろう。以降は専ら村内統治のための限定された権限を残されるものとなった。ここで重要なのは町村制下の行政村が江戸期の村の拡延したものであり、南北朝から室町期にかけて生成した惣村をベースにして（比喩的にいえば自然村を拡延して）近世の行政村があり、その延長として町村制下の町・村が成立する。町・村という形をとった地域共同体の重層化した構造体こそが行政機構としての部落差別の根拠となる。日本的町・村共同体は、戦国期～織豊政権、版籍奉還～明治国家、敗戦～占領のいくどもの歴史の社会構造変革を経たにもかかわらず、基本的地域構造と共同体を生きながらえさせてきたということができるのである。

惣村の生成に遡ればその成立は被差別民・被差別集団を敵と措定し除外することで凝縮して成立する。と同時にこの共同体は被差別民の持つ代替不能の役割なしに円滑な運営・生活ができないものとして生成期より構造づけられていた。共同体成立の深奥の秘密であり、成員全体の構成員の意識の古層に植付けられたものである。そのため通常意識されることなく、また文化となって生理的感覚を伴う。これを文化人類学はタブーと定義してきたが、部落差別にかかわってはケガレというのが理解しやすい。

近世と近代の現象上の大きな相違は枝郷である部落を、本村として別個の村とする策動・指向が強まる点にある。近世にあって本村が皮田村を分離・離脱する運動や指向をもったことはまずない。本村にとって必要かつ利益をもたらしたからである。ところが近代になると①村役人を戸数・世帯で選出することになり、本村戸数を上回る部落から首長・役員（戸長・伍長）が上部を占めてしまう事態もおこってしまう　②近世の村運営費は年貢と村民割りで賄われていたが、近代では徴税の権限は上部に吸い上げられ、村運営費はもっぱら協議費として村民割りに頼らざるをえなくなる。下層・貧困層の負担が本村側にしわ寄せされる現実性が生じる。そのため更池村などでも本村主導の分村策動がおこされるのである。

戸数が本村を凌駕している場合は周辺村と合併して巻き返すなどの対策をとり、そうでなければ別村、叶わなければ一村内別区となった。それでもなお江戸時代と同じく旧本村に包摂されたままで近代をおくった部落も少なくない。そこでは村内の公的局面はまったく別個、それは協議費までも含む場合が多い。村議・町議も出せないし、地元負担なしに公共工事・土木が行われることはなかったから、多くの場合にそれを負担しえない部落に公共事業の手が入ることはない。かくして劣悪な生活環境は再生産され、滞留する。

〔注〕

＊　頻出する二つの史料集については略記し、基本的に論述した箇所に入れた。『大阪の部落史』については凡例に準拠

する。『松原市史』（既刊一〜五　松原市刊）四巻五章、章ごとの通し番号一は（松④五1）とする。『南王子村文書』『河内国更池村文書』なども同様の略表記とする。

（1）後期になって皮田村側が分村独立を要求して一村立ちとなった事例が増加する。また天領の内役職中の宛行地（役地）となる地域（たとえば播磨・丹波）では宛行状の村記載の必要から比較的早くに村高が分有されることもあった。通常独立村と思われ書かれることもある和泉国南王子村も枝郷として近世を出発している。

（2）前近代部落史の研究史をまとめた最新刊『部落史研究からの発信』第一巻（部落解放・人権研究所　二〇〇八年）では枝郷論はまったく問題になっていない。一定の論者のみのこだわりに留まっていることを示している。

（3）荒居英次『近世の漁村』吉川弘文館（一九七〇）。もっとも同一村内に漁業集落が形成されても完全に農業から分離しえないため領主は一村落として取り扱う場合が多かった、というとらえ方は本章の視角とは異なる。

（4）城連寺村の主張によれば、大和川付替以前の村勢は高四七〇石余家数六〇軒余のかなり大きな村であった（松③二16）。別史料「村方盛衰帳」（寛保三　松③一8）では八〇軒余と書いている。それが付替と洪水によって大坂・堺、近村へ移住する者が相次ぎ大幅に戸数を減少させたのだという。

（5）畑中九七　第一章「2　二つの「本村」をもつ「かわた」村」全体で取上げられている。

（6）矢田村についての先行業績は①関順也他『矢田部落調査報告』（大阪府同和問題研究会　一九六三年）②矢田部落史研究会編『矢田部落の歴史』（矢田同和教育推進協議会　一九七八）の二著で、いまだ本格的に長谷川家文書の解明が進んでいない段階のものである。その後③『松原市史』第一巻（一九八五年）通史編で「第八章　被差別部落の形成と生活」（執筆森杉夫）を得たが、更池村が主で矢田についての記述は少ない。

（7）市史に収録してある宝永元年と正徳二年「免定」は村高が大きく違うが、詳細に点検すれば同一の土地を示していることは明らかである。市史通史によれば宝永二年に一村全部が幕領となるが、それ以前は大部分の高が旗本小出領、二四石弱が幕領だったという（松①三四〇頁）。

（8）宅地分の表示を詳細にみると堤下部分が面積も大きく、文字記載も他の場合と方向が違っている（大②カラー口絵参照）。この部分の所持者の名前が本村庄屋久右衛門などであることを考慮すると、文字の向きの異なる分は当初から矢田村分でなかった可能性も捨てきれない。

(9) 筆者は中後期に自立運動や領主側の事情から独立村となる場合も含めて、これを独立村ないしは藩政村と呼ぶことにはとまどいがある。なにより歴史的由緒である。冒頭に述べたように近世の出発時通常は文禄検地、二度の大坂の役を挟んだ地域では初期徳川検地（慶長検地）に単独で検地帳を作成されず、本帳の所持を委ねられなかった、という事実の重さにかかわってくる。伝統社会とは出発点でどうであったかが、最後まで、少なくとも相当に後世まで対象の地位・格を規定する社会の謂いだからである。それで独立村となっていてもあえて一村立《いっそんたて》と呼ぶことにしている。

(10) 「被差別部落絵図論序説」（大阪人権博物館『絵図の世界と被差別民』）では播磨国揖東郡広山皮田村の事例をあげた。収録史料篇では近隣更池村の事例を提示した。

(11) 正徳二年「免定」（松④六13）。移転直後の宝永二年「免定」（大②41）では本免（村全体の免率）四ツ九分に対して皮田高は「免下」げとして四ツ、それが河川付替による村の地味・水利の悪化から、本免は一～二割の取米になる。そうしたなかで皮田高分の取米は三割六分を維持している。相当条件のよい耕地であったようだ。尤も耕作条件の悪さは否めなく長期には逆転する。たとえば享和元年「免定」では実質九二石の本高の免率は四ツ三分余、これに対して皮田高は「穢多高段免」と表示され二ツ一分余であった（松④六15）。

(12) 朝鮮通信使の国役金の事例では近隣の更池村の史料が『大阪の部落史』九巻25・26として収録されている。

(13) 三巻の当該史料に付された綱文は誤りである。

(14) 枚挙に暇がないが、河内国近隣の例をあげると更池村では家・間取・納屋持ちなどで規制されていた（のび『被差別民たちの大阪』3話）。蛇草では庇を長くして詫びを入れさせられている（大③277）。荒本では漆喰を使ったことがとがめられている（大③262）。

(15) 七八年に『矢田部落の歴史』を編纂した時点では①と③の印判の押された本紙があり、残された写真版でも確認できる。大阪の部落史調査時にはそれらを確認できず、袋入り控文書①②を三巻に収録した。③は矢田本の表紙にカラー写真で収録されているものを利用した。

(16) 畑中の主張はそれ自身で撞着をおこしている。彼の村領論によると、一部が枯木村に居続けているならその居住者は枯木村領支配を受け、移転して城連寺村領に住居した者達は城連寺村支配になったというだけのことで、両村支配など存在しないだろう。また富田新田のみが屋敷地を借りるのであれば城連寺村のみが証文に署名すれば済むことで、枯木村庄屋が署名する所以はないことになる。もし（畑中の史料解釈通り）富田新田だけが借りるにもかかわらず枯木村も署名を求められたとすれば、村領論ではなく、彼の排した歴史的・社会的関係に拠ったことになってしまい破綻する。なお富田新田「村」表記は地縁共同体という意味で畑中が用いたものをそのまま使った。

(17) 史料1の絵図でいえば明治三年三月『御掟書五人組印形帳』（長谷川家文書）によって宗（惣）七が肝煎、源四郎・権三郎・藤七・四郎平はいずれも組頭であることが確認できる。境石が置かれていない点で道場も皮田分と考えられる。

(18) 本章と問題意識を同じくする、近代ならびに近代移行期に「なぜ部落は残ったか」を地域構造と行政体のあり方に関連づけて探求している研究に鈴木良の一連の論考がある。二点あげておく。①「地域支配と部落問題」（『部落問題研究』62 一九七九 後『近代日本部落問題研究序説』兵庫部落問題研究所 九八五所収） ②「部落問題の成立」（『近代日本の社会史的分析』部落問題研究所 一九八九年）

〔付記〕
本稿の執筆については史料篇所収の更池村文書の解読を引請けていただくなど横山芳子氏の全面的な協力をうけた。記して謝したい。

〔参考文献〕

久留島一九九二 久留島浩「幕末維新期における『地域社会』と『かわた村』」（『部落問題研究』117）
畑中一九九七 畑中敏之『「かわた」と平人』（かもがわ出版）第一章六九頁 初出は『部落問題研究』111 一九九一

〔史料1〕

矢田部村屋敷地貸地絵図証文

慶応二年二月

長谷川家文書

（絵図略—本文一九〇～一九一頁に掲出）

右絵面之通矢田部村領字川東、此度城連寺村并枯木村両
村江新規屋敷地ニ貸候ニ付、三ケ村領境目石双方立会之
上相改候処相違無御座候、為後証仍而如件

枯木村兼帯庄屋東我堂村
山口　市郎兵衛　㊞

慶応二丙寅二月

矢田部村庄屋
藤田　庄左衛門　㊞

城連寺村庄屋
長谷川休右衛門　㊞

〔史料2〕

更池村高札問題

田中家文書

1　此度私領分穢多高札が見つかり本村共建てたいが如何と御料役所へ伺う

以切紙致啓上候、然者民部支配所河州丹北郡更池村之儀
共、御領分分郷ニ而高札之儀、本郷者御料・御私領共御
料領限弐ケ所、穢多之儀ハ御私領ニ壱ケ所有之、御料所
分之儀も往古ゟ穢多新次郎与申者小屋前ニ高札有之候処、
百ケ年已前右新二良死絶後高札之儀も廃失致候由者前々
ゟ申伝、御料所分穢多共儀往古ゟ在来候高札、廃失いた
し候段相歎再興致度、兼々志願ニ罷在候処、去ル巳年穢
多居村菩提寺西本願寺末唱名寺本堂修復之節、同寺土蔵
取片付け候処、同所ニ差置候長持底ゟ切支丹御制禁之高
札年数相立候品取出し、右ハ全前書新二良絶家之節唱名
寺江相納メ置候儀与相見候間、右躰先年之高札取出し候
上ハ、御私領分穢多分ニ高札有之候儀ニ付、御料所分之
儀も穢多居村入口ニ両《ふたたび》覆取補理、右取出候高札懸渡ニ
相成候様致度旨本郷役人共願出候、右申立候通、同村共
御領分穢多居村ニ高札御懸ケ渡ニ相成居候段、相違無御
座候哉及御問合申候否被仰聞候様致度存候
右之段御問合可得御意旨民部申聞如斯御座候　以上

十月十八日

多羅尾民部元〆手代
御普請役格
斎藤万右衛門
藤尾束作
星野順平
福井祐右衛門

秋元但馬守　様
御役人中様

2　御料更池分本郷は往古より高札場の事実はないと回答する

乍恐口上

御領分
更池村　庄屋

一昨廿六日御召被為成罷出候処、当村領内内住居仕居候穢多共へ、従往古御高札御下被為成候事共有無御糺被為成奉畏、旧記夫ゝ取調仕候処、御高札御下ケ被為成候義一切無御座候ニ付、乍恐此段御届奉申上御聞済被為成下候ハヽ、難有奉存候　以上

万延元申年
十月廿七日

年寄
東三郎

武井彦右衛門　様
長沢宇平次　様
田代定六　様
内藤儀左衛門　様

第6章　江戸中期における草場の実態と死牛の取得状況・取得方式

——河内国石川郡新堂村枝郷皮多村の場合——

寺木伸明

一　はじめに——本章の課題——

本章で研究対象とする史料は、享保二十一（一七三六）年正月吉日付『大福帳　男牛』である。本史料は旧河内国石川郡新堂村枝郷皮多村（富田村と称していたので、以下、富田村と記す。現、大阪府富田林市）で代々肝煎《きもいり》を勤めてきた旧家の所蔵文書である。本史料は未刊史料である。翻刻した史料は、本論文末尾に掲載する。

筆者は先に『大阪の部落史』第九巻　史料編　補遺に収められた天和三（一六八三）年一月『牛　大福帳』[1]と貞享三（一六八六）年十二月『馬　大福帳』[2]をもとに分析を行った[3]。

同旧家文書には、同種の史料として、それらの他に、『寛政七年正月　死牛支配帳　男牛』、文化十一年（一八一四）年正月付『死牛支配帳　男牛』、弘化三年（一八四六）正月付『大宝恵』が所蔵されている。

これら一連の史料によって富田村の死牛馬取得の権利の範囲＝草場が、河内国錦部郡全体・石川郡全体及び古市郡の一部、丹南郡の一部に及んでいたことが判明した。元禄期の村数にして九五カ村を数える。現在の富田林市をはじめ河内長野市、南河内郡千早赤阪村・河南町・太子町および羽曳野市等の一部を含むかなり広い範囲である。
その草場の中にさらに細分化された、次の七つの「場」があった（円光寺場を除く）。すなわち、喜志場・長野場・山田場・板持場・平尾場・上の三人場及び私里場である。
各「場」に属する村名と村数は、次の通りである（今後、さらに草場の境界を接する他の部落関係史料を精細に検証すれば多少、増減があるかもしれないことをお断りしておきたい）。

喜志場――喜志村・中野村・新堂村・毛人谷村・富田林村・太子村・一須賀村・東山村・大ケ塚村・山城村・北大伴村・南大伴村・山中田村・寺田村・別井村・平石村・加納村・白木村・寛弘寺村・持尾村・中村・神山村・弘川村・下河内村・上河内村・馬谷村・芹生谷村・森屋村・川野辺村・水分村・二河原辺村・桐山村・東坂村・千早村、以上三四カ村。

長野場――長野村・市村・市村新田村・向野村・原村・古野村・河合寺村・喜多村・西代村・野作村・小山田村・上原・下里村・三日市村・上田村・小塩村・片添村・鬼住村・石仏村・加賀田村・高向村・日野村・天野山村・岩瀬村・清水村・天見村・唐久谷村・流谷村・滝畑村、以上二九カ村。

山田場――山田村・春日村・畑村・葉室村、以上四カ村。

板持場――東板持村・西板持村、以上二カ村。

平尾場――平尾村一カ村。

上の三人場――廿山村・甲田村・新家村・加田新田村・伏山村、以上五カ村。

私里場――錦郡村・西郡新田村・彼方村・伏見堂村・横山村・嬉村・壷井村・通法寺村・広瀬村、以上九カ村。

草場全体と細分化された各「場」の図を示すと以下のとおりである。

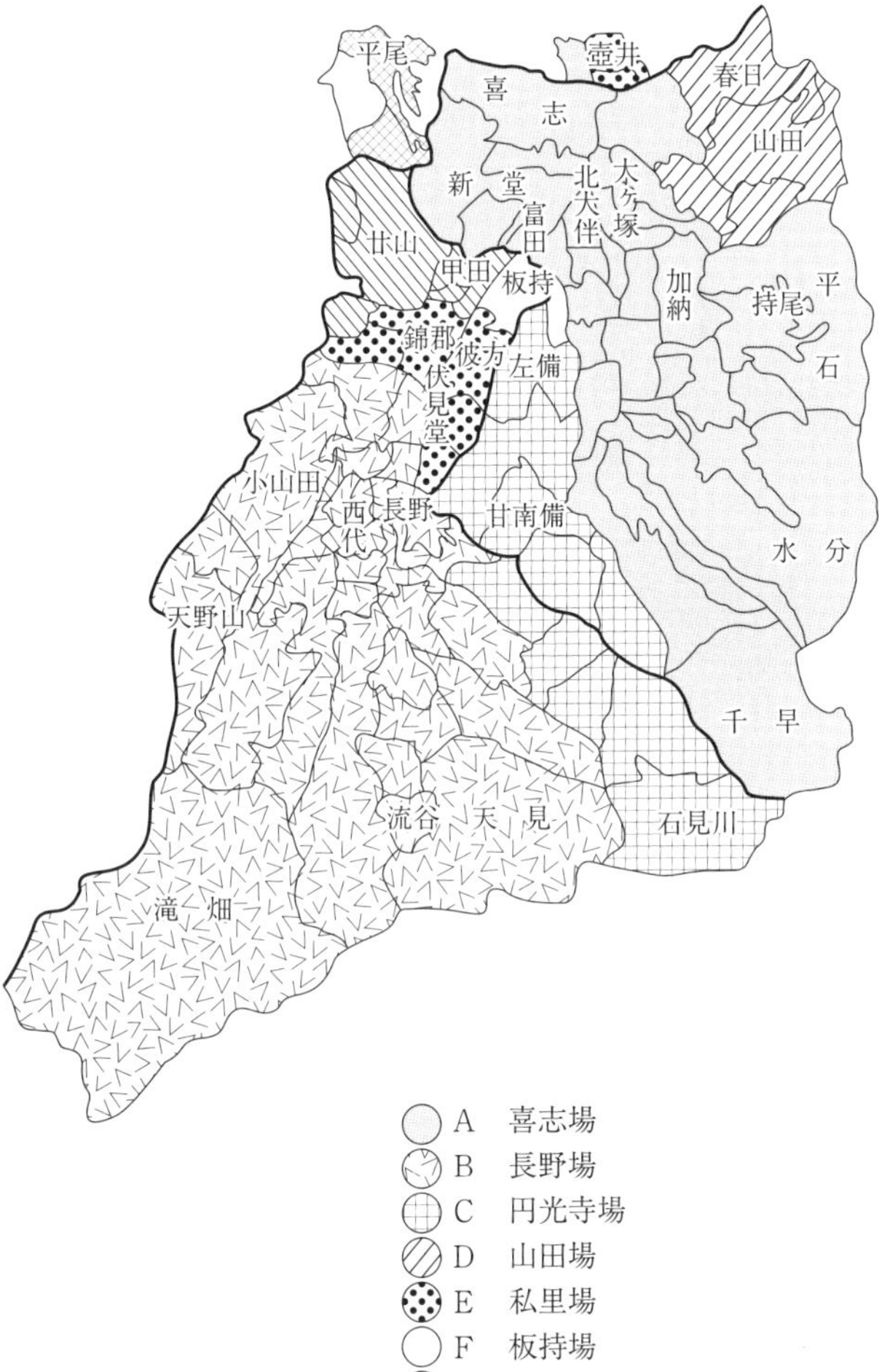

（『大阪の部落史』第9巻　史料編　補遺．7頁）

本章の課題は、前記享保二十一年の『大福帳　男牛』を用いて、江戸中期の草場の実態と死牛の取得状況・取得方式について解明するとともに、先に分析を試みた江戸前期の状況との比較分析を行うことである。

なお、前稿で述べたように、富田村の本村に当たる新堂村は、慶長十三（一六〇八）年の村高一七〇一石余で、明治元（一八六八）年の村高は、一七二七石余であった。枝郷富田村の宝暦十二（一七六二）年の田畑保有高は、五七石余であった。[4]本史料が作成された時期である、享保二十一（一七三六）年～元文六（一七四一）年は下総佐倉《しもうささくら》藩領であった。ちなみに元文二（一七三七）年の富田村の「宗門改帳」（同旧家所蔵文書）によれば、家数・人口は一二八軒・五一二人であった（円光寺の住職家を含む）。

ここで取り上げる『大福帳　男牛』は、享保二十一（一七三六）年一月～元文六（一七四一）年十二月までの六年間にわたる死牛（雄のみ）割帳である。死牛を取得した月日・草場のなかの、さらに細分された「場」での死牛の順番・牛が死んだところの村名・死牛の取得者名などが記されている。

記載方式は、前稿で取り上げた天和三年一月『牛　大福帳』及び貞享三年十二月『馬　大福帳』と同じである。なお、雌牛の大福帳は残存していないが、雌雄分けて記載したのは、皮の値段が違ったからであろう。たとえば、和泉国では、明和元（一七六四）年十一月十三日の時点で、「六尺四方　当国女牛」代銀三二匁、「八尺四方　当国男牛」代銀五二匁であった。[5]

二　江戸中期の草場の実態と死牛（雄）取得の状況

1　死牛（雄）取得数

享保二十一年一月七日から元文六年十二月二十二日までの六年間の死牛の取得数は二三五頭であった。年間平均三九・二頭となる。江戸前期の平均死牛（雌雄）取得数が、約八〇頭であったから、仮に雌雄同数とすれば雄は約四〇頭となり、ほぼ同数となる。ただし、当時のこの地域における牛の雌雄の比率が判然としないので、確かなことは言えない。ちなみに元禄三年（一六九〇）四月の、和泉国大鳥郡小代村牛馬書上帳によれば、馬は一〇頭とも雄で、牛は一一頭とも雌であり、また、同年同国太平寺村牛馬書上帳によれば、馬八頭とも雄であり、牛一一頭とも雌であった。[6]ともあれ、年間雄牛だけで約四〇頭得られたわけで、江戸中期、皮一枚（八尺四方あるとして）約銀五〇匁として銀二貫目ほどの収入があったことになる。他に角・爪・骨・筋・尾・毛などの売却金が入る。[7]

2　場別死牛（雄）取得数

前稿で示した江戸前期における草場のなかの、さらに細分化された「場」（牛の場合）は、円光寺場を除いて六つあったが、江戸中期の当該史料の時期においては「中い方」と「上の三人場」（「三人番」と「丸番」からなる）とが増え、八つの場になっていた。その場別死牛（雄）取得数を年次別に整理したものが、表1である（ただし、「中い方」は、後述するように特定の場所を持たなかったので、表に載せていない）。

喜志場が一三一頭と断然多い。全体の五五・七％を占める。続いて長野場で六一頭、二六・〇％となる。江戸前期とほぼ同様の傾向が見られる。場に属する村数は、喜志場が三四カ村、長野場が二九カ村で、それほど変わらないのに、これほどの差がついているのは、前稿でも述べたように、前者には田畑が比較的多く、後者は山間部が多くて田畑が少ないという地勢的特徴によるものであろう（牛は近世にあってはもっぱら農耕用に使役されたから）。

次に月別死牛取得数を見てみよう（表2参照）。

六月～八月（太陽暦では、七月～九月ごろ）が多く、十一月～四月（太陽暦では十二月～五月）が少ない。これは、江戸前期とほぼ同じ傾向を示している。牛は暑さに弱いからなのか、あるいは農繁期で酷使され、衰弱することが多いからか、その両方の事情によるものか、さらに江戸後期の状況も分析しながら解明していきたい。

表１　場別死牛（雄）取得数

場名＼年代	享保21年(1736)	元文２年(1737)	同３年(1738)	同４年(1739)	同５年(1740)	同６年(1741)	合　計		年平均死牛頭数
喜　志　場	23	22	19	24	32	11	131	(55.7%)	21.8
長　野　場	18	7	5	5	10	16	61	(26.0%)	10.3
山　田　場	3	3	4	2	7	1	20	(8.5%)	3.3
私　里　場	1	2	1	1	1	4	10	(4.3%)	1.6
板　持　場	0	1	1	0	0	1	3	(1.3%)	0.5
平　尾　場	0	0	0	1	0	1	2	(0.9%)	0.3
上の三人場	0	0	1	3	4	0	8	(3.4%)	1.2
合　　　計	45	35	31	36	54	34	235	(100.1%)	39.2

表２　月別死牛（雄）取得数

年代＼月	1月	2月	3月	4月	5月	6月	7月	閏7月	8月	9月	10月	11月	閏11月	12月	合　計
享保21年(1736)	5	4	6	0	4	8	2		3	3	6	3		1	45
元文２年(1737)	3	2	1	3	3	3	4		7	0	3	4	2	0	35
〃　３年(1738)	4	3	1	1	2	4	2		6	3	2	1		2	31
〃　４年(1739)	5	1	1	3	5	3	5		4	2	4	2		1	36
〃　５年(1740)	4	3	2	3	4	3	1	9	10	2	6	3		4	54
〃　６年(1741)	3	2	0	0	1	4	4		3	7	2	4		4	34
合　　計	24	15	11	10	19	25	18	9	33	17	23	17	2	12	235
月平均	4	2.5	1.8	1.6	3.2	4.2	3	9	5.5	2.8	3.8	2.8	2	2.0	(年平均39.2)

表３　草場所持者ごとの死牛（雄）取得数

名前＼年代	享保21年(1736)	元文２年(1737)	同３年(1738)	同４年(1739)	同５年(1740)	同６年(1741)	合　計	
新　　七	11.5	13.0	6.5	10.5	15.0	11.5	68.0	(28.9%)
忠 兵 衛	12.0	6.0	9.0	7.0	10.0	6.0	50.0	(21.3%)
四郎兵衛	8.5	7.5	6.0	6.0	9.8	5.0	42.8	(18.2%)
善右衛門	7.0	4.5	4.0	5.0	6.5	6.0	33.0	(14.0%)
文右衛門	3.0	3.0	4.0	3.0	6.0	2.0	21.0	(8.9%)
六右衛門	0.0	0.0	1.0	1.5	2.5	1.0	6.0	(2.6%)
庄右衛門	0.0	0.0	0.5	1.0	2.3	0.5	4.3	(1.8%)
お つ ま	3.0	1.0	0.0	0.0	0.0	0.0	4.0	(1.7%)
半 兵 衛	0.0	0.0	0.0	1.0	1.0	2.0	4.0	(1.7%)
新　　六	0.0	0.0	0.0	1.0	0.5	0.0	1.5	(0.6%)
仁右衛門	0.0	0.0	0.0	0.0	0.3	0.0	0.3	(0.1%)
合　　計	45.0	35.0	31.0	36.0	53.9	34.0	234.9	(99.8%)

3　草場所持者ごとの死牛（雄）取得数

草場所持者ごと死牛（雄）取得数を示すと表3のようになる。

江戸前期の株所持者は、一〇人であった。当該期では一一人と一人増えている。安永三（一七七四）年株所持者は、八人であったから[8]、この時期の株所有者の数は、ほぼ固定的であったとみられる。前述のように元文二（一七三七）年の富田村の「宗門改帳」によれば、家数は一二八軒であったから、株所持者は、皮多村民の八・六％に過ぎなかった。

株所有者一一人のうち、新七が六八頭と一番多い（全頭数の二八・九％）。二位の忠兵衛は、五〇頭である（二一・三％）。ついで、四郎兵衛が四二・八頭で、一八・二％である。

なお、元文二～六年の宗門改帳で確認できる株所持者は、新七・忠兵衛・四郎兵衛・文右衛門・六右衛門・庄右衛門・半兵衛の七名で、どういうわけか善右衛門・おつま・新六・仁右衛門の四名は確認できない。また、新七は、宗門改帳では四郎兵衛死去後、元文五年に娘きんを連れて養子入って四郎兵衛の妻と再婚して、四郎兵衛と名乗っているが（新七家は絶家）、本大福帳では、同五～六年とも両人の名前が出ている。株を持って養子に入っても元の株名の名前で死牛を取得したものであろうか。

三　江戸中期の死牛（雄）の取得方式

関西では死牛馬は、所持者の居住地ではなく牛馬が死んだ場所を草場にしている皮多村の株持ちが取得することになっていたことは、前稿でも述べたとおりである。次に死牛をどういう方式で株所持者が取得していたか、見てみよ

a　喜志場：割数10

取得順	1巡目	2巡目	3巡目	4巡目	5巡目	6巡目	7巡目	8巡目	9巡目	10巡目	11巡目	12巡目	13巡目	14巡目
1	−	文右衛門（にしい方6）	新七（にしい方3）	文右衛門（にしい方4）	新七（にしい方3）	文右衛門（にしい方4）	新七（にしい方3）	文右衛門（にしい方4）	新七（にしい方6）	新七（にしい方2）	四郎兵衛（にしい方5）	六右衛門・善右衛門（にしい方1）	文右衛門（にしい方4）	六右衛門・新七（にしい方1）
2	−	文右衛門	新七	新七	新七	四郎兵衛	新七	四郎兵衛	四郎兵衛	庄右衛門・六右衛門	四郎兵衛	善右衛門	四郎兵衛	善右衛門
3	−	四郎兵衛	文右衛門	文右衛門	新七	新七	四郎兵衛	新七	善右衛門	四郎兵衛	善右衛門	新七	新七	四郎兵衛
4	善右衛門	四郎兵衛	四郎兵衛	新七	文右衛門	文右衛門	文右衛門	文右衛門	四郎兵衛	善右衛門	四郎兵衛	四郎兵衛	善右衛門	新七
5	忠兵衛	忠兵衛	忠兵衛	忠兵衛	忠兵衛	忠兵衛	忠兵衛	忠兵衛	忠兵衛	忠兵衛	忠兵衛	忠兵衛	忠兵衛	
6	忠兵衛	忠兵衛	忠兵衛	忠兵衛	忠兵衛	忠兵衛	忠兵衛	忠兵衛	忠兵衛	忠兵衛	忠兵衛	忠兵衛	忠兵衛	
7	新七（中い方）	善右衛門（中い方）	忠兵衛（中い方）	新七（中い方）	新七（中い方）	善右衛門（中い方）	忠兵衛（中い方）	忠兵衛（中い方5）	善右衛門（中い方）	善右衛門（中い方）	新七（中い方）	忠兵衛（中い方）	善右衛門（中い方5）	
8	新七	新七	四郎兵衛	善右衛門	四郎兵衛	庄右衛門・六右衛門	庄右衛門・六右衛門	庄右衛門・六右衛門	新七	新七	新七	新七	六右衛門・庄右衛門	
9	新七	忠兵衛	善右衛門	新七	忠兵衛	四郎兵衛	新七	忠兵衛	文右衛門	新七	忠兵衛	文右衛門	新七	
10	新七	四郎兵衛	四郎兵衛	四郎兵衛	四郎兵衛	善右衛門	四郎兵衛	新七	新七	庄右衛門・六右衛門	四郎兵衛	庄右衛門・六右衛門	新七	

b　長野場：割数８

取得順	1巡目	2巡目	3巡目	4巡目	5巡目	6巡目	7巡目	8巡目
1	−	四郎兵衛［　］	善右衛門［　］	四郎兵衛［番入］	新七（惣番入）	文右衛門（惣番入）	四郎兵衛（惣番入）	文右衛門（惣番入）
2	−	善右衛門	善右衛門	善右衛門	善右衛門	善右衛門	善右衛門	善右衛門
3	忠兵衛（中い方）	忠兵衛（中い方）	善右衛門（中い方）	忠兵衛［　］	新七（中い方）	新七（中い方6）	半兵衛（中い方）	忠兵衛（中い方6）
4	おつま	おつま	おつま	忠兵衛	半兵衛	半兵衛	半兵衛	半兵衛
5	四郎兵衛	四郎兵衛	四郎兵衛	四郎兵衛	四郎兵衛	四郎兵衛	四郎兵衛	四郎兵衛
6	忠兵衛	忠兵衛	新七	忠兵衛	忠兵衛	新七	忠兵衛	忠兵衛
7	四郎兵衛（にしい方5）	四郎兵衛・新七（にしい方1）	新七（にしい方6）	六右衛門・新七（にしい方1？）	新七（にしい方3）	善右衛門（にしい方2）	新七（にしい方6）	新七（にしい方2）
8	新七	新七	新七	新七	新七	新七	新七	−

う。場ごとに整理すると次のようになる。

a　喜志場：割数10

江戸前期と比べて、割数一〇も同じで、一つ目は、すべて私里場に入り、そこの「にしい方」の取り順（後述）で取得し、六つ目を忠兵衛がすべて取るという方式も同じである。九つ目は、新七→忠兵衛→善右衛門→新七→忠兵衛→四郎兵衛→新七→忠兵衛→文右衛門→新七→忠兵衛→文右衛門というように一定の規則性が見られるのも同じである。株所持者の名前は変わっているが、取得方式には変化は見られなかったと考えられる。

b　長野場：割数8

二つ目は善右衛門がすべて取り、五つ目は四郎兵衛がすべて取ることになっていた。七つ目が「にしい方」で、

c　山田場：割数５

取得順	１巡目	２巡目	３巡目	４巡目	５巡目
1	−	新七（にしい方□）	文右衛門（にしい方□）	文右衛門（にしい方６）	新七（にしい方３）
2	−	四郎兵衛（惣番入）	新七（惣番入）	新七（惣番入）	四郎兵衛（惣番入）
3	新七（中い方）	おつま［中い方?］	新七（中い方）	新七（中い方）	−
4	忠兵衛	忠兵衛	忠兵衛	忠兵衛	−
5	新七（惣番入）	善右衛門（惣番入）	新七（惣番入）	文右衛門（惣番入）	−

d　板持場：割数４

取得順	１巡目	２巡目
1	−	善右衛門（にしい方２）
2	−	新七
3	−	−
4	新七	−

e　平尾場：割数３

取得順	１巡目
1	六右衛門・新七（にしい方１）
2	新七（惣番入）
3	−

喜志場の一つ目と同様、かならず私里場に入り、そこの取得順によって取得者が決められていた。八つ目は、新七がすべて取得した。割数八も含めて、これらの取り方も江戸前期と同じである。江戸前期の喜平株を善右衛門が継承し、仁右衛門株五つ目を四郎兵衛が、同株八つ目を新七が継承していることがわかる。

c　山田場：割数５

割数五は、江戸前期と同じ。一つ目がにしい方（＝私里場）の取得順で取ったのも同じ。

江戸前期では、四つ目を忠兵衛がすべて取得していたかどうか、事例が少なくわからなかったが、当該史料によって忠兵衛がすべて取得していたことが判明した。

d　板持場：割数４

e　平尾場：割数３

板持場の割数四、平尾場の割数三も江戸前期と変わっていない。板持場の一つ目がにしい方（＝私里場）、平尾場の一つ目もにしい方の取り方であることも江戸前期と同様。

f－1　私里場（にしい方を含む）：割数６

一つ目を二人で折半して取り、二つ目を二人で交互にとる方式は江戸前期と同じ。三つ目は、新七がすべて取得。四つ目は文右衛門

f－1　私里場（にしい方を含む）：割数6

取得順	1巡目	2巡目	3巡目	4巡目	5巡目	6巡目	7巡目
1		［長］四郎兵衛・新七	四郎兵衛・善右衛門	［長］六右衛門・新七	［平］六右衛門・新七	［喜］六右衛門・善右衛門	［喜］六右衛門・新七
2		善右衛門	［山］新七	［板］善右衛門	［喜］新七	［長］善右衛門	［長］新七
3		［喜］新七	［喜］新七	［喜］新七	［長］新七	［山］新七	新七
4		［喜］文右衛門	［喜］文右衛門	［喜］文右衛門	文右衛門	［喜］文右衛門	文右衛門
5	［長］四郎兵衛	善右衛門	四郎兵衛	善右衛門	［喜］四郎兵衛	善右衛門	－
6	［喜］文右衛門	［長］新七	［山］文右衛門	［喜］新七	［山］文右衛門	［長］新七	－

f－2　中い方：割数6

取得順	1巡目	2巡目	3巡目	4巡目	5巡目
1		新七	新七	新七	新七
2		新七	新七	新七	新七
3		善右衛門	忠兵衛	忠兵衛	忠兵衛
4		善右衛門	おつま	善右衛門	半兵衛
5		善右衛門	善右衛門	善右衛門	善右衛門
6	忠兵衛	忠兵衛	忠兵衛	新七	忠兵衛

がすべて取っていた。江戸前期はこりんがすべて取得していたので、こりん株を文右衛門が継承していることが判明する。五つ目は、四郎兵衛と善右衛門が、六つ目を文右衛門と新七が交互に取得。これも江戸前期と同じ。

　私里場は、前稿で述べたように九カ村からなるが、江戸前期同様、喜志場の一つ目、長野場の七つ目、山田場の一つ目、板持場の一つ目、平尾場の一つ目の死牛がそれぞれ入ってくるとともに、私里場内の九カ村内で死牛が出た場合も、この場の株所持者のものであった。順番は、どの場から死牛が入ってこようが、日付順になっていた。

f-2　中い方：割数6

江戸前期では十分確認できなかった「中い方」という「場」が、当該史料で確認することができた。ただし、特定の場所を持たず、喜志場の七つ目と長野場の三つ目及び山田場の三つ目が「中い方」に入り、中い方の取得順で取っていた。

　一つ目と二つ目はすべて新七が、五つ目はすべて善右衛門が取得することになっていた。

g　上の三人場：割数2

g-1　丸番

g-2　三人場

死牛に関しては、中い方及び丸番と三人場は、当該史料で初めて現れてきたものである。江戸前期における死馬に関する「上の三人場」と同じものと考えられ、丸番と三人場とを合わせたものであったと推量される。割数は、江戸前期死馬については、丸番と三人場を含む「上の三人場」の割数が二であったが、当該期の死牛の割数も同じである。

なお、丸番は惣番七人で順番に取り、三人番は一人が三分の二、あと二人が六分の一ずつ順番に取得することになっていた[8]。丸番と三人番とで交互に、それぞれの取り順に従って取得していくのである。丸番には、「市向田」「宮村」「五軒家」「ふし山」（伏山）が、三人場には、「廿山」「市向田」「五軒家」が含まれていた。

g－1　丸番

取得順	1巡目	村名	
1	新七	市向田	
2	善右衛門	宮村	惣番入
3	四郎兵衛	五軒家	惣番入
4	六右衛門・庄右衛門	ふし山	惣番入

g－2　三人場

取得順	1巡目	2巡目	
1	四郎兵衛・新六	四郎兵衛・庄右衛門 仁右衛門	廿山
2	四郎兵衛・新六		市向田
3	四郎兵衛・新六		五軒家

以上が、江戸中期の死牛取得の実態と取得方式の解明とそれらの江戸前期との比較の概要である。小括しておくと、次のとおりである。

①河内国石川郡新堂村枝郷富田村の江戸中期における死牛（雄）取得数は、年平均四〇頭で、仮に雌雄同数とすると、その倍の八〇頭となり、江戸前期の取得数とほとんど変わらなかったとみられる。

②富田村草場の細分化された場の数は、円光寺場を除いて江戸中期は前期に比べて「中い方」「上の三人場」の二つが増えて、八つになっていた。場

別死牛（雄）取得数では、喜志場が断然多く、次いで長野場であったが、この状況は江戸前期と変わりはなかった。月別にみると、六月～八月（太陽暦では、七月～九月ごろ）が多く、十一月～四月（太陽暦では十二月～五月）が少なかった。この傾向も江戸前期と同様である。

③江戸中期の草場株所持者の数は一一名で、前期と比べて一人増えているが、江戸前期～中期における株所持者の数はほぼ一定していたと言える。また、株所持者は富田村村民の八・六％に過ぎなかった。江戸前期の仁右衛門株は、仁右衛門・新七・四郎兵衛に、忠兵衛株は忠兵衛に、こりん株は文右衛門に、半兵衛株は半兵衛に、喜平（次）株は善右衛門に継承されていた。

④江戸中期の死牛（雄）取得方式も、江戸前期のそれとほぼ同じであった。

⑤江戸中期になると「中い方（割数：六）」という「場」が現れ、「喜志場」の七つ目と長野場の三つ目、山田場の三つ目が「中い方」に入ることになっていた。また、「上の三人場」（割数二）も新しく現れてきた。

以上、まことに雑駁な内容になってしまったが、今後、残されている同種の史料三冊[9]も解読・分析して、死牛馬取得をめぐる実相をその後の変化も含めて解明していきたい。

〔注〕

（1）大阪の部落史委員会編『大阪の部落史』第九巻　史料編　補遺、部落解放・人権研究所、二〇〇八年、史料9。

（2）同前、史料10。

（3）拙稿「江戸前期における草場の実態と死牛馬の取得状況・取得方式――河内国石川郡新堂村枝郷皮多村の場合――」（『桃山学院大学　人間科学』第三五号、二〇〇八年七月）。

（4）『富田林市史』第二巻、一九九八年、五七三頁、表五〇参照。
（5）『奥田家文書』第四巻、一九七一年、六一五～六頁。
（6）前掲『大阪の部落史』第一巻　史料編　考古・古代・中世・近世1　史料68・69。
（7）「摂津役人村文書」八、死牛馬取得権（『日本庶民生活史料集成』第一四巻、三一書房、一九七一年、三九五頁）。
（8）安永三年八月「草場米割帳」（前掲『大阪の部落史』第九巻　史料編　補遺、史料12）。
（9）「寛政七年正月吉日　死牛支配帳　男牛」（寛政七〈一七九五〉年～文化十〈一八一三〉年）、「文化十一年正月吉日　死牛支配帳　男牛」（文化十一〈一八一四〉年～天保三〈一八三二〉年）、「弘化三年正月　大宝恵」（弘化三〈一八四六〉年～文久二〈一八六二〉年）。そのうちの最初の一冊を翻刻して『桃山学院大学　国際文化論集』第四七号（二〇一三年三月）に、次の一冊を『桃山学院大学　人間科学』第四五号（二〇一四年三月）に掲載したので参照されたい。

『享保二十一年正月　大福帳　男牛』

（表紙）

丙　辰五月十四□（日）
享保□□□（二十一）年
大　福　帳
辰巳午未　男牛
正月吉日
申酉

たつ（辰）正月七日
四つめ　毛人谷　牛□（主）□□　善右衛門・五

同正月十六日
三つめ　なかの（長野）向野村　□□まい　忠兵衛　一

正月十七日
四つめ　なかの加賀田村　おつま

正月十七日
五つめ　なかの鬼住村　忠兵衛ゟ持皮　四郎兵衛

正月廿三日
五つめ　一須賀村　忠兵衛　三

二月十七日
六つめ　なかの天野下里　忠兵衛　一

二月十九日
三つめ　山田がうや　中い方入　始　新　七

二月廿日
七つめ　なかの向野村　にしい方五つめ　四郎兵衛

二月廿一日
六つめ　大深　牛主勘左衛門　忠兵衛

三月三日
七つめ　東山　牛主次郎兵衛　中い方入　新　七

三月五日
四つめ　葉室山田之内　牛主伝兵衛　忠兵衛

三月十二日
八つめ　なかの加賀田　弥　新　七

三月十五日
八つめ　きた（北）加納村　牛主平兵衛　新　七白

三月廿七日
九つめ　新堂大道　龍泉ノ蒲ノ牛ニて候へ共　大道ニて病□□落申候　又七まへ　新　七

三月廿八日
一つめ　なかの市村新田どんと　久右衛門まへ　四郎兵衛・一

五月廿二日
二つめ　なかの天見　□兵衛まへ　善右衛門

五月廿五日 三つめ　なかの加賀□(田)　□入　キ 忠兵衛
五月廿八日 四つめ　なかの日野村　おつま
五月廿九日 十つめ　一須賀　牛主肝煎源□　仁 新七・
六月六日 一つめ　中ノ村　牛主庄屋甚五兵衛　にしい方ノ六つめ　文右衛門
六月十八日 二つめ　中ノ村　牛主粕や二郎左衛門　平 文右衛門・三
六月廿日 五つめ　なかの西代村　忠兵衛ゟ持皮　四郎兵衛
六月廿二日 三つめ　大深　牛主太郎右衛門　乗 四郎兵衛・四
六月廿二日 四つめ　河面《ツラ》　牛主仁右衛門　治 四郎兵衛・五
六月廿六日 六つめ　なかの天野下里　忠兵衛 二

六月三十日 七つめ　なかの　牛主石坂村孫左衛門　にしい方ノ一つめ　四郎兵衛 二 新七
六月晦日 五つめ　河面　牛主九左衛門　新七ゟ持皮　忠兵衛
七月廿日 六つめ　桜井　牛主あぶらや　忠兵衛
七月廿四日 七つめ　北大伴　中い方入　三升番　善右衛門
八月十日 二つめ　通法寺　わたくし里　小大　善右衛門
八月十三日 八つめ　なかの河合寺村　弥 新七
八月十八日 八つめ　山中田　□　新七自
九月四日 一つめ　なかのむら(長野村)　□　善右衛門・
九月六日 二つめ　なかの高向村上原　□ 善右衛門
九月十六日 九つめ　大深　市 忠兵衛
十月十一日 十ツめ　北大友(伴)　牛主加右衛門　久 四郎兵衛・二

十月十二日
一つめ　喜戸山　牛主権右衛門　にしい方ノ三つめ　新　七

十月十五日
二つめ　北別井　牛主仁兵衛　仁 新　七・三

十月十七日
三つめ　中ノ村　牛主庄屋甚五兵衛　平 文右衛門・四

十月十八日
三つめ　なかの河合寺村　中い方入　次郎 善右衛門

十月廿二日
四つめ　なかの小塩村　おつま

十一月廿一日
四つめ　新町　牛主酒屋伝右衛門　乗 四郎兵衛・五

十二月八日
五つめ　桜井　忠兵衛一

十二月廿日
五つめ　山田　牛主和州弁之庄　物番入　新　七自

十二月廿日
六つめ　桜井　牛主車ノ半兵衛　忠兵衛

元文弐年丁巳正月吉日

正月八日
七つめ　東坂　中い□□（方入）□まへ　忠兵衛二

正月廿五日
五つめ　なかの村　牛主□□忠兵衛ゟ持□（皮）　四郎兵衛

正月廿七日
八つめ　大深　牛主□　治兵衛まへ 四郎兵衛・一

二月十四日
九つめ　新堂　牛主乗□　善右衛門・二

二月廿七日
十つめ　くハんかうじ（寛弘寺）　牛主半左衛門　久 四郎兵衛・三

三月十九日
一つめ　にがわらべ（二河原辺）　牛主六兵衛　にしい方入四つめ　文右衛門

四月六日
六つめ　なかの日野村　忠兵衛ゟ持皮　新　七

四月廿一日
二つめ　河づら（面）　牛主三右衛門　仁 新　七・四

四月廿五日
五つめ　竹谷　わたくし里　善右衛門

五月廿三日
七つめ　なかの上原村　長左衛門　にしい方ノ六つめ　新　七

五月廿三日　三つめ　北大友(伴)　平 文右衛門・五
五月廿七日　一つめ　竹谷　わたくし里　(三郎兵衛 善右衛門)
六月五日　四つめ　山中田　牛主惣兵衛　新　七自
六月九日　八つめ　なかの小山田ノ谷　牛主九左衛門　弥 新　七
六月廿二日　五つめ　北大友　善右衛門ゟ持皮　忠兵衛
七月五日　六つめ　新堂　牛主大工村平兵衛　忠兵衛
七月廿二日　一つめ　山田ノ畑　牛主久□　□小太　新　七
七月廿五日　七つめ　中村　中□(い方)□　始 新　七
七月廿五日　二つめ　山田畑　惣□(番入)□　乗 四郎兵衛・一
八月二日　一つめ　なかの市村新田　□(惣)番入　治 四郎兵衛・二

八月五日　八つめ　一須賀　牛主二郎左衛門　善右衛門・三
八月七日　九つめ　大ケ塚　又七 新　七
八月十七日　二つめ　なかの石佛　□兵衛まい　善右衛門
八月十九日　十つめ　一須賀　牛主市兵衛　久 四郎兵衛・四
八月廿二日　一つめ　河ノ辺　牛主太郎兵衛にしい方三つめ　新七
八月廿八日　二つめ　平石　牛主喜平次　仁 新　七・五
十月十四日　三つめ　市(一)須賀　牛主ばくろ(博労)　新　七自
十月十九日　四つめ　河原新町　牛主山泉や甚右衛門　平 文右衛門・一
十月廿九日　五つめ　市須賀　忠兵衛・一
十一月四日　六つめ　桜井　牛主忠兵衛　忠兵衛

十一月八日
七つめ　大深　牛主六兵衛中い方入　新　七

十一月廿二日
八つめ　市須賀　乗　四郎兵衛・二

十一月晦日
四つめ　西板持　新泉ノ蒲□□　夜中ニ□□　太　新　七

閏十一月一日
三ツめ　なかの　天野下里□□中い方入　キ　忠兵衛

同十一月廿一日
三つめ　山田ノ御坊　牛□(主)□□番　おつま

元文三年午正月吉□(日)

正月四日
九つめ　持ノ尾　牛主伝右衛門　市　忠兵衛

正月十四日
四つめ　山田羽(葉)室　牛主理兵衛　忠兵衛

正月廿三日
十ツめ　中ノ村　牛主十介　治　四郎兵衛・三

正月二十八日
五つめ　山田御坊　惣番入　善右衛門・四

二月六日
一つめ　東山　にしい方ノ四つめ　文右衛門

二月十七日
二つめ　平石　高貴寺領　あんごノ市郎兵衛牛　久　四郎兵衛・五

二月十七日
四つめ　なかの高向村　忠兵衛

三月二日
丸番　市向田　牛主油屋宇兵衛　新　七自

四月廿一日
三つめ　一須賀　仁　新　七・一

五月十日
五つめ　ながの天野下里　忠兵衛ゟ持皮　四郎兵衛

五月廿九日
四つめ　水分　かうじ本　牛主庄屋六兵衛　平　文右衛門・二

六月十八日
五つめ　壷井　牛主庄屋市右衛門　わたくし里　四郎兵衛

六月十九日
六つめ　ながの北村　忠兵衛一

六月廿二日
一つめ　山田御坊　牛主作□□ツめ　文右衛門

六月廿八日 七つめ　ながの高向ケ村□□一ツめ　六右衛門一　新七

七月三日 五つめ　一須賀　大ケ塚ノ牛持□□　忠兵衛二

七月晦日 六つめ　水分村山之上　忠兵衛

八月七日 七つめ　市（一）須賀　中い方入　次郎 善右衛門

八月七日 八つめ　河原新町　牛主甚右衛門　乗部 庄右衛門・六右衛門三

八月九日 八つめ　ながの日野　牛主のう村池田屋重右衛門　弥 新七

八月十二日 九つめ　中村　牛主中ノ源兵衛　治 四郎兵衛・四

八月十六日 十ツめ　北大友（伴）村　牛主太兵衛　善右衛門・五

八月廿六日 一つめ　西板持　牛主清兵衛　にしい方ノ二つめ小大　善右衛門

九月十二日 一つめ　東山　牛主徳兵衛　にしい方ノ三つめ　新七

九月廿四日 二つめ　中ノ村　牛主六右衛門　新七自

九月晦日 三つめ　中野村　久 四郎兵衛・一

十月十一日 二つめ　羽（葉）室山田之内　牛主忠右衛門　惣番入　仁 新七・二

十月廿五日 四つめ　平石　牛主喜兵衛　平 文右衛門・三

十一月九日 五つめ　下河内　牛主庄屋仁□□　忠兵衛三

十二月六日 六つめ　白木　牛主□□　忠兵衛

十二月六日 七つめ　桜井　牛主九左□□まへ　忠兵衛三

元文四年己未正月吉□(日)

未正月六日　三人番　廿山　牛主九平次　四郎兵衛　新　六

正月六日　八つめ　くわんかうじ(寛弘寺)　牛主新兵衛　乗部　六右衛門・庄右衛門　四

正月九日　三つめ　春日村山田ノ内　牛主理右衛門　中い方入　始　新　七

正月九日　九つめ　森屋村　又七まい　新　七

正月十日　十ツめ　森屋村　牛主小兵衛　治兵衛まい　四郎兵衛・五

二月三日　一つめ　ながの市村新田　惣番入　新　七自

三月□□日　一つめ　北大友　牛牛伊兵衛　にしい方ノ四つめ　文右衛門

四月三日　丸番　宮村　牛主重右衛門　惣番入　善右衛門・一

四月十七日　四つめ　山田飛鴫状　牛主権兵衛　忠兵衛

四月廿三日　三人番　市向田　四郎兵衛　新　六

五月四日　二ツめ　一須賀　久　四郎兵衛・二

五月六日　三つめ　かわづら(河面)　牛主四郎兵衛　仁　新　七・三

五月晦日　五つめ　竹谷　わたくし里　部　吉右衛門

(ママ)五月一日　二つめ　なかの鬼住　□兵衛まへ　吉右衛門

(ママ)五月一日　三つめ　ながの日野　□□方入　新　七

六月十五日　四つめ　北大友　牛主彦三郎　平　文右衛門・四

六月十六日　五つめ　北大友　新七ゟ持皮　忠兵衛

六月廿五日　六つめ　河面《ヅラ》　牛主次郎兵衛　忠兵衛

七月二日
七つめ　河原新町　牛主酒屋伝右衛門　中い方入
キ　忠兵衛

七月八日
八つめ　北大友　牛主車や与左衛門
乗部　（庄右衛門・六右衛門五

七月十日
九つめ　馬谷
市　忠兵衛

七月十七日
□ツめ　仲（中）村　牛主喜兵衛
新　七自

七月廿三日
一つめ　持尾　にしい方入六ツめ
新　七

八月十二日
二つめ　北大友村　牛主左次兵衛
治兵衛まへ　四郎兵衛・一

八月十六日
一つめ　平尾村　にしい方入一ツめ
（六右衛門二　新七

八月廿一日
三つめ　仲村
善右衛門（ママ）二・二

八月廿四日
四つめ　市（一）須賀
久右衛門まへ　四郎兵衛・三

九月八日
五つめ　大深喜志ノ内
忠兵衛一

九月十五日
六つめ　山城
忠兵衛

十月十六日
七つめ　市須賀　□番
吉右衛門

十月十七日
八つめ　一須賀
仁　新　七・四

十月廿日
四つめ　ながの野村　牛主加左衛門
半兵衛

十月廿七日
五つめ　ながの葛野《クズノ》　忠兵衛ゟ持皮
四郎兵衛

十一月十日
九つめ　新堂　牛主とうそうノ忠兵衛
平　文右衛門・五

十一月廿一日
十ツめ　桜井　牛主五兵衛
新　七自

十二月三日
一つめ　平石　牛主作右衛門　にしい方二ツめ
小大まい部　新　七

元文五年庚申ノ正月吉日

申ノ
正月一日
二つめ　大深喜志之内　牛主源右衛門　部 六右衛門・庄右衛門一

正月七日
三つめ　喜戸山喜志之内　牛主次郎右衛門　治兵衛まい 四郎兵衛・二

正月七日
六つめ　ながの野村　忠兵衛二

正月十一日
七つめ　ながの高向村　にしい方入三ツめ新　七

二月五日
四つめ　通法寺　牛主利兵衛　わたくし里　文右衛門

二月十四日
四つめ　喜戸山喜志之内　善右衛門・三

二月十五日
丸番　五軒家　牛主善次郎　物番入　久 四郎兵衛・四

三月十日
五つめ　河内（中）　牛□　忠兵衛二

三月十六日
八つめ　ながのむら　□　之牛□へとも長野□　□申候　弥 新　七

四月九日
六つめ　寛弘寺　牛主左次兵衛　忠兵衛

四月廿二日
七つめ　市須賀　中い方五ツめ　次郎兵衛まい　善右衛門

四月廿三日
八つめ　北大友（伴）　牛主惣兵衛　仁 新　七・五

五月朔日
五つめ　山田飛鷹状　物番入　新　七自

五月十七日
一つめ　ながの高向村　牛主喜左衛門　物番入　平 文右衛門・一

五月廿日
九つめ　二河原辺　牛主藤兵衛　又七まへ　新　七

五月廿四日
二つめ　ながの日野大くぼ　□兵衛まへ　善右衛門

（六）
□月二日
三人番　五軒家　牛主久四郎　（四郎兵衛　新　六

六月十五日
十つめ　一須賀　乗 部 （庄右衛門・（六右衛門二

六月廿一日 一つめ 北大友 牛主次郎左衛門 部 四郎兵衛
にしい方入五つめ
七月十七日 一つめ 山田大道 牛主清兵衛 にしい方入六つめ
部 文右衛門
閏七月朔日 二つめ 市須賀 牛主車屋 治兵衛前 四郎兵衛・ 三
同七月十二日 三つめ ながの鬼住 忠兵衛ゟ持皮 中い方入六つめ
ふじまへ 新 七
同七月十三日 三つめ 南加納 牛主武兵衛 善右衛門・ 四
同七月十八日 四つめ 東坂下出《シモデ》 □ 久 四郎兵衛・ 五
同七月廿一日 五つめ 桜井 牛□(主)□左衛門 忠兵衛 三
同七月廿二日 六つめ 南来(加)納 牛主弥右衛門 忠兵衛
同七月廿二日 四つめ ながの日野村 半兵衛

同七月廿三日 七つめ 北大友 牛主藤兵衛 中い方 始 新 七
同七月廿九日 八つめ 桜井 牛主平兵衛 新 七自
八月二日 二つ目 山田畑 牛主五兵衛 惣番入 仁 新 七・ 一
八月七日 九つめ 山中田 牛主庄屋重郎兵衛 市 忠兵衛
八月九日 三つめ 山田飛鷹状 牛主左次兵衛 中い方入 新 七
八月九日 四つめ 山田御坊 牛主角兵衛 忠兵衛
八月十日 五つめ ながの小山田 忠兵衛ゟ持皮 四郎兵衛
八月十四日 五つめ 山田御坊 牛主長田ノ油屋 惣番入 平 文右衛門・ 二
八月廿三日 丸番 ふし山 牛主本庄屋三郎兵衛 惣番入 乗 部 六右衛門・ (庄右衛門 三
八月廿四日 十ツめ 北大友 牛主藤兵衛 治 四郎兵衛・ 四

八月晦日
一つめ　北大友　牛主助右衛門　にしい方入一つめ　（六右衛門／善右衛門）

八月晦日
二つ目　大深喜志之内　牛主徳兵衛　善右衛門・五

九月廿六日
三つめ　一須賀　新　七自

九月廿六日
四つめ　山中田牛□（主）□□七　久　四郎兵衛・一

十月八日
五つめ　桜井　牛主角兵衛　面角肉新七・皮忠兵衛　新七ら持皮　忠　兵　衛

十月十日
六つめ　白木　牛主年寄ノ八郎右衛門　忠　兵　衛

十月廿日
七つめ　一須賀　中い方入　キ　忠　兵　衛

十月廿一日
六つめ　ながの石坂　忠兵衛ら持皮　新　七

十月廿一日
八つめ　北大友　牛主伊兵衛　仁介まへ　新　七・二

十月廿三日
三人番　辻山　牛主庄屋　（四郎兵衛／庄右衛門／仁右衛門）

十一月十七日
九つめ　北来納（加）　牛主加兵衛　平　文右衛門・三

十一月廿三日
十ツめ　神山村　牛主治右衛門　乗部　庄右衛門・六右衛門四

十一月廿四日
七つめ　ながの天見村　にしい方二つめ　部　善右衛門

十二月十二日
一つめ　山田大道　牛主三右衛門　にしい方入三ツめ　小太まへ　新　七

十二月十三日
一つめ　喜志　にしい方入四ツめ　文右衛門

十二月十六日
二つめ　持尾　治　四郎兵衛・五

十二月廿四日
三つめ　東坂上デ（出）　牛主坂本八兵衛　新　七自

同年三月中旬比ゟ寛保元稔ト改暦

元文六年辛□(酉)正月吉日

正月朔日 四つめ 東山 牛□(主)□□門 善右衛門・一

正月十五日 八つめ ながの高向村 牛主備前屋長兵衛 弥 新七

正月廿六日 一つめ ながの加賀田村 惣番入 久 四郎兵衛・二

二月十三日 五つめ 平石村 牛主七郎右衛門 忠兵衛一

二月廿五日 二つめ 西板茂(持)村 新七

五月十日 二つめ なかの宕瀬村 □兵衛まへ 善右衛門

六月朔日 三つめ ながの日野村 中い方入 三升番 半兵衛

六月五日 四つめ ながの市村 半兵衛

六月十六日 五つめ にし(錦)郡 わたくし里 牛主長右衛門 部 善右衛門

六月廿五日 五つめ ながの市村 忠兵衛ゟ持皮 四郎兵衛

七月四日 二つめ 平尾村 惣番入 仁介 新七・三

七月六日 六つめ なかの市村 忠兵衛一

七月七日 六つめ 桜井喜志之内 忠兵衛

七月廿五日 七つめ ながのむら にしい方入六つめ 新七

八月十日 八つめ なかの市村 牛主吉左衛門 弥 新七

八月十七日 一つめ なかの宮□□惣番入 平 文右衛門・四

八月晦日 七つめ 新堂村□□ 中い方入五ツめ 次郎 善右衛門

九月朔日 二つめ なかの市村 □兵衛まへ 善右衛門

九月五日
八つめ　持尾　　牛主小兵衛　　乗部
六右衛門・
庄右衛門五

九月六日
九つめ　新堂　　牛主小左衛門　　文七まへ
新　七

九月十三日
三つめ　なかの小山田　中い方入六つめ　ふしまへ
忠兵衛一

九月十七日
四つめ　なかの市村　　半兵衛

九月十九日
十ツめ　市須賀村　　新　七自

九月廿一日
一つめ　喜志桜井　にしい方入一つめ　（六右衛門一
新　七

十月十九日
五つめ　ながの加賀田村　　忠兵衛ゟ持皮　　四郎兵衛

十月廿九日
六つめ　なかの市村新田　　忠兵衛二

十一月八日
二つめ　山田御坊　　牛主大和屋三郎兵衛　　惣番入
治兵衛前
四郎兵衛・一

十一月九日
二つめ　北別井　　善右衛門・二

十一月廿九日
三つめ　新堂　　牛主芝ノ五郎兵衛　　久
四郎兵衛・三

肝煎太郎右衛門□□牛
十一月晦日
七つめ　なかの市村新田　小太
にしい方二ツめ　部
新　七

十二月朔日
八つめ　なかの嬉（嬉）村　（以下二行半抹消）　弥
新　七
此うれし村ノ領内場取中見分ノ上私里ニ極リ申候

十二月朔日
三つめ　うれし村□□□《わたく》し里　　新　七

十二月十二日
八つめ　なかの唐久□《谷》　　弥
新　七

十二月十八日
四つめ　毛人谷　　牛主治兵衛　　仁
新　七・四

十二月廿二日
四つめ　ふしミ《伏見》堂　わたくし里　　文右衛門

（寛保弐年壬戌正月吉日　　竹田
仁右衛門帳面

（此年ゟ改メ新帳ニ付申候、以上　　已上

第7章　御用筆師勝守家とかわた村・白革師

勝男 義行

一　はじめに

江戸時代、筆は役人から庶民にいたるまですべての人にとって必需品であった。青木美智男によれば、文書量の増大が紙と墨・筆・硯の需要を増大させた。また、毛筆の材料には馬・山羊・豚・鹿・猪・狸・兎などが広く使われた。産地としては、奈良、摂津国有馬、安芸国安芸郡熊野村があげられる。(1) 筆について比較的まとまった記述を行っている青木の著書においても、筆毛の生産者については言及がない。また、現在でも有数の筆産地である広島県の熊野筆について詳述されている、田淵実夫の著書(2)においても、各獣毛の特徴や製筆過程については詳述されているが、国内産の原毛入手過程については触れるところがない。

筆の生産には筆毛と軸が必要だが、青木・田淵両氏が述べるように、筆毛には多様な動物の毛が用いられた。今回分析対象とする幕府の御用筆師勝守は、真毛（芯毛《しんげ》）に鹿毛、上毛《うわげ》に馬毛を主に用いていた。鹿毛は、弾力性はあるが八割の毛は集合力が乏しく、折れやすいという欠点があるという。(3) 鹿毛・馬毛ともに毛付きの荒皮から切り出すわけだから、当然それは鹿皮を扱う白革師《しらかわし》や皮革全般を取り扱うかわた身分のものが関与していた。筆毛を製したものを筆毛師、筆毛を詰め立て筆を作る職人を筆師という。

筆の製造工程について略述しておこう。はじめに原毛の油抜きを行った後(4)、以下のような工程があった(5)。①選毛(作ろうとする筆に合ういい毛を選び出す)②毛もみと毛寄せ(毛のくせを直し、悪い毛を取り除く)③練り混ぜ・芯立て(毛がむらにならないように練り混ぜ、一本の穂の形にする)④上毛着せとお締(芯毛に化粧毛をかぶせ、穂の根元をコテで焼き、麻糸で締める)⑤繰り込みと仕上げ(筆軸の内部を小さい刀でえぐり、穂を筆軸につける)⑥製品

以上の工程を筆師が行い、その前段階の作業として、筆毛を集めるのが筆毛師の役割であった。

かつて奈良県菟田野《うだの》の「狸毛《たたげ》原毛師」のことが、紹介されていた(6)。この地域では部落の伝統産業として筆毛作りが行われていたという。猟師が狩ってきた狸の原皮を仕入れ、毛を採取し、残った皮は「狸」羽織下に仕立てる。老舗の筆墨店の店主は、昔のこととして「筆毛材の行商には店の敷居をまたがせず、持ってきた品物は直接手を触れ合わないように扇の上でやりとりした」と話している。こうした筆毛生産者の存在があってはじめて筆の生産が可能となる。

『大阪の部落史』第九巻、史料編・補遺に収録された(7)「勝守陸奥文書」(8)は、幕府の御用筆師を勤めた京都の筆師勝守陸奥にかかわる史料である。そこからは勝守と筆毛を生産した筆毛師、彼らに原毛を供給したかわた村や白革師との諸関係をうかがうことができる。取り結ばれた関係の一端を明らかにすることを本章の課題としたい。『大阪の部落史』には二二点が翻刻されており、それをもとに臼井壽光が分析を行っている(9)。そこでは、筆毛の入手が思うにまかせず、「問題が生じれば相手方と交渉に出向くのではなく、御用を御旗に奉行所命令を出させて従わせようとする」勝守の姿勢が指摘されている。翻刻された史料の多くはこのことに関わるものである。また、本来は筆毛に適さない鹿毛が筆毛の主流となったのは、鹿皮のみがケガレ観の外側にあったからだと述べる。この鹿皮にケガレ無しとする

点は、白革師とかわた村の争論における白革師の主張にも出てくる。(10)これまで筆毛師と密接な関連があると思われる白革師の研究において、筆毛師の存在に関説した論稿は管見の限りでは見当たらない。わずかに、和歌山における諸獣皮取り捌きを取り上げた前田正明が、天保九（一八三八）年、京都の商人和久屋惣兵衛が紀南地方の諸獣皮買い占めを図った理由として、特に鹿毛を必要としていたこと、そしてそれは友禅染めの刷毛に最適だったためと指摘している。(11)しかし、前田氏の研究においても、鹿毛の取扱者などについての論及はない。鹿皮を扱う白革師等についての研究は行われてきたが、鹿毛に言及する研究はこれまで行われていないと考える。

二　御用筆師勝守陸奥

筆師の姿は元禄三（一六九〇）年刊の『人倫訓蒙図彙《じんりんきんもうずい》』(12)に見ることができる（図1）。その説明文に「京の筆師、川原町二条下ル丁、祐以祐二、寺町通松原上ル丁、裏辻和泉、二条通間町の西、小法師等、其外所々にあり。筆毛、外にうりてあり」とあり、勝守の名は見えないが、京の三人の筆師の名があげられている。筆毛については別に売り手がいることも述べられており、筆毛を専門に扱う商人がいることを示している。幕末の京都地誌である、文久三（一八六三）年版『花洛羽津根《からくはつね》』(13)には、京都の御用筆師として、「室町武者小路上　熊井六之丞、同今出川上　小筆善大夫、下長者町西洞院　勝守長左衛門」の三名の名があげられている。

一方大坂には、元禄九（一六九六）年刊の『難波丸《なにわまる》』(14)に合計一〇名の筆師が書き上げられている。正徳年間（一七一一～一六）になると六一名を数えることができる。(15)「勝守陸奥文書」に出てくる筆の産地は、京、奈良、大坂、有馬、安立《あんりゅう》（現大阪市住之江区）の五カ所である。文政十三（一八三〇）年に、この五カ所の毛品取り扱い者に向けて、切り出され廻ってきた筆毛をすべて「御用筆毛買集所」に回すようにとの触流しを勝守は願い出る。筆毛払底という状況下での対応だが、おそらくこの五カ所が筆生産の中心地になっていたと思われる。安立については、『摂陽群談』名物土産の部に「安立町筆　同郡（住吉郡）安立町にあり。筆工数十宇、軒を竝て作之、諸国に送る雑筆なり」(16)とあることから、『大阪の部落史』のように、大坂の安土町の間違いとみなす必要はないと考える。「勝守陸奥文書」にも、「安立町之儀ハ筆毛下品之分取扱」(17)とあり、下品の筆毛を取り扱っているという内容は、『摂陽群談』にある「雑筆」を作っているとの記述とも重なるように思う。

文化元（一八〇四）年、勝守は京都町奉行所の尋ねに対して自身の由緒を述べている（大⑨46）。江戸表御納戸御用筆納入をいつから勤めるようになったかとの尋ねに対して、駿府御在城の時から御用を勤めているが、いつから御納戸に納めるようになったかは分からないという。もとは大和国十市郡で「福寿官」という銘をくだされ、のち京都へ移り、慶安年中（一六四八～一六五二）に「勝守筆」と銘をくだされ、元禄年中（一六八八～一七〇四）には「陸奥大掾」と口宣《くぜん》を頂いたという。

御用の内容であるが、筆の納入先は幕府の御納戸役で、納入された筆数は、文政十三（一八三〇）年五月の奉行所あての願書からうかがえる（大⑨57）。それによれば、鹿毛・狸毛・兎毛・島毛《しまげ》（これは上毛になる馬毛のこと）を組み合わせて、目方二五匁で一〇対の筆ができるという。御用年分筆数が七五六〇対で、「月々上納後レニ」なっている分（去丑年正月分より当寅年四月分迄）を合わせると一万対余りになるという。納入は一カ月単位で、臨時の御用を含めると年分一万対ほどで、毛の目方は二五貫目ほどになるという。

図１　筆師

この御用を勤めるために勝守の下には御用筆下細工人がいた。寛政十二（一八〇〇）年の「御用御筆下細工人名前書」（大⑨45）によれば、表

1のように京都に六人、大坂に三人、勝守の所に内細工人が一人いた。京都には筆毛師は存在しない（大⑨62など）ので、京都の六人は筆師と考えられる。大坂の三人は他史料で筆毛屋として名が見えるので、これは筆師ではなく筆毛師である。筆毛を集める筆毛師とそれを用いて筆に結う筆師を下細工人としてあげているのである。寛政六年の「乍恐奉願上口上書」（大⑨43）には、「下職人共江先貸銀并毛品等買入色々工面仕格別出精仕」、「其上去ル申年火災後者諸色仕入代銀并下細工人共先貸不仕候而者何角延引仕」と下細工人への手間代、筆毛調達費が勝守から前貸されている。特に申年（天明八年）の火災以降は、先貸銀を渡さないと上納が遅れると述べている。しかし、勝守はこの前貸銀を工面できないということで、京都町奉行に拝借願いを出している。勝守の下細工人の一人である大坂の安土町三丁目小林屋藤兵衛は「仕入手当銀」として、寛政十二年に銀六貫五〇〇匁（大⑨44）、文化十二年には銀二貫六八〇匁を御用御筆毛元仕入のために預かっている。[18] この安土町三丁目小林屋藤兵衛と塩町二丁目の小林屋伊八は「御用御筆取次」として大坂惣筆毛師仲間の中心となった人物である。[19]

御用筆を納入して勝守が受領した代金については、慶応元（一八六五）年の史料がある（末尾収録史料A）。それによれば、前年の一月から六月までに納入された勝守筆が四二〇〇対、その代金は銀四貫八一九匁五分、割増分として一貫三九一匁二分を受領している。天保年間（一八三〇～四三）のものと思われる史料（大⑨63）によれば、筆の価格は倹約令が出される

表1　御用筆下細工人

	所在地	名前	備考
京都	下立売室町西え入丁	藤野勘兵衛	
	中長者町小川西え入丁	永本喜八	
	新町通出水上丁	小倉左兵衛	
	上御霊場馬(ママ)町	中島文紀	
	地本寺道慶	杵野善右衛門	
	丸太町小川角	藤野市兵衛	
大坂	安土町二(三)丁目	小林や藤兵衛	筆毛屋（大⑨52） 他史料では三丁目とでてくる
	塩町二丁目	小林屋伊八	筆毛屋（大⑨52）
	順慶町三丁目	大和屋半兵衛	島毛扱い（大⑨57）
勝守内細工人		植村利兵衛	

※寛政12（1800）年「御用御筆下細工人名前書」（大⑨45）による

度に引き下げが行われたようで、勝守は「尤御用御筆之直段儀ハ御倹約之度々御直段引に相成来ル」と嘆きつつも、「当時元方格別之高直ニ付、御直段増等も左様奉存候得者、従来不相変御用（被仰付候様）相勤《ママ》候様、御願を以相続仕、末ハ御冥加之程も恐入」と述べる。筆毛等が高値になっているにもかかわらず、御用を相続したいがため、値段増しはしないという。さらに将来は冥加金の納入を考えていることもほのめかしている。

三　筆毛師

筆毛師を取り扱った研究は、はじめにでも述べたようにこれまで行われていない。しかし、「勝守陸奥文書」以外の史料からも断片的ではあるが筆毛師の存在を確認することはできる。弘化三（一八四六）年の「大阪商工銘家集」[20]には次の四軒の筆毛所があげられている。

筆毛売捌所	安堂寺町一丁目	播磨屋吉右衛門
筆上ハ毛所	塩町二丁目	大和屋半兵衛
筆毛所	塩町二丁目	小林屋伊八
筆毛所	塩町二丁目	小林屋佐兵衛

このうち塩町二丁目の小林屋伊八は勝守の下細工人を勤めた筆毛師である（表1）。

次に「勝守陸奥文書」から勝守と取引のあった筆毛師をみていこう。勝守の下細工人を勤めた塩町二丁目の小林屋伊八と安土町三丁目の小林屋藤兵衛は、先述したように「取次」である。文化三（一八〇六）年の史料（大⑨52）に、「然ル処右御用御筆毛品数年来大坂表筆毛屋共之内、安土町三丁目小林屋藤兵衛・塩町弐丁目小林屋伊八右両人之者共ゟ買廻シ製法仕入差登シ応対ヲ以買入御用御筆ニ相用ひ奉調進来り候」と述べていることからも、勝守は「御用御筆毛品」をこの二人から仕入れている。

下細工人として名を書き上げられた三人目の人物である順慶《じゅんけい》町三丁目の大和屋半兵衛は、文政十三年の史料（大⑨57）に、勝守が「島毛と唱候品是又御用筋入用之品ニて御当地順慶町三町目大和屋半兵衛と申者より重モ立為差登来候」と述べており、島毛と称された馬毛を専門に扱っていた人物と考えられる。馬毛は上毛として用いられることから、「大阪商工銘家集」に「筆上ハ毛所」として名がみえる大和屋半兵衛は、住所が塩町二丁目となっているが同一人物ではなかろうか。

三人の下細工人の下にも勝守と取引関係をもった筆毛師がいた。文政十（一八二七）年、勝守の奉行所への働きかけにより、白革師から筆毛師への鹿毛の売値を相場より一割五分引きとし、筆毛師から勝守への売値もそれに准じて安価とすることが決まった。その際の証文（大⑨53）に、塩町二丁目の一四名、安土町三丁目の一人、九之助町一丁目の一人、合計一六名が署名を行っている[21]。そのうち、塩町二丁目の石川屋安兵衛、河内屋源兵衛、石川屋卯右衛門は、文政十三年大坂町奉行所において、摂津国川辺郡火打《ひうち》村の者、勝守、塩町筆毛師の三者間で行われた談合において、塩町筆毛師惣代として名が見える人物である（大⑨58）。

次に筆毛となる原毛の流通過程についてみておこう。文政十三年、勝守が筆毛の買い集め方について触流しを願い出た際、大坂町奉行において筆毛の出方についての調査が行われた。鹿毛および馬毛の出方について、次のように述べられている（大⑨62）。

（前略）真毛ニ相成候鹿毛出方之儀者、諸国ゟ毛附荒皮之儘大坂表浜之問屋、并役人村と唱候穢多村等へ積登内所候品、塩町弐町目白革師之もの共買取、右毛之分同所筆毛師共へ買入筆毛ニ製し売出し、上毛ニ相成候島毛と唱候馬毛之儀者、是又諸国ゟ毛付荒皮之儘問屋・役人村等へ積登《リ》之品、同国川辺郡火打村へ買入筆毛ニ製し売出し

毛付荒皮のまま大坂表浜問屋および役人村（渡辺村）に回ってくる鹿皮を、大坂塩町二丁目の白革師が買い取り、

毛は同所の筆毛師が買い入れ筆毛に製して売り出している。この鹿毛は真毛になるという。また、馬皮については諸国から毛付荒皮のまま問屋・渡辺村などへ入り、それを摂津国川辺郡火打村の者が買い取り、筆毛に製して売り出しているという。諸国から入ってくる荒皮の窓口として、渡辺村だけでなく「浜之問屋」があげられている点に注意しておきたい（詳細は後述）。また狸毛も同様に回り、塩町の筆毛師並びに町々の真事屋（詳細不明）などが買い入れ筆毛に製し売り出しているという。兎皮についても北国筋から筆毛師へ積み登せられ、そのまま筆師へ売り出しているという。

ここで馬皮・馬毛を生産している摂津国川辺郡火打村についてみておこう。天保二（一八三一）年の「火打村差出明細帳」(22)によれば、「当村之義ハ御百姓農業之外革靻製作筆毛商売仕来り申候」と、靻革《なめしがわ》製作とともに筆毛商売をしていたことを確認できる。(補注)また、年不詳の「一橋家領村々様子大概書」(23)にも「一農業之間男は靻革を製、筆毛を売、女は木綿を織（中略）／一靻革ニ造り候革類は摂州渡辺村より神崎まて舟積ニいたし夫より陸通運送いたし、須瀑致候場所は池田村より上木部村迄五六町之間猪名川ニ而瀑候由、右場所は火打村より凡八町程有之」とある。農業の間に靻革を製作し、筆毛を売り出しており、靻革にする革類は渡辺村から船で神崎まで運ばれ、そこからは陸路を運び、猪名《いな》川で瀑しているという。文政十三年九月の「島毛切出候摂州川辺郡火打村ノ取締方仕法帳」（大⑨59）においても、「元来村内ニ而筆毛細工いたし候者共之儀者農業透間ニ銘々筆毛切出シ、定職与申儀ニも無之候」と述べており、農閑余業として筆毛細工をしていたことがわかる。なお、火打村は、一八七四（明治七）年の馬皮生産額が三万六〇〇〇円、明治十年の単価が三円であることから、おおよそ一万二〇〇〇枚生産しており、馬皮鞣しを得意とする村であった。(24)

文政十二年、勝守は渡辺村においても大和屋茂兵衛なる人物が筆毛渡世をしていることを指摘している。勝守は茂兵衛には狸毛、兎毛を買い集めさせ、上毛（馬毛）の取り扱いについては止めさせるようにしてほしいと奉行に願い出ている（大⑨55）。馬毛生産は火打村に一本化したいと考えていたと思われる。
天保七（一八三六）年になると、「近来諸方穢多共筆毛切覚へ直々売出し候ものも有之趣」（大⑨62）と述べており、各地の「穢多」が筆毛切を覚え、売り出しているという。毛皮を扱う「穢多」身分の者が、[25]筆毛の価値を認識しその毛も売り出すようになるのは当然の流れと言えよう。ただ牛毛は主に肥料として使われたことから、鹿毛を中心とする獣毛を取り扱うようになったと考えてよかろう。

勝守の地元である京都に筆毛師は存在しない。これは、勝守が天保七年の先の史料において、「京都之儀者、是又重モニ右等之毛品取扱、別段筆毛師と申ものも無之」（大⑨62）と述べていることから判明する。しかし、寅年以降は「京都近在ニて筆毛制致候ものも有之趣ニ相聞候」（大⑨63）とも述べており、京都近在でも筆毛を生産するものが現れたと推察できる。

四　勝守の窮状と対応

「勝守陸奥文書」には、筆毛入手がうまくいかず、その関係者に対して奉行からの取締を依頼する文書が多数含まれている。御用をたてに便宜を図ってもらえるように、当事者間の直接交渉以上に奉行への働きかけを熱心に行っていることは臼井が指摘した通りである。それに関連する史料からは、勝守の窮状の原因・背景をうかがうことができる。

1　窮状の内容

窮状を訴える史料の内容として共通しているのは、「毛品払底」のために「毛品高値」ということである。文政年間のものと思われる史料で次のように述べている（大⑨49）。

私御用ニ相用ひ候筆毛之儀者従前ニ大坂表筆毛師一統へ下細工申付来候処、近来元出方少く其上誠ニ高直御座候処、此節ニ至格別払底高直ニ御座候故、右筆毛師一統難渋仕、中ニハ渡世ニ相離候向も在之、其余之者も必死と難渋仕、細工等も休勝ニ在之候故私方御用ニ相用ひ候筆毛手廻り兼

勝守が御用に用いている筆毛は、大坂の筆毛師へ下細工を申し付けてきたが、近年は出方が少なく高値となり、このため筆毛師も難渋し、なかには渡世を離れる者も出ている。それ以外の者も細工を休みがちになり、御用に用いる筆毛が勝守の所へ回ってこないという。さらに続けて、「已前地皮壱枚ニ付極上之分先三四匁迄ニて白革屋ゟ筆毛屋へ買入候所、当時ニてハ段々直上候上、此節ニてハ次皮之分壱枚ニ付拾五匁位より内ニて買取がたく」と述べる。皮一枚から極上の毛が三、四匁までで白革屋から筆毛師は買い取っていたが、今は「次皮」一枚でも一五匁より安くは買えないという。値が五倍近くはね上がっているのである。鹿毛価格が分かる史料がもう一点残っている（後掲史料B）。それによれば、塩町二丁目および安土町三丁目の筆毛師一三名が、「御用御筆毛附鹿荒皮」六七枚を受け取り、その価格は二一両三歩で、そのうち六両が毛代、一五両三歩が皮代となっている。毛を切り取った後、速やかに皮は返上することを約している。

それでは毛品払底の原因はどこにあるのか。次にこの点について勝守が述べるところをみていこう。

2　毛品払底の原因

勝守が毛品払底の原因について述べているところをまとめたのが表2である。文政十年には丹波国からの鹿毛が払底となったため、価格が高騰しているという。「全躰私方ニ而相用ひ候筆毛者丹州表之鹿毛を重モニ相用ヒ来候」（大⑨48）と述べるように、この時には丹波国からの鹿毛を主に用いているという。実際勝守は、丹波国船井郡八木村、

同桑田郡吉田村・穴川《あながわ》村・芦山《あしのやま》村の者へ、「御本丸御納戸御用御手当」として前貸銀を預けている（表3および後掲史料C）。

このように前貸銀を預けることで筆毛集荷を確実にしようという動きは、先述したように、寛政六年段階で見られた。勝守は鹿毛を大坂の筆毛師からだけでなく、表3にあげた丹波国の村々からも入手していたことを確認できた。

文化三年、この時には勝守自身が鹿毛の供給先である白革師に鹿毛の値下げを依頼し、交渉がまとまる。御用筆毛は勝守の下細工人である小林屋藤兵衛・伊八の両家に差し出し、御用を滞りなく勤める。その余りを諸方の筆職方へ下値で売り渡すこと、買い物がある時には月行司に断り、せり買い等はしないことを取り決めている。そして五か条にわたる申し合わせが惣筆毛師仲間で行われた。五カ条の申し合わせから確認できるのは次の諸点である（大⑨47）。

①約定に加わった筆毛師の下で働く職人が存在し、敷銀を出すことでかれらを召し抱えていること。②年季奉公の形で勤めるものもいるが、その者の休日であっても仕事を頼む場合はその主人へ断りを入れること。③「仲間ニ不有外之者筆毛手掛候ハ、早速差留メ京都へ達可申候」とあり、惣筆毛師仲間に所属しない筆毛師も存在し、かれらを排除していること。④筆職のものが仲間以外の筆毛屋から筆毛を購入するようなことがあれば、以後その者へは筆毛を売り渡さないこと。⑤約定に反するものは京都御役所に願い出て職方を差し止めること。

先述したように、文政十年鹿毛が払底・高値となり、御用にも差し支える旨を勝守は京都町奉行に申し立てる。その結果大坂の筆毛師一同一六人と白革師の株仲間三六人の惣代三人が同年二月九日、大坂町奉行所に召し出されお糺しがあった。この時約束された内容は次のとおりである（大⑨53・54）。

①近年、大坂への鹿皮が少なく高値になっており、筆毛もそれに准じ高値になっているが、今後白革屋は一割五分引きで筆毛を筆毛師に売ることとし、筆毛師もそれに准じ、勝守に下値で売るようにする。

②筆毛師が仕入れた毛は善悪にかかわらず、勝守に見せたうえで諸向に売り出すようにする。

表２　筆毛払底理由（勝守申状）

年代	内容	史料番号
寛政６(1794)	・天明８年の火災以降は下職人へ先貸銀を渡さないと筆上納が遅れる	大⑨43
文化３(1806)	・鹿毛が高値 ・寛政10（1798）年に上毛（馬毛）払底→順慶町三丁目の大和屋半兵衛を呼び出し。 ・筆毛払底の時は他所売をしないとの請書。同様に別紙名前の「山毛屋」も呼び出し願い	大⑨52
文政10(1827)	・丹波国などからの鹿毛払底、高値 ・筆毛屋、白革師をお糺し→近年は鹿皮の出方が少なく高値になっている	大⑨53
文政13(1830)	・渡辺村へ回ってくる毛品は以前の４分の１（渡辺村の回答） ・渡辺村で筆毛渡世しているのは大和屋茂兵衛一人	大⑨55
天保４(1833)	・毛付荒皮を扱う者が囲い置き、値段の高下を考えて売り出している ・浜々問屋、渡辺村へ筆毛になる毛付荒皮が着き次第「御用筆毛選分所」へ連絡するようにしてほしい ・囲置きされているため毛先がもろくなる	大⑨60
天保４(1833)	・鹿皮が入荷次第勝守の用場へ届けるよう市中問屋、船宿、穢多村仲買に仰渡し願い	大⑨61
天保７(1836)	・御用の筆毛になる品は荒皮のまま大坂の問屋、渡辺村へ荷が着き次第「御用筆毛選分所」へ知らせるよう触れ流し願い ・毛付荒皮のまま大坂表の浜問屋、渡辺村へ登った鹿皮を塩町二丁目の白革師が買い取り、鹿毛は同所の筆毛師が買入、売り出している ・京都には筆毛師はいないので筆墨問屋へ申し渡し、筆師へも申し渡す ・近年問屋、渡辺村が毛付きのまま囲い置き、御用筆のなかに囲毛が混じってしまい以前よりも毛先が損じやすい ・買い集め方お触れ流しの件はひとまず取り下げた。寅年(文政13)の仕法を触れ流し願うか ・近来各地の穢多が筆毛切りを覚え売り出している。寅年より筆毛師の人数減少	大⑨62
天保年間か	・京都には筆毛師はいないので筆師へ御用になる筆毛を選んだ後に取り扱うように通知したい ・御用筆の値段は倹約の度に値段引きになる	大⑨63

同年六月、勝守は御納戸頭から筆の出来が良くないうえに、納入が遅れそのため、「奥御納戸・御老中方御部屋・御右筆所」などに差し支えが出ていると叱責を受けている。勝守は二月九日と同内容の釈明をするとともに、以前と変わらぬ約定無き状況に陥っていると訴え、新たな仕法を提案する。それは、大坂表の毛は善悪にかかわらず全てを勝守の所へ差登らせ、御用になるものを選抜したあと、残りは目印を付けて諸向へ売りさばくようにしてはどうかというものである。翌文政十一（一八二八）年正月の「就御尋口上書」[26]によれば、大坂

町奉行所に筆毛師が召し出され御糺しがあり、「筆毛師共目印之儀者不承知之旨申立候ニ付」と目印を付けることに筆毛師は反対した。そのため勝守も「此度目印之儀御願奉申上儀者差控候様可仕候」と目印の件はあきらめる結果となった。

表３　勝守と丹波国の村々との取引関係

年月	借り主	預り銀額	典拠
文化５.６	舟井郡山木村　七郎右衛門他２名	銀３貫	Ｃ８－２４２
文化５.閏６	桑田郡吉田村　定右衛門他３名	銀２貫30目	Ｃ８－２２５
文化５.閏６	桑田郡穴川村　作之丞他１名	銀80目	Ｃ８－２３４
文化５.12	桑田郡吉田村　清助他４名	銀500目	Ｃ８－２３５
文化６.７	桑田郡吉田村　作之丞他２名	銀781匁	Ｃ８－２４１
文化６.12	桑田郡吉田村　定右衛門他３名	銀331匁歩	Ｃ８－２３７

翌文政十二年七月には見本筆が下され、それより上質の筆を上納することを命じられる。それに対し勝守は、出回っている毛品は毛先が損じやすく、見本筆よりも上質のものは二〇対もない。そこで、同年十二月、勝守は京・大坂に回ってくる毛品をすべて御用筆毛買集所へ持ち寄るようにとの触流し依頼を御納戸に対して願い出る（大⑨51）。この文書の付紙によれば、この内容を去冬に京都町奉行所へ願い出て、願書は受け取ってもらうが、御納戸からの通達が無ければ、すぐに触渡しはできないと知らされる。そこで、御納戸の方から京・大坂の町奉行へ通達して頂くようにと願い出ている。文政十三年五月、勝守はあらためて大坂町奉行へ毛品取扱者がいるところに御用筆毛買集所へ持ち寄るようにとの触流しを願い出る（大⑨57）。これをうけて大坂町奉行所において、筆毛関係者への取り調べが行われた。

3　大坂町奉行所における筆毛取り調べ

文政十三年の筆毛取り調べに関しては、町奉行所側の史料からも確認することができる。『大坂西町奉行新見《しんみ》正路《まさみち》日記』の、文政十三年五月二十日条に「勝守陸奥筆毛取集之儀ニ付願出候一件、取調之上、諸書物茂左衛門差出ス」とある。[27]取り調べの内容については、いずれも年欠の下書き文書であるが、大⑨55・56から推察できる。[28]そこからは、筆毛の取り扱いがどのように行われていたかをそれぞれの立場から述べており、その実態をうかがうことができる。

はじめに大⑨55をみよう。「買集方仕方御触流之儀奉願上候ニ付、段々御調ニ相成、其筋々之もの共〻申立候書付御下ケ被成下勘弁之趣御尋ニ付」と勝守が、買集方仕方の触流し願を出したことでその関係者から申し立て書が提出され、それに対する考えを述べるようにと勝守は求められる。「去月六日書面を以御答奉申上候処、猶亦御調ニ相成」と去月六日に書面での回答を行った後、さらに調べが行われた。まず筆毛師の言い分であるが、「直買を差し止めれればこれまで買ってきた者が迷惑するのではないか」というものである。この迷惑する者とは筆職である。かれら筆職は「手元に遣わされる毛品のみを買い入れており、その買い入れ先は真毛、(29)すなわち鹿毛は塩町の筆毛師から、上毛は火打村から買い入れており、それ以外は当地（大坂）の仲買から買い入れている。したがって他所で切り出された毛を直買することは一切ない」と述べている。次に仲買の者が取り扱っている毛品の買い入れ方についての調べが行われ、彼らも塩町・火打村以外から切り出された毛品は取り扱っていないと述べた。そこで火打村の者が調べられ、「それに相違無し」との返答があった。また、両所で切り出している毛付荒皮の出所は役人村（渡辺村）であることも判明する。そのため渡辺村も詳しく調べられ、同村からは、「近来諸国から入ってくる毛品が少なくなり、以前の四分の一にも足りない状況でその原因は山方からの出方が減ったため」との申し出があった。

以上のような状況なので、勝守はしっかりと取締を行わなければどれほど払底するか分からないと主張する。さらに、塩町の筆毛師は子年（文政十一年）の「改一札」があるにもかかわらず、懇ろの諸方へ売り出しており、御用筆毛撰分方に甚だ不都合である。また、「聊之他所切をも大形ニ申立」とわずかの他所切を実際よりも多く述べ立てているという。これは、大坂で切り出されたものであるにもかかわらず、他所切として諸方に売り出しているというのであろう。ここからは、大坂の筆毛師が筆毛を買集所に廻すことなく、これまでと同様、取引き関係のある筆職に売却している実態をうかがわせる。勝守は続けて次のように述べる。今回の調べにより真毛は塩町、上毛は火打村で切り出されていることが判明した。「見改買入仕法」の件を両所の筆毛師に申し渡してくれれば、見本筆を作ることが可能となる。さらに、その取引先にも今回の取締の件を触流ししてほしいと願っている。文書の最後で今回の仕法の内容が述べられる。それは、塩町、火打村の筆毛師の名前を確認したうえで毛品を持ち寄らせ、御用になるものを買い入れた残りについては「御用筆毛改済印」を付けて荷主へ戻す。値段が応対しない時は仲買を呼び買い入れさせるというものであった。

次に大⑨56をみよう。これは大⑨55で「右之もの（塩町・火打村）共申立候取引先へ先キくへ右取締之趣御触流置被成下置度」と、筆毛師の取引先に対しても触流しを願ったことをうけて、取引先からも申立書が提出された。「其筋々之もの共令申立候書付五通と壱冊私へ御下ケ被成下」と五通と一冊が勝守に渡され、町奉行からは御用向に差し支えが出ず、また筆毛師たちも難渋しない考えを述べるように求められる。この時は筆毛師、渡辺村に加えて、安立町、有馬からも申立書が提出された。安立町は、「筆毛下品の分を取り扱っており、御用向に差し支えない」と主張するが、勝守は、筆を買い取り調べたところ御用になる筆毛も交じっていると反論している。有馬については、距離もあることなので、大坂へ廻させることは迷惑であろうから、有馬の仲買・筆問屋のなかで見改所を作り、勝守の手代あるいは従っている筆毛師を派遣して取り計らいたいと述べている。

以上二点の史料により、筆毛流通にかかわった者たちの実態の一端を垣間みることができた。また、塩町・火打村・渡辺村で切り出された毛品が、主に京都・大坂・安立町・有馬などの筆職の元へ流れていたことも確認できた。臼井が述べる通り(30)、勝守はこの段階ではじめて鹿皮を含め毛付荒皮は、渡辺村からの物が多いことを認識する。「元出方相分候上者、役人村之もの共へも及話合、此分穿鑿可為致様ニ奉存候」（大⑨55）と元出方が分かったからには、渡辺村の者とも話し合いをしたいと述べている。

4　文政十三年の仕法

文政十三年五月、勝守は再度、大坂・安立町・有馬郷・京・奈良の筆毛取扱者がいる所（「筆毛産地」とは限らない）へ向けて、切り出された毛を全て御用筆毛取集所へ送らせ、「改済」の印が無いものは買い取らないようにする触流しを嘆願する（大⑨57）。買集所は勝守の旅宿先でもある内本町橋詰町近江屋九兵衛借家天王寺屋源兵衛方にするという。

同年八月十八日、大坂町奉行所は大坂塩町の筆毛師と火打村惣代を呼び出し、勝守立ち会いのもと御用筆毛について、御用差し支えが出ないように談合することを申し渡している（大⑨58）。勝守は馬毛をこれまで大坂順慶町三丁目の大和屋半兵衛（勝守の下細工人）から入手してきたが、寛政十（一七九八）年に払底となった。御用差し支えを大坂東町奉行所へ申し出て、その結果大和屋が召し出され、今後は御用になる筆毛は優先的に勝守へ差し出す旨の請書を提出した（大⑨52）。それ以後は御用の差し支えは無くなったと述べているが、文政十三年には、馬毛の入手先としてはじめて先述した摂津国川辺郡火打村が登場する。町奉行からの申し渡しを受けて、九月には火打村が「島毛切出候摂州川辺郡火打村ノ取締方仕法帳」（大⑨59）を作成する。それによれば、御用筆毛になると思われるものは勝守の旅宿に持参し、選分させる。旅宿先はここでは高津町新庄屋藤助、鍛冶屋町二丁目大和屋佐兵衛とある。そして今後は勝守の指図に従うことが述べられている。『大坂西町奉行新見正路日記』では、同年十月二十日条に「兼而勝守陸奥ゟ願出候儀ニ付、當所筆毛師共白革師共申合出来、已来互ニ申分無之、約定書取為替候旨、茂左衛門申聞ル」[31]と大坂の筆毛師、白革師との間で約定書が取り交わされたことが判明する。さらに、同年十月二十七日条には「一勝守陸奥筆毛師共對談之儀相済、今日帰京いたし候旨申出る」[32]とあることから、対談がまとまったことで触流しは見送られたようである。これについては、天保七年五月に、「右躰筆師・筆毛師申合取締仕候上者御筆毛追々出方等も相増御用筋御差支無之様可相成と奉存、買集方御触渡之儀者先ツ御願下ケ仕置候」（大62）と触渡し願いを取り下げた旨確認できる。「当時之姿与者寅年之度御調被成下候甲斐も無之、矢張御用便不宜候間、此度夫々聢与及取調候上、筆師・筆毛師取締之儀も今一〆規定取堅メ仕、夫共不承知等申立候向有之候ハ、名前相調申上候様ニも仕候歟、又者矢張寅年之砌奉申上候仕法立を以、御触渡奉願上候哉」と寅年（文政十三年）の仕法が崩れる事態になっているため今回は触渡しを願うべきかと述べている。それでは、何故寅年の仕法が崩れることになったのか。これまでとは異なる状況を勝守は述べているが、この点は後述する。

5　勝守と京都筆墨問屋

文政十三年には京都の筆毛取扱に対する統制も筆墨問屋を介して行われるようになった。京都には筆毛師は存在せず、筆師が諸国から入ってくる筆毛を詰めて製品とし、それを筆墨問屋が買い取り、諸方へ売り出していた。文政十三（一八三〇）年、すべての毛品を勝守の撰分所へ廻し、「御用筆毛撰分相済」の印のないものは取り扱わないこと、御用以外で勝守筆と唱え売り出していたものは、御用の品と紛れないように売り出すことを約し、筆墨問屋連印で一札を差し出している[33]。そして、勝守筆の販売を許された者へは勝守から印札が下され、月々改料として銀五匁を支払うこととなり、天保二（一八三一）年には一三名の者が印札を受け取っている[34]。

さらに、文政十三年には京都の筆師に対する取締も行われた。文書の宛所が「臨時之急御用手当筆細工方　筆師中物代　岡村瀧三郎殿」とあることから、勝守の下細工人以外の筆師への統制と考えられる。「臨時急御用等之節者此方ゟ差図次第筆師相応之御用向も相勤、尚又勝守筆之儀ハ勝守筆売扱所より外方へハ細工被致間敷儀承知之趣承届候[35]」とあることから、臨時の急の御用の節は勝守の指図に従うこと、勝守筆は「勝守筆売扱所」以外には細工しないことを約している。

しかし、天保二年十一月には、こうした約定があっても筆墨問屋だけでは取締が行き届かず、御用筆毛になるものであっても撰分所に廻されずに取引され、勝守筆と称して紛らわしい品も売り出される状況がうまれる。勝守は「御用筆毛撰分相済」の印がないものは取り扱わないこと、印札を渡していない者が勝守筆と称して売り出さないようにする、この二点を京都で触流ししてほしいと願い出ている。(36)

6　渡辺村と浜問屋による囲い込み

文政十三年の仕法が崩れることになった新たな問題として、勝守は渡辺村および浜問屋が囲い込みを行っているためだと主張している。天保四（一八三三）年六月の「乍恐奉願上候口上書」（大⑨60）によれば、毛付荒皮を扱うものが囲置をし、値段の高下を考えて売り出しているという。そのため囲置された毛は毛先がもろくなり、お好み通りの筆をつくることができない。そこで「御当地浜々問屋并役人村之もの」へ毛付荒皮荷（白革師への売却が想定されているので鹿皮と思われる）が着き次第、御用筆毛撰分所へ連絡をするようお声掛けをしてほしい。そうすれば「京都勝武座」（京都八幡《やわた》の白革師）ならびに大坂の白革師へも連絡をして入札させ、高値の方へ売るようにしたいという。浜問屋とは船宿のことと考えられるが、かれらも渡辺村の皮革問屋と同じように、荷物を保管し相場を見ながら売却するという経営を行っていることに注目しておきたい。

船宿による鹿皮買い取りはこれ以降も続く。嘉永二（一八四九）年、大坂町奉行が白革師以外の鹿革取り扱いを禁じる触では次のように出てくる。(37)

兎角ニ白革師共買廻方差妨、並旅籠屋渡世筋抔之内ニハ、他国住之者と馴合、下筋ゟ船路ニ而当表え積登候鹿革を、着船以前海辺え出張、船手之者え申含、荷主ゟ之送荷物之躰ニ仕成、右鹿革買取、又ハ買次之世話等いたし、白革師共買廻方難渋いたし候趣、追々相聞ここに出てくる「旅籠屋渡世筋」は船宿のことと考えられる。彼らが着船前に出張して鹿革を買い取り、あるいは買継ぎの世話をしているために白革師が難渋しているという。六年後の安政二（一八五五）年一二月の触れ[38]においても「船頭並船宿之もの等申合、当表え積登候鹿革類、着船以前、川筋沖手等え穢多共出張、猥ニ売買いたし、白革師共買廻方差支候由相聞」と同じ状況が続いている。文久二年六月十四日に至って、「無印之白革幷鹿切毛之分も、白革師之外、決而売買致間敷事」として次の触れが出されている。[39]

右之趣嘉永二酉年相触候処、近比致忘却、猥ニ白革ニ製作いたし、切毛と仕分、専売買致し候由相聞候、白革師とも〻売出候分、勿論勝武染地撰余革と印を押有之間、無印之白革幷鹿切毛之分も、是又白革師とも之外、決而売買致間敷候

ここではじめて、鹿切毛にまで言及した触れが出された。すなわち、白革師が御用[40]に用いる鹿皮を選んだ残りに「勝武染地撰余革」との印を押し、その印が無いものを白革師以外のものは取り扱ってはならない。また鹿毛についても無印のものは取り扱ってはならないというのである。

五　おわりに

『大阪の部落史』収録の近世史料を読む過程で、筆毛師なる職人の存在を初めて知った。以前白革師に関する小稿をまとめた際に、大坂町奉行が鹿皮とともに鹿毛についても、かわた村による取り扱いを禁じた触れ（文久二年六月十四日）をとりあげた。その時は鹿毛のもつ意味が分からなかったが、今回「勝守陸奥文書」に接したことでその時の疑問を解くことができた。また、「はじめに」で述べた「狸毛師」の記事のことも念頭にあり、「勝守陸奥文書」に興味を持った次第である。

勝守筆は、一八八一（明治十四）年の第二回、一八九五（明治十五）年の第四回内国勧業博覧会に出展されている。[41]

一方経営悪化の状況がうかがえる大坂の筆毛師たちがその後どのようになったかは残念ながら明らかにしえなかった。ただ、大坂市中の白革師が幕末から明治初年にかけて多くは廃業したのと同様、[42]廃業したものが多かったのではなかろうか。[43]一八八〇（明治十三）年頃には旧渡辺村の地区において、年間三千貫目の製毛（販売用に調達した毛）が行われていることから、かつての渡辺村が筆毛生産の中心になっていったと考えられる。一八九五（明治二十八）年のト部豊次郎「大阪渡辺村」に掲載された「皮革分類表」には、七種の獣毛とその用途が書き上げられている。[44]史料の内容にかたよりがあり、明らかにしえた事は限られているが、今後も筆毛についての史料収集につとめたいと思う。

〔注〕

（1）青木美智男『全集日本の歴史別巻　日本文化の原型』（小学館、二〇〇九年）一八四頁。

（2）田淵実夫『ものと人間の文化史30　筆』（法政大学出版局、一九七八年）。

（3）田淵前掲書七一頁。

（4）原毛は、少量の石灰を混ぜた湯で一昼夜弱火で炊き、油抜きの予備作業を行ったという（『昭和五四年度伝統的手づくり工芸品振興調査　有馬筆（書画用）・名塩紙』兵庫県文化協会、一九八〇年）六頁。なお、第四回内国勧業博覧会出品解説書下書きの「製造法」にも「灰ヲ振掛ケ強クモミ立テ毛ノ油ヲ抜キ」とある（『勝守文書』B7-122）。

（5）『シリーズ日本の伝統工芸第6巻　筆・墨』（リブリオ出版、一九九四年）。

（6）「筆匠を支える狸毛原毛師」（『週刊金曜日』三四二号、二〇〇〇年）。

（7）『大阪の部落史　第九巻、史料編・補遺』（部落解放・人権研究所、二〇〇八年）。

（8）「勝守陸奥文書」は大阪商業大学に所蔵されている。目録が『大阪商業大学商業史研究所史料目録　第四集』に「京都御用筆墨勝守陸奥文書目録」として収録されている。

(9) 臼井壽光「弛緩する社会秩序と台頭する被差別民」(『大阪の部落史』第一〇巻、部落解放・人権研究所、二〇〇九年)二二四〜二二六頁。
(10) 拙稿「近世大坂の白革師について」(『柴田一先生退官記念　日本史論叢』柴田一先生退官記念事業会、一九九六年)。
(11) 前田正明「諸獣類取捌きとかわた身分」(『部落問題研究』一二九、一九九四年)。
(12) 『人倫訓蒙図彙』(「東洋文庫」五一九、平凡社、一九九〇年)一六八頁。
(13) 『花洛羽津根』(『新撰京都叢書2巻』、臨川書店、一九八六年)一七六頁。
(14) 『難波丸』(『古版大阪案内記集成』、和泉書院、一九九九年)五〇〇頁。
(15) 『新修大阪市史』第三巻(大阪市、一九八九年)八一六頁、表一二七「正徳年間の諸職工数」による。
(16) 『摂陽群談』(雄山閣、一九七七年)三四五頁。
(17) 『大阪の部落史』第九巻、史料番号56。以降、同書「勝守陸奥文書」からの引用は大⑨56のように表記する。
(18) 史料B。文化十二年九月「預り申銀子之事」(「京都御役所御用筆墨勝守陸奥文書目録」番号C8—243)。これ以降、アルファベットと数字の表記は同目録の番号である。『大阪の部落史』第九巻に収録されなかった文書である。
(19) 文政三年一月「筆毛師中一札写」(B4—119—1)。
(20) 『大阪経済史史料集成』一一巻(大阪商工会議所、一九七七年)。
(21) なお、『大阪商業大学商業史研究所史料目録　第四集』の小田忠氏によるこの証文についての解題で、文政七(これは文政十年の誤り)年二月の白革師の名前として書き上げられているのは筆毛師の名と考える。
(22) 『川西市史』五巻(川西市、一九七八年)三三二頁。
(23) 前掲『川西市史』五巻三七〇頁。
(24) 臼井壽光『兵庫の部落史』第二巻(神戸新聞出版センター、一九八四年)三〇八頁。
(25) 注(9)臼井論文。
(26) 文政十一年正月「就御尋口上書」(B4—50)。
(27) 『大坂西町奉行新見正路日記』(清文堂出版、二〇一〇年)二〇五頁。

(28)『大阪の部落史』は文政十二年と想定しているが、文政十三年の五月以降のものと考えておく。
(29)『大阪の部落史』では「古毛」となっているが「真毛」と読める。『大』二一七頁上段三行目で「真毛」と読んでいる字と同じで、ここは「真毛」とすべきである。
(30)注(9)臼井論文。
(31)前掲『大坂西町奉行新見正路日記』三一五頁。
(32)前掲『大坂西町奉行新見正路日記』三三〇頁。
(33)文政十三年十二月「京都筆墨問屋連印」(B5―113)。
(34)天保二年一月「京都筆墨問屋差入一札印取帳」(B5―112)。
(35)文政十三年十二月「差入置一札之事」(B4―198)。
(36)天保二年十一月「乍恐奉願上候口上書」(B4―39)。
(37)『大阪市史』四巻下一八七五頁。
(38)『大阪市史』四巻下二二四七頁。
(39)『大阪市史』四巻下二二四七頁。
(40)白革師は三事御用と呼ばれる御用を勤めた。注(10)の拙稿参照。
(41)明治十三年二月六日「筆出品目録」(B7―123)、第四回勧業博覧会出品目録(B7―120)。
(42)盛田嘉徳『摂津役人村文書』(大阪市浪速同和教育推進協議会、一九七〇年)六五頁。
(43)『西成郡史』(名著出版、一九七二年。原本は大正四年刊)五一〇頁。
(44)盛田前掲書、二四二頁。

(補注)

脱稿後、杉本昭典『暁の遺産　火内村の歴史と勝福寺の由来』(非売品、二〇一三年)に接した。万延元(一八六〇)年の一橋徳川領の「火内村年貢免状」に、五カ年分の冥加銀として、「革鞘冥加銀」が銀五〇目、「筆毛製方冥加銀」が六

○目との記載があり、筆毛生産が活発に行われていたことが、「火内村文書」からもうかがえる（同書、七四頁）。

〔付記〕

本章は二〇一〇年二月、大阪近世人権史研究会で「筆毛をめぐる人々―守陸奥文書の分析を中心に―」と題する報告を行う機会を得て、それをもとに作成した。成稿にあたっては臼井壽光氏から多くの有益なご教示を得た。記して謝意を表したい。

〔史料1〕

勝守が筆代金を御納戸から受け取る。

「勝守陸奥文書」（C8―246）慶応元年九月

請取申銀子之事

一銀四貫八百拾九匁五分

但　勝守筆四千弐百対之代

一銀壱貫三百九拾壱匁弐分

但　御割増

合銀六貫弐百拾匁七分

右者去子年正月分ゟ六月分迄六ケ月分為筆代銀書面之通、
奉請取候処実正也、仍而如件

慶応元年九月

村井陸奥　印

御納戸

〔史料2〕

筆毛師仲間が毛付毛皮を受け取り、その毛代および皮代を勝守に報告する。

「勝守陸奥文書」（B2―78）天保二年四月二十九日

覚

一御用御筆毛附鹿荒皮

六拾七枚

此代金弐拾壱両三歩也

但　六両者毛代

拾五両三歩者皮代之積

右之通ニ御座候、則毛付荒皮之侭我等仲ケ間江慥請取申候、尤毛切取候て跡皮之儀者、早速返上可仕候、為念預り一札仍如件

天保二年卯四月廿九日

塩町弐丁目

石川屋卯右衛門　印

石川屋安兵衛　〃

河内屋源兵衛　代利八　〃

小林屋伊八　〃

播磨屋新右衛門　〃

小林屋和助　〃

大和屋弥三郎（代源兵衛）　〃
小林屋仁兵衛　〃
小山屋与兵衛　〃
河内屋惣七　〃
大和屋弥右衛門　〃
播磨屋治助　〃
安土町三丁目
小林屋新兵衛　〃

勝守陸奥殿

〔史料3〕

丹波国桑田郡吉田村の四人の者が、御用手当銀を勝守から預かる。

「勝守陸奥文書」（C8—225）文化五年閏六月

奉預リ御銀之事

一合銀弐貫三拾目也

右者、御本丸御納戸御用御手当御内借御銀之内、書面之銀高諸向渡方為替銀慥ニ預リ申候処実正也、返納之儀者十一月廿日限此手形ヲ以急度返弁可申候、万一日限於遅滞者、別紙引当田地差入申置候ニ付、早速売払代銀相渡シ可申候、若田地代銀不足仕候趣、其外如何様之難渋出来仕候共右御銀連判之者共ゟ急度相立可申候、為後日預リ御銀引当手形仍而如件

文化五年辰閏六月

丹州桑田郡吉田村
定右衛門
忠左衛門
勘左衛門
彌左衛門

勝守陸奥殿

第8章　近世被差別民における縁起・由緒書の成立事情について

森田康夫

一　はじめに

我が国において縁起書の類は平安末以来、社寺などの創建に始まる来歴や信仰をめぐる霊験談などの奇瑞現象を述べることで、人々の信仰心を高揚させるために盛んに作成されてきた。このような縁起書ないしは由来書なるものが社寺信仰そのものから抜け出し、やがてその周辺に生きる被差別民の世界にまで拡散されることで、被差別民は自らの存在性を語るようになった。この時、仏縁を求めるものは縁起書を作成し、そうでない社寺と直接関係することのなかった被差別民は由来書によったり、また時の朝廷や領主から与えられたとする公文書によって自らの身分的存在性を主張した。

彼らは自らの存在性を自国の歴史はもとよりアジア的な伝説の世界から自らの存在を意味づける神話の世界を構成した。その意味では古代大和国家の成立を物語った『古事記』伝承を思わせるものがあった。大和国家も幾多の氏族国家を打破したり統合して形成されたところから、自らの出自の正当性を神話の世界に求めてその統一の過程を語り継ぐ集団の口承から取捨選択して記録を残した。

このような古代国家の存在証明の由来書と同様に、我が国に於いては時代を超えて内容に精粗はあるにしても、近世被差別民の縁起・由緒書の世界においても神話的伝承を確かな記憶として継承されてきた。それにしてもそれらは何時頃、どのような事情からどのような人々の願望により記述されたのであろうか。これまで個々に述べられてきたこれら被差別民の縁起・由来書などについて、本稿では大坂（摂河泉）の代表的な被差別身分として存在した三昧聖《さんまいひじり》、(1)かわた、夙《しゅく》、非人について、その身分的存在証明が問われた前近代社会においての意味を考えてみたい。

二　由緒・縁起に見られる自意識

それぞれ人間はそのおかれた自然と歴史的環境のなかで形成された物事に対する生活感を異にするなかで、わが国の場合は死穢を殊の外に忌み、その延長線上で牛馬の飼育などに携わることが賤しい職能として受け取られていたことは、すでに『続日本紀』の記すところであった。(2)しかし人間が存在する限りさまざまな職能が社会の必要として営まれるとき、人に忌避される職能もそれを誰かが営むことで人間生活が成り立ってきた。まして身分制度を前提として構成された前近代社会においては、人の忌避する職能に従事することは賤視の対象となり、日常生活の上において何かと制約を受ける身分として自らの存在に深い慙愧《ざんき》の念にとらわれた。

しかし歴史のなかでそれぞれの被差別民は社会的事情は異なるも、自らの存在性をそれぞれの被差別民としての社会的形成を自らの来由として語った。それはまがうことなく被差別民の存在証明として、自らの職能を述べることで社会の誤れる眼差しを正し、職能の由来を無視するものに対して、その保持の正当性を歴史に照らして証明するものであった。歴史的に見てその最も早い自己主張は人の死に立ち会い葬送儀礼をつかさどる三昧聖たちによって開始された。

人はこの世に生を承けた限り必ず終末を迎えなければならない。その人の死を弔うのが葬送に従事した三昧聖の職能であり、近世以来、俗に隠亡《おんぼう》などと称せられてきた。摂河泉では河内国を中心に、西大寺叡尊《えいそん》の下で各地に行基菩薩との結縁を示す石塔の建つ惣墓《そうはか》が鎌倉期に形成され、墓守をする斎会衆《さいかいしゅう》がおかれた。(3) この斎会衆こそ最も早い葬送を取り仕切る人々として登場した三昧聖の姿であった。(4)

この三昧聖の由緒書を伝える東大寺本によると東大寺創建に尽力した行基とその衆徒の「庵室三昧精舎墳墓建立《あんじちさんまいしょうじゃふんぼこんりゅう》」の願いが聖武帝に聞き届けられ、その宣命を受けて行基の後継者としての三昧役の志阿弥法師《しあみほうし》とその宗弟に末代まで萬雑の諸役を委託する旨が述べられていた。

それが行基の生まれた和泉国に伝わる文書では、結縁一衆の役として志阿弥法師に「安（庵）室三昧一衆《あんじつさんまいいっしゅう》ノ役《やく》」が与えられ「葬野ノ棺、追善ノ類、施餓鬼ナドノ寸志、尺木、尽ク進退致ス」など葬送儀礼に伴う施与物の処分権の承認とともに三昧聖の名称について「聖武帝崩御ノ後、百箇年計リ、而ラバ聖ト名乗ル可レ」となり、さらに和泉国が葬送儀礼の発祥地として重要な位置にあることを行基伝承を媒介にして語られていた。(5)

このような東大寺系の由緒書に対して山城・大和では真言・天台・法相宗系の由緒書として『諸国御坊聖格式之事』『御坊聖格式之事』があり、平安朝期以来の神仏習合が進むなかでは釈迦伝承と三輪の神を動員した神仏混淆系の『大日本国二十五三昧縁起事・三国弘通解脱上人釈』(6)があった。これらはそれぞれ作成された時代背景のなかで職能の意義を述べることで自らの身分と格式が主張されていた。

とりわけ近世初頭の『御坊聖格式之事』においては「和州葛城極楽寺並ニ片岡山極楽（寺）ニ於テノミ御坊聖ト御定コレ有リ、其ノ外余リ皆ナ葬坊非寺里ト御定ナシ遊バサレ候コト」(7)とあるように各地の極楽寺系の聖を頂点に葬坊非寺里《ひじり》、即ち三昧聖として組織化されていたことを示すものもあった。何れにしてもこれらはすべて偽文書の類であったが、三昧聖の存在が東大寺の創建に由来することを主張するものであった。

このような存在証明の文書群を以て、近世初頭以来の支配政策の変更に伴う人別支配や村落社会からの格式無視に対してその由来が示され、死穢にかかわることから非日常性に生きる三昧聖への村落の差別意識が増幅されるなかで、それを排除しながら三昧聖としての存在性を主張する拠り所とした。

人間存在にかかわる宗教性と不可分な三昧聖に対して、平安時代以来、二毛作の普及に伴う牛馬の農耕使用の普及は当然のこととして斃牛馬の数をまし、最終処理者への穢れ意識と引き換えに貰い受けの慣行を成立させていった。そこからこれに携わる者が一身に穢れを引き受ける所から「穢多」と表記され、皮革などを扱う職能から細工と呼ばれ、居住地から河原者、さらには農耕地を皮の干し場とするところからかわたなどと、さまざまな呼称で呼ばれてきた。

そのなかから作庭にかかわった人々を含めたかわた系列の人々は、斃牛馬から薬種を取得したり神事の弓的や弓弦、太鼓などの道具を作り出し、戦乱の時代になると革靴、よろい・すね当てなどの武具や馬具などを細工することで皮革を不動のものとしてきた。このような流れを受けて平和な徳川時代になると、これまでの斃牛馬や皮なめしと云う非農耕的な職能に加えて僅かばかりの土地を耕作しながら、太鼓張りや履物、印籠入れ、煙草入れなどの生活用具の加工を生業として職能化していった。

しかし自立した職業となるために、斃牛馬の貰い受けによって成り立つという構造は賤視の対象となることになり、加えて前代までの武具生産者としての在り方から異類の存在として認識されるようになった。そして権力もまたこのようなかわたの動向を無視しえないので宗門改帳において別帳化した。

この時、自らの生業に至る由来を明らかにすることで、斃牛馬の取得権や芝居興行にともなう十分の一税など、さまざまな慣習がかわたの生活空間から発生した歴史的・宗教的根源性を内外に明らかにし、併せてかわたの結束を計ろうとした。これが河原巻物と呼ばれる一群の記録であった。

なお河原巻物には大きく分けて二つの流れが指摘できる。その一つが近世元禄末に木津川口に再移転を命ぜられた摂津役人村こと渡辺村を頂点とした河原巻物で、いま一つが関東の長吏系村々に伝わる、関八州を支配下においた弾左衛門の手による由来書であった。

過去の記憶が次第に薄れゆく近世後半、西大寺叡尊の『感身学正記』に非人宿と述べられていた奈良坂非人に見られる、中世宿から転化した夙村《しゅくむら》とかわた村との差異化が問われた時、自らを古代天皇家に殉死《じゅんし》した一族の後裔として貴種を主張したのが摂河の村々の枝郷としてあった『殉臣《じゅんのおみ》村々由来書』であった。

　正に今河内国に住ふ殉臣後裔と称す其世系を訪ふに、いはゆる往し垂仁皇帝の御宇、皇后薨して葬にのそむの時、菅之遠祖奏仁愛政、土師若干を卒して、以恒物作、殉人止む、しかしより以来、必殉臣たるへきもの微服潜行して、妻子をたずさへ率ひて所縁に寄寓し、所々におひて蟄居す[8]、

夙村は近世になると土地の大小は別として農耕民化したが、中世においては「業病」を患うものや遊行を続ける人々の足を止める場所として、荘園内の一角や河原の近くに集落を形成し、さまざまな労役に従事し時には在地勢力に加担する兵力として自らの意思を主張することもあった。

何れにしろ近世社会においては本村の成り立ちとは異なる村として距離をおかれてきたが、かわた村視されることをなによりも屈辱とするほど、近世社会において農耕民化の度を深めていた[9]。

中世までは被差別民の総称として非人なる語が用いられてきた。しかし近世の非人は中世と連動するものではない。摂河泉においては町方の手下として大坂市中の四ケ所非人を中心にした在方村々の非人番の総称であった[10]。

このような刑吏役の非人に対して町や村を徘徊する野非人があった。野非人は言わば乞食の類であったが、大坂における近世非人とはこれら野非人を取り締まる天王寺・鳶田・道頓堀・天満の四ケ所垣外《かいと》のことであった。彼らもま

た自らの来由を語る「四天王寺悲田院施行院由緒」及び「四ケ所垣外由来書」なるものを護持していた。

それによると聖徳太子の在世の時に悲田院・施行院が建てられ、

> 其昔、御太子様無縁の貧人ニ施行を御曳被為成候所ニ而御座候、則悲田院之者共を役人と御定被為成、忝茂御倫言を以我等共先祖此役を奉り、無縁之貧人を集、天子様より之御施行を是ニ配当仕候、（中略）此悲田院施行院御取立被為成、貧人成仏之霊地と御名付被為成、則摂州河内両国之貧人司を被為仰付候、(11)

とあるように、四天王寺非人は摂津・河内にまたがる貧人への施行を取り仕切る長吏としての出自を誇り、大坂の町が形成される慶長十四（一六〇九）年及び寛文三（一六六三）年に四ケ所垣外が形成されたことが述べられていた。牢番や追捕探索、行き倒れ人の片づけなどの汚れ役を受け持った非人に対して、大坂では牢番役を買って出たのが髪結であった。市中の利用を見込んで川の両橋詰めに床髪結の営業権を取得するために下級刑吏役という人の嫌がる職能を担当した。

彼らはその職能にある限り賤しい職能としての視線を浴びたが、その職能から離脱すれば平民として取り扱われる身分であった。従って自らの由緒を語ることもなく、たまたま町方の文書「大阪藍觴《らんしょう》書一件」のなかにその成り立ちが記録されていただけである。

なお大坂周辺の村々には既に近世の初頭以来髪結の存在が検地帳に記載されていた。彼らは村方から仕事場を与えられ米麦の施与などを受ける村抱え身分として存在し、大坂市中の床髪結とはその発生の形態を異にした。しかし幕末になると都市犯罪の増加に伴い大坂市中の床髪結だけでは牢番屋敷勤めは重荷となり、在方髪結職にも牢番役を求めるように奉行所に申し立てた。そのため文政十（一八二七）年より一カ月に一人または賃銀三匁の供出が求められた。これが村役人を巻き込み村方髪結との間で紛争になっていった。

三　由来書・縁起類の成り立ち

それでは三昧聖の縁起類はどのような社会状況のなかで発生したのであろうか。彼らは自らの存在性を古代における東大寺創建の経緯のなかに求めるために偽文書を必要としたが、それらは縁起成立の前提としての故事来歴であった。三昧聖が歴史に登場したのは西大寺叡尊による惣墓に斎会衆をおいた時からであろう。この惣墓での三昧聖の慣習が近世社会に向けた政治の転換期に身分的保証を求めたときに、自らの来歴を示す縁起を必要とした。

先ず墓地を除地の対象とすることであり、墓地内を三昧聖の占有権に任せる前代からの慣習の承認、加えて三昧聖そのものへの身分的な諸役免除の確認であった。この時、東大寺竜松院を後ろ盾とする東大寺系の三昧聖は行基との結縁を主張し、神仏習合を受けて形成された浄土系の三昧聖は釈迦や三輪明神との結縁を主張することで自らの営みの宗教的正当性を立証しようとした。かくして三昧聖が手にしたのが片桐且元からの諸役免除の書状であった。

和泉国中聖共諸役御免除之理申上候、然者在之田地作り申ニ付、諸役石懸ニ従庄屋中申慮由候、自往古無之儀候者今以令用捨候条、前励之通百性かたへ此墨付を以可申理候也

片桐市正

慶長拾年二月廿八日

聖中(12)

三昧聖が長々と自らの来歴を申し述べてきたのは、このような大きな時代転換のなかで身分と職能の保全が欠かせないところから、行基信仰に生きる泉州筋において自らの由緒を主張する条件が具備されていた時に成立したと推測できる。

それに対してかわたの場合は多少なりとも農地を保有するも、皮革を細工する職人の村として位置づけられたので斃牛馬の職能はついて回った。したがって生業の上では大きな変化がなかったので摂河泉のかわた村々は平和な時代に順応するだけであった。しかし摂津役人村の場合は西日本からの海上ルートを抑え皮革の拠点として自らを形成するとき、内外に自らの職能を堅持するために皮革を軸とした神話の形成を誰よりも必要とした。このようにして生まれたのが河原巻物として最も優れた自己主張の書『穢多由来書』であった。

河内国更池村の本村庄屋家に伝えられた『穢多由来書』は「河田持参写しおく」(13)とあったように、宝永四(一七〇七)年の出来事であった。宝永四年といえば渡辺村が元禄十一年に川普請に伴い木津村に再移転を申し付けられ、ようやく元禄十四年から宝永三年にかけて移転を完了した。そして役人村渡辺が名実共に皮革の町としての自覚のもとに、摂河泉かわた村々の頂点に立つことになった。当然それに必要な自らを語る由来書が求められた。

多くのかわた村には金銭的負担も大きく、また自らの存在をしめす由来書の作成などには差し迫った必要性はなかった。しかし新規に町割りして西日本に皮革の集積を展開する渡辺村にとって、皮革のとり扱いが神仏に奉仕する大切な営みであることを関係村々に知らせることは、自らの職能的存在性を高めるかわた村としての結束を強化するためにも必要な伝承であった。事あるごとに西本願寺からの多額の寄進に応じた渡辺村にとって、河原巻物の作製にかける費用などは微々たるものであった。そこで本願寺あたりの学僧に依頼して作成されたのが『穢多由来書』であろう。

この河原巻物は一見して『弾左衛門由緒書』に見られるように、かわたに属する様々な既得権益を網羅するのではなく、中楽《さるがく》への十分の一税などについて述べてはいるがいずれも中世的次元での記憶で、社寺における関連行事での貰い受けの慣習のあったことを示すも、記述の基調は河原に住まう人々の氏神は「天竺毘舎利国の大王縁太羅王子」であり、釈尊が擅徳山・霊鷲山で父母のために報恩経を百日説いた際に、牛馬の皮を取り、太鼓・鞨鼓に張り、釈尊え登せ候御義、恩賞に霊鷲山・竹林精舎・祇園精舎その外天竺の内大伽藍に太鼓張り申し、すなわち細工守護神に定め候（『穢多由来書』）

とあるように、かわたの氏神と細工人の守護神の神話的記述で始まり、さらに縁太羅王子が河原人の氏神である理由について

かの《(形カ)》縁太羅王子、日本穐津嶋《あきつしま》に我手指七つ切り投げ給い、近江国志賀浦に流れ留まり、人の願となり候。その名を粟舎利《あわじゃり》と申すなり。その時、巨旦《こたん》長者と申す者あり。慳貪《けんどん》第一の物に候間、牛頭《ごず》天王飛び来たり給い、長者を罪に当て給う時、かの粟舎利の子に蘇民将来《そみんしょうらい》と申す者あり。（中略）天王かの蘇民将来ばかり除き給うなり。それによりて病処に蘇民将来と云う札を立て置き、平安になり候は、この謂われなり。

粟舎利ならびに蘇民将来親子は志賀浦に住み給い候えば、河原先祖なり。（中略）近江国山王・京の祇園殿・播磨弘嶺殿、これは細工の氏神なり。……

粟舎利と蘇民将来が細工を営むかわたの先祖であると言うのである。そして近江の日吉大社と京都の祇園社と播磨の広峰神社が皮革細工のこの国における氏神であるとした。

さらに伊勢皇大神宮の式年遷宮の際の宮遷りや鳥居などの安全祈願に蘇民将来の札が建てられることを示し、京都の南の大坂に接する男山で

鹿皮千枚、牛皮千枚、馬皮千枚、三千枚を鋪《し》き、七日七夜御神楽参られ候事、八幡宮現じ給うなり。本地弥陀なり

と、細工を営む河原者の奉仕する敷き皮の上で舞われた降神の儀式で、八幡神が舞降り立たれ、その本地が阿弥陀仏であるとした。このように神仏混淆の神々を自らの祖神と関係づけたものが『由来書』の骨子であった。

古代的偽文を装いながらも『穢多由来書』は近世かわた村にとってもこの国と深くかかわる存在として、その営む

職能は決して卑しい穢れ多き行為ではなく、この国の『古事記』以来の神々に迎えられ受け入れられてきた職能として、かわたを卑しむものに蒙をひらき且つ自らの存在性への誇りを訴えるものであった。その限りで斃牛馬とそれに関連する皮革生産の職能的自立を主張するものであった。

その意味からも『穢多由来書』はその他の由来書に見られる、かわた村の過去に向った様々な既得権の擁護を主張するものと比して、自らの由来を説くことで皮革の技と祖神が、この国において重要な役割を果たしてきたことを明らかにすることで、現在から未来に向ってその職能を意義づけるものであった。そしてこのような『由来書』を河内更池村のかわたが本村庄屋に見せたのが宝永四年のことであった。

この前年に大坂では大和川付替えの大事業がなされ、この工事で隣村の枯木村領かわた村は移転を余儀なくされた。そこで草場をめぐる紛争がおこらないように新大和川を軸に再確認するため、かわた村に伝わる関係文書の提出が本村庄屋から求められたのであろう。この時、更池村かわたが所持していた『由来書』の出どころとして考えられるのは、更池村にも影響力をもつ渡辺村以外には考えられない。皮革の町渡辺村の近世的繁栄の由来をしめすために作製したものが『穢多由来記』であった。

石田梅岩の『都鄙問答』は明らかに商人の営利活動が誠実になされる限り、その活動は武士の俸禄に準ずる営みであるとした。営利活動を卑しむ近世の封建道徳に対して天が与える人間的営みとして、商業活動が人間社会の重要な一環であることを陽明学を媒介にして明らかにするものであった(14)。そしてかわた村の『穢多由来記』もまたこの国の神仏の支える営みとして、その職能が宗教的大自然の叡智と深くかかわる行為としての所以を説くものであった。

物流に携わる商業活動が、社会のなかでそれなりの地位を占め始めた元禄以降において、それに携わる商人に止まらず、かわたも彼らのもたらす皮革とその関連商品が物流の一角を占め、市中で営まれる同等の商業行為としてそれを卑しむ社会的価値観を打破して自らの存在を自覚するものであった。都市の町人と対等に肩を並べて取引する渡辺村住民にとっても決して例外ではなかった。

おなじ由来書を持ちながらも夙の場合はかわた村との差異を主張せんとしたところに、その情念的な存在性から自らを貴種と位置づけることに腐心していた(15)。『家系之来由』によると永禄元年に五条大納言為康に故実を上申し、土師の姓と家系の由状を下付されたとのことである。しかし戦乱で喪失したので明和三年に再度五条少納言為璞から書き与えられたとするものであった。この書付が文化十三年になると摂河の村々及び山城・大和の三十三カ村の夙村に行き渡った。この時、なにが夙村に起こったのであろうか。

それは奈良坂の夙から夙神の奈良坂春日祠造営のために、多額の寄進が各夙村に申し付けられていたのである。そこで京都五条家の輩下に属していた殉臣村々では、奈良坂との古い関係を断ち切るためにこの賦課金を拒否したのである。この反対運動の先頭に立っていたのが大和長柄村の中野義雅であった。夙文書は農耕民として自立するため、ひたすら菅家末流としての貴種を誇ることで過去と決別し、かわた村との差異化をはかろうとしたものである。

四　おわりに

人がその出自によりいかなる差別もあってはならないとするのが、今日の人権意識であり、一人の人間としての努力ともって生まれた資質により、自らに適した職業を選択することで社会生活を営む権利を私たちは保有している。従って私たちは自らの意思に反して一つの職業に固定されることはない。これが人を身分に分割して生涯にわたって一つの職能に緊縛した前近代社会との根本的相違であった。

社会生活上の多数者の視線から見て違和感を懐かせる被差別民は、自らの由緒・来歴を語ることなしにはみずからの心性の世界において安住することはあり得なかった。それはどのような言葉で語られていようとも自らの職能、自らの人としての存在性を主張するものであった。

それがありえない歴史空間のなかで語られた偽文書であっても、私たちはそこに人間の声を聴きそれを受け止めなければならない。そえ故、このような縁起や由来書によって人間回復を求めなければならなかった人々の存在を無視して、近世社会の多様性を論じてもそれは空疎な限りであるといわざるを得ない。これらの被差別民もある時代において人間社会が必要とする職能を分担し、その社会を支えていたことを忘れてはならない。

〔注〕

（1）天平十六（七四四）年、馬飼の姓が忌避される。『続日本紀』「新日本古典文学大系」13巻三四七頁以下。
（2）三昧聖の存在形態など詳しくは細川凉一編『三昧聖の研究』碩文社。
（3）細川凉一『中世の律宗寺院と民衆』吉川弘文館、九一頁以下。
（4）堀一郎『わが国民間信仰史の研究』二巻、六一〇頁以下。
（5）『大阪の部落史』一巻、五二〇頁以下。
（6）『大阪の部落史』九巻、二八一頁以下。
（7）この「非寺里」表記から窺えるように中世末において寺僧としての聖と葬坊としてのひじりの分化が行われ、近世初頭にはそれが定着していたことを示すものであろう。
（8）『羽曳野市史』五巻、二一三頁。
（9）拙稿「多様な〈情念的〉賤民」『新修大阪の部落史』四二五頁以下。
（10）大阪四ケ所非人の存在形態などについては、のびしょうじ『被差別民たちの大阪』解放出版社、及び塚田孝『都市大坂と非人』山川出版社など。
（11）『大阪の部落史』九巻、二七〇頁以下。
（12）『大阪の部落史』一巻、五二三頁。

(13)『更池村文書』二巻、一四七頁。

(14) 拙著「梅岩思想の基層としての陽明学的志向」『大塩思想の射程』和泉書院、二〇一四年所収。

(15) 中世末の河内の宿から叡福寺の会式に弓弦を、かわたからは的《まと》がそれぞれ献上(『応永年中旧記』)されたり、またその生活空間も河原であったりして、かわた村と隣接するなど紛らわしいところがあった。

コラム

初期大坂四ケ所十三組と浜稼ぎ

はじめに

大坂四ケ所《しかしょ》垣外組織の構造について、『被差別民たちの大阪』や長吏文書研究会などで筆者がこれまでに明らかにしてきたことを軸に箇条書き的に示せば次の通りである。

1. 居住地除地を与えられた順序から天王寺・鳶田・道頓堀・天満の、都市大坂に隣接（町続き在領）して居村（垣外集落）が成立する。自らも四ケ所と呼び各垣外を越す課題や在方徴収役銭を処理する必要から合議機関高原会所を持った

2. 以下天王寺垣外（悲田院《ひでんいん》）に代表させて述べる。世襲の長吏家が一、これまた基本的に世襲の小頭が五家、合わせて「御仲《おんなか》」と呼ぶ執行部を構成する。但し小頭は絶家の放置や若き者からの取立てもみられ流動的一面をもっていた

3. 居村の多数構成員は「若き者」からなる。悲田院の場合近世前期から一二二家、元禄四年道頓堀では五二家である。ここまでが狭義の垣外仲間である。長吏から若き者まで家を持ち家族を構成していた。その前提に家屋敷・地を所持し、かつ旦那場権（家督）所持資格を有する。同時に大坂町奉行所の御用を勤める義務を負っていた

4. 狭義の、と断ったのは元禄十一（一六九八）年の『天王寺領内悲田院仲間宗旨御改帳』があり、そこには一八九家五九六人が記載されている。宗門帳に登録された人別が正式の構成員であるという原則からすれば、およそ二〇〇家が悲田院仲間として誤りでなくなる。ところが帳面の内部は三つに分かれており悲田院仲間一二二家四〇一人・手下新非人三〇家九九人・新屋敷手下非人三七家一〇〇人となっている。

後者が二つに分かれている正確な理由は不明で、市中非人狩込みの時期の違いと、後者が垣外居所とは別のところに住むことになったためであろうと推定する。ともあれ奉行所からは悲田院垣外は

二〇〇家、けれども彼ら自身としては仲間といえるのは一番目に書上げられた一二二家のみだったのである。このことは天明九（一七八九）年悲田院・鳶田両長吏の名で大坂東町奉行所与力荻野宛回答として出された文書に「悲田院長吏下囲内ニ罷在候者共人数　三百七拾九人」とあり、その人数は先の宗門帳の総数ではなく、狭義の悲田院の人数書上げとなっていたことからも明らかである。悲田院垣外という場合ここまでを指す。一九世紀には若き者総数が七〇軒、実際に御用に出るのは五〇軒にまで激減する。御用に差支えるまでになる。

　にも関わらず、たとえば小屋者から実躰なる者を引上げ若き者に取立てるなどの措置は講じられていない。株化した権益を有する若き者と、排除された小屋者との歴然とした差と両者の厳格な「自格」（当時の用法では身分とするのが適切だが、大文字の身分との混同を避ける）意識が存在していたのである

5. ともあれ広狭二通りの垣外規定のあること、広くとってもここまでが垣外身分であった。その外側に四ケ所もしくは各垣外の管理下にある二種類の「貧人」集住地があった。前者は高原、東横堀辺浜側・高津《こうづ》宮ノ下・中之島・北野町・寺町前などの御救い小屋であり、後者は各垣外近くに作られた小屋地である。悲田院では砂場・毘沙門池、鳶田の山添が代表的な集住地であった

　大坂市中・周辺地の非人狩込みは慶安五（一六五二）年正月十三日のそれを嚆矢とする。奉行所→町惣代を介して四ケ所に伝えられた指示によると①町中に近々居付いた者②寺門前の息災者が対象になっている。「かたわ」・病者は寺の判断に委ねられている。このように市中と続き村・寺社門前などには袖乞いや喜捨に廻る者が普通にみられたのが伝統社会である。小屋地が設定されたことによって、その周辺に多くの貧人がさらに寄り集まることになる

　いうまでもなく小屋者以下市中・続き村の散在貧人まで四ケ所の制道対象者ではあっても組織の一員ではない。ところが先に引いた天明九年の与

コラム

力荻野への報告では四ケ所で千六拾弐人を書上げた後に「此外二十三組小頭支配下人数凡そ千計りも御座候」とあたかも組織下にあるかのように書上げていた。また実際小屋者たちが集住する実態をみれば、視覚的にもそれが垣外集落の一部とみなされて不思議はなかった

6．在方に目をやれば枢要の地に小頭がいた。先の垣外小頭と区別して在（方）小頭と呼ぶ。化政期摂河で五三人という。藩領ではその内から番人頭を任命して指揮系統を整えている場合が多い。高槻・尼崎・平野郷では藩や郷の頭が江戸中期に四ケ所の支配に入っている。ところでこの在小頭は特定の垣外組織と強くつながっている者と、四ケ所の小頭である両方の場合がある

歴史的には前者が早い。非人番の普及と組織化は垣外ごとに進行したものと考えられる。高槻にほど近い島下郡では享保十六（一七三一）年八月水尾村小頭喜兵衛が罷免された際、その期に乗じて鮎川村など五村の非人番は村の支援を得て小頭抜きの四ケ所直支配を嘆願している。四ケ所組織の整備に伴い後者が基本となるが過程は現在を規定して、特定垣外との強固なつながりが認められた。文政～天保頃（一八一八～一八四四）実直者だった天満長吏作兵衛の下にいた豊中原田村在小頭弥七は煙たがられて配下の非人番のなかには悲田院長吏善助らによって暗殺されたという

7．村には非人番が置かれた。元禄を大きく遡らない時期に畿内に普及した村治機構である。現在では貞享二（一六八五）～三年和泉国の事例が初例とされている。後期には府域全村を覆ったとして大過ない。宝暦期を画期として四ケ所による組織化・系列化が進捗する

長吏の組織という位置づけ

やや長い要約となった。四ケ所と各垣外、境界に存在する小屋者、市中や町続き村に散在する「乞食・非人」、在方に組織された番人小頭と広範な村々に雇われた非人番の布置の一端は理解されたであろう。

高久智広は「四ケ所長吏の指揮下で大坂町奉行所

の御用に携わった組織を『長吏の組織』と位置づけ」た。そこには「四ケ所の垣外仲間、および摂津・河内・播磨の村方非人番を含め」るという。幾重もの事実誤認の上にたつ規定であり、多くの死角を作ることになるであろう。四ケ所は代官所御用（牢番のみならず摂河御料・遠国御用）も担っていたし、反対に非人番総体が四ケ所の支配下にあったわけではない。村限りの者も時代を遡れば多い。

さらに重要な点は在地御用の要に位置する在小頭、そこに連なる非人番はいずれかの長吏の系列下にあったのではなく、四ケ所全体の指揮下にあった。また摂河と播磨を同列に置くことは非人番が置かれた複合支配の実態を覆い隠すことともなろう。播磨では村・藩・四ケ所の重層支配の下にあり、四ケ所の支配は役銭の納入のないことからも臨時的外在的なものであった。摂河では歴史的由緒から若干の非人番が一つの長吏の指揮下にあり、それは直場と特別に呼ばれていた。つまり支配下にある大半は四ケ所の指揮下にあったのである。ここで問題にする十三組では各長吏の下に置かれた小屋頭（各二人合計で八人）とは別に、残る五人は四ケ所の指揮下にあったのである。

「長吏の組織」論は高原という重要な存在を位置づけられず、在方小頭のあり様など基本的な諸事実を等閑に付してしまうこととなるのである。

十三組小屋頭の成立

十三組がどのようにしてうまれたか。私たちは成立したとされる年次より百五十年後の弘化二（一八四五）年のある史料で知ることになる。やや長い要約になるが次のような背景と事情があったとされる。①都市大坂の復興事業（大坂の役などで荒廃した大坂の労働需要で諸国より大量の人間が流入する）の一段落とともに、稼ぎ先を失いながら故郷にも戻れないで滞留する人々を、治安維持として狩込み空き地に小屋を建てて収容した。天和四（一六八四）年二月各地小屋地が市街化によって移転を求められるなか、四ケ所地の近くへの小屋立てを命じられる。そうして各垣外に隣接して作られた小屋地の「非人共世話させる」ため小屋者の内「心底宜しき者共十三人を

コラム

見立て」た　②各垣外に二人ずつ、残り五人も場所を定め、「十三組小屋頭と相唱え……四ケ所長吏共手下」とした　③小屋者差配であった小屋頭を奉行所御用に使うようになったのは正徳五（一七一五）年六月市中・摂河在とも物騒になり長吏・小頭の手が足りず、願い出て勤めさせたのが始まりで、現在でも小頭同様の御用を勤めている。このため時に小屋頭を小頭とも呼ぶ　④けれども上記の如く「身分の濫觴・訳柄も相違」する。そのあたりの事情を奉行所から尋ねられ文政十年十月委細を言上した（残念ながらこの重要史料控えは悲田院長吏文書に残されていない）。別の史料では小頭と小屋頭との間に婚姻はないとある。

右の由緒はそれが書かれた時点の文脈に即応して当然省略と加筆がなされている。今日解明されている限りの事実を指摘しておく。まず天和四年は移転というよりも狩込みであった。小屋者が主たる対象だったのだろう。その結果各垣外へ一五三人ずつが預けられた。道頓堀垣外は彼らは「前々より私共札下であった」と書上げているから、それ以前から乞食札を出す関係にあった者たちだったのである。居所近くに小屋地を確保するため道頓堀では新たな囲い地、天満では長吏所持地が割かれ、悲田院でも新地が確保された。小屋地造成のため奉行所から銀二貫四〇〇目が渡され、垣外者が実働して造成が行われた。

初期十三組の実態

天和四年の小屋者たちの新しい小屋地への集団移転を契機に十三組小屋頭が生まれた。四ケ所・貧人を包含する重層構造に強い関心を持つ私は何とか成立期の十三組の実態に迫る史料はないものかと思い続けてきた。

悲田院長吏文書にはほとんど十三組の出る史料はない。それでも断片はあり、そこに名のみえる小屋頭が列挙された稀有の文書があった。それは宝永六（一七〇九）年三月「手形」と題した「浜稼ぎ」をする者たちの掟書請状である。十三組が作られた時から二五年後というだけでなく、成立前後の事情の一端を知りうる。前半に破損が大きく正確な意味を

表　浜稼ぎ組の内訳（宝永６年）

	組	署名者	備考
宝永６	浜稼ぎ約定「手形」	以下の者と組が署名している	彼らが長六と呼ばれた者であろう①20余年前からというから天和４年の狩込み時と一致する②悲田院は２名の後玉造として伝兵衛署名
	天満九兵衛組	南京長兵衛・うすき七兵衛・弥兵衛・市蔵・あん太郎兵衛・十兵衛・仁蔵・次郎右衛門・やけ六兵衛・ぜんこう寺七兵衛・つうほ五郎兵衛・太郎助・あわさ市兵衛・長助・江戸七兵衛・吉右衛門・治兵衛・福島七兵衛・天満八兵衛	天満２組の者
	天満惣兵衛組		天満２組の者
	高原十兵衛組	八兵衛・伊兵衛・三助	高原は３組、これによって高原の小頭は十三組小屋頭のことであると明確になる
	高原清五（次？）郎組	吉兵衛・権兵衛・太郎兵衛・三・又八・五郎兵衛・市・六兵衛・ばけ五郎兵衛・八郎兵衛・宇之助・清兵衛・仁兵衛・三右衛門・こふ七兵衛・市兵衛	十三組小屋頭が高原には３人置かれた
	高原弥兵衛組		天明７弥兵衛
	道頓堀市右衛門組	三右衛門・太郎兵衛	道２組の者
	道頓堀徳兵衛組		道２組の者
	鳶田次兵衛組	甚兵衛・長兵衛	鳶２組の者
	鳶田利兵衛組		鳶２組の者、ここまでで９組、随筆『稲の穂』には長六が９組に分かれていたとあるのはこれを指すか
	天王寺作蔵組		署名のみ、しかもこの名がその後続いていない、元禄11年宗門帳手下新非人と新屋敷手下非人に同名あり、前者と考えれば生国夫婦とも大坂
	天王寺甚右衛門組		署名のみ、しかもこの名がその後続いていない、元禄11年宗門帳手下新非人に同名あり生国夫婦とも京川西
	玉造伝兵衛		天王寺に続いて署名、元禄11年宗門帳手下新非人に同名あり生国出雲

典拠　悲50

コラム

解し難い。大胆な解釈をしておこう。□□（堂島カ）新地・中之嶋浜・（それ以外の場所も続きにあるか破損で不明）など指定された場所以外では床の米を拾う行為は禁じられており、その番のために二十余年前から自分たちは問屋中様より雇われている。ところが日頃外の者の我侭《わがまま》が多くなってきたので垣外小頭一人を加え、前々からの者に限定するよう再三願出てようやく叶った。難題や酒など申付けに背かぬよう印形する。こういうことになろうか。

実際に浜稼ぎに出る四三人と続いて一二人の者が署名している。後者の一二人は四三人の所属肩書、たとえば「天満九兵衛／惣兵衛小屋組之者」などとあるその名前の者の署名である。一二人内何人かは別の文書で十三組小屋頭であることが確認できる。享保二（一七一七）年道頓堀長吏与右衛門が病死し幼少の倅三太郎が跡目を継ぐ。四ケ所として判形証文を難波村庄屋に提出した。

道頓堀では二老も入れて小頭は四人だった。その署名をみると小頭らは二老・組頭と肩書きし、その後に小頭として市右衛門・徳兵衛両名が署名している。この二人こそ十三組小屋頭として道頓堀に配置された者たちであった。享保九年、二老が死去して倅に跡役を譲った届けでも同形式であった。本旨から離れるが、この事実は小屋頭が並び署名する場合に元来の小頭は同列を嫌い組頭と署名した可能性を示唆する。悲田院でも長吏が砂場・毘沙門小頭を含む「小頭中」申渡し（寛政十二年）にやはり組頭と小頭の署名区分のみえるところからも確かかもしれない。内田一九八七を悩ました疑問の一端は氷解する。ともあれ右の事実から「手形」のどこにも十三組の文言はないが、一人は不明ながら彼らこそ十三組小屋頭と考える。

＊若き者一二〇家が幾つかの組に編成され、居所内の警備や火の用心などを担っていたことはほぼ間違いない。その限りで組頭肩書のみが出てくることはありえることである。

さすれば四三人は四ケ所指揮下小屋者となる以前から浜稼ぎをしていた。浜稼ぎとは米積込浜での仲仕仕事、当然そこには女子どもの米拾いも入ってくる。『堂島旧記』には貞享頃（一六八四〜）のことと

臨川書店刊『摂津名所図会』巻之四より

して次の記述がある。米積込浜に長六という非人頭のような仲仕を使っていた。備前の浜では「ずんぼさし」(米俵の検品のための指込、米がこぼれる)の悪しきことが絶えず、四ケ所に頼ることになり、小屋頭と唱え高原小屋の者が番をするようになった。扶持米を出す。さらに下った一八世紀後期の様子として中井竹山『摂都風俗志』に仲仕の「又その下に小屋持の非人の下働きさすることとなり、此非人の数も二、三千人はあるべきか」と記されている。

一九世紀『摂津名所図会』には米浜上げ場で、立働く仲仕をぬって米を拾う女たちが描かれている。溝口健二の遺作となった『大坂物語』(一九五七 大映)は近松門左衛門『永代蔵』を下敷きにした作品で(原作では女)、中村鴈治郎演じる近江の潰れ百姓仁兵衛は一家で大坂へ流れ着き、監視人に賄を出して米拾いで大商人に上り詰める。

これらの記述と宝永五年の手形が重なることは疑いをいれない。彼らは長六と呼ばれていた。そのことが分かると悲田院長吏文書に数通の「長録仲間袋株」なる史料のあることが生きてくる。後期になっ

コラム

ても浜稼ぎが株化していたのである。

宝永六年の手形が十三組小屋頭と配下の小屋者であることが明らかになったところで、改めて手形に戻る。家屋敷・家督（旦那場権＝番株）を持つ若き者層であっても百五十年後にはその家数を半減させているのであるから、十三組小屋頭であれイエの継続は大きな困難をともなったであろうことは充分想像できる。事実文書の残る悲田院では作蔵・甚右衛門家は続かず、砂場小屋頭は中期佐助、後期には久四郎と一定せず、毘沙門では中期文助で一時倅林兵衛名となるが、家は続いていく。

次に浜稼ぎの主力は天満・高原の組下の者であった。それを『堂島旧記』は高原小屋の者が番をするようになったと捉えていたのだろう。堂島との距離によるのか、道頓堀・鳶田は数人出ているが悲田院からはまったく出ていない。にも拘わらず後期には浜嫁ぎの株をもっていたことになる。さらにいえば高原には三人の名前があがっており、従来彼らを小頭と考え、各垣外とは別に高原会所に置かれた小頭と位置づけてきた。しかしそれは小頭ではなく十三組小屋頭であることが明らかになった。先の高久は各垣外二名以外の五人をすべて高原所属としたが失考である。

ともあれ『堂島旧記』の記述に信を置けば、実際に人足頭のように仲仕を束ねていた者を取立て、十三組小屋頭ができていった過程が示唆されよう。


〈参考文献〉

高久智広「『長吏の組織』と大坂町奉行」（『都市の身分願望』吉川弘文館　二〇一〇年）など
『新修茨木市史』5　史料編近世　二〇〇九年
茨木市史料集『鮎川村庄屋日記』二・三（二〇〇四・二〇〇五年）
『堂島旧記』森下徹「蔵屋敷と仲仕仲間」（『ヒストリア』183　二〇〇三年）より
中井竹山『摂都風俗志』内田九州男「大坂四ケ所の組織と収入」（『ヒストリア』115　一九八七年）より

（のび　しょうじ）

七瀬新地の位置づけについて

前口上

近代に西浜町の一部となる七瀬《なせ》新地は明和四（一七六七）年に開発された。安永四（一七七五）年の『七瀬新地明細帳』が近年みつかった。これによって男ばかり四〇二人、細工場・小屋二九軒、つまりは労働者長屋が出来ていたと『大阪の部落史』通史編で書いた。嬉しかった私は拙著『皮革の歴史と民俗』（解放出版二〇一〇）にも同じことを書いてしまった。その後に野高宏之は『大阪の歴史』（大阪市史編纂所）74号に明細帳全文の翻刻の労をとり、「人数四百弐人」は「男弐人」の誤読であるとし、また先学が七瀬に触れた若干の言及の誤りを正している。私の解読部分については「思い込んだら命がけ」そのもので面目もない。野高文を得て少し七瀬新地を深めてみたい。その思いから研究会で野高を交えた場での報告を行った。報告とそこでの討論の一端をここにまとめた。

労働者長屋の「思い込み」の根源は、享和期には七瀬新地に人が住んでいること、天保八（一八三七）～十年に住居取払いの命が下ったが、十一年嘆願によって許されたこと、同時期に門徒組織である「七瀬講」が出来ていること、にも関わらず安永の明細にも、すでに早い段階で大阪の部落史委員会近世部会の手で発掘されていた天保十四年の『高反別書上帳』にも民家はないといい、明治二（一八六九）年の明細帳でも「当新地之儀者無人家ニ御座候」（大⑨164）とあること、これらの一見整合しない諸事実の間で揺れていたことにある。

野高は安永の明細と明治のこの明細の「人家無し」を文字通りに理解して葛藤はないが、その点は改めて考えてみるべきことがあるのではないか、というのが現時点での立場である。あげ足取りのようだが、安永明細帳にしても男二人が住みながら、一方で人家無しというのは矛盾していよう。なお明治二（一八六九）年明細帳は明治大学刑事博物館にも

コラム

架蔵されており、大阪の部落史委員会としてはその発見のほうが早かった。したがって七瀬新地関係史料は三カ所（大阪市立大学学術情報総合センター・大阪市史編纂所とともに）に分散所蔵されていることになる。

七瀬新地の空間構成

元禄期に木津川の流路整備の過程で川中島の難波島を割って生まれた東の島を月正島《がっしょうじま》といった。島の北には材木置場と、正確な位置は不明だが処刑場と牢死・仕置死体の投捨て場（大穴）が置かれた。南側部分の開発が明和四年から始まる（公式には検地の行われた六年以降に登場する文書に記される）。その経緯や渡辺村が明和九年に「六ツ成之所十ヲ免ヲ以」て「新地西ノ井路ヲ限リ東之方屋敷地面之儀ハ役人村望次第貸シ付、番人壱人宛付置」くことで領主多羅尾縫殿・西町奉行神谷大和守の了解がつき、ここを一括借受けることになった事情も安永四年明細帳に詳しく、それに譲る。『大阪の部落史』には下書きながら文化九（一八一二）年新地内の渡辺村住民に割り振った区画絵図を解示することができた（大③73）。

この一括して借受けるという点が重要で、明細帳の末尾あたりで年々小屋建て・物干場として貸すが「勿論貸付候度毎御役所江ハ御届不申上候」とあることで推測される。穿った見方をすれば渡辺村側の実際の利用形態（小屋か細工場か皮干場か）・人家の有無は報告対象ではない。書上げは一括貸出し以外の部分の明細であると言っているようなものではないか。

さてこうなると次なる疑問は処刑場と死骸投込み場は開発以後、さらに渡辺村小屋・細工場ができて以後も存続したのだろうかという点である。文化期の記録とされる『町奉行所旧記』（市史史料41）にも「木津川口」の刑場として書上げられているから化政期まで続いている。取捨ても『三ケ条大下書』（市史史料43）段階でも行われている。

人家があったか無かったか

七瀬新地に作業休憩場ではなく居住地があり、多人数が住みついていると確信したのは文化五（一八〇八）年「万宣寺通寺　摂州七瀬新地周了　此間万宣寺へ尋被仰付候儀口合不申旨、今日外より周了召連上京届出ル」（本願寺『御用日記』左右田昌幸教示）とある記事、これに関連して周了は播州一橋領前坂村（皮田村）出身で、七瀬に住居し精力的に布教をしていたことが分かっている（大坂諸記）。渡辺村にある二つの寺の孫末寺でなく「穢多中本山」といわれる万宣寺に属した寺形ということは、一定の居住者があり、しかも彼らは元来の渡辺村の住民ではないことを示唆する。借家であれ渡辺村住民であれば大概徳浄寺の檀家であっただろうからである。周了の布教が巧みだったのだろうか、渡辺村の二つの寺門徒からも信者を獲得していた。

　このことはさらに天保二年久宝寺《きゅうほうじ》御坊顕証寺からの正月参坊の例文に、渡辺村の寺と別に「相続講・七瀬講中」宛の案内状（鬼洞文庫）があることからも裏付けられる。居住実体のない講中はありえないだろう。

　まだある。近世大坂で最も詳細な、また信頼すべき大坂町絵図として文化三（一八〇六）年「増修改正摂州大坂地図」がある。七瀬新地南側に「穢多新家」と明記されている。野高は同様な記載を持つ天保三年大坂町絵図を取上げ、「エタシンケ」と並んで、あるはずのない新田と書かれていることから信を置けないとしているが、文化三年絵図には新田の記載はなく、渡辺村内の通り・辻の描写もほぼ正確であることからも素直に信じてよいと考える。

　天保十（一八三九）年（後年の七瀬地主側史料では八年であるが、当時の渡辺村側史料では十年なので十年とする）に奉行所から渡辺村の北に張り出した字《あざ》堂面《どうめん》と、七瀬新地に「皮細工所・建家」を置くことが禁じられた。嘆願運動を行い、堂面のほうは困難で七瀬が「免一五ツ」（大③75）というべらぼうな高免でもって天保一一年には許された。この経過は、『大阪の部落史』三巻二章3節所収の史料群（特に70・76～78）に詳しい。問題は七瀬建家を作業小屋であって住居地ではないと史料表記解釈を厳格に規定することで乗越えられるかどうか。確かに地主の案文でも天保の建家取払い一件のことがあってか気

コラム

を使っていて77文書では「細工所住居」の住居を「建屋」と訂正しているほどである。尤も訂正文から、だからこそ実態的に住居があったのではないかと解釈できる。

天保十年に突然建家禁止が打ち出されたのはそこに住居家屋が展開していたことでのトラブルが意識されたからではないかと考える。もっと踏込んでいえば堂面での住居問題（境界塀・井路）があって七瀬が俎上に上ってきたとみうる。さらにはよそ者の寝泊りに監視が行き届かないことでの警戒が根底にあったと思われる。純粋の細工場でない家屋が七瀬にもあったことは『大阪の部落史』第三巻70文書の文脈から明らかと思う。領主の対応の違いもあるのか、七瀬は容認することになっても堂面はなおしばらくもめる。

字堂面の建家が、やはり住居地であったことは「全之細工場之分者外地面借請候迄御差置被下、大造之家作并土蔵等者取払」（大③70）いを迫られたことなど多くの史料から明らかであると考える。やがてそこは北島と呼ばれるようになり、徳浄寺門徒組織ができている（大③71）。近代にはスラムとみなされる区画となる。

ここでも穿った見方をすれば大造りの家作・立派な土蔵禁止だが、小屋同然の家屋は対象外だったので文言に出ないのではないか。

悲田院文書中にも風聞書とおぼしき断片に「七瀬者」（長345ｐ）があった。これによると申六月「役人村七瀬新地之もの共之儀、此度者同村年寄共を被召出、御諭ニ相成候」とあり、一件の内容が知れないのは残念であるが、これをもし彼らが渡辺村に住み、日々に十三間川《じゅうさんげんがわ》の渡舟に乗って七瀬の作業場に通っている者達とすれば、借家人といえども居住地主義での処分が基本であり、こういう表記にはならないのではないか。また「もの共」とある通り一定数の居住者を指している。

このように史料をみていけば、「渡辺村細工所ニ貸渡候ニ付当新地民家無御座候」（天保十四年高反別書上帳　大⑨75）という一貫した表記は、領主向けの決まり切った文言であったと言わざるをえない。とりわけ天保十四（一八四三）年の反別書上は直前の建家騒動を考えた時、なんら実体を反映していない文言というほかなかろう。明和九年に七瀬新地の西側部分を渡辺村との協議によって貸付けた時点でもって、町人にとっての七瀬新地とは渡辺村貸地を除く部分の呼称を指すものとなったといえるのではないか。

研究会での議論から

それにしても渡辺村貸地部分の七瀬新地に居住したのはいったいいかなる人々だったのであろうか。それを示唆してくれる史実は、ここに建った寺方に播磨国多可《たか》郡前坂村出身の住持周了が住んでいたとあることだろう。地方から皮革業などのために出稼ぎに来ていた者たちが主な住民であったのではないか。

そこから研究会では農閑期の出稼ぎ者ゆえに春になれば大挙して帰村するため、奉行所・代官所側からみれば住居ではない、定住者ではないと捉えられていた可能性があるのではないか。それであれば一見矛盾しかねない諸文書が整合的に理解できよう、という意見で収まりかけた。

新しい史料の出現に期待したい。ともあれ私の記述の誤りや文書読解の間違いをここに記してお詫びしておきたい。ところで野高に一矢報いるとすれば冒頭の読みを「右同拾弐石」とするのは深読みで、ここは「一高拾弐石」と素直に読むべきではないか。

（のび　しょうじ）

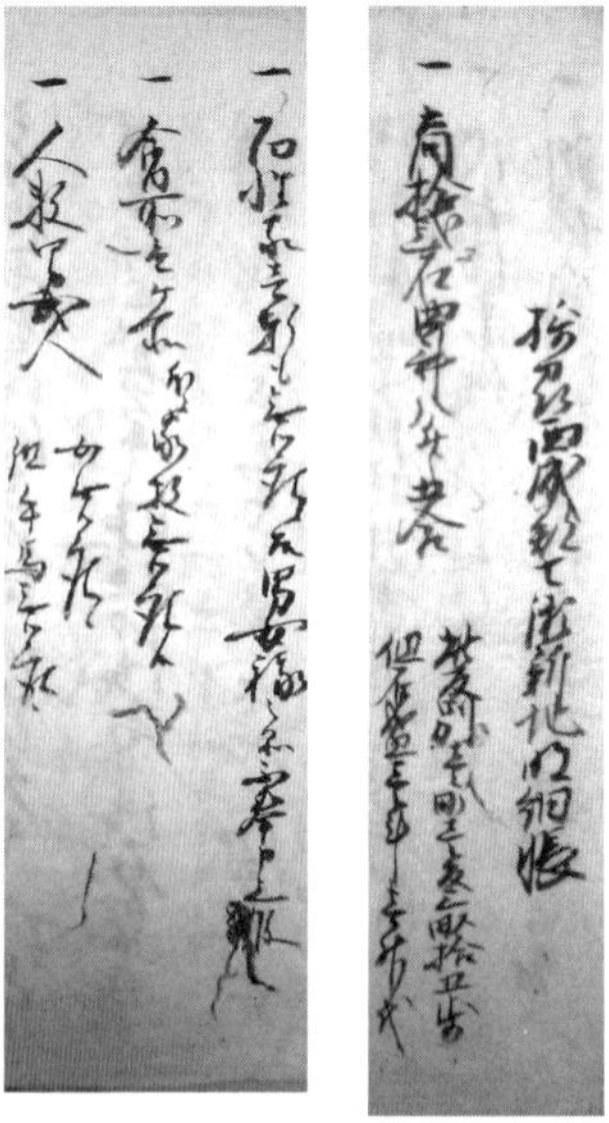

①安永四年明細帳　冒頭と問題の箇所

（大阪市史編纂所蔵）

コラム

在方小頭・非人番の役銭について

近世後期四ケ所《しかしょ》と摂河村々との抜き差しならない鋭い対立点は二つあった。一つは村からすれば村抱えと位置付けている非人番が村民を捜査対象にするばかりか、大坂町奉行所の手先となって逮捕・捕縛、抵抗する者に打擲《ちょうちゃく》を加えるふるまいであった。もう一つは四ケ所が摂河非人番に割りかける役銭が年々増大し、結局は村が肩代わり負担を強いられたことであった。

前者は時代劇的な想像を喚起することもあり、いくつかの研究で言及されているが、四ケ所役銭の問題は充分論じられているとはいえない。以下後者に絞って整理しておきたい。

＊本コラムは第一部に収録したコラム「大坂四ケ所の在方小頭支配」と、取上げた地域でも内容でも密接に関係している。合わせて読んでいただきたい。

問題の結構

四ケ所役銭問題が深まらない理由のひとつは、盛田嘉徳が早くに紹介した「番非人文書」（雑誌『部落解放』5　一九六九、後『盛田嘉徳部落問題選集』部落解放研究所　一九八二所収）、東町奉行所与力にして実務官僚ともいうべき八田五郎左衛門が文化八（一八一一）年前後に作成した「手覚」（以下原題の手覚という）と題した文書に、大まかな役銭の推移・変遷が手際よくまとめられているためでもある。同時に管見では八田の叙述を吟味するに足る有力な対照史料も他に得られてこなかった。八田が「極密長吏共手元之様子承合」って明らかにした要点は、（主要部分を）別表に推移を拾った以外の点に絞っていえば次の通りである。

1四ケ所公用向費用の一部を非人番に割り掛けている出銭高が近年過分となり、百姓・村に無心している。村に入り込む博奕打ちを見逃し銀銭をむさぼり、自身も加わることもあるようだ。なにより四ケ所の捕物御用に頻々動員され四ケ所小頭らとも交流することで、都市大坂の「風俗を見真似」

かつ奉行所御用とそれにつながる役銭を上納しているとして「権柄をふる」うに至った

2宝暦頃二〇年間一役一年凡そ銭一貫文から一貫二〇〇文程度であった役銭が、六〇年後の昨年（文化七年）一役一年凡そ六貫四〇〇文から九貫六〇〇文の掛り銭となった。とても「身軽キ」非人番「一己之調達出来可申様無之」、不正をするか村方・百姓の助力にすがるほかない。都市の風俗に馴染んだ「自己之物入も多」い。役銭ならびに村扶持内での融通は限界にきている

いわば構造的な問題が指摘され、破綻寸前だという。別表に反映させた役銭の推移については後述するとして、役銭について整理しておかなければならない論点は他にもある。

まず一役とは具体的に何を指すか。「手覚」は長吏手元の資料に拠って村戸数を基準にした目安があったと述べるが実数を示していない。ところが大塩派の作成したと思しい天保六（一八三五）年閏《うるう》七月摂河村々役人訴状には三、四拾軒が標準的目安で、村柄によってそこに「何分何厘」と匙加減が加わると書かれている。両方ともに村役人あるいは外部から知りえない秘事の暴露となっており（村が非人番に渡す番賃や吉凶祝儀額は村入用などに記載があるが、そこから上納される役銭を記した文書はまず見当たらない）、その点からも天保の訴状が村方から上申されたものとは考えられない。明らかに奉行所重役にして四ケ所長吏から詳細を問い質せる立場にあるものの手で認められた内容である。

次に上納主体は字義通りには当の非人番であり、後期には基本的にそうであったと考えるが、草創期には責任を負っていたのは在方小頭である可能性が高い。村の非人番と並んで大坂三郷と続き村には垣《かい》外《と》番が置かれた。後期には当の垣外番が番給（番賃）や施米の受取主体となっている場合もあるが、早い段階では番給も含め受取人は四ケ所若き者以上に限られていたことがわかっている。時間的に都市の垣外番は農村の非人番に先行し、前者の経験の波及と考えられるため（垣外番の史料初見は宝暦の町触であるが、通いと派遣は早かったと想定される）、非人番に弟子を派遣している場合、番賃を受取る主体は

コラム

派遣している小頭ということになる。

コラム「大坂四ケ所の在方小頭支配」で紹介した西老原村の小頭問題では、植松村在方小頭が享保二十（一七三五）年西老原村「惣御旦那中様」宛に差入れた「一札」（長648p）によると

一番人給米・伏米（布施）、其他被下物、古格之通所番人へ被遣可被下候御事

附り　右割賦之儀者古来之通私方ニ而可仕候

非人番に渡された番給・布施米以下の下され物すべてが「古来」どおり在方小頭の元へ集められ、在方小頭の権限で分配される（在方小頭が非人番に分け与える）。「古格」「古来之通」とすれば役銭上納の義務は非人番にあるとしても実際には在方小頭がこれを担っていたことになる。

享保十七年摂津島下郡水尾村小頭と六ヵ村非人番との争点も小頭「集物之儀」であった。

新史料の出現と役銭徴収の始期

孤立史料であった「手覚」は久しく検証するすべがなかった。史料批判に耐えられる対照史料が部分的に言及した摂河村役人訴状である。すでに指摘したとおり本体は村役人の上申した訴状とはとても信じられないが、告発されている内容は、幕府中枢へ持ち込まれ吟味を受ける性質のものであるところからして信じるに足る事実と考える。但し史料全体は幕府が提出を急かせた中韮山《にらやま》代官所内で、手代を動員して筆写した膨大な一件記録であるため誤写のあること（銭表示を銀とするなど）は考慮に入れておかなければならない。一九八四年に青木美智男が後半部を紹介し（すでに訴状が含まれていた）、九一年仲田正之の努力によって前半部が見いだされ、全体像が翻刻された『大塩平八郎建議書』（文献出版）の有機的な一部である。

今世紀に入って発掘された悲田院長吏文書には残念ながら役銭についての文書は断片しかない。その中で安永四（一七七五）年四ケ所から町奉行所へ御用繁多となり物入り多く、大坂三郷より出銭してくれるよう（別に三郷へ嘆願している一件、長578pが三郷宛願書の下書きと思われる）奉行所より三郷へ命じられたく願い出た文書（長333p）が貴重な情報を教

表　四ケ所の非人番役銭の変遷と実態

年次	西暦	役銭（銭・文）	備考	典拠
享保20	1735		植松村小頭久三郎が西老原村へ差入れた一札では「給米・布施米・他下され物」受取主体は小頭	長648p
寛延2	1749		高槻藩内非人番に大坂・京入用・藩小頭入用あり（御用ともあり必ずしも役銭であったとは限らない）	高槻市史四2
宝暦年間	1751-64	1貫～1.200	当初1役1カ年、1村30～40戸基準、戸数多ければ1役何分何厘となる、	手覚・大塩訴状
明和	1764-72	1.300～1.500	摂河訴状でも半期500～700文とあり整合する	手覚
安永4	1775		夏秋給米の内10分1摂河で銀7貫300、村掛りとして合計銭110貫、三郷内40町より長吏抜持として銀1貫600目〆銀8貫900目・銭110貫文、長吏4小頭20へ相応分配、7・12月三郷町中より長吏一遍として両度に米20石余　小頭・若き者へ配分	「乍恐別紙ニ書付奉申上候」長333p
安永	1772-81	1.600～1.900		手覚
天明	1781-89	2.00～3.200		手覚
寛政・享和	1789-1804	3.600～7.500		手覚
寛政6.12	1794		四ケ所勘定①銀839匁753 ②村掛銭17貫748（内7貫748高原分）③札銭2貫156　3口4つ割1垣外銀209匁9・銭2貫938文	長623p
文化前期	1804-10	6.400～9.600	ある段階から役銭は固定され、種々の名目での徴収が行われていく	手覚
文政9.02	1826	26.000～30.000	惣代兎原郡中野村庄屋弥三左衛門　史料では半期分13～15貫文表示を二倍として表示したがきわだって高額。前後から半期が1ケ年額程度となる	摂河73カ村訴状
文政9.06	1826	摂河入用4貫942(内225文竹林寺入用)地廻入用5貫471〆10.417	高槻小頭佐吉が四ケ所に願出た文言によると①摂河入用高3265貫161文、これを692役17厘で割って1役4貫717文、それに竹林寺入用1役225文として4貫942文②方角入用（地廻り）高1218貫924文これを222役7分に割り1役5貫471文、2口〆1役に付10貫417文	「在方小頭佐吉願書」茨木市史⑤一六24
天保中期	1835	8.000＋6～7貫＋4～5貫＋給物10分1	御用役銭8貫文、内割6～7貫文、長吏見舞い4～5貫文、給物十分一（長吏1小頭3直場は長吏へ2）、その他に兵庫津勤番・遠国入用名目で700文掛る、年4回の取立（これが摂河勘定の根拠）四ケ所1カ年銀60貫目余取立	大塩訴状
年欠巳11月			四ケ所勘定　①村掛り75貫465文　②札銭12貫482文　③上納分銀309匁95　全てを4つ割、垣外1つあたり銀77匁487・銭21貫984	悲201

＊役銭　1役単位　大塩訴状の銀表示の一部は銭の筆写間違いとみなした
＊典拠　・手覚（盛田嘉徳「番非人文書」『部落問題選集』解放出版社）・『茨木市史　史料篇近世』　5）
・大塩訴状（仲田正之『大塩平八郎建議書』文献出版）・摂河73カ村訴状（筆者蔵コピー）
・長（『悲田院長吏文書』部落解放・人権研究所）　・悲（『悲田院文書』清文堂）

コラム

えてくれる。

そして二〇〇九年に入って『茨木市史』近世史料編が刊行され、非人番について種々の新たな知見をもたらす新史料とともに、文政九（一八二六）年六月高槻藩小頭佐吉が四ケ所に宛てた役銭減免の嘆願書が収められた。これによって安永四・文化八・文政九・天保六年の連続した経過を知ることができるようになった。

『大阪の部落史』編纂事業のなかで発掘され断片的に明らかになってきた史実も加えて作成したのが別表である。以下別表に沿いながら役銭問題に焦点を絞ってみていきたい。

「手覚」の役銭が宝暦期から始まっていることから、役銭の始期は宝暦前後（宝暦は二十年に満たないため）から開始されたものと漠然と考えてきた。時間的にこれに続く発掘であった大塩訴状でも「三四拾年も以前迄ハ在々百姓并番人ゟ四ケ所之者江御用役銭者及不申、給米・施物之拾分一とやラも差遣不申ニ付、其頃迄非人頭之家内とも不残草履・草鞋抔を作、致渡世居候」の一節があり、時期的には寛政中期頃となって合わないが（宝暦だと七八十年前となる）誤差と認識して整合のあるものと考えてきた。また長吏家内の生業に言及するなど具体性のある内容とみた。西老原村一件は小頭と非人番の間の手当分配問題と割り切ればやり過ごせる。寛延二年高槻藩で起こった大坂御用・入用問題は、宝暦前後頃から役銭徴収が始まった事実を裏書してくれるともいえる。

けれども新たに明らかとなった同時期、享保十七年時の水尾村小頭一件では、役銭という文言こそ出ていないが上納銭をめぐる争いであり、村方の直場願いが小頭分を中抜きすることで四ケ所への負担を軽減しようとした運動であったことは明らかである。即ち後に明らかにする十分一（上納米銭の基本的割合で、在方小頭の立場からは十分三となる）はすでに始まっていたといわなければならない。大塩訴状の文言も基本的なところで誤りということになる。

ではなぜ「手覚」は宝暦から書き出したのだろうか。さらにいえば大塩訴状は寛政中頃を示唆したのだろうか。宝暦と寛政は四ケ所・非人番にとっていかなる局面の時代であったか。

宝暦前後四ケ所御用の画期となる変化があった。元来の御用であり都市から「期待された役務」であった市中・周辺に滞留する貧人・物貰いの制道に、重畳する形で延享～宝暦期奉行所からする御用の主力が不審者・盗賊取締りのための捕物手当(捕り手)・見廻りとなって掛けられてくる。その象徴が延享二(一七四五)年閏十二月の二通の町触(夜間見廻りと盗賊捕縛を命じる)と宝暦十二(一七六二)年七月に東西盗賊吟味方与力四人連名で四ケ所長吏宛に下された在方小頭・番人にまで言及した「仰出し」であった。かかる御用の急激な拡大にともない奉行所人足賃・実費弁償が間に合わず、四ケ所が立て替えた費用は安永四年銀五〇貫目・銭四五〇貫文に上る(長333p)。未収銀銭に挙げられている初めが「弐拾ケ年計已来尾張ノ文次さやぬけ」一件で宝暦初めの事件であった。

寛政期の重要性は「手覚」に指摘されている。御用をa探索　b捕物手当　c市中供廻り　d他国・遠国探索　e他国捕物に分けたうえでdが寛政頃(町奉行所旧記では寛政六年)に始まった、当然eもその頃から始まり拡大していった。文脈上指摘しなければならないことは、この段階にあって与力の目には非人制道という本来の御用は視野の外に置かれてしまっていることだろう。寛政十一年十二月二十五日町奉行所は四ケ所長吏・小頭を牢役所に呼び出し御用勤め方について、とりわけ御用を嵩にきての増長を戒めた。これを受けて十二年正月六カ条の「条々」を垣外小頭・十三組小屋頭、さらには在方小頭に宛て請書きをとった(悲101・102)。在方への四ケ所の支配がさらに進む。

役銭は毎年六月十日あたりをめどに摂河入用高(銭高)と役数が四ケ所から提示され、各々の持つ役数(一役何分何厘)をもって上納高が決定された。

役銭と十分一銭上納の実態

別表によりながら役銭の内訳について問題を整理する。脇道に逸れるので予め簡単に述べておけば寛政と年欠で四ケ所勘定が入っている。年四回に分けて徴収する銀銭を四ケ所に割り振る勘定書である。

コラム

その中の「村掛り」はずばり摂河村々非人番からの役銭と考えるが、他の項目には大坂三郷からの出銭を含んでおり参考程度に留まる。

さてなによりも確認しなければならないことは、宝暦を起点とした場合にあっても文政までの七十年余りの間に恐ろしく膨張していることであろう。上納銭の内訳と詳細を暴露した天保の大塩訴状からは、倍々ゲームのように膨れ上がる上納銭は、文化八年に出された与力の上申書の提言や文政期の村方・在方小頭らの抗議や嘆願を経て、種々の名目に細分化されていったと思われる。奉行所与力の書上げと摂河七三カ村訴状の銭高が大きく異なるのは前者が文字通り役銭のみを捉えているのに対して、村側は当の非人番の上納銭全体を訴えているのであろう。

次には役銭一本との予想に反し安永四年段階で非人番よりの上納銭はすでに①十分一と②村掛りから成っていた。

一私共下摂河村々之番人共、夏秋番為給村方ゟ
　相応ニ被遣候米麦之内、十分一申右一歩ヲ
四ヶ所私共へ在番人ゟ持参仕候、銀ニ直シ凡
七貫三百匁余御座候
一銭百十貫文余
右者摂河番人共ゟ村掛りと申、私共へ取来申
候

一役を銭一六〇〇文とすれば①では最大で三〇五役②では六九役となる。当時非人番の広がりは限られていた。宝暦十二年先の「仰出し」には「在方者差定候番人大方ハ無之候間」（悲94）とあり、前者とすれば摂河惣村数の三割弱となる。元禄郷帳によれば村数は摂津国八七〇・河内国五一一都合一三八一村を数える。安永期非人番の人数（非人番成立の経過からして役銭を出さない非人番がむしろ基本であった）いや四ケ所下に入っていた番人が摂河で五十人前後であったか三百人を切る程度のどちらであったか。それは同時に十分一が役銭なのか村掛りが役銭なのかを確かめることでもある

鍵の一つは高槻藩番人頭であり、四ケ所にあっては在方小頭の一人であった佐吉の嘆願書である。摂河で六九二役（六～七カ年以前は七二四役）あったという。天保郷帳では摂津国九五五村・河内国五四六

村都合一五〇一村であるから、番人数は最大で見積もっても村数で半分以下であったことになる。一役の基準が戸数三十〜四十程度とすれば百戸を超す村も少なからずあり、さらに総数が少なかったとも考えられる。安永で五〇前後としても不思議でなくなる。

もう一つは十分一文言である。四ケ所が町奉行所に書上げた表現では「夏秋為給村方ゟ相応ニ被遣候米麦之内」とあり、明らかに非人番給の一割が充てられている。ところが大塩訴状では十分一とは「給米・正月もの・神事もの・節季之もの」番人への給物全部の一割を含んでいる。これら施物の四割が持ち出しで、三割は在方小頭・一割が四ケ所に渡るきわめて大きな支出を占める。直場の場合は垣外長吏が二割を取って終わる。それゆえに村も非人番も直場願いを望んだのである。

上納が四割であることがわかれば、高槻藩番人頭佐吉願書にある「麦給并ニ関女郎（節季候　せきぞろ）・大黒給米・神事・非人施都合五口、大坂長吏小頭茂七セ話料与して帳面通り四歩方指出シ」とある部分が、十分一文言はないけれども同じ内容を指示しているのは明らかである。残りの六割から年二回出銭とあるのが役銭だろう。

このようにみてくると役銭は②の村掛りを指しているとしていいであろう。このことが明らかになってみると、同時に初期の段階から上納役銭よりも給米を含む施物の四割を上納する部分のほうがはるかに多くかつ苛酷であったことが明らかになる。「手覚」の捉え方そのものが、間違いとまではいわないが一面的であることを遁れていない。問題を狭く捉えていたのである。

それにしてもなぜ四割もの施し物が上納されるのか。非人番が村に入込んでくる乞食・貧人を排除できる法理を勧進独占とした（拙稿「村方非人番の成立」一九八七）。それを可能としている四ケ所体制が分配に与かって当然という論理に支えられて当の非人番の同意が調達されている。広義の垣外集団の一員であることが半分近い施し物を分配・上納する根拠となっているのである。さらに現代的感覚からいえば番賃・番給＝労働対価の報酬であるものまでが

コラム

施し物と一括され上納されるのか。労働と施しが分離しない前近代の特質ゆえである。勧進物の分配の形式をとる限り、いかに苛酷であってもそれは役銭・貢納とはならないのである。

後期上納銭の内訳

勧進・施物に対する奉行所・当の非人番を含めての四ケ所の観念と、役銭負担の過重に対する感覚とが異なっていたことを確認して後期の過重負担の実態を一瞥《いちべつ》しておく。

文政の佐吉願書は四歩上納と年二回出銭の外に、さらに組入用（方角・地廻り入用）と「歳暮祝儀・扇子代・牛蒡料・宗判料抔与申両国役銭之外聊ニ而もの五口計も」掛るという。四ケ所下の小頭佐吉は水尾・吹田など八人の小頭をもって上海道八組に編成され、その単位で御用を勤め、その費用を賄うため四ケ所役銭とは別に方角入用として徴収していたのである。それであっても上納役銭はあくまでも六割の中から年二回に上げる①役銭と②方角入用の二つに限られる。佐吉は今季一〇貫四一七文である役銭を「壱役ニ付三貫文位ニげんじ呉候」と願いでた。

天保の大塩訴状では①役銭のほかに②内割（方角入用カ）③長吏「暑寒見舞い・吉凶祝儀・鶏卵・蚊くすべ」年四～五貫文を無心、そして先に引用した④十分一に分けられている。佐吉願書と基本的に重なる。これら全体を御用役銭とみているようで四ケ所に集積される高は一カ年で銀六〇貫目（千両近い）に達するという。

（のび　しょうじ）

第三部　近代移行期の被差別民

第9章　天保改革期大坂の人足寄場

松永友和

一　はじめに

本章は、天保改革期に大坂で設置された人足寄場の実態を解明しようとするものである。

人足寄場は、無宿や引取人のない刑余者（前科人）を、人足として使役する施設のことを指し、寄場とも呼ばれた。(1)寛政二（一七九〇）年に、老中松平定信が火付盗賊改長谷川平蔵の献言を受け設置され、用地は一万六七〇〇坪の石川屋敷が当てられた。創設の理念は、無宿への授産・更生という仁恵的措置によるものだった。設立当初は本人の得手を生かしたが、しだいに油絞りが主要な収入源となった。毎月三度の休業日には、心学者の道話を聞かせたが、収容者はあまり熱心ではなかったという。

寛政期から文化・文政期（一八〇四〜一八三〇）における収容者数は、一四〇〜一五〇人程度だったが、天保期（一八三〇〜一八四四）になると四〇〇〜六〇〇人に達する。この増加は、天保飢饉を背景とした政治社会状況に要因があると考えられる。こうしたなか、天保改革期には人足寄場が、大坂・京都・長崎などに設けられた。さらに、文久元（一八六一）年には箱館にも設置された。(2) 寛政期の江戸で創設された人足寄場は、幕末にかけて全国的に拡大したのである。明治元（一八六八）年になると、江戸に新政府の鎮台府が設置され、人足寄場は鎮台府の所属となる。同二年には徒場《とじょう》と改称され、その歴史的役割を終えた。

人足寄場の概要は以上の通りだが、研究史をひもとくと、江戸以外の各地に設置された人足寄場については、いまだ明らかにされていない点が多い。この課題について、近年、高塩博や神崎直美によって研究が行われているが、(3) 大坂の実態については依然解明されていない。そこで本章では、天保改革期に大坂代官所と大坂町奉行所に設置された人足寄場を取り上げる。

主に用いる史料は、「大坂代官竹垣直道日記」（以下、「竹垣日記」と記す）と、人足寄場と非人寄場について大坂町奉行と江戸の町奉行との間で交わされた史料である。(4) 第一節では、大坂における人足寄場の研究状況をふり返る。第二節では、大坂代官所に焦点をあて、無宿・野非人《のひにん》の狩り込みや「寄場人足」の活用、本格的な人足寄場の設置構想などを明らかにする。第三節では、大坂町奉行所の人足寄場に注目し、町奉行への照会や高原溜《たかはらだめ》との関わりなどを述べる。最後に、大坂に人足寄場が設置された歴史的背景についても言及したい。

二　大坂における人足寄場の研究状況

本節では、大坂の人足寄場について言及した研究を概観する。

戦前、大坂に人足寄場が設置されたことをいち早く指摘したのは、三浦周行である。三浦は『法制史の研究』において、「幕府は又其直轄地若しくは大名領地に向つても、寄場の設置を奨励したりしが、天保十四年閏九月、大坂町奉行より江戸町奉行への照会に拠れば、大坂にては無宿の平民及び非人所謂野非人を収容する為め、寄場の新築成る迄、当分高原溜の一部をこれに充当し、男女を別つてこれを収容し、各自相当の労役に服せしめたりしこと見え、」（傍線は筆者による。以下、同じ）と記し[5]、大坂町奉行所に寄場が設置されたことをはじめて指摘した。さらに、寄場が新築されるまで、しばらくの間高原溜が充てられたことも書き記されている。

しかし、その後しばらくこの指摘は、ほとんど注目されることはなかった。三浦が『法制史の研究』を刊行してから四五年後、石井良助が『江戸の刑罰』において、「非人人足寄場が好結果を得たので、幕府は直轄地および大名領分にも寄場設置を勧奨した。幕府の直轄地では、天保十四年（一八四三）ごろ大坂に寄場があり」と記し[6]、大坂に人足寄場が設置されたことを示した。

続いて南和男は、『江戸の社会構造』において、「天保改革の進展にともない、幕府は天領ならびに大名領にたいして積極的に寄場の設置を促した（中略）。同年一二月には大坂町奉行から人足ならびに非人寄場取建についての照会が町奉行あてにあり、翌一四（一八四三）年九月には七ヵ条にわたってかなり具体的な事柄について意見を徴している。さらに同年閏《うるう》九月には寄場はいまだ完成しないため、暫定的に高原溜の一部をこれにあて、手狭のため手業は困難なのでおもに川浚いなど外で作業を行なわせていた」と記している[7]。南は、旧幕引継文書をもとに、人足寄場の建設をめぐって、大坂町奉行と町奉行との間で意見が取り交わされたことに注目した。さらに、人足寄場が暫定的に高原溜に設置された点を指摘したが、この点は約半世紀前に、三浦によってすでに取り上げられていたのである。

同じ頃、北島正元も人足寄場の設置について言及している。北島は、「忠邦は、さらに追放刑に代わるべき徒刑場として、これまでの寄場増設に消極的な態度を改め、幕領・私領に寄場の設置を奨励した結果、京坂はもとより、大名領にも無宿・野非人を収容する寄場や徒刑場があいついで設けられた」とし[8]、人足寄場政策における水野忠邦の役割を強調した。なお、北島が依拠した研究は南和男の著書である。

一方、平松義郎は、「水野の没落により、寄場といえる施設に発展したものはほとんどない。大坂町奉行所は天保十四（一八四三）年閏九月江戸町奉行に照会して、無宿野非人収容のため、寄場の建築が出来上るまで高原溜の一部をこれに当て、男女を分けて収容し、各自相応の労役に服させている、としている。これが幕末まで使用されたのである」と記している。[9] 平松は、水野の没落によって、その多くは設置には至らなかったとするが、人足寄場が建設されるまでは高原溜の一部が充てられ、結局これが幕末まで使用された、としている。[10]

その後、大坂に人足寄場が設置されたことは、その事実すら忘れ去られる。しかし近年、長いブランクを経て、臼井壽光が人足寄場に注目し、設置の事実を指摘している。しかも、平野郷町に設置されたことが示されたのである。臼井は、「江戸では滞留する無宿・野非人対策として天保改革で人足寄場制度（非人寄場を改変）が定着し大きな効果をもった。町触でみる限り大坂ではこうした政策はとられなかったが、平野郷町で実施された」とする。[11] さらに、「平野では牢屋横に二間×四間の格子入り堅牢な小屋が建てられる。（中略）縄綯以外には江戸同様土木工事に動員されている」ことを指摘した。臼井の指摘によって、平野郷町に人足寄場が設置されたことが、はじめて明らかにされた。

しかし、大坂において人足寄場政策はとられなかった、とするのは誤りである。確かに臼井が述べるように、『大阪市史』の町触には人足寄場の設置の触書はみられない。しかし、記述がない＝設置されなかった、というわけではない。臼井が陥ったこの誤りは、結果として『大阪市史』に収録された町触の限界を示すことになる（後述）。

以上が、大坂の人足寄場に関する研究状況である。研究史を整理すると、次の三点にまとめられる。第一は、天保改革期に大坂町奉行所（幕府領）と平野郷（下総国古河藩領）に人足寄場が設置されたこと。第二は、大坂町奉行は人足寄場の設置の仕方について、江戸の町奉行に照会したこと。第三は、暫定的に高原溜が利用されたことである。

管見の限り、大坂の人足寄場に関する研究は、二度の忘却を経て今日に至っている。このこと自体、これまで大坂の人足寄場が研究の素材として注目されてこなかった証左といえる。さらに先行研究では、大坂代官所に人足寄場が設置されたという指摘はみられず、この点は本章によってはじめて明らかとなる。

三　大坂代官所の人足寄場

1　設置の触書

大坂代官所に人足寄場が設置される直接の契機は、天保十三（一八四二）年十一月二十一日に出された触書である（大坂代官所の人足寄場の動向については【表】にまとめた）。幕府は次の触書を出し、京都と大坂の代官所に、人足寄場の設置を命じた。[12]

今般無宿並野非人共之儀ニ付、御触之趣、得其意追々引渡ニ相成候もの共、帰農等之儀専一ニ世話いたし、其余寄場江入置候銘々御代官所、御預所之者共者不及申、最寄万石以下知行、給知並寺社領等より任断、右寄場江差置候ものも、是迄同様厚教諭を加へ、可成丈本心ニ立戻候様、精々世話可被致候、依而者支配所限寄場取立可申儀ニ候得共、馬喰町御用屋敷詰、並地廻御代官所之儀者、先ツ江戸最寄ニ而、寄場一ケ所申合取建候様いたし、京、大坂御代官所之儀も同様相心得、其余之向者、一支配限取建候方ニ可有之候、尤、素人、非人並女者、別囲ニいたし置可申候、

右の史料の冒頭に、「今般無宿並野非人共之儀ニ付」とあるように、設置は無宿・野非人対策の一つであったと考えられる。[13] 当時、江戸や大坂、京都をはじめとする巨大都市は、人口過密状態にあり、[14] 治安の悪化などの都市問題を抱えていた。そのため、天保改革では、寛政改革の旧里帰郷令を引き継ぐかたちで人返しが行われ、天保十三年十一月十一日に無宿野非人旧里帰郷令が出された。[15] その意味で、人足寄場の設置は、人返しや無宿野非人旧里帰郷令と密

【表】　大坂代官所の人足寄場

年	月日	内　　容
天保13年(1842)	11月21日	幕府、大坂代官所に人足寄場の設置を命じる触書を出す
天保14年(1843)	1月29日	大坂谷町代官竹垣直道、東成郡村々惣代たちを呼び出し、寄場の取立方を申し渡す
	1月30日	竹垣、下僚を呼び出し「人足寄場懸」を申し渡す
	2月1日	竹垣、下僚林泰蔵を派遣し、無宿・野非人を狩り込む
	2月4日	竹垣、下僚六島清二郎を派遣し、無宿・野非人を狩り込む
	2月6日	竹垣、４日に差し押さえた無宿たちの口書をとる
	2月11日	竹垣、下僚山口作助を派遣し、無宿・野非人を狩り込む
	3月1日	本庄村が、樋普請のため寄場人足を借り受ける
	3月5日	森河内村と高井田村が、悪水路浚いのため寄場人足を借り受ける
	3月9日	天王寺村と木野村が、寄場人足を借り受ける
	3月10日	大坂鈴木町代官築山茂左衛門から竹垣のもとに、寄場小屋の伺書案が届けられる
	3月12日	竹垣、下僚林泰蔵を召し連れて、人足寄場の建設予定地である「安井九兵衛請所」を見分する
天保15年(1844)	5月23日	竹垣、寄場差出し金一件の書物を返す

※石井良助・服藤弘司編『幕末御触書集成』五（岩波書店、1994年）、藪田貫編集 松本望・内海寧子・松永友和校訂『大坂代官竹垣直道日記』(二)（関西大学なにわ・大阪文化遺産学研究センター、2008年）をもとに作成。

接に関っていたといえよう。

次に、天保十三年十一月二十一日の触書から、人足寄場の設置の仕方についてみてみよう。

一陣屋有之向者、右地続江寄場取建、尤、荒地多之場所者、起返等之都合宜敷場所江取建候様ニもいたし可然候、

一寄場取建候入用之儀、材木者可成丈最寄御林木等被下、其余諸入用者、御取替金を以相渡置、郡中割ニ而追々取立候積、右入用積いたし早々相伺、尤、追々無宿共集方模様ニ寄、差略も可有之事ニ付、差向差支無之様、程合勘弁いたし可然義ニ候、

最初の一つ書きは、人足寄場の設置場所について記されている。触書によれば、代官陣屋がある場合は陣屋の地続きの場所に設置することとあるが、荒地が多い場合は都合のよい場所に設置してもよい、と記されている。

次の一つ書きには、建設費用について、郡中割によって費用を取り立てることが示されている。材木についても、できるだけ最寄りの材木を使用することなど、事細かな指示もみられる。郡中割によって費用が割り当てら

れるのは、代官陣屋などと同様、人足寄場が代官所の公的な建物である、という認識によるものと考えられる。

続いて、人足に関する規定をみてみよう。

一無宿共寄場へ入置候上者、其陣屋地名を以、何寄場人足与唱へ、農業者勿論、縄なひ其外相当之手業為相稼、衣服、飲食之諸入用償可申事ニ者候得共、差向迚も引足申間敷候ニ付、先ツ御取替金可相渡間、支配限惣村高郡中割を以取建（立カ）候積、相心得可取計候、

（二カ条……略）

一寄場逃去候歟、或者盗其外悪事いたし候類ハ、夫々厳重之仕置可申付、（其段欠カ）兼而申諭置、右体之もの者不及申、其余者悪事致候分も、手延ニ不相成様厳重ニ吟味詰、早々御仕置之儀可被相伺候、

人足寄場に収容された無宿・野非人は、代官陣屋の地名を冠につけ、〇〇寄場人足と唱えることが定められている。そして、人足寄場では、農業はもちろん、縄ない（縄をつくること）などの手業をさせるとある。衣服や飲食の費用については、人足の稼ぎを充当するとも記されている。

次の一つ書きには、人足が寄場から逃亡した場合や、盗みなど悪事をはたらいた場合の処置が記されている。その場合、代官は人足に対して仕置を申し付け、悪事に関与した者も同様、厳重に吟味を行い、仕置について伺いを立てること、とある。このような取り決めが記された背景には、人足が逃亡したり、盗みなどの悪事をはたらいたりすることが、ある程度想定されていたものと思われる。この点は、江戸の人足寄場が参考にされたのであろう。

天保十三年十一月二十一日に幕府が発した触書を受け、江戸と京都の市中においては、即日同様の触書が出された[16]。一方、大坂では、臼井壽光が述べるように触書そのものが出されたのか確認することはできない。しかし、後述するように、大坂において人足寄場が設置されたことは間違いない。この点をどのように整合的に理解すべきだろうか。次のように推定することができる。『大阪市史』に収録された町触には、この触書が記されなかったのではなかろ

うか。つまり、大坂の人足寄場の設置に関する触書は、『大阪市史』の町触の原典となった史料には、書き記されなかったと考えられる。これは、町触を書き写した者の判断なのか定かではないが、いずれにせよ、大坂においても江戸・京都と同様、人足寄場の設置の触書が出されたと想定せざるを得ない。

これまで、大正二〜四(一九一三〜一九一五)年に編纂・刊行された『大阪市史』は、大坂の研究において多用されてきたが、近年、その不備が指摘されている。[17]人足寄場についても、触書の不備の一つと考えられ、このことは、『大阪市史』の町触のみに依拠した研究の限界を示している。

2　無宿・野非人の狩り込み

次に、大坂代官竹垣直道によって行われた、無宿・野非人の狩り込みについてみてみよう。代官竹垣は、天保十三年十一月二十一日の触書を受け、さっそく設置に着手する(史料については後掲〔史料1〕参照)。「竹垣日記」天保十四年一月二十九日条によれば、竹垣は摂津国東成郡村々の惣代を呼び出し、「寄場」の取り立てについて申し渡しを行う。そのとき竹垣は、人足寄場の建設について「云々」申し渡す、とのみ記している。つまり日記には詳細が記されていないが、この記述からは、東成郡村々惣代たちに、これから実施する政策をあらかじめ告知したものと考えられる。翌日には、竹垣の下僚のなかから、「人足寄場懸」(人足寄場の政策担当者)が選ばれる。

そして、二月一日から無宿・野非人の狩り込みが始まる。竹垣は、無宿・野非人の狩り込みのため下僚の林泰蔵を派遣し、平野町・高津町・天王寺村の近辺において、一七人の無宿・野非人を召し捕え、牢屋敷に送致している(天王寺村牢屋敷についてはコラム参照)。

二月四日には、下僚の六島清二郎が、無宿・野非人を狩り込んでいる。六島は、竹垣の指示により東成郡村々に向かい、そこで一一人の無宿・野非人を差し押さえる。六島が帰宅したのは夜九ッ時(午前零時頃)だった。一一人の無宿・野非人のうち、往来手形を所持していた二人は追い払われ、残りの九人は牢内預を申し渡されている。このことから、狩り込み及び入牢については、往来手形の有無が基準であったことがわかる。二日後の二月六日には、このとき捕えた者たちの取り調べが行われ、それが済み次第、再び牢内に戻されている。

続いて、同月十一日に竹垣は、下僚の山口作助を天王寺村周辺に派遣している。山口は、天王寺村近辺において一二人の無宿・野非人を狩り込み、一〇人は牢屋預を申し渡し、残る無宿常蔵は盗みをはたらいていたことが発覚し、まず盗物を取り上げ、常蔵には入牢を申し付けている。

このように、竹垣は、わずか一一日間という短期間に、無宿・野非人四〇人を狩り込み、そのうち三八人を牢屋敷に送りこんだ。無宿・野非人の狩り込みには、複数の下僚が派遣されていることから、竹垣の下僚数名が「人足寄場懸」を担当したことがわかる。さらに、狩り込みの対象地域は、平野町や高津町、天王寺村などが日記にみられ、当時、大坂の周辺地域において、多くの無宿・野非人が滞留していたと推測される。

3　「寄場人足」の活用

次に、狩り込んだ「寄場人足」について述べることにしよう。「竹垣日記」によれば、天保十四年三月から竹垣は、樋普請や悪水井路浚いなどに「寄場人足」を活用していることがわかる。

天保十四年三月一日、摂津国東成郡本庄村[18]の樋普請の件で、村役人が「寄場人足」五人の借り受けを竹垣に申し立てている。村役人の申し立てを受けた竹垣は、無宿粂蔵ら五人を牢預から村預に切り替え、村役人に引き渡している。このとき竹垣は、粂蔵らは無宿であるため、村役人に「心得方」を申し渡し、注意を促している。さらに、「竹垣日記」三月五日条及び九日条にも同様の記事がみられる。

三月五日、河内国若江郡森河内《もりがわち》村[19]と高井田《たかいだ》村[20]から、悪水井路浚いのため人足を借り受けたいとの申し立てがあり、竹垣は九人の無宿を本庄村のときと同様、牢預から村預に切り替え、村役人に引き渡している。その四日後の九日には、摂津国東成郡天王寺村[21]から九人、木野《この》村[22]から三人の「寄場人足」の借用の申し立てを受け、無宿に「教諭」を加えた上で、村預に遣している。

ここで注目したいのは、「寄場人足」の借り受けを村側が申し立てた点である。このとき申し立てを行った村々には、次の二つの共通点があった。一つは、当時、幕領または幕領を含む相給村であったこと。つまり、大坂代官竹垣直道の支配を受けていた点である。

もう一つは、村内あるいは村の近くに川が流れており、それにともなう土木工事などの労働力需要があったことである。例えば、高井田村は、東側の村境に長瀬川が流れ、西側の平野川へは村の悪水が流れ落ちていた。しかし、淀川の水位が高くなると逆流し、田畑が冠水することもあったという。そのため村では、総延長一六五〇間の堤を自普請でつくり、淀川や大和川からの出水に備えていた。

このように、高井田村を含め先述した村々には、「寄場人足」を借用したいという理由があった。その一方で、代官所には「寄場人足」という労働力があった。この双方の状況が合致することにより、「寄場人足」が活用されたのである。

さらに注目したいのは、このときの代官竹垣の役割である。たとえ村側と代官所側との状況・利害が合致したとしても、「寄場人足」はもともと無宿・野非人である。それなりの手続きが必要であった。

三月一日に竹垣は、村の申し立てを受け「寄場人足」を派遣するが、このとき「心得方」を申し渡している。その対象は、谷町代官所に訪れた村役人である。「寄場人足」は数日前までは無宿・野非人であったため、彼らを使役する際には、村役人に「心得方」を伝えておく必要があった。

一方、無宿・野非人に対しては「教諭」を加えている。三月九日に竹垣は、無宿米吉らを牢屋から呼び出し、「教諭」した上で村側に遣わしている。「教諭」の内容は日記に記されていないが、状況から判断して、きちんと村側の指示に従うこと、逃亡をしないこと、などが伝えられたのであろう。このように、竹垣は、村役人には「心得方」を申し渡し、「寄場人足」には「教諭」を加えていた。「心得方」と「教諭」を併用することによって、もともと無宿・野非人だった者を、村の人足に仕立てたのである。

以上をふまえると、天保改革にともなう人足寄場政策は、無宿・野非人の狩り込みによる治安維持のみが目的ではなく、「寄場人足」の活用にこそ、その主眼が置かれたのではなかろうか。大坂代官は幕府の命を受け、本格的な人足寄場を設置し、「寄場人足」を活用しようとしたのではないだろうか。これに関わって、次に人足寄場の建設構想について述べることにしたい。

4　人足寄場の設置構想

天保十四年三月十日、大坂鈴木町代官築山茂左衛門から竹垣のもとに、「寄場小屋」の伺書案が届けられる。その具体的な内容は不明ながら、人足寄場の「小屋」の建設に関わる内容であったとみられる。

この伺書案が鈴木町代官から送られたことと、狩り込んだ無宿・野非人を収容する天王寺村牢屋敷が谷町代官と鈴木町代官の共同管理であったことを勘案すると、大坂代官所の人足寄場も牢屋敷と同様、谷町代官と鈴木町代官の共同で管理する体制だったと考えられる。

大坂鈴木町代官所の人足寄場政策については、在郷町池田（現池田市）に残された史料が手がかりとなる。池田の「八番町触帳」[23]には、「今度無頼之無宿・野非人寄場被　仰出、帰農御世話有之候」と書き記されており、鈴木町代官所においても谷町代官所と同様、実態として人足寄場政策が実施されたことが判明する。

竹垣は、築山茂左衛門からの「寄場小屋」の伺書案を受け、三月十二日に安井九兵衛請所を見分している。この日の日記によれば、竹垣は下僚の林泰蔵を引き連れて、人足寄場の建設予定地である安井九兵衛請所を見分したことがわかる。

この安井九兵衛請所という地域は、もと下福島・野田村の外島《そとじま》と呼ばれた堤外地を指す。元禄十一(一六九八)年の堀江川開削にともなう道頓堀下流南岸の材木置場収公の代地として、堀江川の開削に尽力した安井九兵衛と平野次郎兵衛に使用権が与えられた。そのため、当初は「安井九兵衛平野次郎兵衛請所」と呼ばれた。しかし、のちに平野家が断絶したため、安井九兵衛請所と称されるようになった。同所は開発以来幕府領で、石高は二二石余、新田と同じく支配人が置かれた。この場所に代官所の人足寄場の建設が予定されたと考えられる。

このように、大坂代官所の人足寄場は、場所を天王寺村牢屋敷から安井九兵衛請所に移す具体的な構想があったものと推察される。しかし、実際に人足寄場が安井九兵衛請所に建設されたか否かは定かではない。天保十四年四月以降の「竹垣日記」には、天保十五年五月二十三日条に、「寄場差出金一件書物返ス」と記されるのみで、その後、関連する記事はみられなくなる(24)。

四　大坂町奉行所の人足寄場

1　大坂町奉行による照会

本節では、大坂町奉行所の人足寄場について述べていく(史料については後掲〔史料2〕参照)。

天保十三(一八四二)年十一月、人足寄場の設置が命じられると、大坂町奉行所では、その翌月に設置の準備がはじまる。十二月十一日、大坂町奉行は江戸の町奉行に、人足寄場と非人寄場の取り建てについて、問い合わせを行っ

ている。(25)

このときの問い合わせは、当時、大坂東町奉行の水野道一と西町奉行の阿部正蔵から、北町奉行の遠山景元《かげもと》と南町奉行の鳥居耀蔵《ようぞう》にあてて発せられたものである。史料からは、大坂町奉行所では支配所内に新たに人足寄場と非人寄場を建設すること、建設にあたり江戸の人足寄場を参考に、準備調査を行う積りであることがわかる。問い合わせは、人足寄場・非人寄場の取り締り筋と入用などについて、心得があれば詳しく報せてほしいというものだった。

この問い合わせに対し町奉行は、寄場の取り締り筋と入用などについては目付から回答すること、浅草に設置された非人寄場の仕法について記した別紙書抜帳面一冊を送付すること、などと返答している。なお、目付の回答については史料の関係で不明である。

続いて、翌天保十四年一月二十八日に、大坂町奉行は新規非人寄場の建設にあたり、別紙書抜帳面一冊は受け取ったが、寄場の手業場などの絵図面が届いていないため送ってほしいと依頼している。これを受けて町奉行では、翌月に絵図面を送付したとあり、非人寄場の絵図面が、江戸から大坂に送られたことがわかる。

2　非人寄場に関する七カ条の照会

その後、大坂町奉行が町奉行に照会したのは、天保十四年九月二日のことである。大坂東町奉行水野道一と新たに大坂西町奉行に着任した久須美祐明《くすみすけあき》は、南町奉行鳥居耀蔵と新たに北町奉行に着任した阿部正蔵にあてて、非人寄場に関する七カ条の照会を行っている。非人寄場は、江戸市中を徘徊する非人を収容し、手業を教えて更生させる目的で、天保十四年に浅草の非人溜の後方に設けられた施設である。(26) 人足寄場にならって創設されたが、嘉永六（一八五三）年に廃止された。

この大坂町奉行による照会については、すでに南和男がその事実を指摘しているが、七カ条の中身について詳細には述べられていない。そのため、ここでは照会の内容を以下にまとめた。

①浅草の非人寄場について、非人頭《ひにんがしら》のもとで進退を決める上は、非人身分の無宿者はもちろんのこと、非人手下《てか》の仕置により非人身分となった者や、もともと平人素性の者でも、乞食や野非人の者や狩り込みを受けた者は、非人寄場への収容となるのか。ただし、もともと非人身分の者が、手業などが出精でかつ改心した場合は、非人頭への引き渡しになるのか。もともと平人素性の者であっても、一旦非人寄場に入れられると、たとえ改心したとしても平人に引き上げられないのか。または改心し帰農させた平人素性の者は、平人に引き上げ、親類や身寄りなどへの引き渡しになるのか。

②親類や身寄りなどがいなくても、改心した者はもと居た村や町などへ引き渡してもよいか。

③親類や身寄りもいない障がい者や子どもなどについても、②と同様に引き渡してもよいか。

④引き渡した後に出奔し、後日召し捕えた場合、どのように取り計らうべきか。

⑤夜中に寄場小屋内の火の元やその他の取り締りについては、下番人足どもの中から、不寝番や拍子木打ちなどをさせたらよいか。

⑥寒気の凌ぎ方は、どのように取り計うべきか。

⑦非人寄場の人足が悪事をはたらく、または申し付けなどに背く場合は、どのように取り計らうべきか。

この七カ条の問い合わせに対して、町奉行は翌閏九月に、以下のように回答している。

①書面の非人身分の者はもちろんのこと、非人手下の仕置を受けた者が、手業などが出精でかつ改心したのを見届けたときは、その状況によって囲い場から出役する非人に取り立てるか、非人頭へ引き渡す見込みであり、平人へは引き渡さない。その他、自ら乞食・野非人であると申し立てる無宿については、できるだけ非人寄場へは遣わさずに、素性を問い糺した上で親類や身寄りなどへ引き渡し、身寄りがない者については人足寄場へ遣わしている。

②書面の問い合わせについては、①の回答のとおりである。
③書面の問い合わせにある子どもについては小屋入りを申し付けるが、これまで障がい者についての事例はない。
④書面に記されている「引き渡した後に出奔」とあるのは、改心の様子を見届け非人小屋頭へ引き渡した後に欠落した者のことか、右の者を召し捕えたときは、弾左衛門の「定法」により罰を申し付けているため、以後も特段、奉行所から処罰の沙汰には及ばない見込みである。
⑤書面にある取り締りについては、暮六ッ時から明六ッ時までは門戸を締め切り、下番人足のうち一人が拍子木を打ち、寄場の監視のうち一人が添い付き、時々見廻りを行い、火の元その他の取り締りを行っている。
⑥書面にある寒気の凌ぎ方については、牢屋・溜の状況に応じ、たんぽと称する一升徳利に熱湯を入れ、布きれで包み、人数分を渡している。
⑦書面の問い合わせのように、小屋内において不埒の所業におよび、あるいは申し付けに背く者は、手代が見届けた上で厳しく折檻を加えている。なお、そのように行わない場合は、弾左衛門に申し立て、弾左衛門の権限で厳重に仕置を申し付けている。このことはかねてから申し渡しているが、悪事の次第によっては取り扱うこともあり、一般に決っておらず、個々の場合に応じた対応を行っている。

町奉行の回答は、以上の通りである。江戸や大坂で非人寄場が設置された背景は、都市および周辺地域に多くの非人が滞留し、治安が悪化したことによる。しかし、無宿・野非人を狩り込む人足寄場との区別が明確ではなかったのであろう、大坂町奉行は、様々な状況について具体的に問い合わせを行っている。もともと非人身分の者や非人手下の仕置を受けた者は非人寄場に、無宿や野非人は人足寄場に、それぞれ収容されたが、その境界は曖昧だったのである。

3　人足寄場の実態

非人寄場について七カ条の照会をした後の閏九月晦日、大坂町奉行の水野道一と久須美祐明は、町奉行の鳥居耀蔵と阿部正蔵にあてて、人足寄場の人足の処置の仕方について照会している。このときの照会によれば、次の二点が判明する。一つは、無宿・野非人を召し捕えた場合、人足寄場の普請が竣工するまでは、当分の間、高原溜に男女を分けて入れ置き、手業や川浚人足などとして従事させたことである。

高原溜に関連して、「悲田院長吏文書」には、卯五月十日付けの「高原小屋牢」修復についての見積りを伝える史料がある。(27)この「高原小屋」とは、高原溜内に暫定的に設けられた人足寄場の施設であり、「卯五月十日」は、天保十四年五月十日であると考えられる。つまり、このころ高原溜の一部が修復されたとみられる。その修復を経て、高原溜が暫定的に人足寄場として運用されたのであろう。

もう一つは、派遣先あるいはその途中で人足が逃亡し、その上盗みをはたらいた者がおり、その者の仕置の仕方について、江戸の人足寄場での事例を問い合わせたことである。この問い合わせに対する町奉行の回答は、大坂町奉行所の人足寄場は新規の設置であるため、その仕置については大坂側からの伺いを待ってから取り決める、というものだった。

以上、閏九月の大坂町奉行の照会について要点を述べたが、ここでは次の三点を指摘しておきたい。一点目は、照会を行った天保十四年閏九月の時点で、人足寄場は普請中であったこと。二点目は、人足寄場が完成するまでは、暫定的に高原溜内に「小屋」が建設され、その中に無宿・野非人が収容されたこと。三点目は、実際に「寄場人足」の活用をはかるべく人足を派遣したが、逃亡し盗みをはたらいた者がいたことである。大坂町奉行所の人足寄場に関するより具体的な実態は不明であるが、天保十四年閏九月時点で実際に運用されていたことは判明する。

4　高原溜と高原会所

次に、高原溜についてふれておきたい。高原溜は、安永二（一七七三）年に大坂町奉行所が行倒れ非人を収容する目的で設置した施設である。(28) 規模は、間口が二五間半、奥行が三一間半であり、大坂三郷の南瓦屋町に位置した。高原溜が設置される以前、行倒れ非人は町方で扶養された。高原溜での費用負担については、当初、粥《かゆ》・油・薬は幕府の負担で、施設の建設費や番人の賃金・駕籠《かご》代（町からの病人の輸送費）や莚《むしろ》代は三郷町方の負担で賄われた。その後、粥代は行倒れ人が出た町で負担することに改められた。

費用負担に関して、大坂加嶋屋長田家文書には、高原溜の入用に関する史料が含まれている。(29)

覚

銀八拾枚

右者無宿并野非人共之内、高原溜江被差置御救方有之候付、右御入用之内江差出度旨被申立、則申上候処奇特之儀ニ付御聞済有之、銀子請取申処如件

亥六月　　　　　　　　　　　　　　　　　惣年寄㊞

加嶋屋

作兵衛殿

右の史料は、惣年寄が差し出した加嶋屋作兵衛宛の文書であり、「亥六月」は嘉永四年六月と推定される。内容は、加嶋屋が差し出した銀八〇枚についての請け取り覚書であり、断片的ではあるが高原溜の入用の一端を窺わせる史料である。

なお、高原溜の番・警備については、四ケ所の非人が番人をつとめた。高原溜の取り締りについては、「浪華御役

録」[30]の同心の役職に「高原溜取締役」とあることから、大坂町奉行所同心がつとめたことがわかる。

高原溜と類似した機能をもつものに、高原会所がある。高原会所の設置時期は明らかではないが、高原には寛文期（一六六一〜一六七三）から非人の御救小屋が置かれ、その小屋の世話・管理をするため、相当早くから会所的な機能を持った施設があったとされる[31]。

また、高原溜・高原会所については、早くから四ケ所非人との関係が指摘されている。「町奉行所旧記 三」によれば、「役木戸・長吏小頭共名前書」には、四ケ所の次に「高原」が記され、小頭十兵衛以下六人の名前が書き記されている[32]。御救小屋の常置によって、一定の非人集団が形成されたとみられる。

さらに、天王寺・鳶田《とびた》・道頓堀・天満の各垣外の長吏・組頭・小頭で構成された「御仲」という組織が存在したが、「御仲」は高原会所に設けられた、という指摘がある[33]。「御仲」は「御仲間」の略称とみられ、一つの垣外を越える問題が発生した場合、高原会所の「御仲」が対応したのである。

このように、高原溜や高原会所については、いくつかの点は明らかにされているものの、依然として不明な点が多い。ここでは、大坂町奉行所の人足寄場が暫定的に高原溜内に設置されたこと、言い換えると、高原溜は天保改革期に人足寄場としての機能を一定期間担ったことを指摘しておきたい。

五　おわりに

以上、天保改革期に大坂代官所と大坂町奉行所に設置された人足寄場の実態について述べてきた。本章で明らかにした点を、以下にまとめる。

これまで、大坂代官所に人足寄場が設置されたことは解明されていなかった。本章では、大坂代官所の人足寄場が、天王寺村牢屋敷内に設置されたこと、代官竹垣直道は大坂の周辺地域に滞留していた無宿・野非人を狩り込み、村側の要請に応じて「寄場人足」として活用したこと、さらに、場所を天王寺村から安井九兵衛請所に移す構想があったことなどを明らかにした。

次に、大坂町奉行所の人足寄場について、大坂町奉行は江戸の町奉行に向けて、人足寄場・非人寄場の設置や運営の仕方について、たびたび照会を行ったこと、天保十四（一八四三）年時点で人足寄場は普請中であり、それが完成するまでは高原溜内に「小屋」が建設され、無宿・野非人が収容されたこと、実際に「寄場人足」を活用する際に逃亡と盗みをはたらいた者がいたこと、高原溜は天保改革期に人足寄場としての機能をあわせ持ったことなどを明らかにした。

最後に、天保改革期に人足寄場が設置された歴史的背景についてふれておきたい。

天保十二年九月からはじまる人返しに先立ち、水野忠邦は天保九年に代官に対して、江戸の人口過密問題を解消させる方法を諮問した。当時、全国には四二人の代官がおり、そのうち三四名の代官が、その諮問に回答している。(34) その中で人足寄場の設置を上申したのが、西国筋郡代寺西元栄《もとなが》である。寺西は、

一旦帰〔農〕業を止候もの共者、多分百性ニ者相成兼候ものニ御座候間、ケ様之類者其生質ニ応し候御処置被成下候ゟ外者有御座間敷候、其御処置者、人足寄場之仕法を猶おしひろめ、海外之国々ニ而徒罪与名付、土木之事其外日用之夫役ニ召仕候如く、江戸当時市中之戸籍を改、（中略）主人并当人才覚ニ而本国江罷帰度もの者、勝手次第帰農為仕、故障申立候もの者人足寄場江召聚、(35)

と上申した。江戸の下層町人のなかには、故郷に帰そうとしても困難な者が多いため、江戸の人足寄場のような施設を各地につくり、海外諸国で行われている徒罪のように、土木工事や雑用に使ってはどうか、と提案したのである。(36)

おそらくこの提案がもとになり、人足寄場政策が実施されたのであろう。その意味で、この政策は人返しと深く関

わっており、江戸や大坂などの巨大都市及び都市周辺地域における人口過密問題を解消させるねらいがあった。人口過密問題は、治安の悪化を誘引すると幕閣は見なしていた。幕閣は、天明期の打ちこわしの経験から、江戸・大坂をはじめとする幕府直轄都市において、騒動の発生を何としても阻止したかったのであろう。人足寄場政策を行ったのは、このような歴史的背景があったと考えられる。

〔注〕

（1）人足寄場に関する主な研究は以下の通りである。丸山忠綱「加役方人足寄場について」（一）～（四）（『法政史学』七～一〇、一九五五～一九五七年、のち丸山忠綱先生追悼集刊行会編『丸山忠綱遺稿　加役方人足寄場について』、一九八一年、に所収）、瀧川政次郎「人足寄場の創始者長谷川平蔵」（一）・（二）（『日本歴史』一五三・一五四、一九六一年）、平松義郎「人足寄場の成立」（一）～（三）（『名古屋大学法政論集』三三～三五、一九六五～六六年）、人足寄場顕彰会編『人足寄場史―我が國自由刑・保安処分の源流―』（創文社、一九七四年）、瀧川政次郎『長谷川平蔵―その生涯と人足寄場―』（朝日新聞社、一九七五年）、平松義郎「人足寄場起立考」（滋賀秀三・平松義郎編『石井良助先生還暦祝賀法制史論集』創文社、一九七六年）、塚田孝「人足寄場収容者について」（『論集きんせい』四、一九八〇年、のち『身分制社会と市民社会』柏書房、一九九二年、に所収）、藤井康「幕末の人足寄場に関する一考察―寄場油売り捌きを中心として―」（『駒沢大学史学論集』二一、一九九一年）、坂本忠久「江戸の人足寄場の性格とその変化をめぐって」（『法制史研究』四一、一九九二年、のち『天保改革の法と政策』創文社、一九九七年、に所収）、重松一義「人足寄場の創設と運営の史的実態―その構想と実践にみる伝統的牢制の修正―」（『中央学院大学法学論叢』一〇―二（通巻一八号）、一九九七年、のち『日本獄制史の研究』吉川弘文館、二〇〇五年、に所収）、日野善雄「江戸石川島人足寄場の設立と展開―近世後期の無宿対策と人足寄場―」（『鳴門史学』一二、一九九八年）、高塩博「寄場手業掛山田孫左衛門―創設期人足寄場とその後についての管見―」（『国学院法学』四七（二）、二〇〇九年）

（2）重松一義「常州上郷・箱館・横須賀人足寄場」（前掲（1）『人足寄場史』）。

（3）高塩博の主な成果は以下の通り。『江戸時代の法とその周縁―吉宗と重賢と定信と―』（汲古書院、二〇〇四年）、『近世刑罰制度論考―社会復帰をめざす自由刑―』（成文堂、二〇一三年）。神崎直美の主な成果は以下の通り。「飛騨高山郡代豊田友直の　人足寄場案―幕府天保改革推進の一事例―」（『地域文化研究』四、二〇〇〇年）、「飛騨高山郡代豊田友直の人足寄場案―解題と翻刻―」（『地域文化研究』五、二〇〇一年）、「浜松藩の人足寄場―幕府老中水野忠邦の領内施策とその幕政からの影響について―」（『中央史学』二五、二〇〇二年）、「浜松藩の人足寄場―解題と翻刻―」（『地域文化研究』六、二〇〇二年）。

（4）藪田貫編集　松本望・内海寧子・松永友和校訂『大坂代官竹垣直道日記』（一）〜（四）（関西大学なにわ・大阪文化遺産学研究センター、二〇〇七〜一〇年）。天保十三年十二月「大坂町奉行ゟ同所人足并非人寄場取建候付御当地寄場囲向取締其外問合調」・天保十四年閏九月「大坂町奉行ゟ寄場普請中無宿野非人外遺働場所等ゟ逃去悪事致し候者之儀ニ付御当地寄場御仕置振合問合」（『市中取締類集』遠国伺等之部二ノ六・四ノ五）、国立国会図書館蔵。人足寄場に関連する史料は【史料篇】に掲載した。なお、『大坂代官竹垣直道日記』（三）の解説として、「大坂代官所の人足寄場」を執筆した。史料集の解説という性格上、記述は最小限にとどめざるを得なかった。本章は、この小文をふまえ執筆したものである。

（5）三浦周行『法制史の研究』（岩波書店、一九一九年、初出は一九一六年）一〇一六頁。

（6）石井良助『江戸の刑罰』（中央公論社、一九六四年）一九八頁。

（7）南和男『江戸の社会構造』（塙書房、一九六九年）一五〇〜一五一頁。

（8）北島正元『水野忠邦』（吉川弘文館、一九六九年）三一七頁。

（9）平松義郎「人足寄場の成立と変遷」（前掲（1）『人足寄場史』一二二頁。のち『江戸の罪と罰』平凡社、一九八八年、に所収）。

（10）平松が依拠した資料は、『日本監獄教誨史』下（真宗本願寺派本願寺・真宗大谷派本願寺編輯兼発行、一九二七年）である。同書一二〇五頁には、「旧幕時代大阪市南区瓦屋町字高原に高原溜と称するものありき。明治元年八月高原徒刑場と改称す」とあるが、平松が記した「幕末まで使用された」とする典拠は、管見の限り示されていない。

(11) 大阪の部落史委員会編『大阪の部落史』第三巻史料編近世3(解放出版社、二〇〇七年)二〇～二一頁。

(12) 石井良助・服藤弘司編『幕末御触書集成』五(岩波書店、一九九四年)「無宿物もらい非人等之部」四七六八。原典は、嘉永六(一八五三)年成立の「牧民金鑑」(編者は幕府代官荒井顕道)。

(13) 野非人については、塚田孝「「野非人」論」(『近世日本身分制の研究』兵庫部落問題研究所、一九八七年)参照。

(14) 南和男「江戸人口の過密化対策」(北島正元編『幕藩制国家　解体過程の研究』吉川弘文館、一九七八年、のち『幕末江戸社会の研究』吉川弘文館、一九七八年、に所収)、藤田覚「江戸庶民の暮らしと名奉行」(藤田覚編『日本の時代史一七　近代の胎動』吉川弘文館、二〇〇三年)参照。

(15) 坂本忠久「天保改革の無宿野非人旧里帰郷令とその廃止—追放刑改正問題との関連を中心に—」(『日本史研究』三四六、一九九一年、のち前掲(1)『天保改革の法と政策』に所収)。

(16) 近世史料研究会編『江戸町触集成』一四巻(塙書房、二〇〇〇年)触一三七九二、一二四四～一二四五頁。京都町触研究会編『京都町触集成』一一巻(岩波書店、一九八六年)触六八八、二六五～二六六頁。

(17) 塚田孝「近世大坂の町と町触についての断章」(広川禎秀編『近代大阪の行政・社会・経済』青木書店、一九九八年、のち『近世大坂の都市社会』吉川弘文館、二〇〇六年、に所収)、野高宏之「町触とは何か—大坂町触を素材として—」(塚田孝編『近世大坂の法と社会』清文堂出版、二〇〇七年)。

(18) 本庄村は、平野川の東岸に位置した。村の南西を奈良街道(暗峠越)が通じ、地形は平坦で、集落は街道沿いおよびその北側にあった。幕領。幕末の村高は八〇五石。

(19) 森河内村は、第二寝屋川中流左岸、長瀬川最下流域に位置した。宝永元(一七〇四)年の大和川付替え後は、水量の減少した長瀬川の川床に新喜多新田が開発され、村は二分された。幕領。幕末の村高は四三八石。

(20) 高井田村は、長瀬川下流左岸に位置した。東の村境を長瀬川が流れる。暗峠越奈良街道が東西に通る。幕領。幕末の村高は一八一七石。

(21) 天王寺村は、上町台地上に位置し、幕領と四天王寺領の相給村であった。幕末における幕領の村高は五七一八石、四天王寺領は一四九〇石。なお、村の概要については、拙稿「天保十二年天王寺村の徒党・打ちこわしについて」(『大阪の歴史』七七、二〇一二年）を参照いただきたい。
(22) 木野村は、猫間川流域に位置した。集落は平野川左岸の自然堤防上にあった。幕領。幕末の村高は六一一石。
(23) 「八番町触帳」（『黒松家資料目録（1）』〔編集・発行 池田市立歴史民俗資料館、一九九六年〕1支配、史料番号4）池田市立歴史民俗資料館蔵。
(24) この他にも不明な点は多い。例えば、実際に「寄場人足」として村々に派遣された人足は、村でどのような扱いを受けたか、大坂の人足寄場は幕末にかけてどのように展開したか、などについては今後の課題である。
(25) 本節での記述は、断りのない限り前掲(4)の史料に依拠している。
(26) 幸田成友「非人寄場」（『三田學會雑誌』第一一巻第四号、一九一七年、のち『日本経済史研究』大岡山書店、一九二八年、に所収、さらに『幸田成友著作集』第一巻、中央公論社、一九七二年、に再録）。前掲(7)南『江戸の社会構造』。高柳金芳「非人寄場」（前掲(1)『人足寄場史』所収）参照。
(27) 長吏文書研究会編『悲田院長吏文書』（解放出版社、二〇〇八年）史料番号五五九、六一〇頁。
(28) 『新修大阪市史』第三巻第四章第八節の3・4（大阪市、一九八九年、内田九州男執筆分）、藤井嘉雄『大坂町奉行と刑罰』（清文堂出版、一九九〇年）。
(29) 「高原溜御入用之内江差出銀請取覚」（『史料館所蔵史料目録第一四集』〔編集・発行 国立史料館、一九六八年〕史料番号一二六）国文学研究資料館蔵。
(30) 天保七年「浪華御役録」（関西大学図書館蔵、ただし図書館で付けられている名称は「大坂武鑑」）。
(31) 内田九州男「大坂四ヶ所の組織と収入」（『ヒストリア』一一五、一九八七年）。前掲(28)『新修大阪市史』第三巻、八六〇頁。
(32) 大阪市史編纂所編『大阪市史史料第四二輯 大坂町奉行所旧記（下）』（大阪市史料調査会、一九九四年）。なお、高原の「小頭」は各垣外に存在した小頭とは異なり、十三組小屋頭とされる（この点は臼井壽光氏のご教示による）。十三組については、小野田一幸「大坂四ケ所組織と十三組」（『部落解放研究』一七七、二〇〇七年）参照。
(33) 前掲(31)内田「大坂四ヶ所の組織と収入」、塚田孝「三都の非人と非人集団」（『歴史学研究』五三四、一九八四年、のち前掲（13）『近世日本身分制の研究』に所収、さらに『近世大坂の非人と身分的周縁』部落問題研究所、二〇〇七年、に再録）。
（34）前掲（14）南「江戸人口の過密化対策」、藤田「江戸庶民の暮らしと名奉行」。
（35）天保九年五月「西国筋郡代寺西元栄上申書」（『大日本近世史料　市中取締類集二六』旧里帰農之部、編纂・発行　東京大学史料編纂所、東京大学出版会、二〇〇四年）。
（36）神崎直美「西国筋郡代寺西元栄の徒罪認識と人足寄場改革案―老中水野忠邦への上申書を素材として―」（『城西人文研究』二八、二〇〇三年）、藤田覚『大江戸世相夜話』（中央公論新社、二〇〇三年）。

〔付記〕
本章作成にあたり、大阪近世人権史研究会及び徳島地方史研究会において報告の機会を得ました。当日ご出席いただいた方々には、様々なご指摘をいただきました。さらに、臼井壽光氏からはいくつかご教示をいただきました。記して厚く御礼申し上げます。

史料

（凡例）

（1）大坂代官所の人足寄場関係史料は、藪田貫編集 松本望・内海寧子校訂『大坂代官竹垣直道日記』（一）と藪田貫編集 松本望・内海寧子・松永友和校訂『大坂代官竹垣直道日記』（二）（ともに発行は、関西大学なにわ・大阪文化遺産学研究センター、二〇〇七・二〇〇八年）から引用した。ただし、旧漢字は常用漢字に直し、一部読点を加えた箇所がある。原史料は東京大学史料編纂所蔵。

（2）大坂町奉行所の人足寄場関係史料は、『市中取締類集』遠国伺等之部二ノ六・四ノ五の一部（天保十三年十二月「大坂町奉行ゟ同所人足并非人寄場取建候付御当地寄場囲向取締其外問合調」と天保十四年閏九月「大坂町奉行ゟ寄場普請中無宿野非人外遣働場所等ゟ逃去悪事致し候者之儀ニ付御当地寄場御仕置振合問合」）を翻刻したものである。原史料は国立国会図書館蔵。

〔史料1〕大坂代官所の人足寄場関係史料

大坂谷町代官竹垣直道が、天王寺村の牢屋を見分する

（天保十一年九月十五日条）

一為天王寺村牢屋見分、はや昼飯ニ而四ッ半時比出宅相越ス、牢守孫三郎出迎、牢内御仕置場等見分、当時入牢自分方両人、簗山方三人有之、右五人江銭三百文ツヽ差遣、其段又三郎ゟ為申渡候上、合銭者孫三郎江相願、銘々金之品相調可差遣旨申付ル○孫三郎江改而逢遣ス○右相済、四天王寺通り抜、谷町筋帰途、夕七ッ時過帰宅

　但、杉浦又三郎・松浦八蔵召連ル

竹垣が、東成郡村々の惣代を呼び出し、寄場の取立方を申し渡す（天保十四年一月二十九日条）

一東成郡村々惣代共呼出、寄場取立方之儀云々申渡ス

竹垣が、「人足寄場懸」を申し渡す（天保十四年一月晦日条）

一人足寄場懸申渡

竹垣が派遣した下僚の林泰蔵が、平野町などにおいて無宿一七人を狩り込む（天保十四年二月一日条）

一無宿・野非人為狩込、今朝林泰蔵差遣ス、平野町・東高

津・天王寺村辺尓而無宿都合拾七人召捕、直ニ牢屋敷江差送り置候よし、夕刻罷帰申聞ル

竹垣が派遣した下僚の六島清二郎が、東成郡村々において無宿一一人を狩り込む（天保十四年二月四日条）

一六島清二郎儀、無宿・野非人為狩込、東成郡村々江差遣候処、都合拾壱人差押、夜九ッ時罷帰り、右之内往来手形所持罷在候分者直ニ追払、九人者一ト通糺之上牢内預申渡、直ニ牢屋江差送ル

竹垣が、二月四日に召し捕えた無宿たちの取り調べを行う（天保十四年二月六日条）

一当月四日差押候無宿共口書申付ル、直ニ牢内江返ス

竹垣が派遣した下僚の山口作助が、天王寺村において無宿一二人を狩り込む（天保十四年二月十一日条）

一無宿・野非人為差押方山口作助天王寺村辺江遣ス、無宿七兵衛外拾壱人差押、七ッ時過帰ニ付一ト通糺之上、十壱人者牢屋預申渡、無宿常蔵者盗有之ものニ付盗物者取上ル、入牢申付ル

本庄村の村役人が、樋普請のため寄場人足五人の借り受けを代官所に申し立てる（天保十四年三月一日条）

一摂州本庄村樋普請ニ付、寄場人足五人借受度よし、役人共申立ニ付

粂蔵
吉兵衛
吉蔵
正兵衛
半七

右牢預差免、村預申付、役人共江引渡遣ス、無宿共ニ候得者心得方申渡遣ス

森河内村と高井田村が、悪水路浚いのため寄場人足の借り受けを代官所に申し立てる（天保十四年三月五日条）

一河州森河内・高井田両村無宿共借受、悪水井路浚方いたし度段申立ニ付、左之通村預ニいたし下遣ス

嘉次郎
松之助
喜助
惣平
甚五郎

万助
伴蔵
吉兵衛
〆九人
右村役人共江引渡遣ス

天王寺村と木野村が、寄場人足一二人の借り受けを代官所に申し立てる（天保十四年三月九日条）

一摂州天王寺村・木野村寄場人足之内、天王寺者九人、木野者三人借受度旨申立ニ付、無宿米吉外拾壱人呼出、教諭之上牢内預免、村方江預下ケ遣ス

大坂鈴木町代官築山茂左衛門が、竹垣に「寄場小屋伺書案」を届ける（天保十四年三月十日条）

一築山ゟ寄場小屋伺書案、其外廻し来ル

竹垣が、下僚の林泰蔵を召し連れ、人足寄場の建設予定地である安井九兵衛請所を見分する（天保十四年三月十二日条）

一昼後八ッ時比ゟ出宅、西成郡下福島村圦樋伏込中見廻与して罷越ス○安井九兵衛受所人足寄場可取建場所及見、右ニ付地方林泰蔵召連ル、堤方者利八郎壱人召連ル、夕七ッ半時過帰宅

竹垣が、寄場差出し金一件の書物を鈴木町代官設楽八三郎に返す（天保十五年五月二十三日条）

一八ッ半時比ゟ設楽江罷越逢、談話
○築山・自分御証文弐通引渡、目録共遣ス
○寄場差出金一件、書物返ス
○津々売女一件、書物廻ス
夜五ッ時過帰宅

〔史料2〕大坂町奉行所の人足寄場関係史料

天保十三年十二月十一日、大坂町奉行が江戸の町奉行に、人足寄場と非人寄場の取り締り筋と入用などの心得を問い合わせる

天保十三寅年十二月
向方相談廻
大坂町奉行ゟ
同所人足并非人寄場取建候付、御当地寄場囲向取締
其外問合調

遠山（遠山景元）左衛門尉様　　阿部（阿部正蔵）遠江守
鳥居（鳥居耀蔵）甲斐守様　　水野（水野道一）若狭守

以　切紙致啓上候、然者今般御府内立廻り候無宿并野非人共之儀ニ付、万石以上以下領分知行給知有之向々、并寺社之向江御触有之候間、帰農又者手業為致候儀、都而御触面之通相心得、拙者共支配場之内、新規素人非人之寄場取建、女者引分入置、支配所之者共者勿論、最寄万石以下知行給知并寺社領等ゟ任断、右寄場江入置候ものも同様教諭を加、可成丈本心ニ立戻候様、精々世話致し可申様、厚御趣意ニ而寄場取建方并仕法入用積等之儀取調、早々可相伺旨御下知有之、右ニ付而者御地佃島寄場之振合を以、当表寄場取建方取調候積有之、右寄場之儀者御目付江も及懸合置候得共、各様方ニも御取扱有之候儀ニ付、御用多中乍御世話、右御取扱之廉々者勿論、寄場囲向并囲内御取締筋御入用等、其余心得ニ可相成儀も有之候ハヽ、夫々委細御報被御申聞候様致し度、此段御問合可得御意如此御座候、以上

十二月十一日　　水野若狭守印
　　　　　　　　阿部遠江守印

遠山左衛門尉様
鳥居甲斐守様

追而本文之次第取調、早々可相伺様被仰渡候儀ニ付、急々御取調、御報之儀、訳而御頼得御意候間、宜御承知可被下候、以上

天保十三年十二月、町奉行が大坂町奉行に、浅草に新設された非人寄場に関する仕法別紙書抜一冊を送る

左衛門尉殿江御相談物

阿部遠江守様　　遠山左衛門尉
水野若狭守様　　鳥居甲斐守

御切紙拝見致し候、然者其御地人足并非人寄場御取建有之候付、御当地寄場囲向并囲内取締御入用筋等之儀、御承知被成度旨、旧臘御問合之趣承知致し候、右者御目付方江も同様之儀御問合有之、御目付中ゟ取調御挨拶およひ候様付、拙者共ゟ者別段不及御挨拶候、且今般拙者共ゟ越前守（水野忠邦）殿江伺之上、浅草溜後口江新規非人寄場取建候付、伺済仕法別紙書抜壱冊、為御心得御達申候、右ニ而

御承知可被成候、右御報可得御意如此御座候、以上

十二月　日　鳥居甲斐守
遠山左衛門尉

阿部遠江守様
水野若狭守様

天保十三年十二月、町奉行が目付に、大坂町奉行の照会に対する回答は目付が行うことを伝える

佐々木三蔵（佐々木一陽）殿江談之覚

御当地人足寄場振合を以、大坂表寄場取建候ニ付、囲向并囲内取締御入用筋等之儀、承知致し度旨、同所町奉行ゟ問合有之候、然ル処各様方江も及御懸合置候之由申越、一事之儀取調二重ニ及挨拶候而者、無益之手数も相懸候儀ニ付、人足共小屋其外取建方手業稼方、并役所向取締御入用積等之儀、都而貴様御懸之儀ニ付、御挨拶有之候様存候、左候ハヽ、拙者共ゟ者、当時町奉行取扱之廉而已可及挨拶存候、依之及御談候事

寅十二月

下ケ札
「書面御懸合之趣致承知候、寄場一条之儀ニ付而者、拙者方江大坂町奉行ゟ直ニ懸合有之候方弁理ニも可相成間、其段御申通有之候様存候

天保十四年正月二十八日、大坂町奉行が町奉行に、非人寄場の手業場などが記された絵図面の送付を依頼する

去ル十五日之御報相達致拝見候、然者当地人足寄場取建候付、其御地寄場囲向并囲内取締御入用筋之義、承知いたし度段、旧臘及御問合候処、右者御目付方江も同様之義、御問合および候義ニ付、御目付中ゟ取調御挨拶可有之様ニ付、各様ゟハ別段御挨拶無之候旨、且今般各様ゟ越前守殿江御伺之上、浅草溜後江新規非人寄場御取建有之候付、御伺済御仕法荒増御別本書抜壱冊、為心得被遣之致落手、御用多中彼是御世話共存候、然ル処囲并手業場等之絵図面者御封落ニ相成候義哉、御差越無之候間、早々御差越有之候様致し度、猶又御願旁御再報可得御意如此御座候、以上

正月廿八日　水野若狭守㊞
阿部遠江守㊞

遠山左衛門尉様

鳥居甲斐守様

天保十四年二月、町奉行が大坂町奉行に、非人寄場の手業場などが記された絵図面を送付する

「阿部遠江守様
　水野若狭守様　　遠山左衛門尉
　　　　　　　　　鳥居甲斐守

御再報致拝見候、然ハ今般越前守殿江伺之上、浅草溜後口へ新規非人寄場御取建有之候ニ付、右御仕法荒増書抜、為御心得先便差進候処、右之内囲并手業場等之絵図面封落相成候哉、差進不申候間早々差進可申旨被御申越承知致し候、則別紙非人寄場絵図面差進候間、御落手可被成候、右御報可得御意如斯御座候、以上

二月　日　　御両名

両名宛

天保十四年九月二日、大坂町奉行が町奉行に、七カ条の照会を行う

(朱書)「卯閏九月六日受取」

以切紙致啓上候、然者先般御伺済ニ而浅草溜後江新規非人寄場御取建有之候御仕法御書抜、并絵図等御差越有之、右ニ而御仕法荒増之処致承知候得共、猶又別紙廉々及御問合候、御用多中再応御世話ニ候得共、別紙江御附札を以御報被御申聞可被下候、右御頼可得御意如此御座候、以上

九月二日　　水野若狭守印
　　　　　　(久須美祐明)
　　　　　　久須美佐渡守印

鳥居甲斐守様
阿部遠江守様

御問合書

一浅草溜後江新規御取建有之候非人寄場之儀者、非人頭ニ而進退致し候上者、非人素性之無宿者勿論、御仕置ニ而非人手下ニ相成候後、小屋欠落等致し候もの、其外平人素性之ものニ而も、乞食・野非人之類、御狩込ニ相成候類、右寄場江差入ニ相成候儀ニ候哉

但、非人素性之もの手業等出情改心いたし候節ハ、非人頭江御引渡ニ相成候儀ニ候哉、平人素性之ものニ而も、一旦非人寄場入ニ相成候上ハ、改心致し

候而も、平人ニ御引上ニ者不相成候哉、又ハ改心いたし帰農為致、可然平人素性之ものハ平人ニ引上、
親類身寄等江御引渡ニ相成候哉

一親類身寄等無之候而も、改心致し候者ハ、元居村居町等江御引渡ニ相成候哉

一親類身寄も無之片輪并幼少者等、右同様御引渡方ニ候哉

一引渡後出奔いたし、追而召捕候節者如何御取斗有之候哉

一小屋内夜中火之元其外為取締方、下番人足共之内ゟ不寝時番拍子木打等いたし候事ニ候哉

一寒気凌方ハ如何取斗可然候哉

一非人寄場人足悪事仕出し候歟、申付等相背候もの者如何御取斗有之候哉

右之趣及御問合候、其余心得ニ可相成儀者被御申越候様致し度候事

天保十四年閏九月、町奉行が大坂町奉行の七ヵ条の照会に回答する

（朱書）「卯閏九月六日来」

甲斐守殿江相談もの

御切紙致拝見候、然者先般伺済ニ而、浅草溜後江新規非人寄場取建候ニ付、右仕法書并絵図面等為御心得及御達置、荒増之趣御承知ニ者候得共、尚又御別紙之廉々御問合之趣承知致し候、則右御別紙江下ヶ札致し及御挨拶候、此段御報可得御意如此御座候、以上

閏九月　　阿部遠江守

鳥居甲斐守

久須美佐渡守様

水野若狭守様

（朱書）「壱」

御書面非人素性之者者勿論、御仕置ニ而非人手下ニ相成候後、小屋欠落致し候もの共も小屋入申付置、手業等出精いたし改心之躰見届候得者、其次第ニ寄囲ゟ出役非人ニ取立、又ハ小屋頭共江引渡遣候見込ニ而、平人江引渡候取斗者無之候、其外乞食・野非人之趣申立候無宿共者、成丈非人寄場江者不遣、素性相糺親類身寄等江引渡、身寄無之分ハ、人足寄場江差遣候儀ニ有之候

（朱書）「二」

御書面之趣者、前書下ヶ札ニ而御承知可被成候

「三」(朱書)御書面幼少之もの者小屋入申付候得共、是迄片輪
もの者無之候
「四」(朱書)御書面引渡後出奔与有之者、改心之躰見届、非人
小屋頭等江引渡候後欠落いたし候ものニ候哉、又《右》ゝ
者召捕候節、弾左衛門方定法を以咎申付来候間、
以後之儀も、別段奉行所ゟ咎之不及沙汰候見込ニ
有之候
「五」(朱書)御書面取締之儀者、暮六時ゟ明六時迄門戸〆切、
下番人足之内壱人宛拍子木を打上、番人横目之内
壱人宛差添時々相廻、火之元其外心付候儀ニ有之
候
「六」(朱書)御書面寒気凌方之儀者、牢溜之振合を以、たん
ほ与唱壱升徳利江熱湯を入、布裂ニ包、人数ニ応
し為相渡候儀ニ有之候
「七」(朱書)御書面小屋内ニおゐて不埒之及所業、或者申付を
相背候もの者、手代相見届候場所ニ而、厳敷折檻
を加、尚不相用候ハヽ、弾左衛門江申立、同人手限
伺ニ不及厳重之仕置可申付旨、兼而申渡置候得共、
悪事之次第ニ寄及沙汰候儀も可有之趣ニ付、一般
ニ差極難及御挨拶候

卯閏九月　鳥居甲斐守
阿部遠江守

天保十四年閏九月晦日、大坂町奉行が町奉行に、逃亡した寄場人足の取り扱いについて照会する

天保十四卯年閏九月
大坂町奉行ゟ
寄場普請中、無宿・野非人外遣、働場所等ゟ逃去、悪
事致し候者之儀ニ付、御当地寄場御仕置振合問合

鳥居甲斐守様　久須美佐渡守
阿部遠江守様　水野若狭守

以手紙致啓上候、各様弥御堅固被成御勤珍重存候、然者
無宿・野非人捕込候ニ付而者、寄場地所伺済之上、普請
出来候迄当分高原溜之内致差略、男女引分差入置、相応
之手業為相営候得共、手狭ニ付多分ハ川浚人足、或者牢
屋敷ゟ御役所江引出シ、囲人病気之もの為乗候担人足等
ニ遣ひ候処、働場所或者途中ゟ逃去、其上盗致し候者有
之、右御仕置当地ハ新規之義ニ付、旁其御地佃島寄場人
足御仕置ニ准シ取扱申度、然処右御仕置之義、寛政十二

申年小田切（小田切直年）土佐《州》守・根岸（根岸鎮衛）肥州評議之上申上、伺之通被仰
渡候趣ヲ以、今以《ママ》御取斗有之候哉、又者昨年来御仕置之
振合相替候廉有之候哉、何れ其御地御振合ニ准取斗申度、
此段及御問合候、乍御世話早々御申越御座候様致し度存
候、右可得御意如此御座候、以上

閏九月晦日　水野若狭守
久須美佐渡守

鳥居甲斐守様
阿部遠江守様

天保十四年閏九月晦日、町奉行が大坂町奉行に、逃亡した寄場人足の取り扱いの照会に回答する

久須美佐渡守様
水野若狭守様
鳥居甲斐守
鍋島（鍋島直孝）内匠

御切紙致拝見候、然者無宿・野非人共捕込候ニ付而者、
寄場地所御伺済之上、普請出来候迄当分高原溜之内江男
女引分被差置、相応之手業為相営候得共、手狭ニ付多分
ハ川浚人足、或者牢屋敷ゟ御役所江引出、囲人病気之者
為乗候担人足等ニ御遣シ《ママ》有之候処、働場所或者途中ゟ逃
去、其上盗致し候者も有之、右御仕置其表者新規之義ニ
付、旁御当地佃島寄場人足御仕置ニ准、御取扱被成度、
右御仕置之義、寛政十二申年先役共評議之上申上、伺之
通被仰渡候趣ヲ以、今以取斗候哉、又者昨年来御仕置之
振合相替候廉有之候哉、御承知被成度旨委細御紙面之趣
致承知、同所御仕置之儀ハ、寛政十二申年小田切土佐
守・根岸肥前守先役之節、戸田（戸田氏教）采女正殿ゟ御沙汰有之、
評議之上申上御仕置標準相定、其後再犯もの之儀ニ付、
一座評議之上取極候趣も有之候得共、只今以右伺済ニ基
取斗、昨年来振合相替候義無之、其表寄場者新規之儀ニ
付、御仕置之義ハ御伺之上御取極有之候方与存候、右御
報可得御意如此御座候、以上

十月　日　鍋島内匠
鳥居甲斐守

久須美佐渡守様
水野若狭守様

追啓、阿部遠江守御役替、跡内匠被　仰付候間、同人
名前ヲ以及御報候、以上

第10章　斃牛馬自由処理運動の顚末

のび しょうじ

今更御一新と申て、死牛馬売買に相成候ては、清民と穢多との隔りこれ無く、万事隔りなく清民絞り《交り》出来候はば、死牛馬如何躰に相成候ても苦しからず有難事に御座候得ども、死牛馬は売物にいたして、清民絞り出来申さずでは嘆ケ敷事

（明治三年頃の和泉・河内両国草場株持意見　奥⑤四九六）

一　はじめに――研究史と論点――

解放令が布告される五カ月前に出された「斃《へい》牛馬持主勝手処理令」は、全体的な評価としては地域社会ならびに当の皮田《かわた》村に深刻なリアクションをもたらさなかった。持主の勝手とは従来通りを含意したし、若干の金銭の支払い自体は近世から慣習化していたためである。それよりなにより死牛馬・肉皮へのケガレ心性が到底払拭されたといえない状況下で、百姓が積極的に関わりをもつこと自体が一般的傾向だったとはいえないからである。播磨国神西《じんさい》郡では

皮田戸板《といた》村が突然処理から一斉に撤退したことを増長、嫌がらせと受取った地域さえあった。

当事者の受止め方や皮田村の対応が鈍かったとしても、巨視的にみれば処理令がもった意味は歴史的出来事と位置づけされるものであった。斃牛馬処理制の「解体の特質」を「畿内住民の運動と明治政府の政策という両動向の中に追究」（藤本一九七七　三頁）した本格的なものとして藤本清二郎の研究が挙げられる。

そこでは①斃牛馬処理制と概念化したこと　②勝手処理令布告前後の畿内、即ち「処理制解体」期を総体として解明する意欲的問題意識のもとで取り組んだこと　③幕末維新期までの畿内斃牛馬争論の段階区分を行い、当該期の基本矛盾を明らかにしたこと　④勝手処理令を受けて皮田村で取決められた「村極《むらぎ》め」を本格的に分析したこと、が成果として挙げられよう。同時に当時の研究状況・水準に規定されて、まず国郡的広域運動の性格、博労《ばくろう》制、幕末維新期の斃牛馬処理制の到達した段階、といった重要論点にはほとんど手が付けられず、近世後期畿内皮革業の構造、屠《と》場《じょう》整備と食肉業と消費の広がり、などについては深まったものとはならなかった。

藤本論文は、処理令の全面的な解明には近世に達成された処理制そのものから、近世〜近代をまたいだ移行期をみすえた博労制・食肉問題に及ぶ広範な領域への適切な目配せが必要になってくることを示した。その後の研究は何を明らかにし、どういう方向に向かったのだろうか。参考文献1には直接関係する論考を挙げた。多くの論考が藤本の指摘した太い枝のいくつかを主題にした。そうしたなか主題横断的な観点を持ったのは吉田九四に限られるようだ。秋定嘉和・本郷浩二・井岡康時・八木滋、文献表示は行わなかったが、藤沢靖介・高木伸夫などが高い評価を与えている吉田論文をしばらく検討することにしよう。

＊表の典拠表示も含めて既刊史料集類は略記した。通番号を持つ場合は巻数と番号、ないものや御用帳・日記など当該カ所が表示しにくいものは四九頁などとした。ゴチックが略記、著名でない刊本のみ詳記して示す。

『**大**阪の部落史』『**奥**田家文書』『河内国**更**池村文書』『**奈**良県**被**差別部落史　史料集』『**兵**庫県**同**和教育関係**史**料集』『**京都**の

部落史』
石橋　『石橋家文書』（『大阪市史史料』第五十輯　一九九六）通し番号を付す
大博　『大和国博労関係史料』（奈良県同和問題関係史料第四集　一九九八）通し番号を付す

二　運動展開の射程をはかる――吉田論文を素材に――

1　置かれた前提は成り立ったか

近世後期から幕末・維新期にかけて斃牛馬を持主の自由にさせよという運動が起こる。顕著な組織的運動が確認されているのは現在の大阪府域、江戸時代の摂津・河内・和泉地方であるが畿内の枠組で運動し、かつ執拗な運動となった。これを論じようとする場合の外延と内包とはどういうものであるか。

枠組と構造をみきわめるのに格好の吉田九四を取上げよう。藤本七七が展開した問題領域すなわち草場《くさば》制・当該期の争点・博労制・屠牛＝食肉・皮田村の対応、それらの多くに言及しているからである。藤本は当時の発掘史料の制約から網羅的に畿内の範囲で論じたが、吉田稿は大和国に限定して展開しており、より在地＝地域に則しての論点抽出にはうってつけといえよう(1)。

最初に議論となるのは吉田の置いたいくつかの前提、とりあえず三つのそれである。第一は皮田村間で縄張化している範囲で死牛馬が生じたならば、持主・村役人が縄張を持つ皮田村へその旨届け出、すぐさま派遣された複数の人足が斃牛馬を持ち帰る慣行を、独特の「斃牛馬無償取得体制」（三九頁）と規定した点に関わる。同慣行を「斃牛馬処理制」と概念化したのは藤本七七である。現在でも充分有効な規定として決定的な批判や反証はない。その規定が使えないことを証明して新たな概念化を行うこともなく、生煮えの命名をする意味が理解できない(2)。吉田が明示もしくは含意していた内容はa死んだ牛馬に限られる　b無償引渡し—取得　c「私的所有物の死を契機とした無償移譲という言わば『特異な社会関係』」(四〇頁)というのだが、これらは不正確な事実認識か思い込みである。

a`単純化して死牛馬を表示することもあるが「斃れ＝倒れ」とは元来自力歩行の叶わない牛、重病の牛をも含む規定である。小動物も対象であった。奈良に特有の死《し》神鹿《しんろく》処理や神鹿保護として皮田に課された狼・野犬狩りや死骸取片付けも処理制の範疇にある。南王子村も「芝支配とこれ有り候儀斃牛馬獣一円に取捌候事に御座候」(更②三四四強調傍点引用者)と述べている　b`近世初頭には斃牛馬を出した持主が処理人に縄代・酒手代を支払うのが一般的慣行であったが、中後期には通報・届けをしてくれた者に皮田側が使賃・御苦労銭、あるいは持主に足代・会釈料を出す慣例が広く行き渡っている。万延二(一八六一)年和泉国一橋領村々書上げでは「知らせに立越し候者へは賃銀又は誰義などの稜目と言う程ではないが、遠近に応じ鳥目二三百文ばかり、又は右価位《あたいくらい》の履物類差越来る」(奥⑫一八二六)。それは無償取得を維持するための方便であり、出された金銭もわずかで御供えという範疇で処理できるという理屈も成り立たない訳ではない。けれども当該期(幕末〜維新期)に至れば相手側から異論が出れば買値半分程度、そこまでではないまでも相当の手当を出していた。新政府に引続き博労支配を願出た天王寺孫右衛門は「百姓持牛病気等に相成り又は老牛にて厩を塞、耕作に差支え候牛共、目利博労と唱候皮多の者え買請させ候」(石橋六五)と堂々と書いている。社会が動き拝金主義の浸透で人心も変わってくる。処理制を維持するための現実的対応がなされるのはむしろ必然であろう。吉田も「地域社会の相互了解」(四〇・四二頁)というのであるから「無償取得」に固執すること自体がはじめから無理な規定なのである。処理制規定は地域と時代の変化を含み込んだ優れた規定なのである。

c`については、論全体が宗教観念や部落差別意識の歴史的醸成過程をまぶした論調であるのに、そこに突然即物的史観が出てくるのはいかがか。自作・自小作程度の百姓が永らく組合牛・相合牛《あいあい》を所持形態としていたことや、牛組所持という形態、博労と百姓が定期的・頻繁《ひんぱん》に行う実際にも金銭が介在する売買を、当事者たちは「引替＝交換」と認識している等々。これらを視野にいれれば即物規定の一面性が浮彫りになろう。

馴染みの深い入会・水利権、忘れた頃にメディアを騒がす漁業権でも、歴史的獲得物の側面を捨象して現在的断面で考えてみれば、不思議で特異な権利（既得権益）であり社会関係なのであって、ひとり斃牛馬処理制のみが特異なのではない。地租改正をいうまでもなく初期官僚はこれらにも一知半解の近代法理解を振りかざして踏込もうとして挫折した。死を境界として特異というなら中世坂之者が保持した葬送権、近世三昧聖《さんまいひじり》の権利にあっても死ぬことによって発生する特殊な権利であり社会関係である。

2　生牛馬買取が主流である根拠はあるか

置かれた前提の二つめは、処理制侵害の目的を「〆《しめ》牛馬転用」（四三頁）としているが、そうした前提が成りたつという典拠は示されず、証明もなされていない。大和全体として処理制を「桎梏《しっこく》」（四三頁）にまで追込んだことを証明することは容易なことではない。『大和国博労関係史料』（以下『大博』）には馬はまず出てこない。死牛を隠れて野山で捌《さば》くより、発見の危険の高い生きた牛馬の買取・運込みが主流であるとすれば、皮でなく肉が当面の目的と考えるほかない。ではそれほどに食肉＝屠殺が大きな広がりを持っていたのか。管見では宝暦九（一七五九）年東之坂甚右衛門が自家の斃牛馬の実際処理を担っていた畑中《はたなか》村四人に対して従来肉全部を渡していたが、自らの困窮を理由に、以後肉を引取り売払って生計の助けとしたいとして奉行所に訴え出たのが早い例だろう。厳密にいえば肉を食用とするのか、あるいは以前から行われていたように肥料とするのかは決しかねるが。ともあれ文脈上寛政九（一七九七）年に芝先《しばさき》南組一三カ村協定では、肉ではなく「牛馬皮類」が取締り対象となっている（大博一九）。芝先組合として肉問題が協定で問題化するのはずっと下った天保十四（一八四三）年「在・町方中にも不慎之者も数多《あまた》これ有り、芝崎え死牛馬肉押て乞受候者御座候」（大博二九）という文言あたりであろう。つまり近世中期に問題になっているのは大和ではなお食肉習慣は広がっていないが、近江（あるいは河内中部）に屠牛が始まり、そこへ向けての生牛曳渡しが助走し始めたのだといえる。助走の始まりとはすなわち大きな摩擦の始まりでもあった。それゆえに目立つ争論とはなるが、それが大量かつ主要な問題であったかどうかは別のことである。

さらにいえば死牛馬の横手買取より生牛馬の買取のほうが主流だと論証することもこれまた容易ではないはずである。延宝五（一六七七）年青屋仲間「掟」の冒頭は「如先規《せんきのごとく》死牛馬・煩牛馬」盗み買う行為を禁じる文言であり、生牛馬掠《かすめ》曳《ひき》取《と》り禁止の前に「死牛馬は勿論」（大博1）とある。大和国では近世初頭〜前期皮田仲間は自らを青屋仲間と唱えた。一つの村・地域を設定しての論及のある平群《へぐり》郡風根《かぜね》村でも、博労に関わりないとしてか『大博』に集録されていない宝暦十年儀兵衛の詫「一札之事」（『奈良県被差別部落史　史料集』以下奈被①七頁と略記）によると、寛政八年藤兵衛が箸尾《はしお》村藤四郎から死牛を買っている（奈被①六五頁）。これなどは明らかに死牛引取であった。この問題は後述する。

個別事例をあげると風根村では天明頃から近江へ牛を曳いて持っていく、近江からの複数商人がたえず宿入りしていた（大博八・一〇・一五）ことは明らかである。その数も早くも天明二（一七八二）年段階風根では忍博労（無許可博労）八人、近江への牛引手人だけで六人もおり、寛政七年「江州稲津村より潰し牛買商人五・七人宛年中入込み定宿」という。風根のみならず周辺皮田村株持が充分脅威を感じるレベルであること、稲津村が大津の皮田村とすれば近江への曳牛はそこを中継点として彦根城下に送られ屠牛となったものと推定することも的外れではない。その場合馬は含まれない。寛政七年の風根での取調べでも死失書上げは二〇頭全部牛である（大博一六）。馬が含まれない風根の場合に「〆牛馬転用」という規定はあたらない。ともあれ〆牛馬目的の生牛馬買取が処理制を根底から脅かす原因であったとの主張は、目的の点でも、生牛馬買取が死牛馬買取を凌駕するものであったかどうかという点でも、つまりは二重に証明はなされていない。

〆牛馬目的の生牛馬買取りが処理制を「桎梏」化するという議論はさらに大きな陥穽をもつ。これは拙著『食肉の部落史』が明らかにした化政期以後の河内更池《さらいけ》を核とした「食肉文化圏」の成立と展開に関わってくる。藤本七七段階では近世の食肉業は「違法」（二五頁）と位置づけて異論も違和感もなかった。しかし現在の研究では、後期にあっては老病牛の引取・買取は処理制にとって折込み済みの事態であったこと、近江彦根や播磨志方《しかた》の組織的食肉業が近世中期からなかば公然と行われていたこと、そして拙著で述べた通り、個別単発的な、そして皮田集団内部で完結するような屠牛・食肉事例ではなくて、河内中部の「食肉文化圏」が生成し、幕末この地で年間三〇〇〇頭内外の屠牛が行われていたこと、等々が明らかになっている。そうなってくると違法から奨励へというシェーマは成り立たないだけでなく、化政期以来の食肉文化普及の努力を評価しないことにもなってしまう。文明開化によってにわかに食肉が始まったというような断絶論のもつ重要な問題点については後述する。

3　皮田博労の史的変遷

三つめは皮田博労について、老病牛買取行為によって一時的に禁止されることはあったとしても「（皮田の）博労渡世そのものが禁止されたわけではない」（五七頁）とみなしていることである。歴史的変化と皮田博労の微妙な立ち位置への基本的な認識が欠落していると言えよう。

問題を二つに分ける。一つは個人が単発的に牛を売買する、預ける、牛市に持寄ること、あるいは他人牛の売買に口利きすることも、博労行為かどうかは微妙なのである。ましてやこの点を意識的に行う境界的行為の場合、判定はさらに難しい。風根の惣兵衛らが行っていることは基本的にそういう行動だということである。先例を尊ぶこの社会では、古くから近隣百姓らが牛市を開いたり個別の売買を行うことは稀有なことではなかった。皮田が牛馬の目利きをし、療治をすることも当たり前のことのようにしてあった。脈絡からいえばその流れの上に個々売買はあるとも言えたからである。自生的な牛市や売買・交換が気詰まりになってきたのは、寛保(一七四一〜)に始まった大坂天王寺孫右衛門による牛問屋・牛市の公認からといえる(石橋15)。この段階での最大の争点となるのが自分牛、自分預け牛が死亡した時それは誰のものかということである。後に実例をあげて吉田がこの肝心の点を理解していないことを示す。

もう一つは大和における博労制の展開と皮田との関わりである。法令等史料が実態と近似していたか乖離していたかは今後に委ねざるを得ない。当面残された史料を慎重に繋いで概括すれば次の見通しが得られる。

まずは大和博労と百姓の置かれている大情況からみてみる。長い中断ののち寛保元年精査を受け、冥加銀上納をもって天王寺孫右衛門宛「牛博労」判物が大坂代官から出される(八木九九)。これを梃子に運動を展開し宝暦二(一七五二)年摂河泉播四カ国国触《くにふれ》を実現する。国触の威力は絶大なもので、河内駒ケ谷《こまがたに》村牛問屋として牛市・牛宿を手広く商っていた甚兵衛は孫右衛門から株札を与えられた「組頭」に成り下がる。その河内の博労たちは従来大和国への商売を手広く行っていた。宝暦訴訟の河内側の表現では、和泉・河内で馴《なら》して仕込んだ牛を「和州へ遣し、百姓中へは世話人を以て売買仕り、其上和州馬口労《ばくろう》へも河内馬口労より思々《おもいおもい》売渡申候」という慣行の下に大和国牛馬売買の実情があった。大和の農地が粘性であり、犂《からすき》の工夫も遅れていたため、大型牡牛でなければ役に立たないという現実があった。丹波・但馬から曳登ってきた「田舎牛」では仕事にならず、和泉・河内地方で若牛を馴し仕込んで「地牛」となったものを大和に送るというサイクルが早くから成り立っていたのである。ともあれ甚兵衛らは孫右衛門の権威を後楯にして大和国百姓・博労への直売りを強引に進める。江戸時代但馬から中国地方にかけての牛繁殖産地以外、自国で牛を生産(出産・繁殖)しているところはなかった。孫右衛門の支配は四カ国であるが、それ以外の国から登ってくる牛は必ず天王寺牛市に一旦は運び込まなければならない仕来りであったから、大和国の牛も自国出生牛がないこと、登り牛は天王寺牛市を経由しなければならなかったという二重の意味で支配に入らざるをえなかった。大和博労が組合を結成した時も奈良奉行所の許可とともに孫右衛門の印形が必須だったのである。

さてこうした背景をふまえて大和の展開をみる。大和国牛博労組合が結成されたのは明和五（一七六八）年を大きくは遡らない。この年以前に奉行所に組合に入らない牛買の活動差留を願い出たと史料にみえる。そしてこれとは別の一四カ村が同年九月に一七人の取締りを訴え「組合之外にて牛博労商内取引仕らず候様」（大博七）裁許を得た。河内駒ケ谷と大和博労との争論では宝暦六（一七五六）年「和州方に牛博労相定り去冬以来」（羽⑤五四〇頁）すなわち宝暦五年暮頃に結成されたかに書かれている。翌七年に再燃した争論では大和国組合惣代五人・博労六八人の署名がなされている。組合結成には奈良奉行の認可が必要なだけでなく、天王寺孫右衛門の印判も必要であったことは述べた通りである。けれども組合内はその後「全体……猥に相成」（大博9）、奉行小菅武弟（在任は明和七年閏六月～安永五年十二月）の時に「組合取〆り」となった。整備されるのは明和五年よりさらに後のことのようだ。ところで明和五年に訴えられた牛買一四カ村には皮田村は含まれない。八条村のように皮田村を枝郷に持つ本村の名はあるが、皮田村は含まれていないと考える。

それというのも、時期の下った寛政十二（一八〇〇）年「青屋仲間式目」（奈被②一八三頁）の一つ書きに「近年穢多博労方組合出来、右者在家博労同様之義と相聞候」とあるからである。さらには天明元年五月奉行所裁許によると、組合より老病牛買取の件で風根村博労が訴えられている。その時の問答から組合結成では「其方共義は外者の儀故」（大博9）、身分が異なるという理由から組合加入を拒否されたことが分かる。排除の口実には「往古より博労仕来り候（ても）百姓方より拠ろなく相願候節（に行うものであるから）甚だ稀成」ことだからというものであった。かねてより博労的な取引を行っていたことは認めるが、それは例外的で数少ない事例に留まる故に博労とは認めがたいというものだった。しかも組合は先の明和五年組合未加入の百姓博労を訴え出た時、前後して「風根村善五郎・茂七、野崎村助三郎」を博労行為を行ったとして訴えていたのである。天明元年には皮田博労組合はまだ出来ていないとわかる。寛政九年の芝先南組一三カ村「一札」には堂々と「牛馬ばくろ決して致す間敷く候、都て菰牛引連申す間敷く候事」（大博一九）とある。作られていないとみてよかろう。とはいえこれまた「近年」とあるだけで実際の結成年月は不詳である。

「都て菰牛《こもうし》引連申す間敷く」という文言が、どうして皮田博労の所作の例証となるのかについては少し説明が必要かもしれない。大博の注からは何も分からないからである。博労とは牛馬売買の仲介をなりわいとする。市に出す牛を見栄え良くして高値がつくよう、見繕いの上に絹の被り物などを乗せた。皮田博労であっても同じように繕いをしたいものであるが、そこに天王寺牛問屋孫右衛門による規制が掛けられていて、皮田博労の商う牛馬には藁で編んだ菰を被せる程度のもののみが許されていたのである。菰を被った牛は皮田博労の象徴だったのである（茨木 一九九六）。

二つに分けてみてきたもう一つの理由は、両方の狭間で「近隣・周辺百姓から、牛馬の扱いに慣れた顔見知りでもある皮田に牛馬売買や目利き、療治を期待する」根強い支持・依頼が存在することである。天明元年博労組合から皮田博労差留の嘆願があった時「右商ひ致候義を差留候ては百姓共差支に相成べく候」（大博九）全面的な牛馬商い行為の禁止をすれば百姓たちが困る、との奉行所判断がなされている。皮田忍博労が「跋扈」する空間はかくも広いということである。

三　広域運動・食肉生産・博労制

1　幕末処理制を脅かす原動力とは何であったか

吉田の設定した前提の検討に手間取ってしまった。改めて冒頭に設定した問題意識に戻ろう。

まず先にも指摘したが、中後期に強まり、幕末・維新期には処理制の根幹を揺るがすに至った「主要な矛盾は〆牛馬転用を目的とした牛馬の有償取得」（吉田　四三頁）とみている点についてである。当該期の紛争・争論の争点をこのようにみてよいかということだ。論点を鮮明にするため踏込めば、これまで前圭一・藤本が畿内、森杉夫が大阪府域、臼井が兵庫県域の処理制をめぐる係争・紛争を一覧し検討している。筆者も『大阪の部落史』十巻概説で一覧表示はしなかったが府域の重大事例の検討を試みた。

前の場合は近世の共通した特徴を抽出することに問題意識があったものなので除外して、畿内についての藤本、大阪の森について検討する。(3) 両者はほぼ共通した係争を分析対象とし、近似した問題意識をもって取り組んでいる。時期区分もともに三期区分で画期も同じである。一八世紀末（第一期）天保末（第二期）以降〜布告まで（第三期）が設定されている。第二期の特徴としてあげられているのは、百姓村・持主の有償要求、これと表裏の関係にあった皮田無株層による草場権の侵害、屠殺の頻発である。さらに三期を念頭において領主・村役人の対処が旧例遵守の方向で強力・迅速に行われた点を強調している。屠殺に関して藤本は近代初頭の食肉業の展開につなげる意味で、皮田が荷牛業・博労に従事する一方で、自牛ならびに老牛を買取る行為や、無株者の盗取りを挙げる。第三期は村側の持続的・積極的な処理制侵害とともに、処理制の正当性が問われる、領主・村役人の対処の動揺と遅滞といった処理制の正当性が問われる事態が指摘された。藤本は万延元（一八六〇）年以降の南王子村と鉢峯《はちがみね》村などとの長期争論と、明治三（一八七〇）年更池村と黒山村などとの争論の二例を、第三期の特徴を集約する事件としている。『大阪の部落史』通史編の執筆のため検討されている分析結果からも、その特徴づけは妥当と考える。

その後の研究進展を念頭に再整理すれば、これら諸研究を貫く重要な点は、百姓・村の国郡規模の組織的運動が原動力であったということ、そしてそこには一つは新しい触れを求める国訴《くにそ》的方向と、もう一つは広域的結集の力を以ての実力行使という方向の、異なる方向性が並存していたことである。但し指摘しておかなければならない重要な点は、新しい触れの具体的な内容と方向性について、それは必ずしも自由処理という明確なものではなかったということであった。藤本は「百姓・博労層にとっては、牛馬所有権＝死牛馬所有権獲得の闘争であった」（一八頁）と位置づけるが、博労はともかく百姓層の要求はそこまで明瞭であったわけではない。菜種にせよ肥料にせよ従来知られる国訴では明確な経済要求が出されている事実と対照的な様相からもなお熟していなかったとみうる。冒頭に例をあげた播州戸板村周辺では百姓村からの執拗かつ長期に亘る草場侵害が続いてきたにもかかわらず、戸板村が以後一切の斃牛馬処理を止めると宣言すると、地域社会は恐慌を来たしたのであった。なにより牛馬死穢の観念から百姓全体が自由ではなかったからである。次に既得権益が総体として脅かされる時代の空気の中で、皮田も含む博労の組織的・広域的動きがみられたが、その限りでは村・百姓層は距離をとっていた（河内でも大和でも、一国規模の運動展開にもかかわらず、百姓側は最終的に博労に同調していない）こと、さらにこうした大局的な動向のなかでは皮田無株層の脱法行為も、それが村々の国郡的運動と連動している限りは一定の脅威となりうるが、それ自体は極小的動向といえるものであった。処理制をめぐる幕末維新期の動向はそういう総括をすることができると考える。

このことを確認したうえで論点となるのは、果たして大和ではそれと異なる特徴を持って運動が展開したかどうかであろう。そしてもし独自の傾向をもっていれば興味深いことといえる。風根村の例がよく示しているように、芝持と博労との対立が処理制を桎梏とする重大なものであったならば、その都度に村や組頭が様々な理由をつけて博労職を認めてほしいと嘆願し（史料的には天明二年三月のものが早い　奈被①二三頁）、再び村や村役人の側が裏切られたにもかかわらず、またしても許可を嘆願している（寛政四年八月など　奈被①五〇頁）深い理由が解けまい。この一点をもってしても吉田の位置づけと分析は疑わしいのである。

2 「博労に紛らわしき所作」

吉田論文は内容的に大きく二つに分かれる。中後期の平群郡風根村を舞台とした争論と、幕末の小野御殿（山科随心院）による牛馬放生所設置運動についてとである。前者は風根村における芝持と忍博労の対立を軸に展開する。結語で「近世中期以降のかわた村の変貌」「周辺地域社会の観念世界」（八〇頁）の一端を解明したというが、風根村における対立の構図についてさえも正しく理解されていないことは先に述べた通りである。改変された差別意識は処理制の「展開相に直面する地域社会の動向の中に……見い出す必要がある」（四二頁）という、自ら置いた前提にも応えきれていないと言えよう。

寛政十二年版「青屋仲間式目」（奈被②一八一頁）は延宝式目に六ケ条文を追加したものである。その追加三ケ条を引いて芝持でない皮田持牛が死んだ場合これを「先規の通（り）取計らう」（奈被②一八三頁）、つまり株持が権利を持つと解釈する（四五頁）。さらにはどういう意味か理解が及ばないが厩で死ぬのを制禁するとまで解釈する。改めて考えれば分かるように、延宝式目に皮田の自分持牛の権利分け規定がないから追加条目が出来ているのであろう。「村方先規」とは村ごとに決めている、あるいは慣習化している分配という意味であって、延宝式目（これ自身が慶長まで遡る）の「先規」に則るということでないことは明らかである。

寛政元（一七八九）年の宇陀《うだ》郡芝生村で、芝持と買牛をした者との間で争論が起り仲介人で和談する。吉田はその

第一条を「牛馬持ち主銘々が勝手に処分するのではなく、本村役人立ち会いのもとでその場所の芝持主に差し出す」（五三頁）と読んでいる。けれども死牛を本村に訴え見分を受けるということ自体が異常なことであり、また知られている草場権で、本村でなく自らの皮田村を対象にした株というものは知られていない。(4) すると皮田村の牛馬所持者の厩で死んだ場合に持主以外に特定の芝主などいるはずはないし、そうなると芝主が本村に訴えるということもありえないはずである。芝持でない者の持牛全部が持主の手から取上げられるということは実際問題としてもできることではない。要点は本村が立会い「紛わ敷き」場合に、売主の村を持場とする芝主の訴えが発動されると理解すべきことなのだ。

　また、風根村で宝暦十（一七六〇）年儀兵衛が服部村の者に無代渡しの牛（「値なし牛」）が病死した際の争論和談で「以後は草場取衆へ渡す」（奈被①七頁）裁定となっており、これをうけて天明八年預牛が死亡した時芝持の取得となる事例から、すぐさま一般化して「博労所持の牛も死ねば斃牛馬無償取得権所有者の所持に帰すという『古例』の再確認がなされた」（五〇頁）が、それが過酷だとして三疋までは「牛主・村取場支配者」、それ以上は村寺善照寺へ差出す（奈被①五一頁）ことになったというのである。預牛も持牛（買入牛であっても）も区別しておらず、彼らが直面していた困難を理解していない。

　近世中期特有の論点であり、焦眉の争点となったものは、事実上博労渡世をする者が預けたり、所持・買入した牛馬が死亡した場合の処置・帰属であった。往古からの青屋式目に規定がなく、寛政の式目の追加条項にやや曖昧な表現で書かれた事態、同年十二月の後筆では専ら「穢多博労共取扱い候落牛の儀」の「請書」（奈被②一八四頁）が作成された。規定がないのは「是迄銘々持牛落候節は銘々心儘に取置来り候」（寛政元年　宇陀郡芝生村　大博13）が原則であったからである。ところによっては「当村面々持牛死申に付、皮・頭・尾、中（内臓）は牛は四蔵五符、馬は四蔵四符其主これ支配すべく、其外は芝持の支配也」（貞享三　添下《そえしも》郡野崎村　大博三）とあり、大半は持主だが角・

爪・肉の一部が芝持中に渡るという村もあった。この場合には皮田村内であっても草場権利が設定されているかにみえる。それが初発からのものか、買入牛・荷牛などの牛馬所持状況の変化に対応した新たな規定であったかはひとまずおく。けれども右の「芝持中」との文言からは厳密には草場権は設定されていないことがわかろう。いずれにしても持主に大半が帰属したということである。

単純な慣行を複雑にしたのは、博労の買入牛による複数（多頭）所持であり、自ら所持したままの預牛である。老病牛の買入がいかなる目的のためであれ、その牛が自宅厩・野飼場で死んだ場合に芝持に全部が渡るのなら、無理して買入れた努力は水泡に帰す。元々はそうではなく、持主が全部もしくは大方を保持できるからこそ、牛の買回りが成立つのである。そしてそれは皮田村内における持主処分の慣例という大きな力で支えられてもいたのである。

3　牛扱いと博労的行為と博労組合

最後に前後二つの争論（風根村を舞台とした争いと山科随心院による放生所設置運動）に共通するのは、皮田村・芝持と博労集団・忍博労の鋭い争いである。したがって博労制の理解は必須といわなければならない。重要なのは博労制それ自体の構造解明と、それと密接かつ深く関わっている皮田博労との関連構造を明確に峻別しつつ結びつける作業と分析が求められるということである。管見では大和の博労制を解明した先行業績はない。そのため博労組合結成前後の具体的事情と博労制そのものについて見解を述べておいた。

吉田論文でも、吉田がまとめた史料センター史料集『大和国博労関係史料』にも、大和博労制がかかえる基本構造と、それと密接に結びついた皮田博労問題はまったく出てこない。『博労関係史料』の収録史料に付された詳細な脚注・補注をみれば、基本的な大和国博労制はもとより皮田博労への理解のないことが分かる。そして大和博労制と大和国皮田博労について理解を欠いたまま、到底展開しえないと考えられる草場制が論じられてもいる。

さて近世の大和国では皮田の博労従事は禁止されていたのであろうか。少なくとも奈良奉行所は違反者に対して短期の禁止を命じることはあっても、風根の者たちが公然と「博労渡世の者」と名乗って嘆願しているところをみれば、基本的には認めていたかにみえる。しかしそうではない。小菅武弟が奉行を勤めた（明和七～安永五年）前後、博労組合は皮田博労の差留を訴え出た。奉行所は「其方共勝手儘に商売に及び候ては組合博労共の詮もこれなく差留べく事に候」との判断をしていた。しかし全面禁止は百姓に迷惑が及ぶ、「拠ろなく百姓共より相願われ節商ひ致し候義は格別」（大博九）といわば抜道・便法を用意した。その限りで風根の者たちが博労と名乗ることも許容の範囲といえたのである。この微妙な言い回しの中に皮田博労の難しい法的立ち位置があったのである。

さらには大和国郡山藩・高取藩などの国内諸藩の基本法がどうであったか、さらに皮田村ごとの「村掟」「村極《むらぎ》め」がどうであったかを抜きに一義的に決めかねる。文化五（一八〇八）年の風根太四郎ら一〇人の本村宛詫状によれば「高取御役所様より（役人が来て）私共村方牛博労其外、不法の筋合にあい携わる者共召捕」（奈被①一一八頁）とあり藩として禁じていたことがわかる。宇陀郡芝生村では「牛馬博労の義前々より御法度之旨本村御役人中様より仰せ聞かされ候」（寛政一　大博一三）、同郡小附《こづけ》村・岩室村でも「牛馬ばくろ決して致すまじく候」（寛政九　大博一九）とある。領主禁制か本村掟、もしくは皮田村法かいずれかであろう。

ところがである。幕末にはいかなる経過と運動があったのか、皮田のみの博労が公然と組合活動を行っていたと考えられる「鑑札」が残る。安政五（一八五八）年一月葛上《かつじょう》郡鎌田村平助宛名の「牛博労　鑑札」（木札）から、取締政治郎・弥三八（添上《そえがみ》郡八条村西辻）弥兵衛（同郡 杏《からもも》村西辻）、惣代重兵衛（葛上郡松之木村山崎）、周治郎（宇智《うち》郡大嶋）、すべて皮田のみの大和国レベルの組合があったと推定される（奈被⑥三三九頁）。

「大和国で皮田博労は禁止されなかった[5]」と手放しで断言することは、皮田たちが営々と合法化の努力に努めた事実をかえって死角においやるものである。

四　処理令前夜・後朝

処理令前後の本件に関わる畿内の動向を表にして一覧する【表】。長期間にわたる草場侵害一件や表化しにくい事象についての記述は大幅に省略している。藤本七七以降の事実発掘と解明がどの方向に、どの程度深まったかを知ることができるだろう。二節—1では大和国を舞台としてではあったが動向総括の大枠を指摘した。それを前提にして今少し史実に即しての若干の追加的指摘をしておく。

1　処理制から〈食肉・皮革〉問題へ

明治四（一八七一）年二月民部省が弁官に提出した「斃牛馬等持主勝手処置ノ儀伺」は、全文が森七七などにも読み下して活字化されており改めて提示しない。そこで展開される論理は近代所有観念に基づく「正当」なものであり、初期官僚達が近代法規範を振りかざして斃牛馬持主勝手処理令を布告するという点では、解放令となんら変わらない。それが問題を複雑にしたことだ。今日の旦那場制研究の到達によれば草場とそれを包括している旦那場とが入れ子構造であったこと、草場株持は皮田村の正式構成員（村民）であることが、保護・保障の必要条件である点で、村と個人（家）とによる二重所有の仕組みになっていたこと、草場は家・個人所持となり、他の皮田村民に権利移動することはありうるが、質入物が元来の持主に帰属権（本主権）があったように、条件が整えば元の持主に帰されるものであるという観念が存在した。これに対して旦那場は村についた権利であり、根こそぎ他の皮田村へ譲渡も移動もできなかったこと、旦那場権益の取得内容の全容は複雑であったこと、が明らかになっている。いずれにせよ斃牛馬処理権のみを近代的所有観になじまないとして明治政府は裁断したが、それを包摂している旦那場権は否定できなかったため（乞食禁止など別の法令によって狭められた事実は否定できない）、草場慣行もまた長く生き続けた。知られる事例では播磨宍粟《しそう》郡あるいは信州でも大正後期まで慣習としては残っていた。

とはいえ、事実の問題として勝手処理令後斃牛馬はどう処理されたかという単純な事実、この期特有の論点さえ一般化しえない。死牛馬の利用は大きく変更されたのか。屠体そのものと皮・肉（精肉と内臓）・骨、その他、加工の手が加えられた段階のものとに分けて考える。この期に特有の社会問題となる牛疫などの場合でも、食肉は論外としても皮や骨などの回収・利用は可能であったからである。屠体については、渡辺村を軸とする皮革業が大規模に展開していた大阪府域などでも、肉のケガレは皮田をも捉えていたが（食肉業に手を染めていた中河内の皮田村々を屠者村と呼んでいる）、皮扱いへのケガレは小さなものであったと考えられる（この点は京阪地帯及び隣接国と、周辺国とでは対蹠的な対応をみた。勝手処理令もしくは解放令を受けて播磨や近江坂本では「皮扱い」からの撤退を決議し、これに従わない住民を村端へ集団移転させているからである）。後者は明治六年五月の奈良県布達によれば「従来斃牛馬の儀は角・皮を用いるの外は悉皆捨埋致し来たり候」という。これが実態と乖離していたのか、概ね実態を示していたか今後の研究に拠るであろう。

いまだ一般化した評言をしえない研究段階にあることが分かる。明らかになっている【表】中の個別事例からは、ケガレ意識に囚われている百姓が自ら解体処理に携わるということはなかったであろうこと、確かに強固な処理圏域はなくなったが、解体や食肉への処理を村極めまで行って断固拒絶した少数の皮田村（表58・60・63・64　以下関連する件について表につけた整理番号で表示する）以外では、慣習的に馴染みの皮田・皮田村に若干の金銭が介在して引渡される場合が最も多かったであろうこと（別表65・66・67・68）、相継いで会社が設立されるが「武士の商法」宜しく成功したものは少なく（表42・48・51・71・72）、屠場方式へ収斂していったこと（表67・69）、但し病牛馬と死牛馬、そして生体屠殺との三者の線引きと駆引きは暫く続いていく、であろうことなどが浮かび上がってくる。

いきなり処理令後の展開となったが時間を戻す。歴史的には旦那場・草場制があってこそ皮革業・食肉業、そしてこれらに関連して広がっていった皮革関連業ならびに食肉関連業が起ったたし、広域の皮革・食肉ネットワークが構築された。ここで重要なことは、近世後期から幕末という時点で皮革業・食肉業が処理制への依存度をどの程度に低下させたのか、もしくは処理制からの離陸をどこまで達成したかにあろう。皮革の場合についての指標は①流通量とりわけ売買高　②関連業者・細工加工の多様な展開　③皮革に対する村政の受容・忌避度、ではないか。村あるいは地域にとってそれらが近代の皮革・食肉業展開の前提となる。食肉についてはケガレや、食肉習慣拡大の持続的な努力といった歴史的な側面と同時に、維新後の居留地問題（神戸・大阪・伊豆下田・横浜など）や都市外食などの新たな条件の解明が必要となる。

処理制について、もう一つ指摘しておかなければならない点は、幕末の皮田村役人層・草場持層も、維新新政府によって草場権があるいは剥奪される可能性をみていたということである。安政四（一八五七）年閏五月山城国で「惣穢多の初めの村と申し」「（石清水）八幡祭礼の節帯刀致し外に人足一六人、冠に水干を着し御供仕る」（吏②九八二頁）格式ある八幡二階堂村三右衛門らが禁裏御所に向けて鹿白革《しらかわ》と畿内八カ国「死牛馬惣支配」を金五〇〇両上納を条件に願い出た（表7）。早い段階でのこの動きの後に、紀州藩による草場権の廃止を受けて、河内・和泉両国の皮田村は毎年鞣革二〇枚上納を条件に処理制安堵を願い出ている（表34）。紀州藩の処理権否定に対しての紀伊・和泉・河内三国皮田村の撤回嘆願（表43）や勝手処理令布告直後の河内・和泉国の動き（表57）にみられるように、国規模・国を越えた動きがおきる。直接にかかわらないので年表には挙げなかったが、明治三年十二月鉄道敷設への畿内皮田村の集団的貢献との引替えにした「汚名」除去の嘆願などをみても、百姓村の国郡的結集に対抗して皮田村側の広域的結集が進んでいく。

2　食肉業の自立

藤本は「近世の斃牛馬処理制は身分制と一体であり、近代の屠牛は営業の自由を基礎とする」（三四頁）という。歴史的な現実をみないあまりに楽観的な展望ではないか。ごく大雑把に言って、一九七〇年代にいたる食肉産業高度化政策と食用肉輸入自由化までは、屠畜場から食肉小売・店舗・行商に至るまで一貫してその根幹に部落が関わる部落産業といえるものであった。卑近にいえば「肉屋」といえば町にあろうともそれは被差別部落出身者を指したのであった。もとより部分的あるいは大網をかぶった内部の一系列に、基本的に部落のかかわらないシステム（商社・農生協、あるいは沖縄や北海道など）が徐々に、しかし確実に入り込んで来はした。佐野眞一『カリスマ』はダイエー中内功の「原始蓄積期」の「秘密」を描く。当時日本の法律の外にあって規制の及ばない沖縄に食肉生産の一貫システムを持ち込み「荒稼ぎ」を行い、その資本を土地投機に注ぎ込んだ過程を明らかにしている。屠畜場の変遷などをみれば、利益を生むとみるや組請や無賃労働はそのままに、行政立となり、公営化されていくなど語るべきことは多い。ともあれ食肉系が部落の人々の努力と英知に支えられていたこと、とりわけ本章が論じている一八六〇～八〇年代ではそれ以外にありえなかった。

処理令後あるいは解放令後、畿内と周辺国を対象にすれば少なくない皮田村は、斃牛馬処理からの撤退に留まらず、皮や肉を取扱うことへの接近・従事を禁じる村極めや制裁・罰則を申合わせ実行した。ところによっては後遺症を残した。六年五月奈良県の布達が処理令後からこの時まで皮・爪を取る以外屠体全部を埋めたと書いていた点を引いた（表72）。この傾向はその後も尾を引く。近世後期にある程度の展開を遂げていた食肉文化の火を消すこととなったとともに、奈良における近代食肉業展開の遅れを生んだ一因と考える。

畿内「食肉文化圏」拠点の一つとなった中河内の食肉生産が、皮田たちが多くの犠牲を払い、長い年月がかけられ構築されていったことはいうまでもない。その始期をの〇九で化政期と推定した。しかしその後の知見から、自立的営みは相当早くに始まっていたと考える。すでに天明頃から寛政元（一七八九）年までには一定の生産量に達していた可能性がある。既述したように大和国平群郡風根村では無株で博労渡世をしていた者たちが生牛馬の下値買い、あるいは貰いを繰り返していた。夜中に出向いた人足のなかに河内の者が入っていた（奈被①三三頁）。それだけなら偶然と言えなくもないが、寛政元（一七八九）年風根村が訴え出た際の訴状の下書きには、冬季江州商人とならんで、村から「河州表之不埒村え度々引込」でいるという（奈被①三五頁）。下書にこう書いたあと消している点をどうみるかという疑念はあるが、充分あり得たと思われる。風根村と「河州表」との距離はおよそ五里（二〇キロメートル）。老牛を曳いても一日はかかるまい。近江大津か彦根に曳いていく何分の一かで済む。

初期食肉業がどの層によって担われていたか。勝手処理令前後各地に生まれた斃牛社・収用社などの「会社」組織の実態をみよう。短期間生まれて消えた泡のような諸会社であるから、手掛かりを探る程度のもので本当のところはほとんど分からない。史料上初出と考えられ「目論見風聞書」が残る大坂「牧牛馬商社」は藤本七七も言及している。明治三（一八七〇）年七月中之島通商司は食用肉の確保のため、有志をつのり牛馬商社の立ち上げを呼びかける。九月までには河内道明寺に出張所「牧役所」ができたようだ（表42・44）。「牧牛馬商社」仕法とはいかなるものであったか。要点を示せば次のようにいえよう。

1．天王寺村清水坂上る油屋藤次郎寄場に「牧牛馬商社市場」の棟木、博労三根喜十郎ら四人と備中蔵持人、彼らは通商司より「官事」役名と長脇差・苗字・割羽織御免の処遇をうけた。この下に博労上手の者一四～五人が下懸けとして加わる陣容であった

2．道明寺・富田林・角の戸と泉州は河内へ引付け、大和五カ所に市場・出張所が作られたという。その一つ道明寺では百姓定七宅に黒門が建てられ、横板に「畜養出張所」、門内に「牧牛馬商社市場」と看板が出された。三根が

頭役となって差配した。

3. 当時の風聞によれば、この商社は三根が通商司への目論見書提出と上納金によって「此辺博労触頭」になったという。

4. 皮田博労の活動は「ぼろた牛」（ぼろ牛、通常の取引に用いられない牛）取引に限るという条件で認める一方で、百姓死牛馬は無償で穢多に渡さず皮田草場の者（草場権所持者）を呼びつけ、百姓の求める代金を出せば引渡すが、出さねば他村の穢多に売払う。実際にも明治三年閏十月と十一月には立て続けて皮田草場持ちと対立し実力行使に出ている（表44・45）。

食用肉確保のためと称しながら、博労が前面に出てくることや死牛の所有権を主張しているあたり、牧役所とは右の「畜養出張所」看板からも天王寺・大和で失敗した放生所仕法の延長上にある仕法、いや直前河内国全博労と全皮田村とが対立し最終的に皮田が勝利した一件（表35）の「遺恨試合」というほかないものであった。明治四年一月岸和田藩民政局は牧牛馬会社設立後も斃牛馬は所定の皮田に引渡すよう達した（表52）。とても食肉業の発展のための会社であったとは思えない。

3 博労制に関わって

「牧牛馬会社」仕法とは一皮剥けば河内博労重立《おもだ》ち衆の仮面であった。当該期運動の主力が博労たちにあったことは【表】をみるだけで明らかである。そしてさらに重要なことは博労らによる自由処理運動の企ては、けっして村々・百姓の大きな共感を得ることはできなかった。

まず大坂天王寺でも大和国でも牛馬放生所仕法は支持を得られなかった。さらには河内・和泉両国の博労と皮田村が全面対峙した草場一件（表13・35）でも百姓組合村は最終的に博労の要求を切り捨てた。牧牛馬会社幹部たちは

「皮田博労はホタ買いと唱え、ぼろた牛ばかり売買していればいい。百姓牛の売買はするな」(「目論見風聞書」)と放言している。一見皮田博労の活動を認めた発言ともいえるが、その差別性は露骨である。このことは一般博労たちが皮田博労をどうみていたかを如実に示すとともに、当該期一般博労と皮田博労の共闘や共同行動は困難であったこと、成り立っていなかったことを示唆する。近世中後期絶大な影響力を持ち続けた「博労の親方」天王寺孫右衛門も、新政権への相継ぐ嘆願にもかかわらず明治三年権限を失い、以後に復活することはなかった(表49)。

けれどもこれらの大局的評価は、彼ら皮田博労が皮田村の中にあって無力であったことを意味しない。南王子村・下田村での村を二分する動向、食肉の村の一翼であった河内国富田新田村での博労源四郎の動向などをみれば、新しい時代の勢力の台頭とみることは十分可能なのである。[6] 近代町村制下の南王子村で戸長・村長を勤めてきたのは、いわゆる博労派の人脈であった。

五　処理令直後の南王子村

処理令後の牛馬処理の見通しを述べた。それを南王子村に即してみてみる。この期のこの村について述べようとする場合、文字通り坩堝のなかに置かれていたことを知っておく必要がある。[7] それは村役人からすれば多事多端、席を温めるいとまもないということになるが、一丸となって立ち向かうべき指導部は二つに割れていて、情況判断や解決法についておよそ異なる力学の働く場となっていた。

明治四年九月解放令を受けて「斃牛馬に相携り、牛馬斃れの牛肉を喰し、其外一切の斃獣に相携り候儀、決して相成らず、村中一同申合せしかと申し締合」(奥⑫一八五〇)ったという。ところが膨大に残る史料群に村方議定書本紙も控も見つからない。後の事態の推移から考えても、この時点ですんなりと全面放棄の村極めが全世帯署名捺印されたとは信じがたいところがある。当時住民が戸長に寄せたものと思われる、ムラことばで書かれた「とりしまりの事に付」（南⑤1801）は「えたはいしニなり……犬ニねこ・牛馬うること無用、くみかしらの中ニ牛ハなけれハろも《どうも》ならんとゆハさるけろ《いわれるけれども》、なニも牛馬くわんかてとせ《渡世》わをくられる」と書いている。先の議定書と合わせ①斃牛馬・諸獣処理　②博労　③食肉の三点が禁止内容であった。村極めがないとしても一方の勢力が何を問題視していたかが明らかになる。とはいえこの投書からも村極めは成就しなかったと思われる。村内が二派に分裂し、容易に村決議ができる状況になかったことは後述する。

勝手処理令・解放令に対して村として一致した行動がとれないでいる、正にその時、元伯太藩士大原某が県の許可を得て、隣村伯太村巽の方角に「斃牛解場」を設け営業を始める。日夜自然死・伝染病死を問わず、喰用・干肉・油採りが行われていること、肉片や骨などの残骸が散乱していること、そこに入込む村の者があることが問題にされている。南王子村から二十人近くの者がそこに出入りし、肉を買取りそれを村内で売り廻っている。

死牛・病死牛の食肉販売がいたちごっこの如くに問題化しているところに、明治五年九月に堺県の屠牛・死牛馬に関する二つの規則が布告される。鑑札を申請し許可されれば、金銭が介在しはするが従来の処理制同様の死牛馬の流れが担保される。村では鑑札を受けるか受けないかで何度も寄合が持たれる。一方の副戸長や同調する伍長（旧組頭）らは寄合にも参加しない。参加しないから村として態度を決められない（南①三二四日記「日用ヒカエ」）。堺規則が定める「死牛は決して食用にしない」は反故となって食用肉として村中に廻っている。その取締り強化は戸長の職務として県規則の定めにある。

この時期の戸長日記によれば相継ぐ違反と違反者への厳しい説諭が記述されている。明治六年八月には以前より説諭を加えているが改まらないとして、権兵衛らに対して県へ訴えると最後通牒を行ったところ、権兵衛らは村へ詫一札を入れたので宥免した。ところがその後も一向に改まる兆しもないため、十月十四日県に「嘆願書」を提出する。

翌日には頭取五人が連行され十六日には村預けと同時に「村中申合書」の提出を求められる。すぐさま村議定ができる状況にないことはいうまでもない。ようやく二十二日村議定を行い①斃牛の筋には一切携わらない ②村議定に従わない者の内「発頭のもの五人」を告発する ③以後違反者には「学校（部落内）入費手伝いとして一人に付一円五〇銭を出させる」（南⑤1451）と決した。ところがやはりここでも押印しない者があって、村役人預かりということになる。

二つの堺県規定書のなによりの問題は、死牛馬を一律に食用禁止と命じたことである。従来長い経験と勘によって個々の死牛馬が食せるかどうか、セッパク（急死・事故死で血がそのまま肉に浸透してしまう）・血抜き・干肉にするなどの手段で食用化できるか、それとも肥料とするかの判断をして区分けしていた。一律に死牛は食用禁止と命じたことが一層の混乱を生んだ点にある。もっとも牛疫という外国由来の病死牛の場合に長年の勘働きが正解をだせたかどうか疑問はある。

六　まとめにかえて――当該期の見通し――

本章によって新たに提起できる何よりの展望は、畿内にあっては勝手処理令以降、さらに遡って大政奉還後よりの動向として、地方行政・地域社会・部落側の若干の混乱や試行錯誤を経て、名称は県によっていくらか異なるけれども斃牛会社方式を打ち立てたことで、斃牛馬の流れを「うまく」移行できたのではないか、という見通しである。それは開明派地方官僚であった京都府権参事（後二代京都府知事　長州閥）槇村正直による牧畜場政策推進策の下で、明治五（一八七二）年八月天部村松浦らが申請し認められた「収用社」を嚆矢とする（京⑥三四一頁）。京都は久しく首都＝中央であったし、王政復古の風潮が濃厚で発信力をもっており、一連の開明政策が畿内に及ぼした影響ははかりしれなかった。行政レベルでは同年九月堺県の布告した「屠牛場規則」と同時に出された「死牛馬取扱規則」が最初の試みであったのではないか。(8) そうだとすれば幕末～維新期に和泉・河内両国を舞台に国規模、いや国を越えて争われた処理制争論が決定的な意味を付与したといえよう。

この仕法の柱は①生牛と死牛とを処理ルート、処理場などに至る全工程で厳密に区別する　②死牛馬取扱場は和泉・河内両所に設ける　③死牛馬扱い人は鑑札制とし、鑑札人に相対で売買する。相当の買取値とする。持主が私的に埋葬する場合は県庁へ届ける　④死牛馬を油・肥えに利用することは許可するが、絶対に食用としない　⑤屠牛場は人家懸隔の地に設け、牝牛の屠殺は認めない、という点にあった。これに基づき斃牛馬取扱所が堺甲斐町に、またその出張所が河内松原村に設置された（表73）。部落にとって鑑札制に参加すること、一定程度の買値を支払うことが付け加わるが、近世以来の処理工程は大きな変更をみることなく存続していく。この方式が広がっていくのである。飾磨県で確認することができる。この方式の奈良への適用は、部落側の強固な反対意志もあり遅れた。

もとより過渡期の課題を背負って作られた斃牛馬処理会社であるから、県ごとに抱えた矛盾や課題の違いによっておのおのが強烈な個性をもったことも事実である。またそのまま近代を生き延びることはありえなかった。

〔注〕

＊　大政奉還・解放令を挟んだ時間枠を叙述する本章では、元号・西暦表示、太陰・太陽暦年紀、被差別部落の表記など、それぞれある時点をもって替えなければいけないものであるが、史料表記に依るほかは近世的表記で通している。煩雑さをさけるというほかに他意はない。了解を乞う。

（1）　用いた史料の多くが後に『大和国博労関係史料』（以下大博とする）として翻刻され、典拠に遡って検討できることも取上げた理由になっている。この検討から吉田九四に基本的なところでも間違いの少なくないことが明らかとなった。比較的大きな、後の展開に響いてくる若干を指摘する。①寛政九年「穢多革類組合」（五三頁）とカッコにいれて結成されたというが、幸い大博に史料が入っているのでみれば、組合が出来た訳でも一国規模の申合せでもない（大博19②小野御殿の放生所仕法に皮田村芝持のいくつかが賛成同意した（六九頁〜）というが、納得のできる典拠は示されておらず首肯できるものではない。また、大和国での具体相については奈良県同和問題史料センター（以下センターと略記）に公開された目録もなく、また自由な史料閲覧が出来ない現状であるので、これには踏込まない。処理制と博労関連史料についてはたまたま公刊史料集があって可能となったものである。しかし博労関連史料に限っても悉皆収録ではないため、本格的な分析は出来ない。

（2）草場とは斃牛馬処理制を皮田側から捉えた呼称である。これも共通理解の得られているものである。しかし吉田は「草場の権利は斃牛馬無償取得権だけで成り立っているのではなく、他に芝居興行の十分一銭（＝櫓銭）や寺社祭礼の際の出店からの芝銭の取得権など実に多様な権益から構成されていたことが明らかになっている」（四〇頁）と独自概念規定にこだわる。では大和国だけでもそういう規定が適用できるのだろうか。結論的には否である。史料的に難しいのは大和では包括呼称としての「旦那場」文言はまず出てこない点であろう。したがって斃牛馬や勧進貰いを包括した概念として旦那場制と規定している共通理解を奈良（大和国）を研究する際に受容しえないという点は理解できなくもない。大和の固有性といえるかもしれない。しかしここで問題にしていることは「草場」が大和にあって包括概念たりうるかにある。まとまった東之坂・風根村などの史料表記から一見斃牛馬処理以外の側面を示している解釈を包含しているかにみえる史料がある。だが史料に沈潜するなら風根に限らず公刊された大和国近世史料を総覧する限り、草場＝芝・芝先の理解を覆す、もしくは著しく抵触する史料はない。だとすれば草場＝斃牛馬処理制概念（厳密には対象が死牛馬に留まらないことは指摘した通りである）が畿内の枠内で妥当しているとみるべきあろう。

（3）発表にあたり、藤本清二郎の論文と森杉夫の市民啓発書を対象としたため、表現・分量などが大きく異なる。けれども整理から明らかなように、時期区分・係争年表から各期の特徴という肝要のところは同じものである（そのため行論では三期をやや違った概念で整理した）。森の本に典拠・参考文献表示はなされていないが、森の当該部分の整理は藤本論文を下敷きにしたものである。

（4）無株の忍博労が早くから活躍する風根では、牛馬の多頭飼いや預け牛に規制をかける必要が生じた。本村を含む場を

「小名」(明)と名付けがされる。論旨と外れるので指摘のみとする。皮田村民が所持する牛馬に、株持が権利を主張し一定の規制を掛けることは例外的なことであると考える。

(5) 主題と関わると考え一〇〇枚以上の吉田稿を取上げた。結果は残念ながら斃牛馬処理制についても博労制についても基本的事実や歴史学上の成果を無視したものであり、何より貴重な個別史料の基礎的な解釈も覚束ない内容でしかなかった。本章で素描した大和国皮田博労制のフレームは、典拠からも理解されるようにほとんど吉田稿と『大博』が紹介した史料に拠っている。ともあれこれが奈良県行政がおし進める「部落史見直し」の実相だということが分かった。一例をあげれば近世の大和で皮田たちが作成した文書に強制が働く場合は別として「穢多」肩書きや文言をみることはまずない。「穢多」文言を避け、後期には皮田呼称さえも、許される限りは村名表示することを志向している。被差別問題では可能な限り当人が望む人称・名辞を用いることが、研究者に義務的に求められると筆者は考える。ところが奈良県行政部落史では、江戸期の一般呼称として「穢多称」を採用するという方針を一貫させている。それは奈同セ『研究紀要』のどの号を開いても確認することができるだろう。穢多称の復活といえよう。明治期「特種部落」呼称を生み出し全国に広めた発信源が奈良県であったことが明らかになっている。奈良県行政部落史の危険な方向性について、指摘した唯一の論文は吉田智弥「新融和主義の破綻」(花園大学『人権教育』一六　二〇〇九)であるが、これに対する同センターの反発の強さは、吉田智弥の指摘を「裏書き」することになったといえる。そのあたりは『蛇行社通信』(吉田智弥個人通信)Ⅱ期20・21号を参照されたい。

(6) 和泉南王子村・摂津豊島郡下田村、河内富田新田村での村方騒動と、その一方に博労たちがいたことについては、『大阪の部落史』10巻七・八章の記述を参照されたい。

(7) 処理制をめぐって、一件が一段落ついた時、株持ちや皮田村役人たちが「村存亡の危機であった」と述懐した万延元年以来の争論が落ち着くいとまもなく、維新の政体変革を見越して王子村が南王子村の付属村化を謀る運動、郷社祭礼排除ならびに村内神社問題、さらには組織的小作地取上げなど十指に余る大争論を抱えていた。その上に周囲から「難治村」と評された通り、深刻な一連の村内出入、すなわち寺争論、組頭・物代制、部落学校経費・信太明神維持負担金の重圧、そしてこの度の勝手処理令への対応と息継ぐ暇もない揺さぶりのなかにあった。幕末・維新期に南王子村の置かれた大変な状況のそれぞれについては、濃淡はあれ一定の蓄積がなされている。但し残念ながら未だに総体として叙述されていない。

（8） いずれも『大阪の部落史』四巻番号二五収録。原典により校訂し意解した。

〈参考文献1 発表順〉

＊言及する論者は一人一篇なので発表年記も省略した場合がある。

前一九七六 前圭一「近世皮多の斃牛馬処理権―畿内とその周辺地域を中心に―」（『近世部落史の研究』上 雄山閣 一九七六・一）

藤本一九七七 藤本清二郎「近世『斃牛馬処理制』の展開と解体」（『日本史研究』一八一 一九七七・九）

森一九七九 盛田嘉徳・岡本良一・森杉夫『ある被差別部落の歴史―和泉国南王子村―』（岩波新書 一九七九・九）、但しここで問題にしている処理制部分が最も詳しい森著『近世部落の成立と生活』（堺市教育委員会 一九七七）を用いる

臼井一九九一 臼井寿光『兵庫の部落史』第三巻四章（一九九一・五）

吉田一九九四 吉田栄治郎「斃牛馬無償取得体制の動揺と地域社会の動向」（『奈良県立同和問題関係史料センター 研究紀要』1 一九九四・三）『奈同紀要』とする

井岡一九九六 井岡康時「明治初期の斃牛馬処理をめぐる考察」（『奈同紀要』三 一九九六・三）

秋定二〇〇七 秋定嘉和「幕末維新期の博労・かわた博労・かわたの変遷についてのノート」（北崎豊二編『明治維新と被差別民』二〇〇七・九）

本郷二〇〇七 本郷浩二「明治初年の斃牛馬処理と屠畜業をめぐる動向―兵庫県下の事例から―」（北崎豊二編『明治維新と被差別民』二〇〇七・九）

のび二〇〇九 『大阪の部落史』第十巻（部落解放・人権研究所 二〇〇九・三）第七・八章

〔参考文献〕

茨木一九九六　茨木芳子「能勢町下田村福井家文書の『一札』」（『大阪の部落史通信』四）
酒井一九六一　酒井一「近世畿内農業と牛流通―河内駒ケ谷市を中心に―」（『史林』四四―二・三）
のび二〇〇〇　のびしょうじ『食肉の部落史』（明石書店）
八木一九九九　八木滋「天王寺牛問屋と摂河泉播の牛流通」（『部落問題研究』一四七）

			者に買わせると布達がでる	
73	明治6.7 1873.07	河泉	河内・和泉両国の斃牛馬取扱所が堺第十区甲斐町西三丁目に取立られ以後そこへ持ち込むよう通達が出される。出張所の1つが松原村に置かれる	大④94、松原市史⑤近代四3
74	明治6.11 1873.11	京都	70年5月府は民部省に対して「穢多非人等遊手浮食の徒」を従事させ富殖の基とするためとして牧牛の許可を求め、この年月に認可され鴨川東の吉田・聖護院村にまたがる地に牧畜場開設、天部・悲田院は官金下付による自主運営を要求して入れられず不参加	京②27p
75	明治6.11 1873.11	摂津国島下郡	近年市中に牝犬・悪犬横行しているとして清水町斃牛社へ捕犬を命じる	好田家文書
76	明治6.11 1873.11	大和国葛上郡	西松本では解放令を受けて「死畜之類は決して取扱い申すまじくはずにて約定書念のため連印」し、昼夜見廻り人をおく。この度長四郎死牛売買その上見廻り人弥三八同心が露見、県に対して取締りを願い出る。県は「今日一般肉食店相開け候景況」でもあり村約定書自体が弊害だとして説諭に及ばずと裁可する	県行政文書井岡96
77	明治7.1 1874.01	京都乙訓郡	筑山・大藪村で解放令を受け以後「斃牛馬は勿論四ツ足類に至るまで村内に決して差入まじく」また「墓所・え物捨場・牛馬時捌場、右3カ所落柴など決して拾いに罷り出ない」規定する	京⑥349p
78	明治9.7 1876.07	奈良県	堺県となった旧奈良県に対して河内・和泉両国同様に「斃牛馬取扱場」設置を布達、人家遠隔であること、取扱人は鑑札制、埋葬は届出	堺県布達集井岡96
79	明治10 1877	京都	斃牛馬の処理組合がつくられる	京②27p
80	明治12.5 1879.05.	大和	「斃牛馬化製造」による肥料製造会社弘義社（東京浅草新谷町）、大和国葛上郡蛇穴村に斃牛馬買取の弘義分社ができる	鬼洞108-274

＊村規定などは既出のものは多く省略し新出を掲げた
＊○○家・○○村文書とある多くは大阪の部落史委員会が集収した文書によるものである

典拠　本文注に掲出した論考は省略した

小西愛之助「落牛一件」（『関西大学部落問題研究室紀要』8　1982）
布引敏雄『長州藩部落解放史研究』（三一書房　1980）

			いと依頼する	
58	明治4.5 1871.05	播磨国 宍粟郡	下比地村で持主自由処理令をうけて「斃物があっても皮類たりとも」求めずと村約定をつくる。但し「肉類菜食」は格別と認める、近畿の皮田村のなかでも最も早い段階での「斃物」求めない村法	播磨国皮多村文書44p
59	明治4,6 1871.06	太政官	シベリア海岸伝染病流行リントルペスト、人畜予防方布達、これをうけ大阪府も布達	編纂御用留
60	明治4.7 1871.07	播磨国 多可郡	「落物に携わらない」と村極めし、兵庫県に対して「穢多」名称の取除きを求める	兵庫県同和教育関係史料集③489p
61	明治4.7 1871.07	京都	京都では三条西土居にあった刑場人死骸取捨場に斃牛馬の「焼場」を設置する	京都の部落史⑤88p
62	明治4.6 1871.08	政府	解放令が布告される、当該地帯では早くて９月遅ければ10月に村々に届いた	
63	明治4.10 1871.10.	摂津	川辺・能勢4皮田村死牛扱い・沓皮商売せずの約定を作成する。幕末から下田は１村２行政の仕組みになっていて署名しているものは村方騒動の一方のみで、株持ち層は署名していない	福井家文書
64	明治4.10 1871.1	大和国 十市郡	大福村で10カ条の「交際規定書」が作られ「死牛馬・死畜類の買取・貰い取り一切しない」と村極め	大福村文書
65	明治4.11 1871.11.28	大阪府	大阪府が屠牛営業者への布告を出す	大阪府史料227巻
66	明治4.12 1871.12.18	山城国	芝先と唱えて境目をもって落牛馬を持主より貰ってきた、何卒従来通りに仕来りを仰せつけてほしいと山城国22村が連署して京都府役所へ嘆願	更②349
67	明治5.1 1872.01	大坂	日本橋４丁目橋本亀吉、長町東裏山田喜八空地に屠牛所作り、山下犀次郎の名で道頓堀櫓町安田佐兵衛借家に牛肉販売所開設を目論むも屠牛所は村の大なる反対で頓挫、やむなく西大組第５区梅本町渡辺松五郎方屠牛所で河内在南町の者の解体となる。暮12月26日から１月25日まで223疋解体したという	大④93 八尾市深瀬文書
68	明治5.8 1872.08	京都	斃牛馬相対買取、流行病死牛焼捨食用としないことを目的として収用社が作られる、松浦直次郎（教業町一天部の人）・西川卯兵衛（寺町五条上る町）２人を惣代、基金750両の利子による運営、６月11月売上げの２分５厘を冥加金として上納とうたう、河原町三条上る二丁目事務所、	京⑥341p
69	明治5.9 1872.09	堺県	屠牛場規則・死牛馬取扱規則をそれぞれ制定する	大④25　大阪府史料22
70	明治5.10 1872.10.05	河内丹南郡	更池村松本伊三郎ら６人は連名で、今般の死牛馬取扱規則に則り堺県へ鑑札申請を行う	田中家文書
71	明治5.11 1872.11	摂津島下郡	富田村より植田宗介ら６人連記で、これまで養豚をおこなってきたが毎月16・26日を定めて村善五郎宅で市を開きたいと大阪府へ願い出る	好田家文書
72	明治6.5 1873.05	奈良県	従来斃牛馬は角・皮以外全て埋めていたが、この度蝋取りを願い出る者があり以後死牛馬は相対でこの	奈良県布達、井岡96

			商司の下で「肉食盛ナル今日ニ至リ、是ヲ繁殖セシム」ため牛馬商社開業の有志をつのりできた。河内道明寺出張市場のこと	
43	明治3.閏10 1870.10.	河泉和	草場制廃止の和歌山藩仕法に対して3国皮多が反対嘆願	奥1848　藤本
44	明治3.閏10 1870.10.	河内	河内落牛２件（石川郡中村新兵衛―新堂皮田村・志紀郡小山村徳兵衛ら―向野村）につき草場持ちと牧役所と対立する	奥 981 ・ 975 更②351藤本
45	明治3.11 1870.11.	河泉	河州丹南郡善提村新三郎の死牛が4月に出たことに対して牧役所が管轄死牛は入札すると主張し向野村他4皮田村は堺役所に訴える。この間に死牛は大和国の者に３両２分で売払う	田中50、更②348・351
46	明治3.11 1870.11	河内	富田新田皮田源四郎ら３人牛馬売買渡世の鑑札交付を願い出る	大⑨近代178
47	明治3.12 1870.12	山城	城州22カ村芝持惣代、芝先存続を嘆願し、「従前の通り相心得べき事」の朱印をうける	更②349
48	明治3 1870	皮田株持	「牧牛馬目論見風聞書」によれば皮田株持の見解として「今更御一新と申て、死牛馬売買に相成候ては、清民と穢多との隔りこれ無く、万事無隔清民絞り（交わり）出来候はば、死牛馬如何躰に相成候ても不苦有難事に御座候得ども、死牛馬は売物にいたして、清民絞り出来不申ては嘆ケ敷事」	更②351
49	明治3 1870	大阪府	この年牛馬売買渡世の者往々不埒ありとして鑑札制とすること、天王寺孫右衛門支配を差し免ずると布達	編纂御用留
50	明治3 1870	京都	天部村に隣接する三条大橋東に三条協救社による養豚所が設置され、東京協救社から６人が呼ばれる	京 ⑥ 本 郷 2007
51	明治3. 1870		年末・４年初め「牧牛馬商社目論見書」が作られる	更②351
52	明治4.1 1871.01	岸和田藩	岸和田藩民政局は牧牛馬会社設立以後も斃牛馬は従前通り皮田へ引渡すよう通達する	大⑨近代179
53	明治4.1 1871.01	紀州藩	紀州名草郡社倉懸りとして牧牛開業の仕法を作る、繁殖と共に斃牛がでた場合には貸付主が売払い代価にあてるなどとしている	『松阪の部落史』史料篇①254
54	明治4.1 1871.01.	大坂	渡辺村皮問屋播磨屋五兵衛ら本願寺門徒らが維新により「穢村御廃止の上平民に仰せられたい」との嘆願を本山が取持ち、政府に届けてくれるよう願い出る	摂津国諸記
55	明治4.3.19 1871.03	政府	持主勝手処理令	福原家　維新分44
56	明治4.4 1871.04.03	和泉国堺	この日堺塩穴に「斃牛馬持主勝手処理令」が達せられる。翌４日の時点では富田新田にも布達が出ていたという	更②349
57	明治4.4 1871.04.04	和泉・河内	処理令を受けた塩穴村芝持中は南王子村と更池村藤本藤三郎に宛て書状を出し、和泉国は南王子村とともに対応するので、河内国は貴殿から回状してほし	更②349

29	明治2.7 1869.07.	大坂	天王寺孫右衛門が牛市の継続を求めた嘆願によると、維新によって博労業が潰れるとの噂が起こり、耕作牛を無差別に屠牛に売払いそのために牛が払底し、上って来る牛なく当春以来高値になっていると訴えている。なおそこでは皮田博労が病気牛を治療し、耕作の支障になっている牛を買受けさせていると述べている	石橋家65
30	明治2.11 1869.11	大阪府	天王寺村孫右衛門牛売買支配申付けの布達	編纂御用留
31	明治2.11 1869.11	堺	獣肉売ること相成らずと昨年達したにもかかわらず猶又当節売る者があるとして禁止触れ	御触書写し堺市史史料
32	明治2.12 1869.12	紀州藩	紀州藩は死牛の持主自由処理を触れだす	『松阪の部落史』史料篇129p
33	明治3.4 1870.04.	河内	丹南郡黒山村死牛をめぐり河州3郡最寄博労と河内4郡草場持ちとが対立、５月双方が堺県へ出訴、①「持場たりとも聊是足代位心付」は渡している②皮田草場持層は「清民絞（交）り出来候ハヽ死牛馬如何躰ニ相成候ても不苦、難有」と主張	奥498　藤本
34	明治3.5 1870.05.	泉河	「両国皮多一同」維新以降旦那場制安堵により鞀革毎年20枚上納を嘆願、河内国中惣代石川郡富田村惣七・清次郎、和泉国中惣代南王子村由右衛門・惣兵衛	田中11、森収集
35	明治3.5.4 1870.05.	河内	丹南・丹北・八上３郡牛博労が連署して堺県宛大金で買った牛が死ぬとただ同然に引渡すのは嘆かわしい、売買自由としてほしいと嘆願、当地方の画期を作った係争	奥⑤1083p、更②346
36	明治3.5.9 1870.05.09	河内	河内３郡博労訴願に対して直接の事件となった菩提村新三郎死牛処理の不当を書き、更池・向野・城蓮寺・林村４村皮田村が草場維持の嘆願をあげる	更②346・松原市史⑤九33
37	明治3.5 1870.05	河内	博労渡世の者に鑑札を下付するとして申請を求める。富田新田村から源四郎ら２人が申請	長谷川家文書
38	明治3.6 1870.06.28	大和	和州大島村芝持より五条県下百姓の死牛について引渡さないとして五条県へ嘆願	更347　藤本
39	明治3.6 1870.06.28	大和宇智郡・吉野郡河内石川郡	大和・河内の３郡芝持は大和国宇智郡大島村役人を差添として五条県役所の破れた大太鼓張替を願い出、この日奉納する	更②347
40	明治3.6 1870.06.	河内	北野田村左兵衛死牛引渡しに際して同村博労儀右衛門が仲介して引渡しの代償に寺太鼓皮張替えを要求する。正式の抗議に対しては行き違いとして引渡すと回答	田中64
41	明治3.7 1870.07	大阪府	肉食盛んとなり牧牛馬の道開くため、繁殖開業したきものは中之島通商司へ申出るよう大阪府布達	編纂御用留
42	明治3.9 1870.09	大阪	この頃までには「牧牛馬商社」仕法が作られ実働していたと考えられる、牧役場とは３年７月中之島通	更②351

14	万延1.12 1860.12	長州	[参考]萩町町人和泉屋喜兵衛・大黒屋伊兵衛「牛馬養い果之御仕法」を嘆願する。老牛馬の養老院仕法である	布引本241p
15	万延2.2 1861.02	和泉一橋領	泉州両郡54カ村惣代、従来南王子村以外に随意に死牛引渡しの例ありか川口役所より問われ一切無いと答弁する	奥⑫1826
16	万延2.2 1861.02.	和泉	上神谷6カ村死牛の随意引渡しを要求して南王子村と争論、当該地域の一大係争、堺奉行所は従前の慣行を認める	大③35
17	文久1.5 1861.05	和泉	南王子村は①屠りもの共往昔帳元７人信太明神へ例年御弓の御祭式の際初死の生牛皮神納し順番に矢取りをも仕る②屠り者往昔韓国へ渡り術を習受帰るとの由緒を書上げる	奥⑫1832・1833
18	文久1.6 1861.06.	江戸	南王子村死牛問題にからんで渡辺村が播磨屋惣助名をもって弾左衛門役所に幕府への旧例尊重の働きかけを嘆願する	奥⑫1834
19	文久2.11 1862.11	和泉	大鳥郡栂村他10カ村が死牛馬を随意の穢多に渡すとして南王子村の処理を妨害する。南王子村は江戸出訴まで行い権利を守る	南家文書
20	文久2.11 1862.11	河内	泉州南王子村は更池村にかかる草場出入りで庄屋田中より斃牛馬濫觴を問われ一件書きを作成する	奥⑫1840
21	文久2.12 1862.12.	和泉	大鳥郡栂村他との斃牛争論により権利否定されれば１村相続の出来がたいので出訴したが、10カ月を要して多大な出費となったため一橋川口役所に銀35貫の借用を願出る	大③36
22	文久3.8 1863.08	河内	富田新田村で博労源四郎一派と村との間で草場死牛処理を巡って喧嘩を含む長期の争論がおきる。本村宛源四郎を規制してくれるよう願う	大③234～
23	慶応1.7 1865.07.25	河内・京都	更池村房吉、京都鞠皮御用飛鳥井出入りの帯地問屋松井に対し鞠入用の鹿皮御用を勤めたいと願い出るも難色を示され、領主を通して武家伝奏に願うと運動する、	更②345
24	慶応4.4.22 1868.04	奈良	大和国鎮撫総督府神鹿保護のため東西２つの坂村が行っていた犬狩りを「鹿のために犬を逐うは事理にもとる」として不許可	府県史料　井岡1996
25	慶応4,閏4.3 1868.04	奈良	大和国鎮撫総督府、奈良市中で死鹿処理の者に「清メ銭」を差出すに及ばずと布達	御触書写帳井岡
26	慶応4.7 1868.07	大坂	天王寺牛博労孫右衛門、大坂御鎮台に対して牛博労支配を願い出大阪府司農局より冥加金上納の上支配を認められる。その後の急激な役所変遷により明治２年まで嘆願は続く	石橋家文書市史史料5066文書
27	明治1.11 1868.11	河内	向野村頭百姓善左衛門が穢多取締について御屠牛所宛口上をあげているのは、死牛馬処理に関する取締りであろう	更②265
28	明治2.3 1869.03.19	大坂	摂津県より四天王寺牛市を通さず勝手売買を通達	石橋家66

表　斃牛馬処理令前後

	年月	国郡	内容	典拠
1	文政6.8 1823.08.	和泉	大鳥郡豊田村流行病による牛大量死処理での始末について問題が起こり、南王子村死牛取捌仲間が詫びを兼ねて捨場掃除と不浄品の埋め処理を約束する。ところが同年11月豊田村が死牛を埋めたことで再燃、堺奉行所は「死牛馬処理は穢多身分が取り捌くもの、平人の身分で死牛馬に携わるなら穢多仲間に入れる」と申渡す	大③30、小西愛之助「落牛一件」
2	文政8.11 1825.11.	摂津	山科三ノ宮老牛放生仕法を公表し、老牛放牧場設置を呼びかける	大③342
3	天保4.8 1833.08	摂津島下郡	富田村皮田草場の死牛を中城村皮多が引き込んだとして中城村本村に申入れるが直接掛合うよう取合わず、大勢が棒などをもって実力奪還に出向くと、牛捌き出刃包丁などで対抗したという	大③31・32
4	天保14.1 1843.01.	大和	一国の芝持仲間が穢多博労の草場侵害に対抗する議定をおこなう	奈被①
5	弘化4 1847.00.	摂津東成郡	天王寺村春木屋吉兵衛発議により同村勝曼に放生場建て、疲労・病牛馬１頭につき金１両添えて出す仕法を立て、周辺国にも寄付を求めたがほとんど牛馬集まらず失敗する	大博
6	嘉永6.8 1853.08	河内	富田新田で博労買入牛の場合死牛となっても博労仲間の取得・処理を認める取り交わしを村と行う	大③232
7	安政4.閏5 1857.5	畿内	山城八幡二階堂村三右衛門ら３人は白革株と５畿内３丹播州江州の死牛馬惣支配を合わせ500両上納にて御所表に願出る	京⑤334p
8	安政5.1 1858.01	大和	葛上郡鎌田村平助「牛博労　鑑札」（木札）から、取締政治郎・弥三八（添上郡八条村西辻）弥兵衛（同郡杏村西辻）、惣代重兵衛（葛上郡松之木村山崎）・周治郎（宇智郡大嶋）、すべて皮田のみの大和国レベルの組合が出来ていると考えられる	奈被⑥339p
9	安政6.2 1859.02.	大和	天王寺牛市出店蛇穴牛市長一郎から山科随心院南都取締人伊右衛門に対して孫右衛門への追従をやめ大和国博労取締を妨げざることを約定する	大博
10	安政6.9 1859.09.	大和	随心院が疲労牛馬を買い添上郡櫟本村に牛馬助け場を設けるが百姓の負担のないことについて奈良奉行名の国触れがでる	大博
11	万延1.4 1860.04.01	大和	五条代官所領村々は隋心院・博労仲間による放生場仕法に反対する	大博
12	万延1.7 1860.07.01	大和	山科随身院は新たに十市郡南浦村に放生所を設置し、さらに奈良長吏を御舘入りとして取込み国中番人に鑑札を渡す仕法を行う	大博
13	万延1.9 1860.09.	和泉	牛病流行り、それに乗じて塩穴村の者が「これは南王子村が仕組んだことで、塩穴その他に病死牛渡せば病気も治まる」といい、村々も「已来随意」となった。後振り返って処理制が崩れたのはこの一件からと南王子村は回顧している	奥⑫1855・更②344

第11章　近代初頭の大阪の皮革業

高木　伸夫

一　はじめに

大阪の皮革業史については業界史・皮革産業史など先行する業績が蓄積されてきた。近代初頭の大阪西浜についての業績も二、三に留まらない。本章では皮革の国内流通に留まらず、広く国外流通にも眼を向け、中でも釜山開港以後の朝鮮原皮輸入に注目するものである。近世期の対馬藩の朝鮮国からの原皮・牛角爪輸入については近年関心を集めているが、近代初頭の朝鮮国原皮輸入については対等な貿易ではなく、関税も武力を背景に日本側は支払わないほどの不平等貿易のため、貿易に関する原史料は残されておらず、後年の編纂刊行物を活用せざるをえなかった。近年、英国公使覚書や「通商彙編」などが発掘・復刻され、これらと当時の新聞各紙を参照することで実態に迫りたい。

なお、本章の主題地である西浜は幾度かの行政区画と町名の変遷を繰り返している（表1）。文中では該当当時の町名を示すとともに、総称として西浜と表記する場合もある。この点、断っておきたい。

表1　西浜区域変遷表

旧名	町名	改正名	明治5年3月17日改名22区	①	②	③	明治13年7月2日	④	⑤	⑥
渡辺村	南の町	南町2丁目	洲先町	第三大区第二三小区	第三大区第一一小区	西成郡第四四分画	二ヶ町連合	第三戸長役場	西成郡西浜町	西成郡西浜町
	十軒町	南町1丁目	栄町							
	八軒町						二ヶ町連合			
	新屋敷町	南町4丁目	入江町							
	北の町	南町5丁目	千里町							
		南町6丁目	摘菜町				二ヶ町連合			
	中の町	南町3丁目	穂波町							
	町外字北島	南町8丁目	野上町				二ヶ町連合			
		南町9丁目	藻刈町							
		南町7丁目	霧島町				二ヶ町連合			
	七瀬新田									

注　①明治8年4月30日／②明治9年9月30日／③明治12年2月21日／④明治17年7月1日／⑤明治20年1月13日／⑥明治22年4月1日

典拠『大阪府全志』巻之二、1923年11月（復刻版　清文堂出版、1975年11月、665～666頁）／八箇亮仁『病む社会・国家と被差別部落』解放出版社、2012年11月、42頁

＊新聞史料については、「大坂（大阪）日報」は「大日」、「日本立憲政党新聞」は「立憲」、「大阪毎日新聞」は「毎日」、「朝日新聞」・「大阪朝日新聞」は「朝日」、「神戸又新日報」は「又新」、「神戸新報」は「神戸」、「大阪新聞」は「大新」、「東雲新聞」は「東雲」、「朝野新聞」は「朝野」、「浪花新聞」は「浪花」、「郵便報知」は「郵便」、「大阪朝報」は「大朝」、「東京日日新聞」は「東京」、「時事新報」は「時事」、「京都新報」は「京都」、「大東日報」は「大東」、「内外新報」は「内外」と省略し、頻出する刊本史料集の内、『近代部落史資料集成』は『近代集成』、『大阪の部落史』は『大阪』と省略し、発行年については一八八六年を八六年と省略した。文中の引用分については、旧漢字を新漢字に改めたほか、読みやすさを考慮して、カタカナをひらがなに改め、適宜、句読点を補った。

＊引用テキスト内などの（　）は原文表記を示し、筆者の補注も（　）で示した。

＊年月日の表記は明治五年の太陽暦採用以前は和暦に（　）内に西暦を付して示し、以後は西暦表示とし、適時元号を（　）に付して便宜を図った。

二　胎動期の西浜の皮革業（一八六八年～一八七五年）

大阪では既に慶応年間から屠牛をする動きがみられた。慶応三年十二月七日（一八六八年一月一日）、大阪開市となり、翌六九年七月に大阪は開港場となった。同月二十九日には居留地用地の競売も開始されている。(1) この「川口の開港となるに及び外人の来住漸多きを加へ、自然肉食の風を進むるに至(2)り、早速、同年には安治川筋石田新田川岸の地三六〇坪を限り屠牛場に決定され、三区に分け、一・二番地所は英国人に各地代として洋銀七二枚で貸与された。(3)

一方、陸軍が靴を用い出したのは、明治二（一八六九）年三月の伏見駐在の親衛兵に帽衣袴及び靴を使用したのが最初と言われる。(4) その後、明治三年三月（一八七〇年四月）に西原勝三が東京築地入船町に伊勢勝造靴工場を開業し、同年十月にドイツ人ボスケを招き製靴工場を設立、(5) さらにこの年四月には和歌山藩が西洋沓製法伝習を開業した。(6) 明治四（一八七一）年三月に「斃牛馬勝手処理令」、八月（十月）には所謂「解放令」が発布された。「解放令」は身分・職業ともに布告上では平民同様＝平民並みとなったのであり、それまでの「穢多・非人等」の職業も平民の職業と同列・同職となったので、平民が「穢多・非人等」の従事していた職業に参入することも可能になった。ケガレと賤視は容易に拭えないままであるが。

また、同年三月には大阪府が皮革製造者より納税させ、これを窮民救助費に充当させている。(7) 大蔵省は第三十八号で「屠牛取締方ヲ定ム」と次のように達した。(8)

一、近来肉食相開候ニ付テハ屠牛渡世ノ者屠場ノ儀ハ人家懸隔ノ地ニ取設ケ病牛死牛トモ不売鬻様厳重取締可申
就テハ左ノ二条相守各地方官ニ於テ雛形ノ鑑札製造致居屠場取開ノ場所巨細取調ノ上相渡シ当省へ追テ可届
出事

二、牝牛ハ蕃息ノ基本ニ付総テ屠殺不致様取締可致事
但十二三歳以上孕牛ニ難相成分不苦候事
三、諸開港場ニ於テ輸出ノ節取締ノ儀ハ其地方官ニ於テ見込相立取締可致事
但見込ノ趣追テ可申出事
（鑑札雛形略ス）

肉食の需要拡大に伴って大阪府も屠牛を「人家懸隔」の地に鑑札制(9)によって解禁すると同時に、皮革製造も新たな要請を受けて開始される。七一年九月には奥田禎助（貞助）が西成郡木津村に製革所を職工二〇人で設立し、(10)森田直七が政商山城屋和助大坂支店を開業。政府に納入する軍靴、脚絆、帽子などの製造に当たるため、南町の二〇〇人を雇用したという。(11)

翌七二年、この年の大阪の重要輸入品に機械類四万一〇〇〇円と並んで靴一万二〇〇〇円とあるのは、(12)輸入品が高価でも日本製の靴が未だ実用品ではないためであろう。

一八七三年は相次いで西浜に皮革工場が設立された年である。先ず、四月には谷沢儀右衛門がチャールズ・ヘニンクルより技術習得後、開業する。谷沢は「大阪における洋式製革業の創始者」とも称せられるが、(13)「二、三年にて廃業(14)」とも言われる。次いで近世以来の伝統を引き継ぐ佐々木吉五郎も政商梶原黒兵衛製革場(15)で働く職工を雇用し、製造所を起こしたという。(16)この年には政商大賀幾助がケンペルを招聘し、堂島中通りに製靴業を、(17)さらに藤田伝三郎が経営する藤田組は網島に靴、製革工場を開業している。(18)

一八七四（明治七）年の西浜の状況は次のように活写されている（「朝野」七四年十月十七日、『近代集成』一巻、二九七頁）。

戸数凡三千許あり。其人民ハ皆革細工を事としけるが、頗る精巧なるを以て従来之を全国に販売す。世間有名姫

路革細工と称するもの、多くハ此村の製出するところにして、村人為に皆富饒なり。

この当時の大阪の皮革類製品高は次表に示した（表2）。七三年と七四年の項目が原表では異なっているが、皮革類合計は七三年一四万一二〇一枚に対して、翌七四年には七万九四〇〇枚と表示されている。これは「明治五年に至る迄は所謂旧式鞣革のみにして其の種類は牛馬靼革、沓革、障泥地、毛抜革、毛付晒皮、晒革皮、爪革、牛馬毛等なりしが、明治六年洋式鞣革法の開始と共に障泥地は廃せられて張木地を出し[19]」とあるように、旧式鞣法から西洋式鞣法へと変化したためだろうか。大阪の「旧式革の製産額は天保より文久に至る迄約三万五千枚、価格約三万両なりしが、慶応年間には一躍七万枚となり、価格約五万両なりしといふ。更に明治初年に至りて製産額七万枚、価格十二万円に上り、同五年には八万枚、廿万円、同十年には七万枚、二十二万円、十五年には同じく七万枚、二十五万円に上れり。[20]」と、明治初年以降一五年間は七～八万枚のペースとされており、七三年の膨大な生産額は不可解である。先行研究は七四年の府県別皮革製品については表に示しているが、七三年の生産額については触れていない。また、原表を加工しているが、断わっていない[21]。

両年の牛馬、鹿製品額の差異は、七三年皮革類製品額の内、鹿馬皮一万二〇一枚と雄牛和靴地一万枚、雌牛和靴地一万枚、雄牛雪駄裏地五万枚と馬皮太鼓地一〇〇〇枚を合計すれば八万一二〇一枚となり、ほぼ見合う。これは七三年に皮革羽毛類の内に雄花緒莨入地が入り、七四年には莨入は牛骨などと共に肥料などの分類に入っているためである。一八七四年『府県物産表』の凡例に「該表ノ製タル年々ノ増減ヲ徴スル為メ前年ノ比較ヲ要スベシト雖トモ明治六年分ニ於テハ事草創ニ属シ各地方ノ届書全備セス且調方ニ於テモ互ニ精粗アリテ強テ比較ヲ為シ難キモノアリ七年ニ至リテハ稍整頓ニ帰ス[22]」とあるのは、これを裏づけるものであろう。

表２　一八七三（明治６）・七四年大阪府摂津国七郡皮革類製品高（東成、島下、西成、豊島、島上、住吉、能勢郡）

	明治６ 数量	明治７ 数量	通貨
皮革羽毛類			
鹿馬皮	10201枚		
雄牛和靴地	10000枚		
雌牛和靴地	10000枚		
雄牛雪駄裏地	50000枚		
同花緒莨入地	50000枚		
馬皮滑花緒地	10000枚		
同太鼓地	1000枚		
牛皮		1814枚	4527円5
馬皮		7枚	11円5
鹿皮		5844枚	6679円2
三味線革		9171枚	1834円3
諸製革		62564枚	125122円
諸製毛		1358貫93	2103円3
甲介角牙、爪骨			
細工類			
（牛馬製爪			
鼈甲地）	730000坪		
（唐弓弦地	500貫(2)	344630□(1)	
牛筋製）			
牛馬製毛	8000貫		
履物各種及び鼻緒類			
靴		10406足	8021円
草履		431080足	2625円7
雑貨玩具類			
太鼓		43583個	5047円8
肥料等			
牛骨		10866貫	608円4
莨入		35805個	5061円7
累計			
皮革類		79400枚	138174円5

典拠『明治６年府県物産表』、『明治７年府県物産表』（『明治前期産業発達史資料』別冊７、第一集１、明治文献資料刊行会、1966年７月）

□は活字の摩耗で読み取れない字である。

（注１）唐弓弦上のみ（単位不明）

（注２）唐弓弦地と牛筋製の合計、500貫。（明治６年）

三　転換期の西浜の皮革業（一八七六年〜一八八三年）

一八七六（明治九）年、朝鮮政府は不平等な朝日修好条規による対日釜山開港を契機に、日朝の新たな貿易が七九年には元山開港予約、八〇年の仁川開港予約と進み、数量制限と官吏の干渉を排した自由貿易体制へと移行していく。既に、対馬藩作事方改三山利右衛門と町人森岡市兵衛の両人が対馬での雪駄類生産を再開すべく、肥前国田代領（現、佐賀県鳥栖市近辺の飛び領）から「穢多」を呼び寄せることを文化十（一八一三）年に願出、許可され同地から五家族が来島している。一八世紀末以降、対馬藩を通じて年間数万枚の牛皮が朝鮮から輸出されたが、(23)それは釜山港草梁の倭館において対馬藩と朝鮮政府によって厳しく貿易が管理されていた。(24)

釜山開港、元山津開港と同時に多くの日本商人、商社が殺到し、日本人居留地内外で貿易に勤しむが、ここでは朝鮮政府・朝鮮人の対応と、藤田伝三郎が経営する藤田組、山口県の商社・協同商社、さらに西浜の皮革業者と朝鮮貿易の関わりを検討する。

1　藤田組と朝鮮貿易

李氏朝鮮国政府は一八七六（明治九）年二月二十六日に朝日修好条規を締結すると、同年四月中旬に使節団たる脩信使が来朝すると報道され（「大日」七六年四月二十五日）、五月二十八日に漸く「入津」（「大日」七六年五月三十日）し、翌二十九日に上陸した。この使節団は本国より持参の虎皮、豹皮など謁見の節に献納（「大日」七六年六月八日）するとともに、大阪にも上陸予定の所、神戸より直ちに帰国したという（「大日」七六年六月二十三日）。

釜山開港は直ちに朝鮮原皮の輸入を大阪にもたらした。一八七六年十月十四日に日朝修好条規が批准されると、同月には大阪に「輸入牛皮」九二三六斤余《ママ》りが入っている（「大日」七六年十月二十八日）。同年二月には政商藤田伝三郎が経営する藤田組がハイドケンペルを来年一月までの予定で雇用し（「浪花」七六年四月十五日付では四月頃）、軍靴を製造するとともに技術の向上を図っており、(25)西浜でも岩田工場が西成郡木津村に男二五人を使用し開業している。(26)後述するように、藤田は朝鮮貿易と関わりが深いから、外人教師の雇用は大阪に入ってくる朝鮮原皮を見越した措置であろう。(27)

翌一八七七（明治十）年に勃発した西南戦争は、「大阪がその兵站部の中心」となり、「征討総本部となった為に人気を煽り、藤田伝三郎の如き用達商人中には巨富を致したものもあった」(28)ほどであった。この年の朝鮮原皮を巡る動向を見てみよう。

一月には朝鮮との貿易の手始めに先頃米を積んで行った浪花丸が、五日に朝鮮から綿を積み長崎港に帰港する。その際の報道では、「彼国にて八獣の脂と獣の皮が尤も沢山にて、中にも虎が多いゆえ、虎の皮の極よいのでも安直に買ハれる」（「浪花」七七年一月二十日）と伝えられた。また、五月頃には朝鮮商人が「牛皮は是まで大皮は支那《ママ》に廻し、小皮は釜山に輸出せし所、近来ともに釜山に持ち出す」（「郵便」七七年五月二十一日）と報じられている。これは制限互市場たる義州輸出牛皮一斤四円六〇銭であるのに対して、開港場では七円九〇銭と価格の相違があったためである。(29)

しかし、九月には朝鮮国沿海の地で紛糾があり、神戸辺の人が一千両余りの物品を仕込み、同国に渡り一商法を試みるつもりであったが、暫し見合わせた、と伝えている（「大新」七七年九月二十九日）。十月に入って「平穏」（「大新」七七年十月十八日）となり、十一月七日には釜山浦日本人居留地で博覧通商市場の開業式が挙行され、来観者は一〇〇〇人に及んだ。当日は商人より「珍奇古物」の品々が出品され、中でも注目を引いた品の一つが「当地藤田組出品」の牛ナメシ革の靴であった（「大日」七七年十一月十五日）。

一八七八（明治十一）年に入って、一月から三月までの釜山港からの輸出入高が判明するので、次に主要品の額を紹介しておこう。

一月、輸入品

内国産ノ部　生羊三六五疋・原価七一〇円、青皮二二〇〇斤・一〇九円一〇銭など

外国産ノ都　唐木綿四八六三本・一三七九四円五〇銭、マッチ一六〇〇ダース・七〇円

同輸出品　牛皮五万三〇一八斤・六四四〇枚・原価六一六五円八銭、塩牛皮四五〇斤・二五枚・二四円三〇銭、牛馬骨八万一五〇〇斤・九三六円、牛爪二四〇斤・九円六〇銭など（「大日」七八年三月二日）

二月、輸出之部　牛皮五万三三〇斤・五六四四枚・原価六〇二〇円、塩牛皮五〇〇斤・五〇枚・六〇円、牛骨九五〇〇斤・八五円五〇銭、牛爪八〇斤・三円六〇銭、牛筋一〇〇斤・二一円など（「大日」七八年四月五日）

三月、輸入品

内国産之部　生牛一〇一疋・原価二五六円五〇銭、青皮五〇〇斤・六二円五〇銭など

外国産之部　摺附木二六〇〇ダース・一〇四円など

輸出品　牛皮三万四七六斤・三八九〇枚・原価三六九五円三六銭、牛骨二万二一〇〇斤・二一七円六〇銭、牛爪八〇〇斤・三二円、牛筋一二〇斤・三六円など（「大日」七八年五月十五日）

一月から三月にかけての釜山港からの輸出入を比較すると、輸出品では牛皮が六割近くまで減少していることが眼につく。この年、朝鮮国は大飢饉であったし（「大日」七八年四月四日）、しかも不景気であったこと（「大日」七八年四月五日）も影響しているかも知れない。だが、利益追求の日本商人の勢いは留まる所なく、二月頃には「朝鮮へ輸出の物品は種々なる中に、銅錫唐金巾を以て多しとす。交易品は獣皮と薬艸（草）類なり」（「大日」七八年二月五日）と報道

されているように、貿易は益々盛んとなる。その一つの指標が協同商社の設立と朝鮮貿易の展開である。

2　協同商社と朝鮮貿易

協同商社は一八七八（明治十一）年八月に大阪で設立された。同社の前身は一八七四年に地租改正の結果、設けられた地租引当米の取り扱い、及び県物産の県外販売などを目的とする防長協同会社で[30]、朝鮮貿易にも参画し、釜山・元山（一八八〇年）・仁川（一八八三年）の開港に際して逸早く進出している[31]。

元々、長州は密貿易で朝鮮貿易の経験があり、その旨味を熟知していた。そこで木戸孝允と山口県令中野梧一がそれぞれ主宰（社長）、副主宰となって県下の田地所有者全員を株主として発足したのである。さらに、中野は政商藤田伝三郎とも昵懇で、七五（明治八）年に県令を辞任、大阪で実業家に転身後には「藤田組の参謀[32]」と紹介されている。

協同商社が初めて大阪の新聞に紹介されたのが七八年の七月末で、同社の設立計画を次のように報じている（「大日」七八年七月三十一日）。

中野梧一氏が山口県令在勤中、五十万円の資本にて協同社と云ふ社を結び、県下の物産を盛大に輸出する事をせられしが、開社以来若干の利益を得て朝鮮物産取扱をなし居りたる処、此度朝鮮物産会社を高津建三《ママ》氏が発起人にて府下へ開店せんとて目論見中なりと。

高須謙三は通称梅三郎、元長州藩士で精鋭隊に所属し、藩の資生局を担当。維新後は実業界に転じ、缶詰会社などを興したとされる[33]。協同商社は防長協同会社から分離して設立されたのである。

協同商社が大阪に設立された時には、防長協同会社は再建の渦中にあった。同社の業務の中軸である地租引当米徴収は納税者たる農民の反発から、徴収そのものが各自の自由意志となり、混乱の最中にあった。その七六年には社長が吉富簡一（七九年に県会創設とともに県会議長）に替わり、役員体制は大きく変化していた。しかも、翌七七年十二月には協同社の釜山支店店舗を売却し、撤退している。同会社の決算報告では朝鮮国出張所の利益は僅か三六八円余りという惨憺たるものであった。[34] それでも、七八年にも「朝鮮釜山津近況」に「大倉組、住友支店、協同社、池田組、対馬商会等随分盛んなり」（「大日」七八年七月三日）と報道されているように、日朝貿易は展開されていた。恐らく、協同商社の設立は藤田伝三郎の協力の下、藤田・中野梧一・高須謙三ら長州閥が朝鮮貿易に再起を賭けたのであろう。さらに、日本政府による「便宜」[35]も再度朝鮮貿易に乗り出す契機となった。藤田は防長協同会社の取り扱う地租引当米を大阪で販売していた先収会社（井上馨が経営、後の三井物産）頭取の経験もあり、[36]中野と結びつく素地は早くからあったのである。

長州閥による協同商社は七八年八月[37]に設立された。次の記事がその根拠である。

過日記載せし山口県の協同社より朝鮮国物産会社を今度愈々南堀江五丁目に創立し、社長は高津謙三氏、取締は中野梧一、勝股稔、高須正助の三氏にて、株主は木梨精一郎、藤田伝三郎、吉田宇一其外十六名なりと（「大日」七八年八月二日）[38]

南堀江六丁目の協同会社より今度朝鮮釜山浦へ支店を設くるに付き、東京なる長三州へ其看版（板）を依頼せしが、已に出来たれば不日出店に相成るよし（「大日」七八年八月十五日）

以上の二つの新聞記事と、八三（明治十六）年の『大阪府統計書』の「商業諸会社」欄に「種類　貿易、社名　協同商会、開業年月　明治十一年八月」[39]の記載から、八月中には開店したと思われる。

さらに、豪商住友吉左衛門の手代も二、三年前より朝鮮に出張して手広く商店を営んでいたが（「大新」七八年八月二十三日）、同月に「同地（朝鮮国）も日に開け、商法も追々盛なるゆえ、此度出店を新築せんとて塩田、田宮の二手代が大工棟梁八木甚兵衛其他普請方三十名計を連れて近日出帆」（「大日」七八年八月二十三日）を予定していた。協同商社、住友が揃って朝鮮貿易に乗り出したのである。

しかし、九月に朝鮮政府が二十八日を以て出入品税を賦課する法令を施行する。釜山開港後の朝鮮貿易は一八八三（明治十六）年の条約改訂まで無関税であった。このため議政府の指示により釜山豆毛鎮に海関（中国の海港に置かれた税関）が設置され、輸出牛皮に一五％、輸入綿布に二四％の税が賦課されたのである（「大日」七八年十一月六日。同十一月十二日）。[40] 日本政府と商人にとっては「我商品に不当の苛税を賦課せんとする」と受けとめ、「又、此頃葛藤を生じ、一時ハ余程騒擾せし趣き」（「大日」七八年十一月二十四日）となった。住友吉左衛門も朝鮮貿易が儲からなくなったため、「出商の公証を返納する」（「大日」七八年十二月十五日）と伝えられた。事態収拾のため日本政府は軍艦二隻を釜山に差し向け、緊張が高まったが、武力示威と強談判により、同年中に課税は中止されたのである（「大日」七八年十一月二十六日。同十一月二十七日）。

朝鮮政府の徴税中止は日本商人にとって僥倖であった。早速、協同商社の社長高須謙三は七九（明治十二）年一月五日に朝鮮から馬関を経て帰阪の途についている（「大日」七九年一月八日）。さらに同月、協同商社朝鮮支店は倉庫を数カ所新設し、「ます〳〵貿易を盛にする見込」（「大日」七九年一月十九日）と報道された。五月には本店を府下南堀江通四丁目瓶橋南詰十二番地に移転するとともに、「是迄ノ通リ朝鮮国物産砂金塊銀白米大豆生糸白紬虎豹牛羊ノ皮海羅天艸其他ノ物品ヲ発売シ山口県赤馬関朝鮮国釜山港ノ両支店ト連絡ヲ通シ右三ケ所ノ間ニ於テ通常荷為換等低価ノ打歩ヲ以テ精々相働キ御相談可致ニ付四方愛顧ノ君子陸続来臨有ン事ヲ希望ス」との広告を掲載する（「大日」七九年五月二日）。この間、三月には三菱の汽船貫効丸が朝鮮より大豆、牛皮など若干を積んで神戸に来港したが、これらは皆、大阪に廻るのだと報道されており、同船は下旬に再び朝鮮に向かっている（「大日」七九年三月三十日）。

一八七九（明治十二）年七月十三日に朝鮮元山の開港が決定され、[41] 翌年五月一日に開港する。この間、藤田組参謀中野梧一らは贋札嫌疑で勾引され、藤田伝三郎も家宅捜査を受けるなど混乱の最中にあったが、やがて容疑は晴れ、七九年中には藤田組製革場を難波に移転[42]、翌八〇年四月七日に製靴製造所創立の旨を届け出ている（「大日」八〇年四月八日）。一方、政商大倉喜八郎経営の大倉組も和歌山、大阪西浜から原材革を購入して軍靴を製造し、これを大阪鎮台への納入を目的に難波橋に製革工場を開業[43]など、大阪の製革事業は拡大の域にあった。

この頃、釜山では日本人在留者総数一四六三人、内女四八九人で、この内芸娼妓一一二人。居留人の数も追々増加し、元山津の開港を控え総領事館の新築を東京で大倉組が請け負い、総額凡そ三万円という。また、管理官より先般諭達で「新開港元山津に創業するものへハ建築費として一戸に五百円宛三ケ年間無利足《息》にて貸下相成べきに付、建築見積書を至急銘々より差出す様にと、昨年花房代理公使が元山津へ航せられし折、随行せし商人その他二十名ばかりへ」指示がなされた（「大日」八〇年三月十九日）。この「昨年花房代理公使が元山津へ航せられし折、随行せし商人」とは「協同社員梶山新助、大倉組上野永作、池田組十菱常七、立身商会中村忠太郎、天橋商社木崎清三」らである（「大日」七九年十月八日）。いずれも有力な朝鮮貿易商社員であり、特権商人でもあった。物価は上等金巾一本二貫二五〇文（韓銭）、一貫文は凡そ日本紙幣二円三十銭位に相当。下等同一□《貫》八五〇文、寒冷紗一反五五〇文などであった。また、日本商人が買い取る物品は米一升上等三三文、下等二七文、大豆二三文、牛皮百斤に付き八貫二〇〇文であった（「大日」八〇年三月十九日）。

さらに、八〇（明治十三）年五月に元山津が開港すると、十月頃には「京城及び平安道の商人は従来義州にて北京人と重《ママ》もに貿易せしが、元山津の開港を聞き一利益を占めんものと、砂金三、四貫目或は牛皮五、六百枚を一括りにして持ち来り、我（日本）商人へ販売するもの続々たり」（「大日」八〇年十月二十三日）という形勢となった。朝鮮輸出の夥しい牛皮と干鰯は「意外に気受け好」く、中でも牛皮は仕入れ六貫目につき二七～二八円の相場が大阪での捌きは殆ど四二～四三円と高騰した（「魁」八〇年十月七日）。また、住友組も原皮をこの年から輸入したという[44]。

一八八一年五月下旬には製銅、製革伝習のため朝鮮人二名が来阪する旨、大阪府庁に通知があり、六月二日に従者二名を従え来阪した林泰景ら五名は府知事に面会後、中之島協同商社に投宿。さらに、六月二十一日より同商社員の紹介で兵庫県揖東都の牛皮晒場に晒方伝習のため赴いている（補1）（「大日」八一年六月一日、同六月二日、六月四日、六月二十二日）。同年七月十日にも朝鮮人五衛将李某と鄭東夏が来阪、協同商社に到着後、同商社社長高須謙三の案内で府知事に面会している。両人の目的は観光と諸器械の購入にあった（「大日」八一年七月十二日）。

八二（明治十五）年六月の壬午軍乱（45）後も貿易は中断するどころか、かえって盛大になった。軍乱直後の同年八月には「馬関抜錨、仁川へ向け航海せし迅鯨艦へハ大倉組、協同商会等にて買入れたる糧食品数多を搭載せし由にて、兼て同艦へハ御用を帯びて渡韓する者の外、一切乗組みを禁ぜられ、只だ協同商会の手代のみ乗組みを許されたりと。是ハ同商会へ更に韓銭一千貫文買入れの御用を命ぜられしに因るものなるよし」（「立憲」八二年八月二十九日）と報道されているように、政府・陸軍との癒着を活用していた。さらに、協同商社は仁川開港（一八八三年一月）とともに支店を設け（46）、京城開市（八三年）の翌年には「上ノ高地（今教会ノ所）陸軍病院ニシテ、守備隊ノ本部」の御用達を慶田組と勤めている（47）。

こうして、朝鮮貿易を糧に「去る十一年、山口の協同会社より分れ、資本金十七万二千円を以て起りし協同商会は其後本店を当地に移し、朝鮮の釜山、仁川、京城、元山の四所箇（マヽ）に支店を設け、一時は盛んに朝鮮貿易を営業となし居りしが、其後何か都合ありて当地の本店を釜山に移し、当地には支店を置たり。然るに朝鮮地方には追々本邦人の出店増加し、随ふて商会に損失を招く事多」いため、「今度之を解散する事となり、該地財産売却の上、即ち来月中旬頃に解散する都合」（「朝日」八九年六月三十日）となった。過当競争と商人の離合集散（48）、それ故の経営不安定が解散に至る事態になったのであろう。

3　西浜における朝鮮原皮輸入

藤田組・協同商社など政商・有力商社が日本政府・陸軍の庇護の元に朝鮮貿易に先行するが、遅れること数年の一八八〇（明治十三）年に旧渡辺村の豪商合坂五兵衛（播磨屋五兵衛―播五）が「近々朝鮮元山津へ支店を開き、同国の物産を広く売捌く」（「朝日」八〇年十月二十八日）と報じられた。この年は釜山に続き元山津も開港（同年五月）していた。この頃の西浜では戸数一四四二、人口五二一三人に及び、内本籍四八二四人（九二・五％）、寄留三八九人と移動人口は未だ少数で、区長は小野半兵衛、岩田藤兵衛、佐々木周五郎、坂井伝次郎、岩田又兵衛（太鼓屋又兵衛）、四等区長は谷沢義右衛門（儀右衛門とも）であった。[49]これら有力者の家業として西洋靴、和履、象革、製毛、牛馬爪、太鼓、三弦革（三味線）、鹿白革が営まれていた（表3）。象革は谷沢儀右衛門が従事し、この年四月には牛象皮製造所を盛大にするため其の筋に出願している（「大日」八〇年四月八日）。さらに谷沢は、「年来牛象皮の製造に従事せしが、此度其皮屑を以て白紙に漉立らる、事を発明」（「朝日」八〇年六月二日）、技術を精巧にして海外輸出を目論んでいた。

また、坂井伝平が本田町に一〇万円の資本金で靴製造所（「大日」八〇年五月二日。『皮革産業沿革史』上巻、一八六・五八一頁）を創立し、奥田製革場も西成郡木津村に男工二〇人で創業された。[50]これらは西浜の皮革業の盛行を裏打ちするものだろう。事実、同年五月には「南町一村より今度革製造の事に付、減税を願ひ出しが、是は然る後に一層該製造を盛大にせんの目的なり」（「大日」八〇年五月十三日）と報じられている。

この年、朝鮮元山津から西浜に輸送された牛皮は「一ケ月平均凡そ七万枚」に及び、その価格は一枚平均五円内外という（「大日」八一年一月十二日。「朝日」同年一月十二日）が、「七万枚」は統計などから考えると、「七万斤」の誤りであろう。さらに「朝日新聞」は、毎年朝鮮国中で製する牛皮は大半旧渡辺村に輸入と報じた（「朝日」八一年三月

表３　1880（明治13）年頃の西成郡皮革生産高
（主に手工に成りし本郡の製産物）

種類	一ケ年製出高		生産地
西洋靴	43000足		難波村、栄町、入江町、穂波町
和履	16500足		難波村、栄町、入江町、穂波町
象革	28000斤	上品	栄町、入江町、穂波町
製毛	3000貫目		栄町、入江町、穂波町
牛馬爪	1163604足		栄町、入江町、穂波町
膠	36125斤		栄町、入江町、穂波町
太鼓	73000個		栄町、入江町、穂波町
三弦革	65600梃		栄町、入江町、穂波町
鹿白革	1800貫目		栄町、入江町、穂波町
花緒	900000足	上品	栄町、入江町、穂波町、難波村、曾根崎村 上福島村、北野村

典拠　西成郡役所編『西成郡史』（復刻版　名著出版、1972年８月、510頁）

二十四日）。この朝鮮牛皮は千里町の革間屋に輸入され、「至極堅牢にして、背嚢に用るに大に適当せりとて、砲兵工廠へ数百枚買入られ」（「大日」八一年四月九日）た。

一八八一（明治十四）年の西浜の皮革業の様子は史料１のようである。これまで西浜に集められた牛皮は播磨国高木村と揖保郡、鹿皮と馬皮などは摂津国火打村で鞣しを行なってきたが、それを自前で鞣そうと計画したのだという。しかし、その後報は知られておらず、また、西浜で牛馬の白鞣しの実態はない。

西浜の皮革業者による新事業の試みは、大阪にも色革製造所を設立せんと、広島に伝習に赴く者数名あり、との報道にも見てとれる（「東京」[補2]八一年五月三日。『近代集成』三巻、二〇九頁）。さらに、谷沢儀右衛門は先頃東京北豊島郡小梅村に設立された西洋革製造所偕養社の主幹でもあったが、豪商らと諮り大阪に同様の製造所を創立し、七月上旬より開業の見込みで、場所は難波村御蔵前の藤田伝三郎経営の製靴所を買収しようと動いている（「大日」八一年六月十六日。史料２）。

こうした背景には朝鮮原皮の膨大な西浜への輸入にあった。この年四月、「毎年、朝鮮国中にて製する牛皮は大半当地西成郡渡辺村へ輸入」するが、「本年は如何なる訳か未だ初荷の来るを見」ないため、皮類は騰貴した（「朝日」八一年三月二十四日）。同紙は「昨年中（八一年）朝鮮元山津より西成郡渡辺村に積来りし牛皮の惣計は八十四万枚なりと」（『朝日』八二年二月二十三日）と報道しているが、これも表4を参照すると、「八十四万斤」の誤植と思われる。八一年六月、朝鮮人五名が来阪し、協同商社社員の紹介で兵庫県揖東郡の牛皮晒（鞣）方の伝習に赴いたことは前述したが、単に協同商社員の紹介のみではなく、西浜の皮革業者の仲介もあったのではないだろうか。

4　朝鮮牛皮・牛馬骨の輸入量

それでは朝鮮牛皮・牛馬骨が毎年、どの位の量（枚数）が入ってきたのであろうか。前述したように、釜山開港後の日朝貿易は一八八三（明治十六）年の条約改訂まで無関税であった。このため、リアルタイムの統計原史料は存在せず、後年に纏められた諸統計書などを利用しなければならなかった。我々が利用しうる統計表の一つに姜徳相による数字がある（表4）。この統計数字は「『朝鮮の旧貿易』を中心に内外商務統計、通商彙編、商況月報等を補足対照しながら作成した」もので、「『朝鮮の旧貿易』にない数字が他の統計で補充されたり、逆の場合もあったが、より完全な数字になるようこころがけた。なお、この表の原表は釜山、元山、仁川と港別に分類することができたが、本稿では港別の特色をだす必要がないので、朝鮮全体の数字としてかかげた。金額と物貨量を併記したのは、金額のみでは実際に即しない場合があるからである。」と注記されている[51]（補表参照）。

姜徳相の統計数字に対しては塚田孝が「姜（中略）における牛皮の数値は対価の金額から判断して一八七八年までは単位が枚であるが、七九年以後は斤（重量）に変わっているが、これが明示されていない。牛皮一枚当り七〜一〇斤くらいであるから、実際の増加より一〇倍近く誇張され、この間に実際以上に激増したような印象を与えるものとなっている。」と批判している。また別の箇所でも、「姜の論文発表当時（一九六二年）においては、開港以前の日朝貿易の実態が未解明だったこと、朝鮮植民地化の起点をこの開港場貿易期にもとめるという問題意識が強烈だったこ

表4　1876（明治9）年～1884（明治17）年、朝日貿易輸出表

年	牛皮		牛馬骨		
	量(斤)	金額(円)	量(斤)	金額(円)	
1876	14241枚	13851	15700	126	11月～12月
1877	69554	54533	358286	4886	
1878	45623	44989	825580	9383	
1879	414560	59229	899607	12721	
1880	781682	193132	1069058	18569	
1881	1288924	330436	825968	13782	
1882	1164528	291731	831925	14907	
1883		270492		11375	
1884		22534	144763		

典拠　姜徳相「李氏朝鮮開港直後に於ける朝日貿易の展開」（『歴史学研究』265号、1962年6月、6頁）

注　1876年10月釜山港開港、1880年5月元山津開港、1883年1月仁川港、同年8月揚花津、同年京城開港

と、などのため、開港以前から大量の牛皮が日本に輸入されていたことが看過され、開港以後の輸入量の把握に混乱を生ずることとなった」とまで指摘している。(52)この塚田の批判は有効であろうか。

姜の集計方法を批判し、新たな諸統計表を作成した彭澤周の数字を見よう。彭は「完全な原資料が残っていないので、決定的な数字を挙げることは、将来においても、おそらく不可能であろう。」と指摘し、姜の統計表は「その数字もまた上掲諸文献中の統計数字と違っている」と批判している。彭の指摘する上掲諸文献とは『日本帝国統計年鑑』、『韓国誌』、『日韓通商報告』及び『大日本外国貿易年表』などである。(53)

彭は一八八二（明治十五）年十一月、東京駐在イギリス公使パークスが外務大臣グランヴィルに提出した覚書と日本側の『韓国誌』の統計数字を相互に参照して諸統計表を作成した。この内、次表の朝鮮国からの輸出入分類年次別統計はパークス覚書から作成している（表5）。姜と彭の表を比較すると、一八七七年、七八年及び一八八二年の集計月間が異なっているが（姜は七七年、七八年、八二年はそれぞれ一年間。彭は七七・七八年は七七年七月から翌七八年六月までと、七八年七月から同年十二月までの二つに分類。八二年は一月から六月まで）、牛皮・牛馬骨（彭の統計表では「皮革」・「骨」）の輸出量（単位、円）は七

表５　1877（明治10）年～1882（明治15）年、朝鮮国輸出品分類統計表

年月	骨	皮革
1877年７月～78年６月	5297円	19546円
1878年７月～12月	7359	50450
1879年	12721	59229
1880年	18570	193133
1881年	13782	330437
1882年１月～６月	9402	176337

典拠　彭澤周『明治初期日韓清関係の研究』塙書房、1969年５月、290頁

九年は姜・彭とも同数で、八〇年は彭の方が一円多い僅差となっており、八一年も牛皮量は彭の方が一円多いだけである。また、牛馬骨の場合、七九年・八一年は両者ともに数字は一致する。

こうしてみると、七九年～八一年の両者の数字はほぼ合致しているといって良いだろう。即ち、姜徳相の牛皮・牛馬骨輸出統計表の七九年以降の数字は数量はともかく、金額では誤っていないのである。では姜統計表の七九年以降の膨大な牛皮輸出量はどう把握すべきだろうか。単位が枚から斤へと変化している、との指摘だけで留まってよいのだろうか。姜は朝鮮貿易における皮革製品の増加を次の理由に求める。(54)

牛皮は朝鮮の内需は余りみられなかったので、早くから輸出余力のある商品に数えられていた。しかし当初は李朝政府の統制策「都賈」によって輸出を阻害されたり、その製品が塩漬等で粗末にすぎ、日本市場で半端物扱いを受けたため伸悩みの状態であった。輸出品として重要性を加えたのは、日本の軍拡ブームによって、皮革の需要が増大したからとみられる。一八八一年協同商会社員坂田吉平の紹介で兵庫県下播州揖東郡牛皮晒場に林泰景、李元厚、金在愚、朴仁淳等が赴き、皮の晒方法等の伝習を受け、製品改良をこころみているのは、こういった外部からの刺激に対応せんとするこころみのあらわれである。八一年以後に皮革の急激な輸出増加がみられるのは、その成果の一つと考えられる。

姜徳相が指摘するように、牛皮輸出増加の理由は、第一に日本側の西南戦争後も続いた軍靴を初めとする膨大な消費品要望―軍需があり、その大半は政商資本が政府・軍部と結託して握っていたからである。西浜など部落資本も軍

需が中心で、民需も広がるが、軍需を超えることはなかった。(55) 姜も協同商社員の紹介で朝鮮人五名が揖東郡牛皮晒(鞣)場に赴き、伝習を体験したことが八一年以降の急激な牛皮輸入増加の要因と述べている。ここに朝鮮・対馬・山口・大阪・兵庫の牛皮鞣しのネットワークが形成され始めたといってよいだろう。

5　西浜の皮革業の状況

一八八二(明治十五)年二月、予て朝鮮国に出店し、同地から牛馬その他の獣革を購入の上、製造していた合坂庄太郎に続き、岩田又兵衛、谷沢儀右衛門らも加入し、製革会社の名の下に該地産の荒皮を象皮に製し、広く欧米諸国に輸出する計画を立てた(「朝日」八二年二月十八日。『近代集成』三巻、二一〇頁)。さらに三月には合坂五兵衛が発起して西浜に近々製革学校を設置すると報道された(「朝日」八二年三月十日)。

この頃、朝鮮産の牛皮を日本に輸入すれば必ず利益あり、と東京に多く廻漕されたが、其の品質を見分けず、東京より各地に廻漕し往々損耗するため、大阪府下の靴商奥村某が同地に出張し、牛皮の試験場を設立すると報じられた(「朝野」八二年六月十六日。『近代集成』三巻、一九頁)。

しかし、三月末には元山津在留東本願寺別院の留学生蓮元憲誠、大倉組支店児玉某、三菱会社支店員ら五名が安辺府近傍を徘徊中、地元民に危害を加えられ、蓮元が殺害されるという事態になった(「朝日」八二年四月二十五日。「神戸」同年四月二十五日〜二十七日)。朝鮮在駐領事が相当の処分を要求し談判を重ねるが、今まで何らの沙汰なく、却って同国政府の官吏は穏やかならざる態度を示したという。この官吏の反発は七月頃には日本商人に牛皮などの販売を厳禁し、金巾木綿類はこれまで主に日本から購求していたが、今後は英国より輸入すると決定した態度に現れた(「京都」八二年七月十一日。「朝日」同年七月十二日)。また、朝鮮の貿易は従来、自由貿易の姿で一品たりとも課税することはなかったが、近頃同国政府は収税することを企画している、と報じられた(「神戸」八二年四月二十九日)。さらに、同年七月には壬午軍乱が起こり、同月末には元山津でも騒動が拡大した。[56]朝鮮原皮の輸出港である元山津の混乱は八月十日に「鎮定」され、却って貿易は盛んとなった。八二、八三年の頃は「殆（大阪の）各自の常業となり、大いに斯業の繁盛を見るに至[57]」ったという。また、この年頃より「軍用及び一般の需要に供するものは船来品を仰がざるも敢て差間なきに至り、大いに輸入を防ぎ商況を回復」したという。[58]

一八八三年一月に朝鮮国仁川が開港した。前年の安辺での殺傷（三月三十一日）、壬午軍乱（七月十三日）及び朝鮮国牛皮の日本商人への販売厳禁と続く事態に影響を受けたのか、同国より毎年二、三月にかけて西浜に送られてきた牛皮が例年の四分の一しか輸入されない、と報じられている（「朝日」八三年四月三日）。この年、条約が改訂され、新たに締結された日朝通商章程第十八款、朝英修好条約第五款の四では、関税以外の一切の内地課税が否定された。須川英徳はこの内地課税否定のからくりを「輸出入商品に対する内地課税は通商条約の規定により不可能となったのである。／内地課税の否定に加え、貿易に参加する者への制限や禁制品以外の取扱い品目への制限の禁止が、上述の議定書に盛り込まれ、修好条規第九款の「彼此人民、各自任意貿易、両国官吏、毫無干預、又不得限禁阻」（日本と朝鮮の人民は、各自自由に貿易し、両国の官吏はいささかも関与せず、また制限や禁止することができない）という規定とあわせて、官による統制が排除され、開港場における『自由』な貿易が保障された[59]」と指摘している。朝鮮国にとって不平等な条約改訂は皮革業界においても活況をもたらす契機となった。

同年六月には合坂製革場が男二七名で創業されている。[60]こうした気運に合わせるように、八月ごろには栄町外一〇町有志が連合し、国是会が設立されている。同会は「専ら着実を主義として、諸達法律規則等より学術上の事、農工商業の実況迄をも互に質疑問答して、知識を交換し、事業の旺盛を図り、富饒の基礎を堅め、自然他の町村よりも上等の位置を占むるに至らしめん」（「大東」八三年八月十七日。『近代集成』三巻、二一四～二一五頁。『大阪』四巻、二四三頁）と後藤某を始め奮発、尽力中という。同会は栄町を中心とする有力者が組織せんとしたものであろう。後段の

「自然他の町村よりも上等の位置を占むるに至らしめん」こそが究極の目的であった。[61]

この年には大倉組・藤田組が西浜の一〇〇人余りの職工を解雇した、との報道もなされた。両組は軍靴を大阪鎮台に搬入していたが、同職工に就業中の懶惰を督責すればその害は製品に及び、昨年には検閲使の検査で粗悪品と認定され、注文を拒絶されるに至った。このため、大倉組は紀州人、藤田組は鹿児島県士族を一〇〇人毎雇用し、十月には密かに別場所で訓練を行ない、好成績を得たので四、五日前に西浜の職工全員に涙金を渡して解雇したという。偶然にも後年、新田製革場を経営する新田長次郎が再び皮革の道に戻り、大倉組製革場に雇われたのが「別に場所を設けて窃に製造の教授を始め」た八二年十月頃であった。[62] また、同記事中に牛皮を中国に輸出する製革商の存在も知られる。製革商某は「毎年清国へ牛皮を輸出すること夥しく、莫大の利益を得」ていたが、「近来ダラリ干と称する屠殺後一週間を経たる牛皮の注文を受け、其皮の欠乏」のため四、五年前の古皮を一〇枚二〇円内外で買い入れ、誤魔化して一〇枚三〇円余りの割合で数千枚を売り込んだ所、不良品として積み返され、莫大な損失を蒙ったという（「朝野」八三年八月十七日。『近代集成』三巻、二一五頁）。同年十一月には斃牛馬買い入れ並びに解剖を趣旨とする開有商社が西成郡木津村に開業されている。[63]

八二、三年の西成郡内の皮革関連業の状況を物語るのが次の表である（表6）。この表では製靴工場が八二年の五工場から翌八三年には七工場と微増している。製革工場に至っては八二年二工場から八三年には八工場と四倍に増加している。太鼓製造工場も八二年六工場から八三年には一〇工場と増加した。膠製造工場数は変化がない。何れも人力で、職工数も少なく、太鼓製造工場と膠製造工場を除くと一工場平均六人〜一三人となる。これは補助労働力としての児童労働、女性労働も含めての数字である。四業種の内、製靴、膠、太鼓製造工場ともに生産高は増加しているものの、製革のみ六七％も減少しているが、職工数は約二倍に増加、さらに製品代価も微増している。

表６　明治初期西成郡内皮革関連工場数、職工数、製品高、製造代価表

	1882（明治15）年	1883（明治16）年
製靴工場		
場数	5	7
機関運転力の種類	人力	人力
職工数	総数59人	総数61人
	男56人	男59人
		女２人
15歳以下	３人	
製品高（足）	11200	16140
製品代価（円）	16157	16920
膠製造工場		
場数	2	2
機関運転力の種類	人力	人力
職工数	総数８人	総数８人
	男７人	男７人
15歳以下	１人	１人
製品高（貫）	2500	2600
製品代価（円）	830	840
太鼓製造工場		
場数	6	10
機関運転力の種類	人力	人力
職工数	総数22人	総数15人
	男18人	男15人
15歳以下		
製品高（個）	3440	36891
製品代価（円）	5022	3184
製革工場		
場数	2	8
機関運転力の種類	人力	人力
職工数	総数26人	総数47人
	男25人	男45人
	女１人	女１人
15歳以下	−	１人
製品高（枚）	24700	16620
製品代価（円）	19150	20760

典拠『大阪府統計書』明治15年〜明治16年版

四　成長期の西浜の皮革業（一八八四年〜一八八六年）

一八八四（明治十七）年以降、西浜では皮革工場・商社の設立が相続いた。同年五月に皮革商社が穂波町に資本金一万円で開業され、皮革販売を営業目的とした[64]。同社は共革商社と改名[65]しながら、八六年まで統計書には明記されている。八四年九月には荒川亀次郎工場[66]と井野製革製造所[67]が創業された。荒川工場は難波村に資本金一千円、職工は一七人であった。井野製革製造所は象皮が中心で、木津村に職工は男三〇人であった。この年の大阪の製革職工は三二六人に及んだという[68]。

同年九月の甲申事変後[69]、翌八五年一月の仁川領事報告では、「変後、当国人の人心尚ほ折合わざるより、日本人と交際候者は動とすれば嫌忌を受け、不意の災害蒙り候より、朝鮮商売は不得止」の状態であったが、この年秋までには仁川港の貿易は「前月（十月）に続き益々活発」（「大日」八六年二月二十五日）となっていた。

八五（明治十八）年二月、大阪商法会議所が「今度、其筋の達に基き、各商工仲間規約準則を左の通り追加」（「立憲」八五年二月二十四日）、各商に提示するとともに仲間規約の審議を開始した。四月上旬には大阪市内東、西、南、北四区と東成、西成両郡の牛馬売買商仲間集会所を東成郡天王寺村に取り設けた（「立憲」八五年四月十一日）に続き、六月三日には同会議所に於て委員会が開かれ、他の議題と合わせて大阪府下皮革商の仲間規約も審議され（「立憲」八五年五月二十八日）、八月乃至九月に同業組合法に基づき府の認可も得て、新たに皮革商組合が組織された。同組合は大阪市及び接近郡村の内外産皮革販売商を網羅し、事務所は西浜に設置している[70]。役員には総取締に合坂五兵衛、副総取締に前田勘兵衛（住吉屋勘兵衛―角勘）、取締に小野半兵衛、若林與三郎が当選したという[71]。既に七九（明治十二）年十月には坂井伝次郎、合坂五兵衛、前田勘兵衛、佐々木吉五郎、留井為二郎ら四四名が皮革商仲間同盟規約議案を決議し、皮革商仲間盟約書を作成している[72]。また、翌八〇年頃の発行と考えられる『大阪商員録』では革商取締として「総代　合坂五兵衛、副総代　坂井伝次郎、取締　同区《（東）》唐物町二丁目浅井弥三郎、入江町《（西成郡）》前田勘兵衛、同町佐々木吉五郎、西区阿波座中通一丁目岸井六右衛門、南区塩町通一丁日長谷田平兵衛」が挙げられている[73]。八五年の皮革商組合は皮革商仲間盟約の再編といってよいだろう。同組合は皮革商社（共革商社）を設立した皮問屋＝原皮商が主導し、西浜の皮革製造業者は勿論のこと、市内の同業者も巻き込む形で組織されたのである。それには大阪商法会議所の意向が強く働いたためであろう。市中・接近郡町村（西浜）の有力業者を網羅して組織し、管理することは、大阪という内外貿易港を控えた同会議所にとって懸案であったからである。同年十一月にはさらに西浜の皮革商一同が「今度仲間規約を取設け、同村千里町合坂五兵衛を取締人に選挙せし旨、此程大坂府へ届出で、認可された」（「大日」八五年十一月八日）と伝えている。この記事は、先の皮革商組合設立の後報とも思われるが、先の記事より二カ月も経過していることと、「大坂西成郡渡辺村の皮革商一同」が主語であるので、西浜の皮革商＝皮問屋のみの組織ではないだろうか。

　この年、朝鮮国元山津では牛疫が流行した。十一月に入って漸く衰勢に向かうが、コレラが再び蔓延の兆候を見せる（「大日」八五年十一月十一日）。同月の仁川領事館の報告では同港の十月の貿易は前月に引き続き益々活発、中でも上半期の商況が最も盛んで、「韓人」は輸入品が入港していないのに予約する有り様であったという。しかし、下半期には「韓人」の購買が進まず、在庫滞留の上に同月下旬に定期船が入港し、貨物が益々多くなったため価格も低下した。輸出入重要品は金巾、甲斐絹、染粉、銅、陶器、金銀地、牛皮、生糸で、中でも牛皮は「年中の貿易品」であるが、冬季増加とされている（「大日」八六年二月二十五日）。釜山でも二月下旬現在の報では「当港商況は未だ全く恢復するに至らず」、三月に某商店が牛皮二五〇〇枚、人参三〇〇斤を買い入れるのが先ず目立った大口の取り引きという（「立憲」八五年三月三日）。

　西浜においては洲先町の原忠兵衛が「豫て牛皮を以て象皮を模造するの方法を工夫し居りし處、此程遂に其方法を案出し、実地に試験せしに頗る良結果を得たるより、自今盛に模造販売する目的」（「大日」八五年十二月二十三日。史料3）と報道された。

　一八八六（明治十九）年に入って朝鮮国の貿易は衰退傾向から大いに景気を回復する（「大日」八六年一月十日）。西浜の皮革問屋は活気づき、前年十一月に(74)認可された皮革販売を専門とする廣栄商社が資本金五千円で八六年一月に創業された。[75]六月には岩田製造所が資本金一万円で創業され、職工は二六人であった。[76]翌七月には井野清次郎工場と奥田貞助工場が木津村に設立され、井野は資本金一万円、職工数は二〇人、[77]奥田は資本金五千円、職工数は一〇人であった。[78]また、この年には荒木栄蔵（金融業）、西森源兵衛、井野清次郎、安田栄三郎、西岡和三郎、木田要蔵、池田寅七などが内地原皮の外に朝鮮原皮の輸入も開始したという。[79]

このように、皮問屋などは内国産原皮輸送に加え、朝鮮貿易で巨利を得たが、皮革関連職工の生活は景気の動向に敏感に反応し、困窮することもあった。この年春に所属町村より西成郡第二学区栄小学校の新入学者より一カ月上等一〇銭、中等五銭、下等三銭の授業料を徴収すると戸長合坂五郎兵衛から郡に稟請するが、[80]授業料が徴収されれば同校就学生徒二五〇～二六〇名の内、三分の一まで減少する見込みであるという（「大日」八六年二月五日）。同年九月にも不景気の影響で同校の営繕工事費用が町費で支弁できず、戸長合坂の発意で有志者一〇名が三五〇円を寄付している（「朝日」八六年九月五日）。

五　拡大期の西浜の皮革業（一八八七年～一八八九年）

一八八七（明治二十）年に栄町外九町の主立った者が「従来十ケ町に分れ居る所なるが、斯くては経済上は言ふに及ばず、其他の事に付ても不便の廉少なからざ」る故に「之を合併して一町に為さんと」（「大日」八七年一月六日。『大阪』四巻、九三頁）協議を始めた。しかし、同月十三日には大阪府が同町外九町を合併して西成郡西浜町と改称するとの告示が告げられる（「大日」八七年一月十四日。『大阪』四巻、九三頁）。皮革業を軸とする有力者にとって、市域編入は経済活動を保障するための重要な課題であった。七九（明治十二）年二月に第三大区第十一小区から西成郡第四十四分画となった旧渡辺村は大阪市街地から外され、同月には消防組などが抗議の声を挙げ、小学校の門扉を打ち壊する事態となった（「大日」七九年二月十四日。『近代集成』三巻、二〇二～二〇三頁。『大阪』四巻、八四～八五頁）。その後も豪商、戸長、村会議員など有力者を中心に度々市域編入を嘆願するが、物価騰貴の折から地租高騰を招く、との反対論が起こり、五〇〇名が各所に集会するなど村を分ける対立が続いた（「大日」八一年三月三日。『近代集成』三巻、二〇八頁。『大阪』四巻、九一頁。「魁」八一年三月十三日）。市域編入が実現するのは、所謂「第一次市域拡張」と称される一八九七（明治三十）年四月一日である。ここでは市制・町村制発布（一八八九年四月）前後の西浜の皮革業の状況を見よう。

八七年一月中の朝鮮国釜山港の輸入品総価格は三万八〇九七円余りで、輸入の最多額は英国産金巾二万円余、日本産塩二〇〇〇円などであった。一方、輸出品総額は四万八一一七円余りで、最多額は朝鮮大豆及び牛皮一万円余などである（「大日」八七年三月十九日）。また、同年二月中の日本向け朝鮮国仁川港輸出品の総価額は三万九五七〇円余で、主なものは朝鮮産金地二万六三八二円、牛皮五八五五円余りであった（「大日」八七年三月二十九日）。仁川港開港（一八八三年一月）以後の輸出主要品は「大豆、牛皮及び金地金の三種」で、米穀の本格的大量輸出は一八九〇年まで待たねばならなかった。特に牛皮は「開港後十数年間及び近時十数年間並に日清、日露、欧州の三大戦役中に於て仁川港の輸移出額多きもの、一は牛皮である」[81]と指摘されるほど大量に輸出されたのである。

同年一月には篤田次郎兵衛工場が西浜町に資本金三〇〇〇円で創業され、職工は二〇人であった。[82]さらに三月には旧洲先町の革商数名が共同して同町に資本金三万円で革晒会社を設立し、中国地方に向け「一層晒革の輸出を盛にせんと昨今頻に計画」（「内外」八七年三月二十日。『近代集成』三巻、二三六頁）との報道がなされる。また、五月には合坂五兵衛工場が西浜町に資本金八〇〇〇円で創業されている。職工は二五人である。収入金は九九〇〇円、支出金は八二〇〇円となっている。[83]

この年には井野清次外一名が発起し、皮革会社設立を出願するが却下され、さらに発起人二名を増員、資本金五万円中の半額は発起人が負担するとして八月末に大阪府に出願、会社位置は大阪市西区西長堀北通五丁目に設置予定と計画する（「大日」八七年九月一日）。さらに、大阪皮革会社は皮革販売を目的に西浜町で創業され、九月二十八日に許可されている。株主は一一人。同年の営業収入金は二万六四四六円、同支出金は三万八四〇二円と赤字であるが、翌八八年には収入金九万五三四八円、支出金九万二三七九円と黒字に転換する。[84] 木津村に西浜の橋本兼次郎（金融業）、泉原吉兵衛、沼田勇吉らによって大阪屠畜会社が設立されたのもこの年で、当初西浜町に置かれ、大阪府下全屠殺数の過半以上を占めたという。[85]

また、四月には西成郡難波村に藤田組・大倉組によって資本金六万円で製革靴製造の内外用達会社が設立された。同社は当初、軍隊用達会社と称した（「大日」八七年四月二日）。同社は西浜の各皮革工場では使用していない蒸気を用い、職工も二三〇名と桁違いであった。[86]

一八八八（明治二十一）年一月には先の大阪皮革会社の取締役伴平七が辞職し、株主臨時総会で関根富三郎が補欠当選する（「朝日」八八年二月一日）。朝鮮国との貿易は活発で、同年五月末には神戸入港の肥後丸が仁川港より小豆、牛皮、牛骨、牛爪、金塊、大豆など、釜山港からは大豆、布海苔、干鰯、牛皮、白米などを輸入し、「何れも神戸并に大坂商人の手に引取」ったという（「大日」八八年六月二日）。また、同月神戸入港の東京丸も朝鮮から金塊、馬毛、牛皮、布海苔などを輸入している（「大日」八八年五月二十五日）。

翌年施行の市制・町村制について西浜では意見が対立した。富裕層は商業上、町に編入希望の者多いものの、一方、編入されれば費用の負担に耐えられない、との不満も多く、遂に従前のままに据え置くことに決定したという（「東雲」八八年八月三十日）。この年には西成郡木津村内に三カ所あった屠牛場を協議の上、合併することになり、十二月に木津屠畜会社が新築開業している（「毎日」八八年十二月十一日。同十二月十八日）。

一八八九（明治二十二）年一月末の大阪皮革会社株主定式総会での役員選挙の結果、社長井野宗四郎、取締役に井野清次郎、芝崎弥右衛門、関根富三郎、取締兼支配人に佐竹利三郎が就任する（「東雲」八九年一月二十五日）。井野は明治に入ってから新たに製革業を起こしたとされ、[87]世代交代が窺われる。この年四月頃の大阪府全管内諸工場総数は二三〇二所に及び、この内製革は一〇工場であった（「毎日」八九年四月八日）。

西浜町の町長、助役選挙が執行されたのは六月一日で、町長には有力な皮問屋でもある西森源兵衛が、助役には花房鉄雄が高位で当選した（「東雲」八九年六月四日。『近代集成』三巻、二六一頁）。町長・町会議員選挙には前年十一月に開会式を行なった公道会が[88]「頗る活発に立ち働き、土俗に門閥派ともいへる人々に反対して競争を為し、終に打ち勝」ったという（「毎日」八九年七月六日。『近代集成』三巻、二六二頁）。

この頃皮革の需要が増加し、各地に製革会社の設立が計画されている。操業中の主なるものに日本熟皮会社（八九年五月、神戸市内葺合村に設立）、大阪帯革製造所（七九年二月、多木豊治設立）、小西製革所（兵庫県伊丹に設立）などがあり、大規模な生産能力を持った。小規模の部落資本製造業者を含めて原材料の牛皮は日本製は半分以下で、大半は朝鮮及び中国から輸入している。また、昨年の製靴内部に要する軟革のみの輸入総計は二五〇万斤に及び、その他の製革及び原料品の外国からの輸出額は「驚くべき巨額」になるという（「又新」八九年十月五日。史料4）。

朝鮮国からの牛皮輸入が増加したのは、次のような理由があった。輸出港の一つである仁川港では開港以後「当初、主として欧州方面へ輸出されていたが、二十二年には日本に於ける相場よろしきため殆ど全部日本へ輸出され、爾後牛皮の輸出先は主として日本と云ふことに決定されるに至」ったのである。その価格は「一擔に付き大者(は)十四元、小者(は)十八元乃至二十元程度」で、用途は「軍隊用鞋、背嚢、各種『カバン』等の製造」に使用されるため小皮物が最も多かったという。[89]一擔は百斤に相当する。

皮革業の活況は屠畜営業者にも波及した。食肉の需要拡大に伴って屠牛量は増加していたが、利益が有るとみた府庁が徴収する屠畜税が高額なのが障害となった。同年十一月には大阪府下の屠牛営業者が減税を要求し、近日開会の通常府会で議員に減額要求を行うため協議している（「毎日」八九年十一月九日）。十一月十三日には代表格の大阪屠畜会社田中健三らは軽減を府知事に請願する（「時事」八九年十一月二十日。「朝日」同年十一月二十二日）。さらに同月十六日にも田中外一三名が大阪府に願い出ている。当時、屠畜税は一頭五四銭と高額で、この年四月から十月までの西成郡内の屠殺数は三七四八頭、税金は二〇二三円余りに及んだ（「東雲」八九年十一月十七日。『近代集成』三巻、二六九頁）。別の報道によれば、他の地方税と比較すると、殆ど七倍という（「時事」八九年十一月二十日）。しかし、同月二十日には府知事から「詮議に及難し」との指令が届き、却下される（「朝日」八九年十一月二十二日）。

以後、屠畜営業者は着実な屠殺数を背景に地域の営業を支え、さらに市民の食肉需要に応えるとともに、屠畜税軽減要求の下に関西一円の同業者結束後、全国の同業者の団体までも組織するほど力量を貯えるのである。(90)

六　まとめにかえて

本章では近代初頭の大阪西浜を事例に皮革業の推移を検討した。中でも釜山開港以後の朝鮮原皮の輸入を重視し、輸入革の増大が西浜にもたらした影響を不十分ながら叙述してきた。朝鮮国の開港場が増加する度に原皮輸入量は増大するため、相次いで皮革工場が開業され、それまでの内国産皮問屋がこぞって朝鮮原皮を輸入するほどの活況をもたらしたのである。

皮革業の盛行は、近世以来の伝統と蓄積のある合坂（播磨屋五兵衛―播五）、佐々木、前田（住吉屋勘兵衛―角勘）、及び後発組の西森源兵衛（播源）ら皮問屋・富豪を中心に町村行政を管轄していたのが、のちには西洋鞣しの井野ら新興勢力の台頭を呼び起こした。この新旧皮革業者の対抗は一八八九年町長・町会議員選挙の際に公道会が「頗る活発に立ち働き、土俗に門閥派ともいへる人々に反対して競争を為し、終に打ち勝」つ事態まで発展する。(91)「門閥派」

とは近世以来の伝統を引き継ぐ皮問屋を中心とする皮革業者であり、且つ町会議員などを独占する地域支配層であろう。西森に対立候補を出していた可能性もある。翌年三月には一年間という約束で町長を勤めた西森が辞表を提出すると、助役・町会議員全員も辞職するとの協議をなし、後一年の再任を要望するなど、新旧皮革業者からなる町会議員こぞって西森を支持していることと、その前月には町会議員選挙改選を控えて町内の融和を図る懇親会に西森・岩田又兵衛・井野清次郎らが参加していることから、対立は解消しつつあった。

日清・日露戦争前後の朝鮮国のみならず、中国大陸からの原皮輸入趨勢分析と合わせて、朝鮮・中国原皮の可能なかぎり正確な輸入量の把握とその処理、さらに地域に与えた影響の解明が今後の課題となる。

〔注〕

（1）『明治大正大阪市史』一巻、一九三三年五月（復刻版　清文堂出版、一九六六年三月、一七五頁）。
（2）『大阪府誌』第四編、一九〇三年四月（復刻版　思文閣、一九七〇年四月、七四〇頁）。
（3）前掲『明治大正大阪市史』二巻、三八〇頁。
（4）喜多村進「皮革事業と紀州製靴界の先覚者岡本清蔵翁」（『紀州文化研究』第一巻第四号、紀州文化研究所、一九三七年四月、二二頁）。
（5）中西義雄「日本皮革産業の史的発展（一）」（部落問題研究所『部落問題研究』五号、一九六〇年。後、中西義雄部落問題著作集一巻『部落問題の歴史的研究』一九八四年五月所収、七三頁）。
（6）堀内信編『南紀徳川史』巻之三十九、当公第十四（復刻版　第四巻、名著出版、一九七〇年十二月、六六六～六六七頁）。前掲　喜多村進「皮革事業と紀州製靴界の先覚者岡本清蔵翁」二二～二五頁。『明治工業史』化学工業篇（『近代部落史資料集成』二巻、三六頁）。『靴の発達と東京靴同業組合史』（前掲『近代部落史資料集成』二巻、三九頁）。「大阪皮革製造業」（前掲『近代部落史資料集成』四巻、三二六頁）。

（7）中央社会事業協会社会事業研究所編『日本社会事業大年表』刀江書院、一九三六年三月、一六〇頁。
（8）前掲『大阪府誌』第四編、七四〇頁。中里亜夫「近代における屠場の変遷」（全国部落史研究交流会編『部落史における東西―食肉と皮革―』解放出版社、一九九六年五月、一五五頁）。
（9）『大阪編年史』（稿本）第一〇一号（前掲『近代部落史資料集成』一巻、三三二頁）。翌七二年四月にも屠牛渡世、牛馬売買渡世など三二業種の者に仲間制度を廃止させ、鑑札制移行を大阪府が布令している（『布告及布達』前掲『近代部落史資料集成』二巻、二八〇頁）。
（10）大阪商品陳列所編『大阪府工業概覧』一九〇四年三月（川端直正編『浪速区史』浪速区創設三十周年記念事業委員会、一五九頁）。
（11）東京皮革青年会編・刊『皮革産業沿革史』上巻、一九五九年、一七六・五七九頁。前掲　中西義雄「日本皮革産業の史的発展（一）」七三、八六頁。
（12）前掲『明治大正大阪市史』三巻、一三五頁。
（13）前掲「大阪皮革製造業」（前掲『近代部落史資料集成』二巻、二九六頁）。前掲『皮革産業沿革史』上巻、一七六頁。前掲『明治工業史』化学工業篇（前掲『近代部落史資料集成』二巻、三三五〜三三六頁。卜部豊次郎「大阪西浜町皮革事業の沿革」（『日本庶民生活史料集成』一四巻、三一書房、四二三頁）。前掲『大阪府誌』第一編、六七二頁（『大阪の部落史』四巻、一八九頁）。前掲『明治大正大阪市史』二巻、六二四〜六二五頁。同三巻、三四〇〜三四一頁。
（14）前掲『浪速区史』一六〇頁。「大阪皮革製造業」（前掲『近代部落史資料集成』一巻、二九六頁。同四巻、三三六頁）。
（15）前掲「大阪皮革製造業」（前掲『近代部落史資料集成』二巻、二九六頁）。
（16）前掲『皮革産業沿革史』上巻、一七六・五七九頁。
（17）前掲『皮革産業沿革史』上巻、一七六・五七九頁。
（18）前掲『皮革産業沿革史』上巻、一七六・五七九頁。
（19）前掲『明治工業史』化学工業篇（前掲『近代部落史資料集成』二巻、三三五頁）。
（20）前掲『明治工業史』化学工業篇（前掲『近代部落史資料集成』二巻、三三五頁）。

(21) 臼井壽光「近代前期西浜の皮革業」(『近代皮革業と部落』大阪人権博物館、一九九九年十月、一九頁)。尚、同論文四二頁には「表7　製革・靴製造年次統計」として一八七四年から一九〇一年の統計表が掲載され、七四年は製革数量一一万八〇〇枚とある。

(22)「凡例」『明治七年府県物産表』勧業寮、一八七五年十二月(『明治前期産業発達史資料』第一集、明治文献資料刊行会、一九六六年七月)。

(23) 田代和生「幕末期日朝私貿易と倭館貿易商人―輸入四品目の取引を中心に―」(速水融ほか編『徳川社会からの展望―発展・構造・国際関係―』同文舘出版、一九八九年六月)。塚田孝「アジアにおける良と賤―牛皮流通を手掛りとして―」(荒野泰典ほか編『アジアのなかの日本史1　アジアと日本』東京大学出版会、一九九二年五月。後、『近世身分制と周縁社会』東京大学出版会、一九九七年十一月所収)。中村久子「対馬の被差別民」(佐賀部落解放研究所『佐賀部落解放研究所紀要』29号、二〇一二年三月、七九・一〇一～一〇二頁)。

(24) 須川英徳『李朝商業政策史研究―十八・十九世紀における公権力と商業―』東京大学出版会、一九九四年七月、一六一頁。

(25) 前掲『皮革産業沿革史』上巻、一六七頁。

(26)「渡辺昇大阪府知事引継文書」。

(27)『大阪府第一九回農工商統計年報』一八九八年。

(28) 前掲『明治大正大阪市史』一巻、四〇五頁。同三巻、二四〇頁。

(29) 姜徳相「李氏朝鮮開港直後に於ける朝日貿易の展開」(『歴史学研究』二六五号、一九六二年六月、一一頁)。

(30) 三坂圭治『山口県の歴史』山川出版社、一九七一年六月、二三九～二四〇頁。小川国治ほか『山口県の百年』一九八三年十二月、五五～五八頁。山口県編『山口県史　史料編　近代1』二〇〇〇年三月、五八～六〇、四五四～四五六、四七九～四九二頁。

(31) 田村貞雄「初期日朝貿易に活躍した大阪協同商会」(山口県県史編さん室『山口県史研究』6号、一九九八年三月、一二九～一四五頁)。「大坂日報」一八七九年五月十八日。

(32) 前掲『明治大正大阪市史』一巻、四〇二頁。
(33) 前掲　田村貞雄「初期日朝貿易に活躍した大阪協同商会」一三一頁。
(34) 前掲　田村貞雄「初期日朝貿易に活躍した大阪協同商会」一三一頁。
(35) 大倉喜八郎「士魂商才の典型的人物」『青淵回顧録』(前掲　姜徳相「李氏朝鮮開港直後に於ける朝日貿易の展開」二頁より重引)。
(36) 『東区史』五巻、一九三九年十二月(復刻版、一九八二年十月、清文堂出版、七九六頁)。
(37) 田村貞雄は「大阪朝報」一八七八年八月一日付の記事を根拠に「同社の創立は一八七八年七月頃」としている(前掲　田村貞雄「初期日朝貿易に活躍した大阪協同商会」一三一頁)。
(38) 尚、正しくは社長高須謙三、取締中野梧一、勝間田稔、高須正助、株主木梨信一、藤田伝三郎、吉田右一。勝間田、木梨の経歴は前掲　田村貞雄「初期日朝貿易に活躍した大阪協同商会」一三一〜一三二頁参照。
(39) 大阪府庶務課統計掛『明治十六年大阪府統計書』一八八七年二月、三二〇頁。
(40) 前掲　須川英徳『李朝商業政策史研究―十八・十九世紀における公権力と商業―』一六三頁。
(41) 前掲『明治大正大阪市史』一巻、四〇二頁。
(42) 「大阪皮革製造業」(前掲『近代部落史資料集成』二巻、二九六頁)。
(43) 前掲『皮革産業沿革史』上巻、一八三頁。前掲『明治大正大阪市史』二巻、六二五・六二九頁など。
(44) 前掲　中西義雄「日本皮革産業の史的発展(一)」八七頁。
(45) 六月九日、旧式軍隊兵士が起こした反閔氏、反日の性格を帯びた暴動。この事態に清国に滞在中の金允植らの要請で清国軍が派兵され、反乱軍兵士らが立てこもる梨泰院、往十里で市街戦となり、清国軍が鎮圧。大院君の天津拉致と清国軍二〇〇〇名の駐留が続いた(前掲　須川英徳『李朝商業政策史研究―十八・十九世紀における公権力と商業―』一六二頁)。
(46) 亀谷愛介『遺志』亀谷家親戚一同、一九七九年(前掲　田村貞雄「初期日朝貿易に活躍した大阪協同商会」一三六頁)。

(47) 前掲 亀谷愛介『遺志』(前掲 田村貞雄「初期日朝貿易に活躍した大阪協同商会」一二六頁)。
(48) 木村健二「朝鮮進出日本人の営業ネットワーク―亀谷愛介商店を事例として―」(杉山伸也ほか編『近代アジアの流通ネットワーク』創文社、一九九九年六月、五〇〜五一頁)。
(49)『栄小学校編年記』(前掲『近代部落史資料集成』二巻、三〇〇〜三〇一頁)。後述する、谷沢儀右衛門が主導した象皮については前掲「大阪皮革製造業」(前掲『近代部落史資料集成』四巻、三三二頁)参照。
(50)『大阪府第一九回農工商統計年報』一八九八年一月。
(51) 前掲姜徳相「李氏朝鮮開港直後に於ける朝日貿易の展開」九頁。
(52) 前掲塚田孝「アジアにおける良と賤―牛皮流通を手掛りとして―」九〇・一二二頁。
(53) 彭澤周『明治初期日韓清関係の研究』塙書房、一九六九年五月、二八〇頁。
(54) 前掲 姜徳相「李氏朝鮮開港直後に於ける朝日貿易の展開」五頁。
(55) 前掲 臼井壽光「近代前期西浜の皮革業」四三頁。
(56)『自明治十三年至大正三年元山府年表』一七〜一八頁。
(57) 前掲『大阪府誌』第一編、六七二頁(前掲『大阪の部落史』四巻、一八九頁)。
(58) 前掲卜部豊次郎「大阪西浜町皮革事業の沿革」(前掲『日本庶民生活史料集成』一四巻、四二二頁)。
(59) 前掲須川英徳『李朝商業政策史研究―十八・十九世紀における公権力と商業―』一六三頁。
(60) 前掲『大阪府工業概覧』(『浪速区史』一五九頁)。
(61)「国是」の意味については、八箇亮仁『病む社会・国家と被差別部落』解放出版社、二〇一二年十一月、五三頁参照。
(62) 前掲 八箇亮仁『病む社会・国家と被差別部落』七一〜七二頁。
(63) 大阪府庶務課統計掛『明治一八年大阪府統計書』一八八七年五月、二八七頁。
(64) 大阪府庶務課統計掛『明治一七年大阪府統計書』一八八七年五月、三〇八頁。
(65) 前掲『明治一八年大阪府統計書』二八七頁。『明治一九年大阪府統計書』大阪府庶務課統計掛、一八八八年三月、三六九頁。
(66)『明治二三年大阪府統計書』大阪府内務部第一課、一八九〇年十二月、二四二頁。
(67) 前掲『大阪府第一九回農工商統計年報』一八九八年一月。
(68) 前掲 中西義雄「日本皮革産業の史的発展(一)」一〇一頁。
(69) 十月十七日(陽暦十二月四日)、金玉均ら朝鮮急進開化派が日本公使館の支援を受けて閔氏派打倒と国家機構改革、清国宗主権からの離脱を目指してソウルでクーデターを起こすが、駐留清国軍の反撃にあう。金らを支持した日本公使は日本に帰国。軍人一一名と仁川の居留民ら二九名が清国軍の加担で投石や棍棒で殺害された(前掲 須川英徳『李朝商業政策史研究―十八・十九世紀における公権力と商業―』二四八頁)。
(70) 前掲『大阪府誌』第一編、六七一～六七二頁(前掲『大阪の部落史』四巻、一八八～一八九頁)。
(71) 前掲 卜部豊次郎「大阪西浜町皮革事業の沿革」(前掲『日本庶民生活史料集成』一四巻、四二三頁)。
(72)「明治十二年歳第十月 皮革商仲間盟約書」(前掲『大阪の部落史』四巻、一四三～一五〇頁)。前掲 卜部豊次郎「大阪西浜町皮革事業の沿革」(前掲『日本庶民生活史料集成』一四巻、四二三頁)。
(73)『大阪商員録』(『大阪経済史料集成』8巻、八一九頁)。
(74)『第九回大阪府農工商年報』一八八六年。
(75) 前掲『明治一九年大阪府統計書』三六九頁。
(76) 大阪府第一部庶務課統計掛『明治二一年大阪府統計書』一八八九年十二月、二一七頁。
(77) 前掲『明治二三年大阪府統計書』二四三頁。
(78) 前掲『明治二三年大阪府統計書』二四三頁。
(79) 前掲『皮革産業沿革史』上巻、一八五・五八一頁。
(80)「稟請上申書編綴」西浜町役場(前掲『大阪の部落史』四巻、三六八～三六九頁)。
(81) 仁川府編・刊『仁川府史』一九三三年十月、九二六・九四〇～九四一頁。
(82) 前掲『明治二三年大阪府統計書』二四三頁。

(83) 前掲『明治二一年大阪府統計書』二一七頁。

(84) 『第一〇回農商工年報』一八八七年。大阪府庶務課統計掛『明治二十年大阪府統計書』二九四頁。前掲『明治二一年大阪府統計書』三〇〇頁。

(85) 前掲『明治大正大阪市史』二巻、三八〇～三八一頁。前掲『大阪府誌』第三編、七六六～七六九頁（前掲『大阪の部落史』四巻、一九二頁）。前掲『大阪府誌』第四編、七四〇頁。「大阪毎日新聞」一九〇二年十一月二十一日。

(86) 前掲『明治二十年大阪府統計書』二一六頁。

(87) 前掲　臼井壽光「近代前期西浜の皮革業」三八頁。

(88) 西浜町の護教団体。一八八八（明治二十一）年一一月四日に西浜町の森清五郎・林挙三・松田良助と東雲新聞社の中江兆民、代言人河谷正鑑らが発起人になって組織。趣意書はキリスト教を「邪教」とし、「力を竭《ツク》して邪教を排し、同胞の迷夢を醒覚し、以て我邦古昔以来崇奉する仏乗の妙理を発揮し、真宗無上の功徳を表揚せんと欲す。」と述べている。前掲　八箇亮仁『病む社会・国家と被差別部落』一〇一～一〇五、一二九頁参照。

(89) 前掲『仁川府史』九四一頁。

(90) 前掲　八箇亮仁『病む社会・国家と被差別部落』一八二～一八六頁。

(91) 西森源兵衛らの「政事上及び産業上」の自由主義については、前掲　卜部豊次郎「大阪西浜町皮革事業の沿革」（前掲『日本庶民生活史料集成』一四巻、四一三頁）参照。

(補1) 別報道では、林らは「同地に二ケ月計り滞在し、夫より伊豫別子の銅山」で製銅の伝習を受ける予定という（「朝日」八一年六月二四日付）。

(補2) 谷沢は京都府下桂でも象皮製造所を経営し、「近頃追々盛大に趣きしにや当砲兵工廠及び造幣局より三井物産会社の手を経て十余万円の品物を同所へ注文されたり」と報道されている（「朝日」八一年六月二一日）

補表　港別朝鮮国輸出品表（参考）

	港別	牛骨 数量	牛骨 元価	牛皮 数量	牛皮 元価
1881(明治14)年	元山	59,925斤	859円36銭	651,747斤	155,880円78銭
	釜山	766,016	12,922円84	637,177	174,556円26
	計	825,941	13,782円2	1,288,924	330,437円04
1882(明治15)年	元山	10,375	123円60	416,880	102,627円03
	釜山	761,550	14,754円10	747,647	189,104円90
	計	771,925	14,907円70	1,164,527	291,731円93
1883(明治16)年	元山	8,600	101円10	331,276	62,461円82
	釜山	591,863	6,779円32	941,805	179,477円18
	仁川上	110,000余	2,611円04余	2,082余	
	下	256,000	1,883円9	108,554	28,126円08
	計	966,463余	11,375円36余	1,383,717余	
1884(明治17)年	元山			254,752	42,522円99
	下	11,045	37円73		
	釜山	154,763	556円47	560,470	80,863円98
	仁川	79,120	366円92	327,010	48,771円55
	計	244,928	961円12	1,142,232	172,158円52
1885(明治18)年	元山上	2,400	7円20	160,459	24,223円90
	下			224,470	37,416円90
	釜山上	63,726	408円13	427,924	71,268円61
	仁川上	249,052	881円30	273,867	45,398円77
	下		694円66	638,646	95,107円45
	計	315,178	1,991円29	1,725,366	273,415円63
1886(明治19)年	元山			112,811	6,154円9
	釜山	45,991	231円258	432,440	67,587円48
	仁川上	67,090		906,011	89,063円19
	下	133,800	408円590	573,660	81,603円08
	計	246,881		2,024,922	244,408円65
1887(明治20)年	元山	3,676	41,200円	266,872斤	38,570円
	釜山				
	仁川上				
	下			381,048	
1888(明治21)年	元山			177,780	23,833円
	釜山		1,314円920	642,582	122,655円840
	仁川	8,949	8,437円	747,007	89,938円
	計			1,567,369	236,426円84
1889(明治22)年	元山			229,710	33,509円
	釜山		3,641円370	548,697	100,715円26
	仁川	7,980	11,839円	556,595	68,611円
	計			1,335,002	202,835円26

注1、上は上半期、下は下半期の略である。

注2、外務省記録局『通商彙編』（復刻版　不二出版、第1～14巻、1988年5月）より作成。報告の脱落もあり、完全なものでは無いため、未定稿として参照されたい。

史料

凡例

（1）刊本資料集に収録されていない史料の内、四点を収めた。

（2）旧漢字を新漢字に改めたほか、読みやすさを考慮して、カタカナをひらがなに改め、適宜、句読点を補った。□は活字の摩耗で読み取れない字である。

〔史料1〕「無題」（『魁新聞』一八八一年四月八日）

府下西成郡栄町辺ハ、従来革類商の者のみ住居する處にて、是までハ他の町村とハ齢せられぬ程卑られたる處なれど、開明の今日となりてハ人権の保護も能く行届くに従ひ、商口向も大きに進歩して、同處製造の皮革も昨今ハ余程盛大になりし由なるが、元来牛皮及び鹿其他の靼革ハその晒し方の加減にて良好の品になる者（物）にて、是まで牛皮靼ハ播州地方、鹿皮及び馬皮等ハ府下池田村の晒しに限り、外々の晒しにてハ決して良品になりがたき様に言倣し居たる處、今度同町の有志者互口に相研究して近傍各處の河水を試験し、遂に木津川の水の右皮革晒方に恰当することを発見したれバ、同業協議の上、該川を以て靼革製造の儀を一層盛大にせんと昨今頻りに相談中なれば、遠からず府下に□良好□靼革を製出するに至るべしと云ふ。

〔史料2〕「無題」（『大阪日報』一八八一年六月十六日）

先頃、東京北豊島郡小梅村に設立なりし西洋革製造所偕養社主幹谷沢儀右衛門氏は今度当府元一等警部なりし大日向清緝、同一等属たりし八木原理左衛門、豪商磯野小右衛門、金沢仁兵衛の諸氏と謀り、当地に同製造会社を創立し、来る七月上旬より開業の見込にて、場所は難波村御蔵前なる藤田傳三郎氏の製靴所を買受る筈なりと云ふ。

〔史料3〕「製革所」

（『大阪日報』一八八五年十二月二十三日）

大坂府下西成郡南町の内、洲先町二十三番地原忠兵衛は豫て牛皮を以て象皮を模造するの方法を工夫し居りし處、此程遂に其方法を案出し、実地に試験せしに頗る良結果を得たるより、自今盛に模造販売する目的にて同村へ煉瓦造りの製造所を新築し、署ぼ落成に及びたるを以て、来年一月中旬に其開業式を執行る都合なりといふ。

〔史料4〕「製革事業」

（「神戸又新日報」一八八九年十月五日）

世の文明に進むに従つて種々の器具機関に皮革を要すること多く、又各種の製造工場にも皮革を用ゆるの高を増し、処世上需用品に就てまた著しき必要ある次第なるが、現時我国に於ても夙に此必要を生じ、各地に製革会社設立の企てあるを聞くは恰も両三年紡績会社の各地に設立あるを聞くと均《（等）》しき有様となれり。即ち其重《（主）》なるものをいへば日本熟皮会社、大坂帯革製造所、小西製革所等にて、其他には二三小仕組の製造会社の外に各地新平民《（ママ）》が少量の牛皮軟革製造に従事するものあり。而して此等製造の原料品たる牛皮は日本製品にては其二分一に足らずして、多くは朝鮮及支那《（ママ）》の牛皮輸入を仰ぎ居り、昨年の如きは製靴内部に要する軟革のみにても其輸入総計は実に二百五十万斤の多きに達せりと聞く。左れば其他の製革及原料品が外国より輸入するは驚くべき巨額なるべし。当港には日本熟皮会社の支社あり。世人の依頼に応じて製革に従事し居れるが、一ケ月六百枚以上の製革をなす由にて、目下注文者も追々増加し、現今の工場にては不足するにつき、二倍以上も取広ぐるの見込なりといふ。又本県内にて彼の有名なる飾東郡高木村（通常姫路革と云ふ）の製革高も年一年需用を増すにつき、同村の同業者は先頃より大仕掛の製造会社□なさんとの豫考を懐き居りて現時計画中に係る。また姫路にても先般来製革会社設立の挙を企つるものありて、追々賛成者も加りたる事なれば、近日両会社の創設を見るに至るべきか。尚是よりは製革の需用を増すに従て各地に同事業を企つるもの続出すべければ、他日朝鮮支那《（ママ）》に於ける牛皮の景況及製革上参考□なるべき事柄を彙集して掲載する事とすべし。

コラム

大坂代官所の天王寺村牢屋敷

はじめに

これまでの研究によれば、大坂代官所の牢屋敷については、次の点が明らかにされている。牢屋敷は、谷町と鈴木町の両代官が共同で管理する体制だったこと、牢内では非人が敲仕置《たたきしおき》を行ったが、「不相当」を理由に足軽が行うようになったこと、[1]牢屋が設置されたのは、安永八（一七七九）年八月であり、それによって一支配限の出入や事件を手限《てぎり》で吟味できるようになったことである。[2]

ここでは、「大坂代官竹垣直道日記」[3]（以下、「竹垣日記」と記す）などの史料を手がかりに、天王寺村牢屋敷について若干の検討を加えてみたい。

大坂代官竹垣直道による見分

天保十一（一八四〇）年九月、大坂代官に着任した竹垣直道は、同月十五日に天王寺村牢屋敷を見分し、次のように日記に書き記している。

この日、竹垣は天王寺村の牢屋を見分するため早めの昼食をとり、四ッ半時頃に自宅を出発した。牢屋では、牢守の吉田孫三郎の出迎えを受け、牢内の御仕置場などを視察する。そのときの谷町代官所管轄の入牢人は二名、鈴木町代官所管轄の入牢人は三名であった。

日記によれば、竹垣は入牢人五名に対し、銭三〇〇文ずつを遣わしている。さらに日記を読み進めていくと、時折、入牢人に金銭や鮓《すし》を与えていることがわかる。竹垣は、いわば「あめとムチ」を使い分けて支配を行ったといえよう。

牢守吉田孫三郎について

ところで、牢守吉田孫三郎とは、どのような人物だろうか。牢守吉田の名前は、「竹垣日記」にしばしば登場する。例えば、毎年の年始の挨拶では、吉田が竹垣のもとを訪れている。竹垣の息子龍太郎が元服したときは、手附・手代ら役所の者一四名とともに、吉田も招かれ、酒肴を振る舞われている（弘化四年三月十六日条）。さらに、拝領物を仰せ付けられた際には、内祝として金百疋を、役所の者一四名とともに貰い受けている（弘化四年六月十八日条）。

このことから、牢守吉田孫三郎とは、「県令集覧」(4)には名前を確認することはできないが、竹垣の家臣あるいはそれに準じる者であったと理解できる。代官の家臣には、手附・手代らのように代官の異動にともなって移動する家臣がいる一方で、牢守吉田のように、その土地にいてはじめて職務を遂行するような、地付きの家臣も存在したと考えられる。

牢屋敷の内部

続いて、牢屋敷の内部を見てみよう。次の史料は、寛政五（一七九三）年三月に記された牢屋敷の規定に関する史料である。(5)

天王寺
牢屋鋪定書

定

一火之元精々可入念事、

（以下、一四カ条……中略）

右之条々詰番之者急度可相守事、

丑三月

牢屋守

詰番之者江

指上申御請書之事

一此度御定御箇条之趣別紙被成御渡、被仰渡候之段逸々奉畏、則御牢番詰之者共江申渡急度為相守、大切ニ勤番仕候様可仕候、若詰番之者心得違御ヶ条之内一ヶ条ニ而も背犯仕候ハヽ、如何様共可被仰付候、依之御請書差上候処、仍如件

寛政五年丑三月

牢屋
御役所

右の史料のうち、牢屋敷の規定の詳細については【表】にまとめた。一カ条目の牢内の火の用心からはじまり、入牢人の衣類・持参品などの規定や、在牢人が昼寝をしないよう詰番の者が監視することなどが定められている。

コラム

【表】　天王寺村牢屋敷の規定

箇条	内　容
1	火の元は十分注意すること
2	詰番の者は牢の前でくわえ煙管《きせる》をしないこと
3	入牢人がいるとき、衣類や持参品を確認の上、帳面に書き記しておくこと、さらに出牢のとき再び確認すること
4	牢内へ蒲団《ふとん》・衣類の差入れがあるとき、帳面に記した上で差し入れること
5	牢内で呼び出しがあり名前が呼ばれたとき、在牢人は物静かにすること
6	入牢や出牢のとき、人足の者は騒ぎがないようにすること
7	牢番の者は昼夜を問わず懈怠《けたい》なくはたらくこと
8	夜中、詰番の者は半時に一度柏木を打ち、屋敷内を廻ること
9	牢内では不行跡がないよう慎み、牢内において争い事があるときは速やかに取り鎮め、様子をこちら（牢屋守）まで報告すること
10	牢扶持の差入れのとき、牢内の者が騒がないよう申し付けること
11	在牢人が昼寝しないようにすること
12	在牢の者が食事をしない、または病気になったときは、見つけ次第速やかに報告すること
13	在牢の者からこちら（牢屋守）に申し上げるときは、詰番から善悪を聞き届け、速やかにこちらへ断りをすること
14	詰番の者のなかから朝夕に屋敷内を掃除をすること
15	詰番の者が昼夜とも表門を出入するときは、そのたび毎にこちら（牢屋守）に断りをし、無断で往来をしないこと

※岡本良一・内田九州男編『悲田院文書』（清文堂出版、1989年）をもとに作成。

　この文書は案文であり、かつ天王寺垣外の長吏の手元にあったと推定されることから(6)、詰番は非人が担ったと考えられる。以上のことから、天王寺村牢屋敷には牢守が存在し、牢守の管理下に非人の詰番が勤務していたことが判明する。

牢屋敷の場所と設置時期

　ところで、天王寺村の牢屋敷は、村内のどの場所に位置していたのだろうか(7)。この点は、決め手となる史料をいまだ見出せず不明であるが、若干の手がかりは、「竹垣日記」弘化三年八月二十六日条にある。

　この日、竹垣は天王寺村に検見《けみ》に出掛け、天王寺村内の聖天山《しょうてんさん》で昼食をとる。八ッ半時（午後三時頃）に春法《ついほう》（稲穂を籾《もみ》にし、年貢率をきめるために行う検査）を行うため惣会所を訪れ、七ッ時（午後四時頃）には出立する。その後、牢屋を見廻りした後、牢屋門前の普請場所を見分する。入牢人一同に鮓二箱を遣

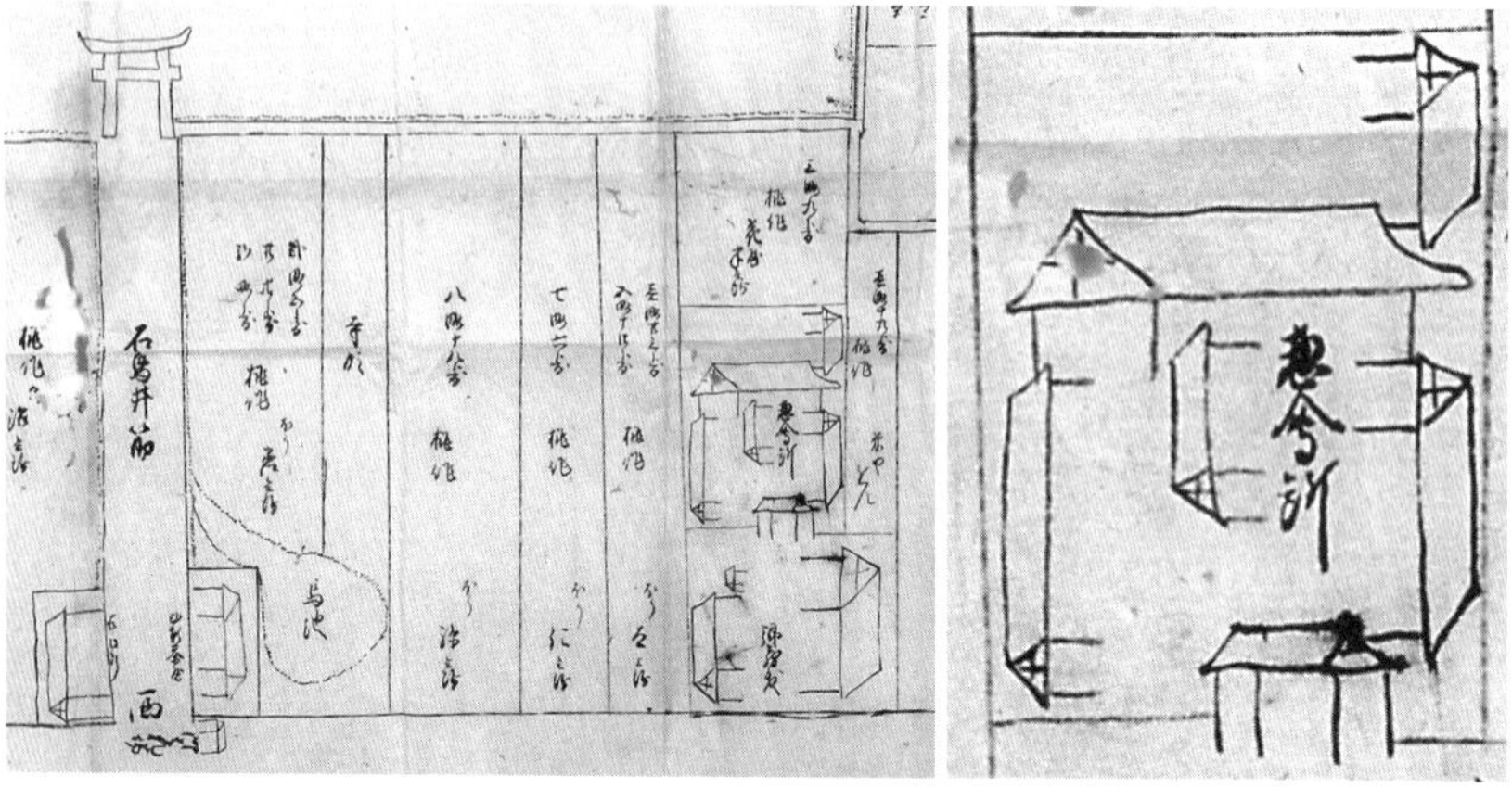

【図】天王寺村の惣会所（八尾市立歴史民俗資料館蔵）　（部分）

わし、七ッ半時（午後五時頃）過ぎには帰宅している。この一連の行動から、推測の域を出ないが、天王寺村牢屋敷は天王寺村惣会所から、それほど遠くない場所に位置していたと思われる。なお、惣会所は、【図】(8)にあるように、四天王寺西門の近くに位置していた。

天王寺村牢屋敷については、場所だけではなく、その設置時期についても全容は明らかにされていない。小倉宗の研究(9)によれば、牢屋が設置されたのは安永八年八月とされるが、延宝五（一六七七）年「摂州東成郡天王寺村検地帳(10)」には、「弐畝弐拾四歩　拾弐間　七間　籠屋敷」と記されており、この時点ですでに牢屋敷が存在した可能性がある。これらの点については、今後の課題である。

〔注〕

（1）藪田貫「大坂代官の世界—竹垣直道日記について—」（藪田貫編『近世の畿内と西国』清文堂出版、二〇〇二年、二〇六・二一三頁、のち『近世大坂地域の史的研究』清文堂出版、二〇〇五年、に所収）。

コラム

（2）小倉宗「近世中期大坂代官の幕領支配―大坂町奉行・勘定奉行との関係を中心に―」（『大阪商業大学商業史博物館紀要』五、二〇〇四年、一八六～一八九頁、のち『江戸幕府上方支配機構の研究』塙書房、二〇一一年、に所収）。
（3）藪田貫編集 松本望・内海寧子・松永友和校訂『大坂代官竹垣直道日記』（一）～（四）（関西大学なにわ・大阪文化遺産学研究センター、二〇〇七～一〇年）。
（4）村上直・荒川秀俊編『江戸幕府代官史料―県令集覧―』（吉川弘文館、一九七五年）。
（5）岡本良一・内田九州男編『悲田院文書』（清文堂出版、一九八九年）九九「天王寺村牢屋敷定書案並びに牢屋守請書案」。
（6）内田九州男「悲田院文書　解題」（前掲（5）『悲田院文書』）。
（7）天王寺村の概要については、拙稿「天保十一年天王寺村の徒党・打ちこわしについて」（『大阪の歴史』七七、二〇一一年）。
（8）「四天王寺火除絵図」（『河内国渋川郡太子堂村角田家文書目録』〈編集・発行 摂河史料調査会、二〇〇五年〉史料番号 14e-005）八尾市立歴史民俗資料館蔵。
（9）前掲（2）小倉「近世中期大坂代官の幕領支配」。
（10）大阪の部落史委員会編『大阪の部落史』第一巻史料編考古／古代・中世／近世1（解放出版社、二〇〇五年）三五五頁。

（松永友和）

森清五郎小伝

　激動期には個性溢れる人物が輩出する。特に清濁あわせのむ人物であるほど、奇しく光を放って我々の関心を引き付けて止まない。ここに紹介する森清五郎も活動時期は短いけれども、大阪西浜と自由民権運動を知るためには避けることが出来ない人物の一人である。

　一八八七（明治二十）年十月に途絶えていた自由平権懇親会の再興が報じられる。同会は八二年九月に松木正守・平山英夫を肝煎りに、「商人大工泥工結髪車夫ヲ問ハス」参加を呼びかけた旧自由党系の懇親会である。四回目の懇親会（八二年十二月）では松木が密偵と疑った者に殺害され、後を継いだ者により八四年九月まで七回の懇親会を継続していた。

　自由平権懇親会は壮士集団である大日本振義会と八七年十月末に合併し、十一月三日の第八回懇親会席上で関西愛国同盟会に改称を提案するとともに三大事件建白運動（租税軽減、言論・集会の自由、条約改正反対要求）を推し進める。さらに同月八日、建白運動の大阪四区内委員の一人として南区は森清五郎ら二人、東区平山英夫ら三人、西区芝亭実忠ら六人が決定された。また、別報道では森は請願上京の大阪委員の一人にも選出されている。ここに森は初めて壮士集団・民権運動家の一人に加えられた。

　森は七八（明治十一）年の報道では千里町一番地に居住する「髪結職」とされ、「三十一年なる大丈夫」である。逆算すれば一八四八（嘉永元）年の生まれとなる。また森らは六九（明治二）年の頃、阪上善兵衛の権利回復の建白を政府に提出したという。

　翌八八年一月中旬に振義会は前年末の保安条例を受けて解散を余儀なくされ、さらに同月二十九日、前年に警官殴打で和歌山監獄に収監されていた武市元良が放免され、元華族の芝亭実忠宅で保安条例公布により東京から退去命令を受けた者を含めて慰労会が開かれるが、三十一日早朝に警察署員が理由不詳で芝亭宅の家宅捜査を行い、合わせて参加した大

コラム

日本振義会壮士十数名を勾引する。さらに二月一日には森清五郎も保安条例第一条違反（秘密の結社又は集会）で勾引された。

森らが建白運動委員に選出され、また慰労会参加により勾引された理由は何故だろうか。勾引を免れた代言人河谷正鑑の証言を記したと思われる越山茂太郎の『近畿弁護士評伝』（一九〇〇年十二月、潜龍館）には民権運動の弾圧に怒り、要路の大臣を暗殺せんと芝亭・宮地茂平・菅野道親・河谷ら三十有余人が伸義館を設立し、天保山沖に深夜船を浮かべて屡謀議したが、官憲の知る所となり勾引された、とある。この「伸義館」なるものは「大日本振義会」を指し、さらに芝亭宅から押収された「当路の云々」と記された書面は謀議の一端を記したものであろう。森もこうした謀議に参加していたと思われる。元来、民権運動にはその全期間を通じて、専制政府との実力闘争を辞さないとする伏流があり、その担い手として壮士が活発に動いたのである。恐らく、森は七八年に不祥事で勾引後、急進的な壮士集団に近づいていたのであろう。こうして合法・非合法活動の両面に参加した森は壮士の一人として報道され、独自に保釈願の提出を予定し、四月中旬に菅野ら八人と同時に釈放され、以後壮士としての活動は活発になっていく。

十月十四日に新生楼で開かれた全国有志大懇親会は三府二二県四百数十名の条約改正反対派が結集し、大同団結運動のピークとなった。懇親会には西浜から森清五郎を始め、林挙三・真田吉之助・松田良助も参加している。全国的政治運動への西浜町民の参加は壮士を媒介に行われたのである。また、保安条例で大阪に落ち着き、「東雲新聞」の主筆となっていた中江篤介（兆民）も早速「新民世界」を連載し、部落解放の理念を示すとともに壮士の行動に好意的であった。この両者が協力して十一月四日に西浜で公道会が結成される。

公道会は十月から計画が進行し、発起人は中江・河谷と壮士の津野毅一郎、地元西浜の森・林・松田ら二二人である。会の趣旨は中江が認め、「力を竭して邪教を排し、同胞の迷夢を醒覚し、以て我邦古昔以来崇奉する仏乗の妙理を発揮し、真宗無上の攻徳を表揚せんと欲す」と邪教排斥を全面に出したものであった。この背景には邪教、即ち西浜町で活発なキリスト教伝道とそれを巡る町民の妨害が深刻さを増していたことにある。開会式では発起人総代で津野が演説するなど、壮士は全面的に支援した。

公道会は西浜町民の最大関心事である護教団体として発足したが、それだけに止まらなかった。「旧来ノ陋習ヲ破リ天地ノ公道ニ基クヘシ」（五箇条の誓文第四条目）こそが中江と公道会発起人が目指していたものであったからである。発足以後、毎月演説、講談などの例会が開かれ、入会者も追々増加していった。発起人中には当然ながら政治家と仏教徒の二種類が存在し、壮士や中江らは政治に関する談話を町民に訴え続ける。これに対して頑固な仏教徒は不愉快で、利用されては困る、と退会を申し出る者が出始めた。仲裁に入る者が現れ、軌道修正を図るが、以後も宗教に関する演説とともに当面する諸課題が話し合われた。壮士でもある森清五郎ら有志の発言が町内で影響力を持った反映であろう。十二月十九日には同町の小学校で衛生、教育の談話会が開かれ、西成郡長は「従来の弊を改めあっぱれ明治時代の良民と成られ度き事」と風俗改善を強調し、正宣寺住職横川峰月と森は町民を代表して郡長の好意を謝し、且つその実行を誓っている。また、同月末には難波村旧戸長成舞が西成郡西浜町より西区幸町方面までの民費による新道開設を計画するが、西浜町でも森清五郎ら数名を委員に選び、村内有志者より義捐金を募集した。これらは翌年二月の例会と同様に、西浜町民の市部編入希望と密接に関連したものであった。

八九（明治二十二）年二月三日には徳浄寺で例会が開かれ、横川・赤松連城とともに河谷正鑑らも演説している。終了後の懇親会では河谷・横田虎彦が会員の請求により市町村制について演説した。同月十一日には欽定憲法が公布されるが、西浜町でも公道会主催の祝宴会、運動会が開かれた。幹事は林挙三、松田良助、村越佐太郎と森清五郎ら五名である。

四月に入って森清五郎らは新しい動きを見せる。それらは翌年七月の第一回総選挙を睨んで複雑な政治路線分岐と連動するものであった。

コラム

四月末には西浜町の真田吉之助と森らが設立した平等会が会則を規定したという。平等会の当初の趣旨は「唯我独尊といふ仏語を以て主義となし、仏教をもて国体を維持し、人民固有の自由を進張す」であったが、六月に開かれた懇親会の後報では「今ま其団体とも名くべきは仏教拡張、洋教排除を目的とせる公道会あるのみなれども、目下有志者の計画中なる平等会といへるは軈がて世に表はるゝに至るべし」とあるように、森らは「平等」を鮮明にした団体を目指していた。六月の町長、助役選挙には「頗る活発に立ち動き、土俗門閥派ともいへる人々に反対して競争を為し、終に打ち勝」ったのである。

さらに七月十七日には「公利公権を増進」するため西浜倶楽部が組織され、開会式を開く。式には「鳴鶏新報」と「東雲新聞」社員が招かれ、両者を配慮する。当初、西浜倶楽部は森清五郎らが創立と報じられたが、数日後には正誤で発起人は森では無く、伴平七・村越佐太郎である、と訂正された。十二月、森清五郎は西浜倶楽部の村越及び林挙三と町有志者総代として栄小学校に高等小学科を設置することに賛同、資金として町役場管内の肥糞を管理する二一七名の寄付を斡旋する願書を町長宛に提出しているが、後には西浜倶楽部との対立が鮮明になる。

年末に入って堂島米商会所が定期米の売け渡しに不当な格下げを為すこと、また役員中に不公平なる処置を施す者がある、などを米商人有志が問題化し、やがて実業家有志も動き出すが、西浜町でも森清五郎らが西浜倶楽部で奸商攻撃の演説会を予定している。

九〇（明治二十三）年二月二十日に西浜町の有志者真田吉之助・山村新造・町長西森源兵衛らを発起人に町内有力者を集めた懇親会が開かれた。同町では従来、組合が東西に分かれ、双方の間が何となく軋轢が起こり、町内全体について時々不都合な点があったため発起人らが双方間を奔走し、開催に至った。会では発起人総代森が開会の趣旨を述べている。これは町会議員選挙の改選を見越して、町内有力者の意志疎通のため開かれたものであった。

同月、西浜町と近隣の木津・勝間・難波・今宮などの有志者が「自由主義の発達」を図るため南摂同志会を設立し、第一回衆議院選挙に統一候補を立てることを目標とした。この結果、三月十六日の発起人総会に西浜町から森清五郎・村越佐太郎・林挙三・松田良助らが同志会委員として参加。協議の結果、東雲新聞社の中江兆民に決定した。七月の選挙で中江は次点者に大差をつけて当選を果たしている。

この間の五月には衆議院選挙運動に絡んで西倶楽部の成道二郎が「西浜町人民の入会を諾する時は他の会員中、退会するものあらん」と発言する事態が起こった。傍聴していた西浜町民が聞き伝え、十一日の常議員会で成道に「名誉回復の談判を開くべし」と追及している。十三日には西浜町の有志者伴平七・林挙三・松田良助・森清五郎らと平等会員が成道宅に押しかけ、翌十四日、町民有志者と仲裁人が協議の結果、示談の末、謝罪文草案を定め、成道より各新聞紙に三日間謝罪広告文を掲載することを条件に和談となった。平等会はその会名に相応しい行動を行ったのである。そして、平等会は差別事象への糾弾のみでは無く、政治参加と政治上の平等を追求していた。町内有志と仲裁人の協議で決まり、実行された「謝罪広告」はその走りであろう。

さらに九一（明治二十四）年三月には第一議会閉会直後の大阪府会議員半数改選で、豊島郡から立候補した森秀次に対抗する選挙人が中傷文書を各村役場に郵送した。森はこのため落選するが、地元の部落民の要請で四月四日には京都で有志が集合し、将来近畿を中心とする大団体を計画する。西浜でも有志が文書の発送者を探り、運動費も一〇〇〇円ほど集まったという。

しかし、四月中旬に京都で近畿地方の部落民大会開催予定の所、将来改選を行うこと、選挙人中にも是非森に当選させよう、との意見が多数となり、敵手への談判を緩め、運動の中止が決定された。一方、西浜町内では発送嫌疑者の一人と西浜倶楽部員との間に紛議が起こり、余波が町治上にも及ぼさんとする恐れのため、西成郡長代理が町長・西浜倶楽部員と協議している。五月に入って西浜町有志真田吉之助ら三人が嫌疑者宅に赴き、同人から弁解を受け、この席に来合わせた森清五郎外一名も仲裁し、和解に進んだ。だが、数日後、三者から取り消しの要請

コラム

がされる。先ず、西浜倶楽部が西浜町及び諸郡村を代表する委員は嫌疑者と和解していない、真田ら二人は一部分の平等会を代表するもので、謝罪状を取ったと伝聞するが本部委員とは無関係である、と訂正を要請。西浜町乙部有志者総代真田ら二人は全文の取り消しを要請している。これらの正誤要請は、西浜倶楽部関係者が真田・森ら平等会及び町有志者総代の嫌疑者との謝罪要求交渉に反発したものであった。

同月七日には郡長の仲裁もあり近府県の部落代表と嫌疑者との宴が今宮村で開かれ、謝罪した上で、別に西浜町平等会員には「特に新聞に公にせざる約束にて謝罪状を出す筈」で落着したが、西浜倶楽部と平等会が終局のため本部員を慰労する費用がいる、と騙った者がいる、と新聞広告を出す余波も起きている。

この年頃、森清五郎は立憲自由党の「大井憲太郎ニ附随セシ壮士」であり、「又土着人トシテ狂奔シタルモノ」と官憲側は認識していた。森は「有権者ニアラスシテ、壮士的運動ヲナシタルモノ」（「立憲自由党壮士調」）であった。だが、壮士としての体面を生かしながら、地元の差別問題にも取り組んだことを忘れてはいけない。

九二（明治二十五）年衆議院解散を受け、第四区（西成・東成・住吉郡）では東成・西成郡の有志が村山龍平ら二人を推薦、選挙後半に「大阪日日新聞」は村山は耶蘇信徒なり、との風説を掲げ、「西成郡の光徳会の連中は変心したり」などと報じた。これに対して「朝日新聞」は村山は信徒では無い、と反論するとともに、「又光徳会云々も、同会は二、三年前に消滅し」たと報道する。この「光徳会」は「公道会」の誤りの可能性が高い。森清五郎の名前も九五（明治二十八）年まで登場しない。九四年四月頃には「明治二三《ママ》年の頃、自由党此部落に進入し、一時大に信用を博し、其基礎を此に立て、青年《ママ》公道会及び二三団体を組織し、頻りに政治上に喙を入れしが、今は大に悟る所ありてか、二三有志の者を除くの外は何れも皆熱心に商工業を専一に勉め」と報じられるように、政治運動の波は民権運動が体制内化するとともに衰退したのである。

九五（明治二十八）年六月三日の西浜町が主催する阿弥陀寺での日清戦争戦死者弔慰会に続き、二十四日の有志による戦死者追弔会に久しぶりに「有志者総代森清五郎」の名前が挙げられる。実に四年ぶりの登場である。そして、これ以降、森は再び名前を闇の中に消し去る。しかし、森の記憶は長く残った。戦前、評議会で活動したと思われる前田皎は森の記憶を次のように語る（「荊冠の友」七六号、一九七二年十一月）。

板垣退助、大江卓、森清五郎（のちに島田姓に改称）等、自由民権運動の闘士達が西浜に入って運動をする中で、「森清五郎は『わしは此の土地の土になるんや』と、どっかりと腰を落ちつけ、やがて、西浜中通一丁目のべっぴんさんと相思相愛で結ばれて入婿になり、島田清五郎はんになったんや」

森を板垣らと同じように、西浜出身では無いかのような記憶には疑問も残るが、かなり具体的な回想である。森の行動とその精神は西浜町民の中に息づいているのである。

〔参考文献〕

白石正明「中江兆民と公道会」部落解放研究所『復刻　東雲新聞』第三巻付録、一九七五年
白石正明「中江兆民と『東雲』時代」部落解放研究所『部落解放研究』第一二号、一九七八年
北崎豊二「自由民権運動と差別　森清五郎」『大阪の部落史』普及版プロジェクト編、解放出版社、二〇〇六年
八箇亮仁『病む社会・国家と被差別部落』解放出版社、二〇一二年

（高木　伸夫）

あとがき

本書出版の経緯は、冒頭の「はしがき」に略記されているが、二〇〇九年六月に結成された近世大坂人権史研究会の活動が、本書が生まれる契機となった。研究会は、一四年間にわたって続けられた「大阪の部落史」編纂事業のなかで収集されながら、紙幅の関係で『大阪の部落史』全一〇巻に収録されなかった近世関係の史料を活用することを一つの目標としていた。同時に研究会は、「大坂地域の近世史研究にさらに深く学び、大阪の部落史と大阪史研究の一層の接合をめざして」立ち上げられたが、その研究会の席上、編者二人は、久しぶりに出会うこととなった。

個人的なことになるが、私たち両名は、大阪大学大学院文学研究科日本史専攻の先輩・後輩という関係にある。しかし、戦後歴史学のなかで進んだそれぞれのコースは異なる。

寺木は近世農村史、とくに農民層分解に関する研究から転じて、部落史研究に邁進した。主著ともいうべき『近世部落の成立と展開』（一九八六年）や『被差別部落の起源―政治起源説の再生』（一九九六年）などを著わすとともに、「大阪の部落史」編纂事業においても中心的役割を担った。

その寺木が、二〇〇〇年に著わした作品に『近世身分と被差別民の諸相―〈部落史の見直し〉の途上から』がある。副題に「部落史の見直し」とあるように、一九八〇年代に入り、部落史がリードしてきた身分制研究に大きな地殻変動が起きていた。身分を政治的に規定する考えに対する批判、身分を社会的に規定するものとして集団を重視する議論、身分を社会の諸階層にまで広げて捉えようとする周縁的身分論の提起などが相次ぎ、従来の部落史研究の枠をこえて「身分」が注目されるに至ったのである。その流れは、藪田が編集に加わったシリーズ「江戸の人と身分」（二〇一〇年）を生み出している。

一方、近世の村落史研究からスタートし、『国訴と百姓一揆の研究』（一九九二年）をへて、「大坂地域の近世史研究」に専念していた藪田の「部落史」への関わりは、一九九七年、財団法人奈良人権・部落解放研究所主催の講演「地域社会がつくる差別」にある。講演は、網野善彦・朝尾直弘らのものも加え『日本歴史の中の被差別民』（二〇〇一年）として出版されたが、同書「あとがき」は、次のように述べる。

現在、部落差別史で問題になっている研究課題と真っ正面からとりあげているほか、歴史のなかの被差別のあり様についても具体的に論じている。そして、その内容はこれまであまり論及されてこなかった領域に踏み込んだ論考を収めているだけでなく、従来の部落差別史の通説とは異なった視点でのその歴史をみていこうとする意欲的な方向をも提示している。

その意味で、部落史研究の広がりが、藪田をして「日本歴史の中の被差別民」を論じる場に迎え入れたのである。さらにその後、神戸市立博物館所蔵の「悲田院長吏文書」が後押しすることとなった。「新修神戸市史」編集作業を通じて同文書の所在を知った藪田は、一九九三年から単身、同文書の整理を進めたが、「大阪の部落史」編纂事業を聞きつけ、情報を提供することで、同文書は『大阪の部落史』に活用されることとなった。その後、長吏文書研究会が組織されるに際し、藪田もそのメンバーに加わり、『悲田院長吏文書』正続二巻（二〇〇八・二〇一〇年）が出版されることとなった。当時、寺木は、社団法人部落解放・人権研究所理事長としてそれを支援した。

こうして寺木と藪田は、「大阪の部落史と大阪史研究の一層の接合をめざして」近世大坂人権史研究会の場で再び、出会うこととなったのである。本書を、「部落史と近世大阪史に関心をもつ人たち」に「研究の現段階」を示したいという、高い目標を持って著わされたのびしょうじ『被差別民たちの大阪―近世前期編』（二〇一〇年）と並べてみるとき、本書の出版は、一九八〇年代以降における身分制と近世社会をめぐる研究潮流のもたらしたひとつの帰結であると言える。

同時に、「大阪の部落史と大阪史研究の一層の接合」は、近世大坂とその周辺地域がもった歴史そのものに根差していることにも留意すべきある。宗教人類学者の中沢新一は、「海民と渡来民がつくったまち」である大阪では「文化が歴史のなかでさまざまな差別と共存しながら発達してきた」として、血や死に対する不浄観、赤不浄・黒不浄にその要因を求めている（『大阪アースダイバー』二〇一二年）。ある種の感に物を言わせた記述であるが、被差別部落史と大阪地域史の交差を言い当てている。しかし歴史は、もっと具体的で立体的である。本書「近世大坂と被差別民社会」の各論は、それに迫ろうとしている。

全体を三部に分けた。近世成立期の論考がない、思想や文化に立ち入った分析がない、など課題も目立つが、研究会を母胎にした論集という成り立ちに制約されている。「近世大阪の人権史研究の発展」と「近世大阪史研究の深化」という目標から見れば、初歩に過ぎないが、本書の出版が、小さな一歩を踏み出していることを願う。

最後になるが、史料集と学術歴史書の専門的出版社であり、部落史の出版実績が多くない清文堂出版に、あえて本書の出版を委ねたのは編者の判断である。これもまた、「大阪の部落史と大阪史研究の一層の接合」という意図を具体化するものである。出版の労を取られた清文堂出版、とくに松田良弘氏に感謝の意を表したい。また、『大阪の部落史』全一〇巻の経験をもとに、本書の校閲の過程で力をお借りした横山芳子さんにもお礼を申し上げたい。

部落史・人権史の専門家のみならず、近世史一般に関心のある人たちに本書を手にしてもらえれば幸いである。

二〇一四年十一月

寺木伸明
藪田　貫

勝男義行《かつおよしゆき》
1959年生まれ　兵庫県立三田祥雲館高等学校教諭
〈主要著書・論文〉
「近世後期斃牛馬処理の具体像」（『部落問題研究』第129号、1994年）
「皮商人」（シリーズ近世の身分的周縁4『商いの場と社会』　吉川弘文館、2000年）
「領国を越えた関西の皮革業」（『部落解放史ふくおか』第110号、2003年）

森田康夫《もりたやすお》
1930年生まれ　樟蔭東女子短期大学名誉教授　文学博士
〈主要著書・論文〉
『地に這いて―都市福祉行政の先駆者・志賀志那人』（大阪都市協会、1987年）
『大塩平八郎の時代―洗心洞門人の軌跡』（校倉書房、1993年）
『賤視の歴史的形成』（解放出版社、1998年）
『大塩平八郎と陽明学』（和泉書院、2008年）
『大塩思想の可能性』（和泉書院、2011年）
『大塩思想の射程』（和泉書院、2014年）

松永友和《まつながともかず》
1980年生まれ　徳島県立博物館学芸員
〈主要著書・論文〉
「大坂非人研究の新たな展開のために―研究史整理と新史料「長吏文書」の紹介―」（『部落解放研究』第177号、2007年）
「大塩の乱後の坂本鉉之助について」（大塩事件研究会編『大塩平八郎の総合研究』、和泉書院、2011年）
「天保十二年天王寺村の徒党・打ちこわしについて」（『大阪の歴史』第77号、2012年）

高木伸夫《たかぎのぶお》
1949年生まれ　ひょうご部落解放・人権研究所研究員
〈主要著書・論文〉
「近世・近代移行期に於ける兵庫津の諸賤民」（北崎豊二編著『明治維新と被差別民』部落解放・人権研究所、2007年）
「清水喜市と神崎郡水平運動・融和運動―地方改善費増額と社会進出を求めて」（部落解放・人権研究所『部落解放研究』第183号、2008年）
「一九三〇年代前後の兵庫の融和運動
―兵庫県清和会における内部自覚運動の提唱とその展開過程」
（ひょうご部落解放・人権研究所『研究紀要』第18号、2012年）

執筆者紹介（掲載順）

安竹貴彦《やすたけたかひこ》
1962年生まれ　大阪市立大学大学院法学研究科教授
〈主要著書・論文〉
「『大坂町奉行所』から『大阪府』へ（1）（2）
―幕末から明治初年における町奉行所与力・同心の動向を中心に―」
（『奈良法学会雑誌』第12巻３・４号、第14巻2号、2000〜2002年）
「延享期の大坂町奉行所改革」（塚田孝編『近世大坂の法と社会』　清文堂、2007年）
「紀州藩の追放刑と牢番頭」（『和歌山人権研究所紀要』第4号、阿吽社）

野高宏之《のだかひろゆき》
1958年生まれ　奈良県立大学教授
〈主要著書・論文〉
「大坂町奉行所の当番所と当番与力」（『大阪の歴史』第46号、1995年）
「『天下の台所』と『大大坂』」（『大阪の歴史』第70号、2007年）
「中世大阪のイメージ」（『奈良県立大学学報』第23巻第４号、2013年）

藤原有和《ふじわらありかず》
1951年生まれ　関西大学人権問題研究室委嘱研究員
〈主要著書・論文〉
「大塩平八郎と「邪宗門一件」」（『関西大学人権問題研究室紀要』第13号、1986年）
「部落寺院の解放運動」（比較法史学会編『文明装置としての国家』未来社、1996年）
「摂州東成郡天王寺村転切支丹類族生死改帳の研究（一）（二）」
（『関西大学人権問題研究室紀要』第49・50号、2004・2005年）

のびしょうじ
1950年生まれ　西播地域皮多村文書研究会所属
〈主要著書・論文〉
『部落史史料選集』第2巻（共編、部落問題研究所、1989年）
『被差別民たちの大阪』近世前期編（部落解放研究所、2007年）
『皮革の歴史と民俗』（解放出版社、2009年）

臼井壽光《うすいひさみつ》
元大阪の部落史委員会近世委員
〈主要著書・論文〉
『兵庫の部落史』全3巻（神戸新聞総合出版センター、1980〜1991年）
『大阪の部落史』全10巻（部落解放・人権研究所）中の1〜3、9、10巻に執筆
『悲田院長吏文書』『続悲田院長吏文書』（共編、部落解放・人権研究所、2008年）

寺《てら》木《き》 伸《のぶ》明《あき》

1944年生まれ
桃山学院大学国際教養学部特任教授
全国部落史研究会代表
主要著書に『近世部落の成立と展開』(解放出版社、1986年)、『被差別部落の起源』(明石書店、1996年)、『近世被差別民衆史の研究』(阿吽社、2014年)など 多数

藪《やぶ》田《た》 貫《ゆたか》

1948年生まれ
関西大学文学部教授
兵庫県立歴史博物館館長
主要著書に『国訴と百姓一揆の研究』(校倉書房、1992年)、『近世大坂地域の史的研究』(清文堂出版、2005年)『日本歴史の中の被差別民』(共著、新人物往来社)など 多数

近世大坂と被差別民社会

2015年2月23日 初版発行

編 者 寺木伸明・藪田 貫

発行者 前田博雄

発行所 清文堂出版株式会社

〒542-0082 大阪市中央区島之内2－8－5
電話06-6211-6265 FAX06-6211-6492
http://www.seibundo-pb.co.jp
E-mail：seibundo@triton.ocn.ne.jp

印刷：大村印刷株式会社 製本：広島日宝製本株式会社

ISBN978-4-7924-1030-8 C3021

近世の建築・法令・社会　妻木宣嗣

西日本の寺院を主たる舞台に、施主・工匠といった「人」と規制法令の関係を基軸に、近世社会と建築の関係を照射する。　九四〇〇円

近世日本の対外関係と地域意識　吉村雅美

平戸における英蘭商館の記憶や辺境防衛組織としての「藩」意識の芽生え等、内在化した対外関係が地域社会にもたらした影響を考察する。　八七〇〇円

中世後期畿内近国の権力構造　田中慶治

興福寺との緊張関係の中で台頭した大和の国人や惣国一揆の権力構造の描出のみならず、国人の末裔たちの近世の生きざまにも目を向ける。　九五〇〇円

近世日本の言説と「知」
―地域社会の変容をめぐる思想と意識―　浪川健治・小島康敬編

東北諸藩の人物を中心として、時代に先駆けて新時代への軟着陸を図った人々の言説に、時代・地域の如何を問わない意義を見出していく。　八六〇〇円

近世城下町の運営と町人　松﨑範子

熊本町奉行廃止後の熊本城下町の町人が、藩庁との直接の関係下で流通政策や都市政策、社会政策まで手がけるに至る成長過程を描出する。　九二〇〇円

価格は税別

清　文　堂
URL = http://seibundo-pb.co.jp E-MAIL = seibundo@triton.ocn.ne.jp